Bildungsmonitoring, Bildungsmanagement und Bildungssteuerung in Kommunen

Hans Döbert,
Horst Weishaupt
(Hrsg.)

Bildungsmonitoring, Bildungsmanagement und Bildungssteuerung in Kommunen

Ein Handbuch

Waxmann 2015
Münster • New York

GEFÖRDERT VOM

Bundesministerium
für Bildung
und Forschung

Bibliografische Informationen der Deutschen Nationalbibliothek
Die Deutsche Nationalbibliothek verzeichnet diese Publikation in der Deutschen Nationalbibliografie; detaillierte bibliografische Daten sind im Internet über http://dnb.d-nb.de abrufbar.

Print-ISBN 978-3-8309-3183-6
E-Book-ISBN 978-3-8309-8183-1

Waxmann Verlag GmbH, 2015

www.waxmann.com
info@waxmann.com

Umschlaggestaltung: Inna Ponomareva, Münster
Druck: Hubert & Co., Göttingen
Gedruckt auf alterungsbeständigem Papier, säurefrei gemäß ISO 9706

FSC
www.fsc.org
MIX
Papier aus verantwortungsvollen Quellen
FSC® C016439

Printed in Germany

Inhalt

Vorwort

Im letzten Jahrzehnt haben Fragen der Verbesserung von Qualität und Chancengerechtigkeit im deutschen Bildungswesen immer größere Aufmerksamkeit erfahren. Vielerorts wurden und werden Maßnahmen ergriffen, die alle darauf zielen, die Qualität von Bildungseinrichtungen, den Bildungserfolg des Einzelnen sowie die Chancengerechtigkeit im Bildungswesen zu verbessern. Zentrale Abschlussprüfungen, Bildungsstandards, Vergleichsarbeiten, interne und externe Evaluationen oder Schulinspektionen sind längst nicht nur gängige Begriffe, sondern werden in den Bildungseinrichtungen zunehmend mit Leben gefüllt. Mit allen diesen Maßnahmen ist die Erwartung verbunden, Stärken und Schwächen bisheriger Entwicklungen in Bildungseinrichtungen zu verdeutlichen, Hinweise auf Handlungsbedarfe zu bekommen und Ansatzpunkte für die zielgerichtete weitere Verbesserung der Bildung in Bund, Ländern und Kommunen zu erhalten.

Das Ensemble dieser Maßnahmen ist neuerdings auch durch ein regelmäßiges kommunales Bildungsmonitoring erweitert worden. Vor allem die Erfahrungen mit dem BMBF-Programm „Lernen vor Ort" (LvO) haben gezeigt, dass ein wissenschaftlich fundiertes Bildungsmonitoring eine unverzichtbare Grundlage für ein modernes Bildungsmanagement und die Entwicklung eines kohärenten Bildungswesens ist. Die neue Qualität von Steuerung auf der Grundlage eines Bildungsmonitorings besteht vor allem darin, dass der Weiterentwicklung von Bildung in einer Kommune, gleich ob kreisfreie Stadt oder Kreis, eine strategische Ausrichtung gegeben werden kann. Ausgehend von übergreifenden Zielsetzungen und inhaltlichen Leitfragen wird es durch die systematische, empirisch belastbare und fokussierende Zusammenstellung zentraler Informationen der Bildungsentwicklung für eine Kommune möglich, empirisch fundierte Handlungsstrategien abzuleiten.

Diesen Zusammenhängen geht der vorliegende Band in seinen drei thematischen Schwerpunkten „kommunales Bildungsmonitoring", „kommunales Bildungsmanagement" und „Bildungssteuerung in Kommunen" nach. Er stützt sich dabei weitgehend auf Erfahrungen und Erkenntnisse aus LvO, das von der Einsicht getragen ist, dass sich die Entwicklung des Bildungswesens und der Bildungseinrichtungen in hohem Maße in den Kommunen, also den kreisfreien Städten und (Land-)Kreisen vollzieht. In der Vergangenheit haben Ansätze zur Steuerung des Bildungswesens die kommunale Perspektive zu wenig beachtet.

In dieser Situation erscheint es hilfreich, die mit dem Themenkomplex Bildungsmonitoring, Bildungsmanagement und Bildungssteuerung in Kommunen verbundenen Aspekte in einem Handbuch nutzerfreundlich zusammenzustellen, um allen an den drei Themenbereichen Interessierten Orientierung und Empfehlungen geben zu können.

Dieses Handbuch wurde überwiegend von den Mitarbeiterinnen und Mitarbeitern der Projektgruppe „Kommunales Bildungsmonitoring" des DIPF im BMBF-Programm „Lernen vor Ort" erarbeitet. Ein Beitrag wurde von Mitarbeitern des Konsortialpartners „Statistische Ämter des Bundes und der Länder" verfasst. Herrn Klostermann und Herrn Dr. Schneider sei dafür besonders gedankt. Dank gebührt insbesondere Frau Dr. Schwarz,

Universität Wuppertal, die den Part zur kommunalen Bildungsfinanzierung übernommen hat. Großen Dank sagen wir Herrn Wilfried Lohre (Institut für kommunale Bildung, Köln) für seinen Beitrag zur Kommunalstruktur und zur Steuerung von Bildung in Kommunen. In besonderer Weise danken die Herausgeber Herrn Prof. Dr. Hermann Avenarius für seine Bereitschaft, sehr kurzfristig einen Beitrag zu „Schule zwischen Kommune und Staat aus rechtlicher Sicht" zu verfassen. Die Autorinnen und Autoren der einzelnen Beiträge zeichnen für diese selbst verantwortlich.

Unser besonderer Dank gilt Frau Christiane Eckelt (Berlin), ohne die dieses Handbuch sicher nicht zustande gekommen wäre. Sie hat alle Arbeiten sehr zuverlässig und kompetent koordiniert sowie den Band abschließend gestaltet.

Auch im Namen der Autorinnen und Autoren der Beiträge dieses Bandes danken wir allen, die darüber hinaus an seinem Zustandekommen mitgewirkt haben.

Alle in diesem Band verwendeten maskulinen Bezeichnungen gelten für Frauen und Männer in gleicher Weise. Generelles Bestreben der Autorinnen und Autoren war es, genderspezifische Bezeichnungen zu verwenden. In den Fällen, in denen dies nicht geschieht, ist die Vermeidung von Redundanzen dafür maßgeblich.

Berlin/Frankfurt am Main, im Juni 2014

Hans Döbert
Horst Weishaupt

Hans Döbert und Horst Weishaupt

Bildungsmonitoring, Bildungsmanagement und Bildungssteuerung in Kommunen – eine Einführung

Bildung – ein kommunales Thema mit wachsender Bedeutung

Die öffentliche Bildung ist in Deutschland nie eine ausschließliche Angelegenheit des Staates gewesen. Seit jeher haben auch die kommunalen Gebietskörperschaften sich ihrer angenommen. Der Initiative der Kommunen sind vor allem im 19. und zu Beginn des 20. Jahrhunderts bedeutende Fortschritte in allen Bildungsbereichen, vor allem im frühkindlichen Bereich (Kindergärten), in der Erwachsenenbildung, aber auch im Schulwesen zu verdanken. Doch hat der Staat dem Vordringen der Kommunen im Schulbereich alsbald Grenzen gesetzt. Zwar hat er nicht verhindert, dass die Kommunen durch Entwicklung neuer Formen und durch zahlreiche Schulgründungen den Rahmen des bisherigen Schulsystems erweiterten. Der Staat hat sich aber nicht zugunsten der kommunalen Selbstverwaltung zurückgezogen. Vielmehr hat er mit Hilfe der Schulaufsicht versucht, vor allem die Schule in ihren Bildungszielen und in ihrer Organisation allein zu bestimmen. So hat er kommunale Selbstverwaltungsbefugnisse im Schulbereich nur zögernd anerkannt. Das Grundgesetz weist dem Staat zwar die Aufsicht über die Schulen zu (Art. 7 Abs. 1), die staatliche Herrschaft über die Schule findet ihre Grenze in dem Recht der Kommune, alle Angelegenheiten der örtlichen Gemeinschaft im Rahmen der Gesetze in eigener Verantwortung zu regeln (Art. 28 Abs. 2 S. 1 GG) (vgl. hierzu und zu den folgenden Ausführungen Avenarius & Füssel, 2010). Die Abgrenzung zwischen (staatlicher) Schulaufsicht und (kommunaler) Schulträgerschaft beruht auf der herkömmlichen Unterscheidung zwischen inneren und äußeren Schulangelegenheiten. Der Staat ist danach für die Lehr- und Lernprozesse und somit für Inhalte, Methoden und Strukturen der Schule verantwortlich, die Kommunen als Schulträger sorgen für die Errichtung, Organisation, Unterhaltung und Verwaltung der einzelnen Schule.

Organe der kommunalen Schulverwaltung sind die gesetzlich bestimmten Vertretungs- und Verwaltungsorgane des Schulträgers (Gemeinderat, Verwaltungsausschuss, Schulausschuss, Schuldeputation, Verbandsausschuss, Bürgermeister, Landrat, Verbandsvorsteher u.a.). Die laufenden Verwaltungsaufgaben werden durch die damit betrauten Bediensteten der Kommune wahrgenommen, in den größeren Kommunen durch fachlich vorgebildete Beamte (Stadt- oder Kreisschulrat, Schul- und Oberschulräte, Referenten). Die kommunale Schulverwaltung ist Bestandteil der gesamten Verwaltung des Schulträgers; als Kommunalbehörde arbeitet sie nach den Vorschriften und Grundsätzen des Kommunalrechts (Gemeindeordnung, Landkreisordnung). In Nordrhein-

Westfalen z.B. müssen Kommunen, die Schulträger sind, nach den Bestimmungen der Gemeindeordnung und der Landkreisordnung einen Schulausschuss (Schulkommission, Schulträgerausschuss) bilden. In diesen Ausschuss können auch Vertreter der Schulen zur ständigen Beratung berufen werden.

Durch die kommunale Selbstverwaltung sind die Städte und Kreise[1] für die Versorgung mit Vorschulreinrichtungen, Schulen und öffentlichen Einrichtungen der Weiterbildung zuständig. Sie tragen auch zur Finanzierung dieser Bildungsbereiche entscheidend bei. Der Ausbau des kommunalen Bildungswesens ist ein Teil der Daseinsvorsorge für ihre Bürger und dadurch in kommunale Entwicklungsstrategien eingebunden. Zugleich ist das Bildungswesen und dessen Ausbau eine immer bedeutsamer werdende Grundlage für die Entwicklungsfähigkeit von Regionen.

Diese Entwicklung trägt der Tatsache Rechnung, dass die kommunale Ebene Ausgangspunkt für Bildungsprozesse in den verschiedenen Lebensphasen ist. Hier entscheidet sich Erfolg oder Misserfolg von Bildung, werden die Grundlagen für berufliche Perspektiven, gesellschaftliche Teilhabe und gleichzeitig die Zukunftsfähigkeit einer Region gelegt. Die Kommunen sind es, die mit ihren vielfältigen Bildungseinrichtungen die Bildungslandschaft der Länder und Deutschlands prägen: Familienzentren, Kindertagesstätten, Schulen, Einrichtungen der außerschulischen Kinder- und Jugendarbeit, Einrichtungen der beruflichen Ausbildung und der Erwachsenenbildung (wie Hochschulen, Volkshochschulen) sowie zahlreiche Kultureinrichtungen sind tragende Bestandteile der öffentlichen und privaten Infrastruktur von Bildung in einer Region. Den Städten und Gemeinden kommt in der kommunalen Bildungslandschaft eine zentrale Verantwortung bei der Steuerung und Moderation einer zielorientierten Zusammenarbeit zu (vgl. dazu auch Lohmann, 2009). Letztlich lassen sich nur auf der kommunalen Ebene die Koordination der verschiedenen Bildungsbemühungen und deren optimale Abstimmung unter der Perspektive der Unterstützung von Bildungsprozessen im Lebenslauf erreichen.

Es ist daher nicht nur nachvollziehbar, sondern von existenzieller Bedeutung für Kommunen, eine Bildungslandschaft zu entwickeln, die den Herausforderungen der nächsten Jahre und Jahrzehnte (als Stichworte seien nur Demografie, effizienter Mittelumgang, Inklusion genannt) gerecht wird.

Die Aachener Erklärung des Deutschen Städtetags (2007) hat die folgenden Hauptmerkmale einer kommunalen Bildungslandschaft benannt:

- „Individuelle Potentiale des Individuums und deren Förderung in der Lebensperspektive sind Ausgangspunkt für die Organisation von Bildungs- und Lernprozessen. Kein Kind, kein Jugendlicher darf verloren gehen.
- Die für Bildung zuständigen Akteure arbeiten auf der Basis verbindlicher Strukturen zusammen: Familie, Kinder- und Jugendhilfe, Schule, Kultur, Sport, Wirtschaft etc.

1 Unter Kommunen werden in diesem Band (Land-)Kreise und kreisfreie Städte verstanden. Kreisangehörige Gemeinden und Gemeindeverbände liegen noch unterhalb unserer Betrachtungsebene. Dieses Verständnis liegt auch dem BMBF-Programm „Lernen vor Ort“ zugrunde.

- Eltern bzw. Familien werden als zentrale Bildungspartner einbezogen.
- Übergänge werden nach dem Prinzip „Anschlüsse statt Ausschlüsse“ ermöglicht und gestaltet.
- Die kulturelle Bildung wird als wichtiger Teil ganzheitlicher Bildung einbezogen.“ (Deutscher Städtetag, 2007, S. 2)

Den Städten und Gemeinden kommt in der kommunalen Bildungslandschaft eine zentrale Verantwortung bei der Steuerung und Moderation einer zielorientierten Zusammenarbeit zu (vgl. Lohmann, 2009). Letztlich lässt sich nur auf der kommunalen Ebene die Koordination der verschiedenen Bildungsbemühungen und deren optimale Abstimmung unter der Perspektive der Unterstützung von Bildungsprozessen im Lebenslauf erreichen.

Für den Bildungssektor heißt das, dass Schule, Kinder- und Jugendhilfe, Kultur, frühkindliche Bildung, Erziehung und Betreuung sowie Wirtschaft und Zivilgesellschaft zusammenwirken. Bei der Etablierung einer kommunalen bzw. regionalen Verantwortungsgemeinschaft muss eine enge Zusammenarbeit zwischen den Verantwortlichen in den kommunalen Verwaltungen, zwischen diesen und privaten Trägern, den betroffenen Eltern und der interessierten Öffentlichkeit erreicht werden. Nur so kann eine breite Plattform erarbeitet und eine innerhalb der Kommune unterstützte Schwerpunktsetzung für Entwicklungen der kommunalen Bildung erreicht werden, die die Kommunen unterscheidbar macht.

In den letzten Jahren hat es in Deutschland, in den Bundesländern und in vielen Kommunen eine Vielzahl an datengestützten Aktivitäten gegeben, die mehr oder weniger alle das Ziel haben, den Zugang zu Bildung und die Qualität von Bildung zu verbessern sowie mehr Chancengerechtigkeit im Lebenslauf zu schaffen. Mit allen diesen Aktivitäten und Maßnahmen ist die Erwartung verbunden, Stärken und Schwächen bisheriger Entwicklungen in Bildungseinrichtungen und im Bildungswesen zu verdeutlichen, Hinweise auf Handlungsbedarfe zu bekommen und Ansatzpunkte für die zielgerichtete weitere Verbesserung der Bildungsqualität zu erhalten. Von diesen einzelnen Maßnahmen und Aktivitäten, die auf jeweils spezifische Aspekte des Bildungswesens zielen, unterscheidet sich das Bildungsmonitoring durch seinen systematischen und umfassenderen Ansatz. Das soll im Folgenden näher beleuchtet werden.

Kommunales Bildungsmonitoring

Die Konzipierung und Nutzung eines Bildungsmonitorings und eines darauf gegründeten kommunalen Bildungsmanagements sind relativ neue Steuerungsinstrumente im Ensemble der Maßnahmen zur Qualitätsentwicklung und -sicherung im Bildungswesen wie Bildungsstandards, Vergleichsarbeiten, zentrale Abschlussprüfungen oder interne und externe Evaluationen. In den letzten Jahren wurden diese Maßnahmen durch ein systematisches Bildungsmonitoring auf nationaler Ebene, auf der Ebene der Länder und zunehmend auch auf der Ebene der Kommunen erweitert.

Um Bildungspolitik und Administration bei diesen Steuerungsaufgaben zu unterstützen, muss ein kommunales Bildungsmonoring Daten und Indikatoren bereitstellen, die Quantität und Qualität der genannten „Steuergrößen" und deren zeitliche Entwicklung widerspiegeln. Das Bildungsmonitoring liefert Wissen, das benötigt wird, um politisch-administrative Steuerungsmaßnahmen zu entwickeln, zu begründen und gegebenenfalls zu revidieren. Durch die Veröffentlichung dieses Wissens, etwa in Form eines Bildungsberichts, wird der Tatsache Rechnung getragen, dass die politisch-administrative Steuerung in die demokratische Willensbildung eingebunden ist.

In diesem Sinne ist ein kommunales Bildungsmonitoring ein kontinuierlicher, überwiegend datengestützter Beobachtungs- und Analyseprozess des Bildungswesens insgesamt in einer Kommune sowie einzelner seiner Bereiche auf wissenschaftlich-empirischer Grundlage zum Zweck der Information von Bildungspolitik und Öffentlichkeit über Rahmenbedingungen, Verlaufsmerkmale, Ergebnisse und Erträge von Bildungsprozessen. Es macht das Bildungsgeschehen in der Kommune transparent und ist damit Grundlage für weitere Zieldiskussionen und politische Entscheidungen. Im Zentrum eines Bildungsmonitorings stehen die Arbeit der Institutionen des Bildungswesens, von der Kinderkrippe bis zur Weiterbildung im Erwachsenenalter, aber auch die non-formale Bildung und das informelle Lernen.

Ein solcher institutionalisierter Beobachtungs- und Analyseprozess auf der Basis empirisch gesicherter Daten hat im Wesentlichen drei Funktionen:

- Beobachtung, Analyse und Darstellung wesentlicher Aspekte eines Bildungswesens;
- Systemkontrolle vor allem mit Blick auf Leistungsmaßstäbe (Benchmarks) sowie
- „Systemdiagnostik", indem Entwicklungen und Problemlagen identifiziert werden.

Ein kommunales Bildungsmonitoring soll in erster Linie dazu beitragen, kommunalen Entscheidungsträgern in Bildungspolitik und -verwaltung ein tieferes Verständnis der Faktoren, die Einfluss auf die Qualität der Bildung haben, zu vermitteln, und ihnen damit eine größere Bandbreite politischer Handlungsalternativen zu eröffnen. Ein auf Indikatoren gestütztes, regelmäßig durchgeführtes Bildungsmonitoring hat den strategischen Vorteil, die Kluft zwischen der Reaktion auf unmittelbare Informationsbedürfnisse und der Klärung langfristig relevanter bildungspolitischer Fragen, die sich in der Regel einer routinemäßigen Messung und Beantwortung eher verschließen, zu überbrücken. Wenn Indikatoren regelmäßig erstellt werden, können sie Entwicklungen über längere Zeiträume aufzeigen und damit Aufschluss über Veränderungen geben, die nach bestimmten bildungspolitischen Entscheidungen und Maßnahmen zur Verbesserung der Qualität in Bildungseinrichtungen eintreten. Allerdings können diese Veränderungen nicht mit Sicherheit auf bestimmte Ursachen zurückgeführt werden; sie liefern jedoch Ansatzpunkte für eingehendere Analysen und Untersuchungen. Im Übrigen sind Bildungsziele und entsprechende Aktivitäten, die sich nicht unmittelbar messen lassen, ebenso wichtig für eine umfassende Einschätzung eines Bildungssystems. Damit werden zugleich die Grenzen der Darstellung und Interpretation indikatorengestützter Informationen sichtbar. Gestützt auf die Erfahrungen aus dem BMBF-Programm „Lernen vor Ort“ (LvO) sollte sich ein kommunales Bildungsmonitoring auf die empirisch fundierte Darstellung von Input, Prozessen und Ergebnissen von Bildungsprozessen in Bildungsinstitutionen anhand von Indikatoren konzentrieren, vor allem ist aber ein ganzheitliches Bildungsverständnis als Basis aller Reformbemühungen in den Blick zu nehmen. Bildung ist mehr als die Informationen aus statistisch fundierten Indikatoren sowie gemessenen Leistungen und Kompetenzen. Das muss bei der Konzipierung eines kommunalen Bildungsmonitorings Beachtung finden.

Kommunales Bildungsmonitoring, kommunales Bildungsmanagement, evidenzbasierte Steuerung und kohärentes Bildungswesen

In der Logik der bisherigen Ausführungen bedeutet dies, dass sich Kommunen nicht als lockere Beziehungsnetze oder formale Expertenrunden verstehen können, die sich hin und wieder zu Bildungsthemen austauschen. Kommunen müssen sich selbst als Entwicklungsfeld für Bildung begreifen und dafür Ziele setzen, die in Etappen zerlegt und deren Erreichung überprüft wird. Das gilt in gleicher Weise für größere Städte wie für Landkreise. Die Verständigung über ein Bildungsmonitoring in einer Kommune bietet die Chance, ein grundlegend neues Verständnis der Kommune als lokaler Bildungsraum auszubilden, der sich geschlossen entwickeln muss. Es geht also nicht in erster Linie um einzelne Projekte, Aktivitäten oder Bildungseinrichtungen in einer Kommune, so wichtig diese auch sind und bleiben, sondern es geht um strategische Abstimmungen und dauerhafte Vernetzungen, die alle Ebenen und Akteure von Bildung in einer Kommune einschließen. Nur so kann sich letztlich, wie die Erfahrungen im BMBF-Programm „Lernen vor Ort“ zeigen, ein kohärentes Bildungswesen in einer Kommune entwickeln. Ein solcher Bildungsraum würde von der Krippe über die Elternberatung bis zur Jugendfreizeit und von den Schulen über die Museen und Theater bis zur Seniorenarbeit reichen, also alles umfassen, was in einem weiten Sinne als „Bildung in einer Kommune“ bezeichnet werden kann (vgl. Oelkers, 2009).

Gerade diese strategischen Abstimmungen und dauerhaften Vernetzungen sind es, die den Unterschied zum Vorgehen in der klassischen Verwaltung ausmachen und dem Anspruch an ein modernes Bildungsmanagement gerecht werden. Bildungsmanagement wird dabei als zielgerichtete, empirisch fundierte („evidenz-basierte“) Steuerung des Bildungswesens definiert (vgl. Döbert, 2010). Es wird somit dem Umstand Rechnung getragen, dass ein Bildungsmanagement auf der Basis empirisch fundierter, steuerungsrelevanter Informationen erfolgt. In der Regel werden die Aufgaben des Managements dabei in zwei Komplexe zusammengefasst, wenngleich diese auch nicht immer klar voneinander zu unterscheiden sind: das Bildungsprozessmanagement und Bildungsbetriebsmanagement.

Ein solches kommunales Bildungsmanagement muss dabei vor allem folgenden Anforderungen gerecht werden:

1. klare, realisierbare Ziele von Bildung an den Anfang stellen;
2. eine stabile Finanzierungsgrundlage schaffen, die die Realisierung der Bildungsziele ermöglicht;

3. ein System der Qualitätsentwicklung und -sicherung sowie der Unterstützung organisieren;
4. ein angemessenes kontinuierliches Bildungsmonitoring realisieren;
5. aus den Ergebnissen des Monitorings politische Prozesse initiieren, differenzierte Maßnahmen beschließen und umsetzen und die Erfahrungen in dem weiteren Monitoringprozess aufgreifen.

Die traditionellen Verwaltungs- und Steuerungsstrukturen in Deutschland haben nachhaltig auch das Steuerungsverständnis und -handeln in einer Kommune geprägt. Leitend für die Steuerungstheorie war allgemein die Vorstellung vom Staat als handelndem Steuerungssubjekt. Steuerung ließ sich dabei im Sinne von hierarchischer Koordination, als der von außen gesetzte Handlungsrahmen von Vorgaben, Regulierungen, Ausführungsbestimmungen, Rahmenplänen, bereitgestellten personellen und materiellen Ressourcen, Aufsicht und Kontrolle fassen (vgl. von Kopp, 2008). Das Steuerungsverständnis beschränkte sich ferner auf den Einfluss staatlicher Akteure bei der Formulierung und der Umsetzung von Politik.

Der Wandel des Steuerungsverständnisses war dadurch charakterisiert, dass es sich nicht mehr nur auf das Handeln „staatlicher" Akteure beschränkte, sondern alle Akteure einbezog, die mit ihrem Handeln ein „öffentliches Interesse" vertreten, also auch die breite Öffentlichkeit. Steuerung und Kontrolle sind demnach nicht einseitige Funktionen des Staates, sondern Prozesse der Handlungskoordination zwischen verschiedenen kollektiven Akteuren, unter Einschluss von Akteuren nichtstaatlicher Provenienz (vgl. Benz, 2004). Durch diese Vorstellung vom kooperativen Staat war zunächst nur eine Erweiterung der Steuerungstheorie verbunden. Erst Mitte/Ende der 1990er Jahre wurden auch terminologische Veränderungen vorgenommen vom Steuerungs- zum Governancebegriff. Der Begriff Governance, so die verbreitete Auffassung in Soziologie und Politikwissenschaft, leistet etwas, was mit der alten Begrifflichkeit Steuerung nicht mehr erfassbar schien: Der Begriff Governance umfasst alle wesentlichen Formen der Handlungskoordination. Im Vordergrund stehen nicht mehr die Intervention, das Steuerungshandeln von Akteuren, sondern die wie auch immer zustande gekommene Regelungsstruktur und ihre Wirkung auf das Handeln der Akteure. Auch wenn bislang keine allgemein anerkannte Definition von Governance vorliegt, ist das Zusammenspiel von Institutionen, Akteuren und ihren Handlungsstrategien in komplexen Mehrebenensystemen eine zentrale Figur.

Es sind vor allem drei Aspekte der bisherigen Steuerung von Bildung auf kommunaler Ebene, die sich als wenig geeignet erwiesen haben, die in den letzten Jahren wesentlich komplexer gewordenen Zusammenhänge, Vernetzungen und Herausforderungen im Bildungsbereich steuern zu können:

a) Es zeigt sich immer wieder, dass die verschiedenen Verwaltungs- und Steuerungsinstanzen in gewisser Weise relativ isoliert nebeneinander stehen. Immer wieder machen Analysen (vgl. z.B. Avenarius & Füssel, 2010) aber auch Erfahrungen in der Zusammenarbeit mit Kommunen in LvO auf das Problem der „Versäulung" in der Verwaltung aufmerksam, d.h. einer relativ isolierten Arbeit in den jeweiligen Fachbereichen, Dezernaten, Referaten usw. Erforderlich – so zeigen die Erfahrungen aus LvO – sind daher insbesondere eine stärkere strategisch-konzeptionelle Linienführung und Konzentration der Steuerungsaktivitäten auf zentrale, übergreifende Entwicklungsschwerpunkte. Nicht selten fehlen in den Kommunen konkrete Zielformulierungen und genaue Angaben darüber, was in welchen Schritten erreicht werden soll. Insbesondere sollten auch Fragen der effektiveren und effizienteren Gestaltung von Bildungsprozessen dabei Beachtung finden.

b) Der zweite Aspekt betrifft das Geflecht aus Entscheidungsstrukturen und Gremien auf kommunaler Ebene, die sich ausschließlich oder doch schwerpunktmäßig mit Bildungsfragen beschäftigen. Dabei gibt es sowohl die eher „klassischen“ Gremien wie Arbeitskreise, Beiräte usw. als auch die mit neuen Aufgabenbereichen und -schwerpunkten neu entstandenen Gremien und Strukturen wie Lenkungskreise, Regionale Bildungsbüros und Leitungsteams usw. Traditionell agieren die erstgenannten Gremien überwiegend auf der Grundlage ihrer je spezifischen Erfahrungen, Gewohnheiten, Daten und Befunde und oft bleibt es bei der Diskussion von Themen und Problembereichen, ohne dass abgestimmte Entscheidungen getroffen und konkrete Maßnahmen eingeleitet werden. Offenkundig bestehende „Datenlücken“ werden dabei kaum als solche wahrgenommen, weil stets aus dem Fokus des eigenen Arbeits- und Erfahrungskontextes heraus argumentiert wird und übergreifende Zusammenhänge zu wenig im Blick sind.

c) Insgesamt beeindruckt in fast allen Kommunen in LvO die Fülle an Materialien, Analysen, Aktivitäten usw., die zum Thema Bildung bereits vorliegen. Sie alle zeichnen das Bild großer bildungspolitischer, administrativer und praktischer Bemühungen, um etwa Übergänge im Bildungswesen für möglichst alle Schülerinnen und Schüler so erfolgreich und effektiv wie möglich zu gestalten. Sie machen jedoch zugleich auch sichtbar, dass relativ wenig über wichtige Zusammenhänge, z.B. über die tatsächlichen Übergänge, deren Verläufe und vor allem über deren Ergebnisse, bekannt ist. Vor allem hinsichtlich folgender Informationen bestehen Defizite und Handlungsbedarf: Generell fehlen differenzierte Informationen und Daten zu Prozessen und Ergebnissen von Bildung. Ebenso fehlen wissenschaftlich fundierte Zugänge, um sozial-strukturelle Benachteiligungen systematisch im Lebenslauf zu betrachten und schließlich gibt es kaum Prozessinformationen zur Erreichung von mehr Qualität im Bildungsbereich und zur Wirksamkeit von Steuerungsmaßnahmen.

In Deutschland sowie international setzt sich aktuell die Bildungssteuerung durch Indikatoren als Paradigma durch und wird gelegentlich, beispielsweise aufgrund eines von oben angestoßenen Veränderungsprozesses, kritisiert (vgl. Maritzen, 2008). Die Implementierung eines solchen Vorgehens basiert auf einer impliziten, strategischen Annahme: Vom Bildungsmanagement sollen von der vom Bildungsmonitoring gestellten „Diagnose“ über die Bildungssituation vor Ort Strategien zu ihrer optimalen Steuerung entwickelt und umgesetzt werden. Systematische Informationen und Maßstäbe, die Aufschluss darüber geben, wie gut das Bildungssystem in einer Region funktioniert, und die bei Bedarf einen Vergleich mit anderen Regionen ermöglichen, gelten inzwischen als wesentlicher Bestandteil der qualitativen Verbesserung von Bildung. Dazu ist die Darstellung umfassender, zuverlässiger und gültiger Indikatoren ein sinnvoller und notwendiger Weg. Um ihren Zweck zu erfüllen, müssen die Indikatoren wissenschaftlich fundiert, zugleich aber auf die Bedürfnisse der Kommunalpolitik in der jeweiligen Region zugeschnitten sein. Sie sollen in erster Linie dazu beitragen, kommunalen Entscheidungsträgern in Bildungspolitik und -verwaltung ein tieferes Verständnis der Faktoren, die Einfluss auf die Qualität der Bildung haben, zu vermitteln, und ihnen damit eine größere Bandbreite politischer Handlungsalternativen eröffnen. Ein auf Indikatoren gestütztes, regelmäßig durchgeführtes Bildungsmonitoring hat den strategischen Vorteil, die Kluft zwischen der Reaktion auf unmittelbare Informationsbedürfnisse und der Klärung langfristig relevanter bildungspolitischer Fragen, die sich in der Regel einer routinemäßigen Messung und Beantwortung eher verschließen, zu überbrücken.

Zum Nutzen von Bildungsmonitoring und Bildungsmanagement für eine Kommune

Nach faktisch fünf Jahren Arbeit im BMBF-Programm „Lernen vor Ort" lässt sich konstatieren, dass sich aktuelle Strategien der Steuerung in den beteiligten Programmkommunen stark auf einen Modus stützen, der auf einem regelmäßigen Bildungsmonitoring basiert. Das Monitoring liefert – dem Idealbild nach – der Bildungspolitik und der Administration Informationen, Zusammenhänge und Daten, auf deren Basis dann über die Ressourcenzuteilung und bestimmte Interventionen entschieden werden.

Damit stellt sich die Frage, welche Probleme im Bildungsbereich einer Kommune diese neue Steuerung überhaupt lösen will, oder allgemeiner, worin der Nutzen eines Bildungsmonitorings und eines darauf gegründeten Bildungsmanagements besteht.

Aus Sicht der empirischen Bildungsforschung ist die Antwort auf die erste Frage relativ klar: Mit mehr bildungspolitischer und verwaltungsmäßiger sowie zugleich stärker ressourcenorientierter Aufmerksamkeit muss vor allem überall dort evidenzbasiert gesteuert werden, wo Bildungsungleichheiten eklatant existieren. Es leuchtet sofort ein, dass schon auf der Input-Ebene, also bei den Bildungsangeboten und ihren Zugangsmöglichkeiten in einer Kommune, zielgruppengenau, differenziert und damit auch ungleich gefördert und unterstützt werden muss. Das ist derzeit keinesfalls selbstverständlich. Die Ermittlung eines Belastungsindexes für die verschiedenen Bildungseinrichtungen einer Kommune im Rahmen eines kommunalen Bildungsmonitorings ist beispielsweise ein wichtiger Ansatz, um eine gerechte und transparente zielgruppenspezifische und belastungsorientierte Ressourcenzuteilung in einer Kommune zu praktizieren. Aber auch Informationen zur Prozessgestaltung von Bildung in Schule und Unterricht sind für die Steuerung von Bildung in einer Kommune wichtig, auch wenn dieser Themenbereich in der prioritären Verantwortung der Länder liegt. Es ist durchaus nachvollziehbar, dass z.B. die Erstellung der pädagogischen Konzeption sowie die Organisation der unmittelbaren inhaltlichen und curricularen Arbeit in einer Ganztagsschule ohne genaue Kenntnis der Schülerzusammensetzung, ihrer ungleichen Bildungsvoraussetzungen und häuslichen Bedingungen kaum vorstellbar ist. Und schließlich ist auch die genaue Kenntnis des Zusammenhangs von Bildungsungleichheiten und Bildungsergebnissen auf der Output-Ebene für eine Kommune unverzichtbar. Auch hierfür sei wieder ein Beispiel zur Veranschaulichung angeführt: Viele Kommunen in allen Bundesländern sind derzeit mit den Auswirkungen des demografischen Wandels konfrontiert. Geringere Geburtenzahlen führen zu weniger Bildungsteilnehmerinnen und -teilnehmern und damit stehen Kommunen nicht selten vor der Entscheidung, Bildungseinrichtungen möglicherweise auch zu schließen. Steht eine Kommune beispielsweise vor dem Problem, Grundschulen zu schließen, stellt sich sofort die Frage, auf der Grundlage welcher Kriterien, die auch von einer breiten Öffentlichkeit verstanden werden, das erfolgen soll. Ohne genaue Analyse der Lage und Rolle der Schulen im jeweiligen Einzugsgebiet, der Zusammensetzung der Schülerschaft, des Klimas, der Projekte und Vorhaben sowie der Leistungsergebnisse sind solche Kriterien kaum abzuleiten und zu vermitteln.

Verallgemeinert man diese Aspekte, dann lässt sich feststellen: Ein Bildungsmonitoring und ein entsprechendes Bildungsmanagement erleichtern die Steuerung im Bildungswesen einer Kommune vor allem durch

- eine strategische Ausrichtung der Bildungsentwicklung, die auf übergreifenden Zielsetzungen und inhaltlichen Leitfragen in einer Kommune beruht;
- eine fundierte Analyse von Problemen auf einer validen Datenbasis, die zentral für die Entwicklung von Qualität, die Schaffung von Chancengerechtigkeit und optimaler Entwicklungsbedingungen für Kinder, Jugendliche, Heranwachsende, aber auch für Erwachsene ist;
- die Bereitstellung vor allem quantitativer Informationen zu ausgewählten Steuerungsaspekten im Zeitverlauf, die wichtige Problembereiche thematisieren; in diesen auf gleicher Datenbasis beruhenden Darstellungen liegt letztlich der entscheidende Ansatzpunkt für Interpretation, Analyse und letztlich für die politische Bewertung der dargestellten Informationen;
- die Darstellung intendierter und nichtintendierter Folgen ergriffener oder unterlassener Steuerungsmaßnahmen;
- die empirisch fundierte Aufbereitung und Darstellung von Stärken und Herausforderungen in der Entwicklung des Bildungswesens;
- die Darstellung von impliziten oder expliziten Handlungsempfehlungen.

Auch Kommunen haben in den letzten Jahrzehnten, teilweise schon deutlich länger (vgl. Zymek & Neghabian, 2005), Daten zur Steuerung ihrer Bildungsaufgaben genutzt. Eine datenbasierte Steuerung von Bildung auch in Kommunen ist also nicht neu. Die neue Qualität von Steuerung auf der Grundlage eines Bildungsmonitorings besteht jedoch darin, dass ausgehend von übergreifenden Zielsetzungen und inhaltlichen Leitfragen der Weiterentwicklung von Bildung in einer Kommune, gleich ob kreisfreie Stadt oder Kreis, eine strategische Ausrichtung der Bildungsentwicklung organisiert werden kann. Nun werden nicht mehr ämter- oder dezernatsspezifische Daten zusammengetragen und versucht, miteinander zu verbinden, sondern es wird von einer gemeinsamen konzeptionellen Grundlage ausgegangen und die ämter- oder dezernatsspezifischen Daten so unmittelbar aufeinander bezogen. Damit wird nicht gegen eine auch künftig bestehende Notwendigkeit, ämter- oder dezernatsspezifische Daten zu erheben und zu nutzen, argumentiert, sondern auf die Notwendigkeit verwiesen, diese Datenerhebung strategisch und konzeptionell auszurichten und so miteinander zu verzahnen. Der Mehrwert eines kommunalen Bildungsmonitorings für die Steuerung und damit auch für das Bildungsmanagement besteht in seiner systematischen, empirisch belastbaren und fokussierenden Anlage, die die Ableitung von Handlungsstrategien in der Bildungssteuerung und in der Bildungsentwicklung ermöglicht. In diesem Sinne ist ein wissenschaftlich fundiertes Bildungsmonitoring eine unverzichtbare Grundlage für ein modernes Bildungsmanagement und eine erfolgreiche Bildungssteuerung in einer Kommune.

Zur Anlage des Bandes

Um diese und weitere Aspekte möglichst handlungswirksam aufzubereiten und zu publizieren, haben sich die Herausgeber für ein Handbuch entschieden. Ein Handbuch deshalb, weil damit zum einen eine geordnete Zusammenstellung der Erkenntnisse und Erfahrungen zum kommunalen Bildungsmonitoring, zum kommunalen Bildungsmanagement sowie zur kommunalen Bildungssteuerung, vor allem aus dem BMBF-Programm „Lernen vor Ort", möglich war und zum anderen, weil es zugleich als Nachschlagewerk dienen soll.

Um den Charakter eines Nachschlagerwerkes zu betonen, wurden die Kapitel um 14 Schlagworte oder Sachverhalte gruppiert. Diese sind:

- Steuerung von Bildung;
- Kommunalstrukturen und kommunale Bildungssteuerung;
- Schule zwischen Kommune und Staat aus rechtlicher Sicht;
- Kommunale Gestaltungsmöglichkeiten und Steuerungsinstrumente;
- Bildungsfinanzierung in Kommunen;
- Bildungsmonitoring;
- Konzipierung eines kommunalen Bildungsmonitorings;
- Formen eines kommunalen Bildungsmonitorings;
- Anwendungsleitfaden zum Aufbau eines kommunalen Bildungsmonitorings;
- Datengrundlagen eines kommunalen Bildungsmonitorings;
- Kommunale Bildungsberichterstattung;
- Analyse kommunaler Bildungsberichte;
- Kommunales Bildungsmanagement;
- Realisierungen eines kommunalen Bildungsmanagements.

Die einzelnen Kapitel werden von den Autorinnen und Autoren jeweils theoretisch eingeleitet sowie Begriffs- und Verständnisklärungen vorgenommen. Danach werden in der Regel Erkenntnisse und Erfahrungen dargestellt, die vor allem im Kontext der Arbeit mit dem kommunalen Bildungsmonitoring im BMBF-Programm „Lernen vor Ort" gewonnen wurden. Gleichwohl wird in allen Beiträgen eine Verallgemeinerung der Erkenntnisse und Erfahrungen angestrebt.

Eine besondere Rolle spielt Kapitel 12 „Analyse kommunaler Bildungsberichte". In diesem Kapitel werden die im BMBF-Programm „Lernen vor Ort" entstandenen kommunalen Bildungsberichte einer kriteriengeleiteten Analyse unterzogen. Zweck dieser Analyse war es, die erreichten Ergebnisse, also die Bildungsberichte der Kommunen in LvO, dahingehend zu bilanzieren, welche strukturellen und inhaltlichen Schwerpunkte von den jeweiligen Kommunen gesetzt wurden, welche Gemeinsamkeiten und Unterschiede sich in den Bildungsberichten zeigen und welche weiterführenden oder gar innovativen Ansätze sich in den Berichten finden lassen. Verallgemeinernd wurden aus dieser Analyse „Standards" für die kommunale Bildungsberichterstattung abgeleitet.

Entsprechend dem Charakter eines Handbuchs wurde es als praktische Hilfe zum „Selbstmachen", angereichert durch vielfältige instruktive Beispiele, angelegt. Jedes Kapitel steht weitgehend für sich. Diese Darstellung enthebt den Nutzer bzw. die Nutzerin des Handbuchs jedoch nicht der Aufgabe, sich bei Zugriff auf einen Themenbereich selbst konzeptionelle Klarheit zu verschaffen und Zusammenhänge mit jenen Themen und Sachverhalten herzustellen, die mit dem jeweiligen Thema unmittelbar korrespondieren.

Literatur

Avenarius, H. & Füssel, H-P. (2010). *Schulrecht. Ein Handbuch für Praxis, Rechtsprechung und Wissenschaft.* 8. Aufl. Kronach: Carl Link.

Benz, A. (2004). Einleitung: Governance – Modebegriff oder nützliches sozialwissenschaftliches Konzept? In Benz, A. (Hrsg.), *Governance – Regieren in komplexen Regelsystemen. Eine Einführung* (S. 11–28). Wiesbaden: VS Verlag für Sozialwissenschaften.

Deutscher Städtetag (2007). *Aachener Erklärung.* Verfügbar unter: http://www.staedtetag.de/fachinformationen/bildung/058050/index.html [05.05.2014].

Döbert, H. (2010). Regionale Bildungsberichterstattung in Deutschland – Konzept, Ziele und Anforderungen. *Recht der Jugend und des Bildungswesens, 58* (2), 158–175.

Grundgesetzt der Bundesrepublik Deutschland.

Kopp, von, B. (2008). Bildungssteuerung: Vom Drehen an der Stellschraube zu Governance. *Trends in Bildung international 19*, 1–36. Verfügbar unter: http://www.pedocs.de/volltexte/2012/5068/pdf/tibi_2008_19_Kopp_Bildungssteuerung_D_A.pdf [10.06.2014].

Lohmann, A. (2009). Abschied von der zentralen Steuerung. Zur regionalen Gestaltung bildungsgerechter Lebensräume. *Pädagogische Führung, 20* (3), 104–108.

Maritzen, N. (2008). Bildungsmonitoring – Systeminnovation zur Sicherung von Qualitätsstandards. In LISUM et. al (Hrsg.), *Bildungsmonitoring, Vergleichsstudien und Innovation. Von evidenzbasierter Steuerung zur Praxis* (S. 109–125). Berlin: BWV Berliner Wissenschafts-Verlag.

Oelkers, J. (2009). *Kohärentes Bildungswesen durch kommunales Bildungsmanagement?* Vortrag auf der Auftaktkonferenz für „Lernen vor Ort" am 11.11.2009 in Berlin.

Zymek, B. & Neghabian, G. (2005). *Sozialgeschichte und Statistik des Mädchenschulwesens in den deutschen Staaten 1800–1945. Datenhandbuch zur deutschen Bildungsgeschichte.* Göttingen: Vandenhoeck & Ruprecht.

Dana Tegge

1. Steuerung von Bildung

1.1 Begriffsklärungen: Bildung und Steuerung

Im wissenschaftlichen Diskurs um das Verständnis von Bildungssteuerung lassen sich verschiedene Entwicklungs- und Argumentationslinien identifizieren. Prägend für die 1990er Jahre war dabei vor allem die Debatte um die Etablierung des neuen Steuerungsmodells, die sich im Rahmen internationaler Trends des New Public Managements verortet. Gekennzeichnet durch einen Paradigmenwechsel – vom traditionellen input- hin zum output-orientierten Steuerungsverständnis – kam es zu einer grundlegenden verwaltungsorganisatorischen und strukturellen Neuausrichtung der Bildungssteuerung. Die Orientierung an der Governance-Perspektive prägt die folgenden Entwicklungen ebenso wie der Bedeutungszuwachs evaluativer Maßnahmen im Bildungswesen und der Anspruch von Politik und Verwaltung, Entscheidungen durch Wissen und handlungsleitende Informationen abzustimmen oder aber zu legitimieren.

Die folgenden Ausführungen zu den Grundlagen der Bildungssteuerung sind im Sinne einer Komplexitätsreduktion als exemplarische Beschreibung zentraler Entwicklungslinien zu betrachten und weniger als erschöpfender Diskurs theoretischer und historischer Perspektiven.

Verständnis und Zieldimensionen von Bildung

Das Verständnis von Bildung ist in der deutschen Bildungslandschaft sehr unterschiedlich, je nach fachwissenschaftlichem Zugang (Allgemeine Pädagogik, Berufspädagogik, Sozialpädagogik, empirische Bildungsforschung etc.) und von verschiedenen Faktoren abhängig, z.B. von der erziehungswissenschaftlichen Grundorientierung (geisteswissenschaftliche vs. empirische Forschung).

Auf die sehr breite allgemein(pädagogisch)e Diskussion über das Bildungsverständnis wird im Folgenden nicht eingegangen (näheres dazu u.a. Andresen, 2009). Die folgenden Ausführungen beschränken sich auf das Verständnis von Bildung, das zu großen Teilen der empirischen Bildungsforschung zugrunde liegt und sich an formal erworbenen Kompetenzen und Abschlüssen orientiert.

Für die nationale Bildungsberichterstattung wurde ein bereichsübergreifendes Bildungsverständnis erarbeitet, welches auch für dieses Kapitel den Ausgangspunkt bildet. Es fragt umfassend nach den Chancen von Menschen, sich kulturelle Traditionen und Wissensinhalte anzueignen, ihre Persönlichkeit zu entwickeln und so eigenverantwortlich ihr Leben in Partnerschaft und Familie zu gestalten, beruflichen Ansprüchen gerecht zu werden sowie aktiv am sozialen und politischen Leben teilzunehmen. Bildung ist demnach ein individueller, lebenslanger Prozess, den jeder Einzelne und sein soziales Umfeld mitgestaltet. Bildungswege zu eröffnen, entsprechende Angebote formaler und non-formaler Art vorzuhalten, personelle und materielle Ressourcen bereitzustellen, verbindliche Bildungsziele zu setzen sowie die Qualität von Bildungsinstitutionen zu sichern, sind hingegen staatliche und kommunale Aufgaben, an denen – je nach Bildungsbereich und Verantwortlichkeit – auch nicht-staatliche gemeinnützige und gewerbliche Anbieter beteiligt sind (vgl. Konsortium Bildungsberichterstattung, 2006).

Damit wird zwischen zwei grundlegenden Funktionen von Bildung unterschieden, die individuelle und die gesellschaftliche Ebene betreffend.

Aus bildungstheoretischer Perspektive zielt Bildung in erster Linie auf individuelle Entfaltung, Persönlichkeitsentwicklung sowie auf die Aneignung und Mitgestaltung von Kultur. Der Bildungsbegriff wird daher überwiegend aus der Perspektive des Individuums gedacht. In Anlehnung an von Humboldt greift Bildung die Selbstentfaltung und -entwicklung des Individuums auf, das seine ganze Person unabhängig von „äußeren Umständen" formt (Flitner & Giel, 1964, S. 261). Diese an ein Individuum gebundenen Bildungs- und Lernprozesse finden im Rahmen des Steuerungsdiskurses keine Berücksichtigung, vielmehr geht es hier um die Gestaltung von Gelegenheitsstrukturen für individuelle Bildungsprozesse.

Die zweite Dimension, die insbesondere für die Bildungsberichterstattung relevant ist, bezieht sich auf die gesellschaftliche Funktion von Bildung, sie schließt das gesamte Bildungssystem ein und strebt dessen Qualitätssicherung und -entwicklung an. Das entspricht auch dem Zweck einer Bildungsberichterstattung, die vor allem Aussagen über institutionalisierte Rahmenbedingungen für Bildung treffen soll.

In diesem Sinne orientiert sich die Bildungsberichterstattung in Deutschland an einem Bildungsverständnis, dessen Ziele darauf ausgerichtet sind:

(a) die Individuen zu befähigen, die eigene Biografie, das Verhältnis zur Umwelt und das Leben in der Gemeinschaft selbstständig zu gestalten (*individuelle Regulationsfähigkeit*);
(b) die auf dem Arbeitsmarkt benötigten Kompetenzen bereitzustellen und somit quantitativ wie qualitativ das Arbeitskräftevolumen zu sichern, das für Wohlstand und gesellschaftliche Entwicklung erforderlich ist (*Humanressourcen*);
(c) gesellschaftliche Teilhabe, auch unter dem Gesichtspunkt sozialer Kohäsion zu gewährleisten und systematischer Benachteiligung nach Geschlecht, Religion, sozialer Herkunft, nationaler oder ethnischer Zugehörigkeit entgegenzuwirken (*gesellschaftliche Teilhabe und Chancengleichheit*) (vgl. Konsortium Bildungsberichterstattung, 2006).

Individuelle Regulationsfähigkeit meint die Fähigkeit des Individuums, sein Verhalten und sein Verhältnis zur Umwelt, die eigene Biografie und das Leben in der Gemeinschaft selbstständig zu planen und zu gestalten. Damit wird die individuelle Funktion von Bildung aufgegriffen, die verwertbare Qualifikationen ebenso wie die Idee der Selbstentfaltung und verantwortlichen Mitgestaltung der Kultur einbezieht. Der Beitrag des Bildungssystems zu den Humanressourcen richtet sich sowohl auf die Sicherstellung und Weiterentwicklung des quantitativen und qualitativen Arbeitskräftevolumens als auch in individueller Sicht auf die Vermittlung von Kompetenzen, die den Menschen eine ihren Neigungen und Fähigkeiten entsprechende Erwerbsarbeit ermöglichen. Indem die Bildungseinrichtungen gesellschaftliche Teilhabe und Chancengleichheit fördern, wirken sie systematischer Benachteiligung aufgrund der sozialen Herkunft, des Geschlechts, der nationalen oder ethnischen Zugehörigkeit entgegen und ermöglichen die soziale Integration ebenso wie die Aneignung von Kultur für alle. Gesellschaftlicher Zusammenhalt und Partizipation werden so durch Bildung begünstigt (vgl. Döbert & Avenarius, 2007).

Verständnis von Steuerung

Der in der Soziologie im Zusammenhang mit Talcott Parsons Systemtheorie eingegangene Begriff der „Steuerung", der auch Anregungen aus der Kybernetik aufgenommen hatte, wurde später – im Kontext der Luhmannschen Systemtheorie – auch für Analysen des politischen Systems herangezogen. „Dabei wurde Steuerung als systemische Funktion, als ein vom Handeln konkreter Akteure abgelöster Prozess gedacht" (Mayntz, 2006, S. 12). Anders hingegen in der empirischen Policy-Forschung, in der die Akteure und ihr Handeln in den Vordergrund rückten: Der Steuerungsbegriff wurde hier stärker akteurszentriert ausgerichtet. Mayntz definiert Steuerung als „[...] ein zielgerichtetes Handeln, das von der Wirkung des Handelns analytisch zu unterscheiden ist; Steuerungshandeln bemißt sich nicht am Steuerungserfolg. Wie jedes Handeln muß Steuern einem Subjekt zuschreibbar sein: Steuerungshandeln impliziert die Existenz von Steuerungsakteuren. Steuerungsobjekt sind existente soziale (Teil-)Systeme, deren autonome Dynamik oder Entwicklung durch das Steuerungshandeln in eine bestimmte Richtung gelenkt werden soll" (Mayntz, 2006, S. 12).

Grundsätzlich kann sowohl direkt als auch indirekt durch Setzung von Rahmenbedingungen gesteuert werden. Im Bildungswesen beispielsweise wird direkt gesteuert u.a. durch Angebote von Bildungsgängen sowie die Festlegung für ihren Zugang und ihre Zertifizierung, im Rahmen der Bereitstellung von Ressourcen, wie Finanzmittel, Personal und Infrastruktur, durch inhaltliche Vorgaben (z.B. Curricula, Standards und Leitbilder) sowie mithilfe von Maßnahmen der Qualitätssicherung (z.B. Evaluation, Schulinspektion und Bildungsstandards). Für das allgemeinbildende Schulwesen ist damit beispielsweise gemeint, dass sowohl auf individueller Ebene das Erreichen von Lernzielen der einzelnen Schüler als auch auf institutioneller Ebene die Effizienz von Unterrichtsmethoden oder organisatorischen Abläufen verstärkt Gegenstand von Untersuchungen werden (vgl. Leschinsky & Cortina, 2008). Indirekt lassen sich die individuellen Entscheidungen der Bildungsteilnehmerinnen und -teilnehmer durch die Setzung von Rahmenbedingungen steuern (vgl. Döbert, 2007), beispielsweise durch die Schaffung familienfreundlicher Umgebungen oder infrastruktureller Anreizsysteme.

Der traditionelle Steuerungsbegriff, bei dem der Staat als zentrale Ordnungsmacht verstanden wurde, unterscheidet also klar zwischen Steuerungssubjekt und Steuerungsobjekt(en). Der seit Mitte der 1970er Jahre diskutierte „schlanke Staat“, dessen Ausgangspunkt eine neo-liberale Staatskritik war, die Staats- und Bürokratieversagen – und nicht etwa Marktversagen – als Grund für sozioökonomische Probleme ausmachte, zielte auf die Reduktion öffentlicher Aufgaben. In Deutschland standen hierbei der moderne Wohlfahrtsstaat, eine zunehmende Verrechtlichung und das Wachsen staatlicher Aufgaben in der Kritik. Diese als Bürokratisierung kritisierte Entwicklung schlug sich in der verwaltungspolitischen Debatte in Stichworten wie „Staatsversagen“ und „Unregierbarkeit“ (Jann & Wegrich, 2010, S. 180) nieder. International wurde diese politische Strömung insbesondere durch Margaret Thatcher und Ronald Reagan vertreten. Während Lösungsansätze in Maßnahmen wie Deregulierung, Entbürokratisierung und Rechtsbereinigung gesucht wurden, blieben traditionelle Steuerungsmechanismen und Strukturprinzipien jedoch weitgehend erhalten (vgl. Jann & Wegrich, 2010).

New Public Management und neue Steuerung

Mit der Orientierung des Verwaltungshandelns an betriebswirtschaftlichen Prinzipien, die in der Diskussion um ein New Public Management (NPM) ihren Ausdruck fand, wurde seit den 1990er Jahren eine ökonomische Interpretation von Verwaltung in den Vordergrund gestellt. Mithilfe des NPM-Ansatzes sollten Managementprozesse einzelner Verwaltungseinheiten sowohl analysiert als auch gestaltet werden. Zentrale Frage bei der unter dem Stichwort „Binnenmodernisierung“ geführten Diskussion war die nach einer Effizienzsteigerung im öffentlichen Sektor. Neben Überlegungen, wie administrativ-organisatorische Staatsaufgaben möglichst effizient umgesetzt werden können, stand seit Ende der 1990er Jahre auch die Neubestimmung öffentlicher Aufgaben zur Diskussion. Einem ehemals bürokratischen und zentralistischen Steuerungsverständnis wurde nun eine Vorstellung von Steuerung gegenübergestellt, die ergebnisorientiert, transparent und dezentral angelegt war (vgl. Bogumil & Holtkamp, 2006).

Das in Deutschland als neues Steuerungsmodell diskutierte Konzept beinhaltet verschiedene Instrumente wie das Kontraktmanagement, bei dem Resultate und nicht Verfahrensregeln im Vordergrund stehen („Management by Objectives“), bei dem mehr Eigenverantwortung durch eine dezentrale Ressourcenverantwortung gewährt wird und bei dem das Rechnungswesen auf dem Produkt- bzw. Dienstleitungsbegriff aufbaut, um das Verwaltungshandeln stärker auf Leistungen ausrichten zu können (vgl. Jann, 2011). Durch ein zielgerichtetes Qualitätsmanagement und die entsprechenden Instrumente, wie beispielsweise das Total Quality Management[1], sollen Erwartungen der Bürgerinnen und Bürger in die Erarbeitung von Produkten einbezogen werden (vgl. Blanke et al., 2011). Nach dem Verständnis des NPM-Ansatzes bedarf die neue Steuerungslogik aber

---

1 Das Total Quality Management strebt die Optimierung der von Produktqualität und Dienstleistungen eines Unternehmens ebenso wie die Kundenzufriedenheit an. Springer Gabler Verlag (Hrsg.). Gabler Wirtschaftslexikon, Stichwort: Total Quality Management (TQM), verfügbar unter: http://wirtschaftslexikon.gabler.de/Archiv/73551/total-quality-management-tqm-v6.html [17.07.2013].

auch einer klareren Trennung zwischen Verwaltung und Politik: „Politische Repräsentanten sind unter Geltung dieses Steuerungsmodells stärker als bisher darauf verpflichtet, langfristige Politikziele zu formulieren und von der Intervention in das operative Tagesgeschäft der Verwaltung abzusehen“ (Schröter & Wollmann, 1998, S. 66). Infolge der Diskussion und der Etablierung des neuen Steuerungsmodells wurden strategische und operative Entscheidungen innerhalb der öffentlichen Verwaltung zunehmend differenziert.

Governance

Seit Mitte der 1990er Jahre lässt sich als neues verwaltungspolitisches Leitbild das des „aktivierenden Staates“ ausmachen. Im Sinne eines Governance-Ansatzes wird hier auch die Zivil- und Bürgergesellschaft für die Lösung gesellschaftlicher Probleme in der Verantwortung gesehen. Dabei geht es auch um neue Formen der Kooperation zwischen öffentlichen und privaten Akteuren, die nicht mehr nur einer rein hierarchischen Logik folgen, sondern stark von horizontalen, netzwerkartigen Beziehungen geprägt sind. Jann und Wegrich erklären die besondere Rolle der öffentlichen Verwaltung in diesem Zusammenhang damit, dass ihr „[...] im traditionellen Verständnis des Policy Making die Rolle der zentralen Instanz für die Vorbereitung und Umsetzung (und gerade auch Durchsetzung) von Politik(-inhalten) [...]“ (Jann & Wegrich, 2010, S. 175) zukommt. Somit können mithilfe des Governance-Konzepts Veränderungstrends in der öffentlichen Verwaltung zum einen analytisch erfasst und beschrieben werden, zum anderen dient das Konzept zur Begründung bestimmter Anforderungen und Ansätze für eine Reform der Verwaltung. Damit kommt dem Governance-Konzept einerseits eine deskriptiv-analytische sowie andererseits auch eine präskriptiv-normative Funktion zu (vgl. Jann & Wegrich, 2010).

Eine zentrale Erkenntnis der Policy-Forschung war, „[...] dass man bei der Erfüllung komplexer gesellschaftlicher Aufgaben immer weniger auf die Durchsetzungsmacht des vermeintlich souveränen Staates vertrauen kann“ (Benz & Dose, 2010, 20f.). Es konnte aufgezeigt werden, dass Regierungen und Verwaltungen auf das Zusammenwirken von sowohl anderen öffentlichen als auch privaten Akteuren angewiesen waren. „Auch wurde offenbar, dass zahlreiche kollektiv verbindliche Regeln auch ohne den Staat gesetzt und durchgesetzt werden. In modernen Gesellschaften, die ohne ein Steuerungszentrum funktionieren, muss Politik generell als Management von Interdependenzen verstanden werden. Steuerung und Kontrolle sind nicht einseitige Tätigkeiten einer zuständigen Institution (etwa des Staates), sondern Prozesse der Interaktion zwischen kollektiven Akteuren, wobei zwischen Steuerungssubjekt und Steuerungsobjekt nicht mehr eindeutig unterschieden werden kann“ (Benz & Dose, 2010, S. 21). Dem Staat als ehemalige zentrale Ordnungsmacht stehen aus Governance-Perspektive Akteure aus Wirtschaft und Zivilgesellschaft gegenüber, die zusammen und auch gegeneinander in einem Mehrebenensystem wirken. Fragen nach Handlungskoordination, Kooperation und dem Grad der Institutionalisierung der verschiedenen Kooperationsmodi stehen dabei im Vordergrund (vgl. Kussau & Brüsemeister, 2007). „Die generelle analytische

Frage lautet kurz, wie die Handlungsabstimmung in einem Mehrebenensystem mit zahlreichen Akteuren erfolgt" (Kussau & Brüsemeister, 2007, S. 16). Mit Blick auf die traditionelle Gegenüberstellung von Steuerungssubjekt und -objekt bedeutet dies, dass je nach Akteurskonstellation unterschiedliche Möglichkeiten und Grenzen der Einflussnahme bestehen bzw. ausgehandelt werden. Die Konstellation handelt, nicht die Akteure (vgl. Brüsemeister, 2012).

Will man die Perspektiven des klassischen Steuerungsverständnisses und des Governance-Ansatzes gegenüberstellen, ließen sich diese als akteurszentriert und institutionalistisch beschreiben, wobei der Fokus nicht mehr auf die Steuerungssubjekte, sondern vielmehr auf die Regelstrukturen gerichtet ist. Altrichter spricht in diesem Zusammenhang auch von überindividuellen, sozialen oder kooperativen Akteuren. Intervention und das Handeln des Einzelnen treten in den Hintergrund, während das Zustandekommen von komplexen Strukturen und Handlungen ins Zentrum der Aufmerksamkeit rücken (vgl. Altrichter, 2011).

Mit dem Wandel vom klassischen Steuerungsverständnis hin zum Governance-Ansatz ergeben sich auch im Bereich der Bildung Veränderungen in den Steuerungsstrukturen, die mit dem Konzept Educational-Governance zusammengefasst und im Folgenden anhand der verschiedenen Entwicklungslinien skizziert werden sollen.

1.2 Neue Entwicklungen bei der Steuerung von Bildung

Im Bildungssektor gewinnt die Governance-Perspektive etwa seit der Jahrtausendwende zunehmend an Bedeutung. Vor dem Hintergrund veränderter Anforderungen an das Bildungssystem (z.B. Rechenschaftspflicht, Forderung nach höherer Leistungsfähigkeit der Einrichtungen, angespannte Finanzlage öffentlicher Haushalte, demografisch bedingter Bevölkerungsrückgang) werden Steuerungsinstrumente angepasst und Abstimmungsprozesse zwischen den Institutionen im Bildungssystem sowie den verschiedenen Akteuren verändert (vgl. Kussau & Brüsemeister, 2007). Drei zentrale Begriffe prägen die Perspektive von Governance: „Akteurskonstellation", „Mehrebenensysteme" und „Handlungskoordination" (vgl. Altrichter et al., 2007) und konterkarieren damit die hierarchische Sichtweise und die Konzentration auf staatliches Handeln im Sinne einer „Ordnungsmacht".

Die seit den 1990er Jahren sowohl in der Erziehungswissenschaft als auch in der Bildungspolitik intensiv geführte Diskussion um Fragen und Probleme der Steuerung umfasst zum einen alle Bildungsbereiche und -dimensionen von der frühkindlichen Bildung bis zur Weiterbildung sowie der non-formalen Bildung und dem informellen Lernen. Zum anderen schließt sie auch die verschiedenen Ebenen des Bildungswesens von der Individualebene bis zur Systemebene ein (vgl. Lange et al., 2009). Während noch in den 1960er und 1970er Jahren Bildung durch direkte staatliche Eingriffe – mit strukturellen oder inhaltlichen Vorgaben – durch Mitteleinsatz sowie Rechts- und Verwaltungsvorschriften gesteuert wurde, ist man seit den 1990er Jahren vom Grundgedanken zentraler Steuerungsakteure nicht zuletzt durch die Erkenntnis abgewichen, dass

Bildungsreformen nicht linear „von oben“ (top-down) durchzusetzen sind. Aufsicht und Verwaltung des Bildungssystems unterlagen in dieser Zeit tiefgreifenden Veränderungsprozessen. Gegenüber dem klassischen Steuerungsverständnis rückten zunehmend Prozesse und Ergebnisse der verschiedenen Bildungsbereiche und -einrichtungen unter dem Schlagwort der sogenannten Outputsteuerung in den Fokus des neuen Steuerungsverständnisses (vgl. Döbert, 2007).

Dieser Paradigmenwechsel von einer input- hin zu einer output-orientierten Steuerung, als zentrales Element der Rekonstruktion des Educational-Governance-Gedankens (vgl. Wissinger, 2007), ging mit einer Debatte um die Erweiterung des Handlungsspielraums der verschiedenen Akteure im Bildungssystem einher. Wird von der Verbesserung der Systemsteuerung im Bildungsbereich gesprochen, so geht es im Allgemeinen um die Frage: Wie können qualitätsvolle Ergebnisse zielgerichtet und ökonomisch erreicht werden (vgl. Altrichter et al., 2007)? Durch Ergebniskontrolle (Output) sollen Anreize gesetzt werden, um Qualität, Effektivität und Effizienz der Bildungseinrichtungen zu verbessern und insbesondere die Selbststeuerungsfähigkeit der Einrichtungen zu erhöhen. Im Zentrum steht daher die Diskussion um geeignete Steuerungsstrategien sowie -instrumente, die über die Qualität von Bildungseinrichtungen verlässlich informieren und diese systematisch verbessern können.

Mit *Qualität von Bildung* wird eine entscheidende Steuerungsstrategie angesprochen, die seit etwa 20 Jahren international diskutiert und in den letzten Jahren auch in allen Bereichen des deutschen Bildungswesens verfolgt wird. Zentral für den Wandel vom input- zum output-orientierten Steuerungsmodell, welches über die Kommunalverwaltung Eingang in die Bildungspolitik fand, ist dabei ein ergebnisorientiertes Steuerungsverfahren.

Für die Qualitätsentwicklung und -sicherung im Bildungswesen in den verschiedenen Bildungsbereichen werden von Bildungspolitik und -administration unterschiedliche Steuerungsinstrumente und Maßnahmen eingesetzt, die im Folgenden kurz umrissen werden sollen. Wenngleich jede dieser Maßnahmen/Instrumente gesondert dargestellt wird, so sind sie im Gesamtkontext der vielfältigen, eng miteinander verknüpften Aktivitäten und Reformmaßnahmen zur Verbesserung der Qualität im Bildungswesen zu betrachten.

Die nachfolgend vorgestellten Maßnahmen sind v.a. im Kontext zweier Entwicklungstendenzen zu sehen: zum einen in der Tendenz zur Vereinheitlichung auf staatlicher bzw. auf Systemebene und der damit verbundenen Rechenschaftslegung (Accountability) der Bildungseinrichtungen und zum anderen in der parallel dazu verlaufenden Entwicklung der erweiterten Eigenverantwortlichkeit auf lokaler sowie auf institutioneller Ebene (Autonomy). Kommunale Akteure aus Politik, Verwaltung und Praxis sehen sich infolgedessen zunehmend mit der Herausforderung konfrontiert, zentral verankerte Standards bzw. Leistungserwartungen eigenverantwortlich umzusetzen.

Steuerung im Kontext von Qualitätsorientierung und Evaluation

Mit Kontrollmechanismen wie der Formulierung von Bildungsstandards sowie deren testbasierter Überprüfung geht eine (Re-)Zentralisierung in Form von Bestandsaufnahmen, Analysen und der Bewertung erbrachter Ergebnisse des Bildungssystems einher. Im Vordergrund stehen die Verbesserung sowohl von Qualität als auch von Effektivität und Effizienz der Bildungseinrichtungen sowie die Erhöhung der Selbststeuerungsfähigkeit der einzelnen Einrichtungen (vgl. Döbert, 2010a).

Mit dem Hamburger Abkommen der Kultusministerkonferenz der Länder (KMK) 1964 wurde der Grundstein für die Vereinheitlichung zentraler Zielsetzungen im Bildungssystem in den Ländern gelegt. Darin sind u.a. Festlegungen zur Dauer des Schuljahres, Schulpflicht, Ferien, ebenso wie einheitliche Bezeichnungen von Bildungsgängen, die wechselseitige Anerkennung der Abschlusszeugnisse, der Lehramtsprüfungen und der Bezeichnung der Noten geregelt, um die Mobilität im Schulsystem zwischen den Ländern zu gewährleisten (vgl. KMK 1971). In einem Beschluss der KMK vom 10.05.2001 wurden die Vereinbarungen zur Ausgestaltung von Bildungsgängen „von den Detailregelungen befreit und auf Rahmenregelungen zurückgeführt. Es wird eine pragmatische Anerkennungspraxis vereinbart. […] Ziel ist es, unterschiedliche, aber gleichwertige Instrumente der Qualitätsentwicklung und Qualitätssicherung in den Ländern zu akzeptieren“ (KMK, 2001, S. 6).

Anders als beispielsweise in den USA, wo sich mit Programmen wie NAEP (National Assesment of Educational Progress) eine regelmäßige und systematische Überprüfung der Leistungsfähigkeit bereits in den 1970er Jahren etablierte, fehlte eine solche in Deutschland bis in die 1990er Jahre (vgl. Köller, 2007). Erst im Rahmen des Konstanzer Beschlusses der KMK von 1997, der die sogenannte empirische Wende kennzeichnet, bekennt sich die KMK zur Notwendigkeit, Instrumente zur Evaluation des Schulsystems zu etablieren. Mit der daran anknüpfenden und 2006 beschlossenen Gesamtstrategie zum Bildungsmonitoring (vgl. KMK, 2006) wird zudem eine Grundlage für eine wissenschaftlich fundierte Feststellung der Ergebnisse des Bildungswesens forciert, die nicht zuletzt als Resultat der Ergebnisse aus PISA 2000 zu betrachten ist. Auf Basis empirisch belastbarer Informationen sollen bildungspolitische Reformmaßnahmen zur Qualitätssteigerung entwickelt und die Sicherung der Vergleichbarkeit im Bildungswesen gewährleistet werden.

Insgesamt ist ein Trend von der Regelsteuerung zur Zielsteuerung erkennbar, der „durch zentral entscheidende strategische Zielvorgaben und einer in der Peripherie des Systems angesiedelten Erarbeitung der operativen Umsetzung“ (Mann, 1991, zitiert nach Berkemeyer, 2010, S. 67) gekennzeichnet ist.

Beispielhaft für die in diesem Kontext vorgenommenen Reformbemühungen ist zum einen die Gesamtkonzeption der Kultusministerkonferenz zum Bildungsmonitoring. Darin enthalten sind vier zentrale Instrumente, und Verfahren, die in einen Gesamtzusammenhang eingeordnet werden sollen[2] und die zum Teil auf die 2003 und 2004 von der KMK verabschiedeten Bildungsstandards Bezug nehmen.

Beispielhaft für die in diesem Kontext vorgenommenen Reformbemühungen sind zu nennen:

- Einführung nationaler Bildungsstandards;
- Durchführung zentraler Prüfungs- und Vergleichsarbeiten in Anbindung oder Rückkoppelung an die Bildungsstandards zur landesweiten oder länderübergreifenden Überprüfung der Leistungsfähigkeit von Schulen;
- Teilnahme an nationalen und internationalen Schulleistungstests;
- Verstärkung der internen Evaluationen sowie der externen Evaluation bzw. Schulinspektion;
- Etablierung der nationalen und kommunalen Bildungsberichterstattung.

Gemein ist den Instrumenten und Verfahren, dass sie das Ziel der Qualitätssteigerung und der qualitativen Weiterentwicklung des Bildungswesens verfolgen, während die Zielsetzung, die hinter den jeweiligen Verfahren steht, variiert (vgl. Abb. 1.1).

Abb. 1.1: Evaluation zwischen Kontrolle und Entwicklung

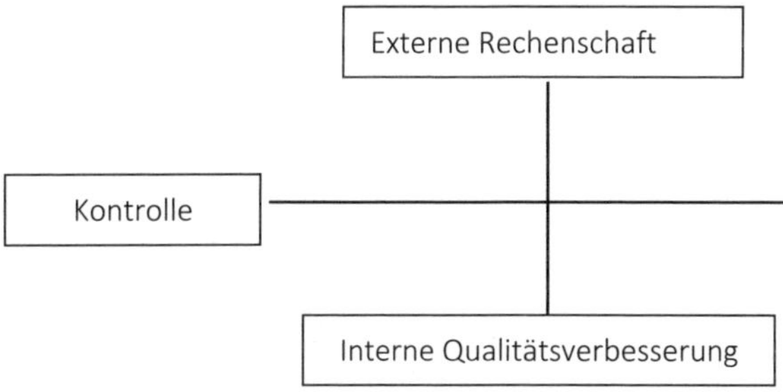

Quelle: Fend, 2008, S. 124.

Abbildung 1.2 stellt die Ebenen dar, auf denen die verschiedenen Instrumente ansetzen. Dabei lassen sich drei Gruppen identifizieren. Während die zentralen Überprüfungen der Bildungsstandards und Vergleichsarbeiten darauf abzielen, Aussagen zur Leistungsfähigkeit bzw. zu (kognitiven) Kompetenzen der Schülerinnen und Schüler sowie der Klassen bereitzustellen, setzt die interne und externe Evaluation auf Klassen- bzw. Schulebene an und nimmt besonders die institutionelle Weiterentwicklung in den Blick. Die Evaluation im Sinne einer systemischen Überprüfung des Bildungssystems bzw. deren Bereiche erfolgt im Rahmen der Bildungsberichterstattung (auf Bundes-, Landes-

2 Bestandteil der Gesamtstrategie waren internationale Schulleistungsuntersuchungen, zentrale Überprüfung des Erreichens der Bildungsstandards im Ländervergleich, Vergleichsarbeiten zur landesweiten Überprüfung der Leistungsfähigkeit einzelner Schulen, gemeinsame Bildungsberichterstattung von Bund und Ländern.

oder kommunaler Ebene). Darin deutet sich bereits an, wie sich die verschiedenen Bestandteile in der Gesamtkonzeption des Bildungsmonitorings verorten bzw. ineinandergreifen. Hierin zeigt sich noch einmal, wie die so genannte „empirische Wende“ sich auf die Nutzung von Methoden und Instrumenten auswirkt, die, wenngleich früher bereits vorhanden, nun im systematischen Zusammenwirken die Ergebnisse konkreten Handelns überprüfen (vgl. Lange, 2003).

Abb. 1.2: Vergleich aktueller Instrumente und Verfahren im Rahmen der Qualitätsentwicklung und -sicherung im Bildungswesen

Bestandteile des Bildungsmonitorings	funktionale Ebenen der Überprüfung						Art der Erhebung
	Lernende	Klasse	Schule	Bildungssystem			
				Bund	Land	Kommune	
Internationale Schulleistungsuntersuchungen	x	(x)		x			Stichprobe (Zufallsauswahl)
Zentrale Überprüfung der Bildungsstandards	x	x	(x)	x	x		Vollerhebung
Vergleichsarbeiten	x	x	(x)		x	x	z.T. Vollerhebung
Bildungsberichterstattung von Bund, Ländern und Kommunen				x	x	x	Stichprobe/ Vollerhebung
Interne und externe Evaluation		x	x		x	x	Vollerhebung

(x) = trifft mit Einschränkungen zu.

Quelle: Eigene Darstellung.

Ein vertiefender Blick auf die Bestandteile des Bildungsmonitorings und deren konzeptionelle Anlage verdeutlicht den Nutzen auf den einzelnen Ebenen.

Überprüfung der Nationalen Bildungsstandards

„Bildungsstandards […] greifen allgemeine Bildungsziele auf. Sie benennen die Kompetenzen, welche die Schule ihren Schülerinnen und Schülern vermitteln muss, damit bestimmte zentrale Bildungsziele erreicht werden. Die Bildungsstandards legen fest, welche Kompetenzen die Kinder oder Jugendlichen bis zu einer bestimmten Jahrgangsstufe erworben haben sollen. Die Kompetenzen werden so konkret beschrieben, dass sie in Aufgabenstellungen umgesetzt und prinzipiell mit Hilfe von Testverfahren erfasst werden können“ (Klieme et. al., 2003, S. 21). Es handelt sich dabei um normative Curricula, welche die verschiedenen Kernbereiche in den Fokus nehmen (vgl. Maag Merki, 2010) und die erwarteten Lernergebnisse benennen (vgl. Avenarius & Füssel, 2010).

Der 2003 und 2004 von der KMK verabschiedete Referenzrahmen umfasst den Primarbereich (für die Fächer Deutsch und Mathematik), den Sekundarbereich für den Hauptschulabschluss (Deutsch, Mathematik, erste Fremdsprache) sowie den Mittleren Schulabschluss (Deutsch, Mathematik, erste Fremdsprache, Biologie, Chemie, Physik) (vgl. KMK, 2004) und stellt sogenannte Performance Standards dar, die zu erwerbende

Fähigkeiten und Fertigkeiten der Schülerinnen und Schüler festschreiben. 2007 folgten auch für die gymnasiale Oberstufe Bildungsstandards in den Fächern Deutsch, Mathematik und der ersten Fremdsprache (vgl. Avenarius & Füssel, 2010).

In Abgrenzung zu Lehrplänen, die in erster Linie als Input-Standards wirken und das zu erreichende Wissen umreißen, dienen Bildungsstandards einer externen Überprüfung der Zielerreichung; ihnen liegt somit eine Kontrollabsicht (des Outputs) zugrunde (vgl. van Ackeren & Klemm, 2009). Fend betrachtet die Vereinbarung von Standards als notwendige Voraussetzung dafür, die Qualität mithilfe evaluativer Verfahren bewerten zu können und gleichzeitig Objektivität und Transparenz im Hinblick auf die Bewertung und daraus resultierende Handlungserfordernisse zu gewährleisten (vgl. Fend, 2008).

Um Performance Standards operationalisierbar und messbar zu machen, werden den Bildungsstandards Kompetenz-Modelle zugrunde gelegt. Sie definieren „fach- und situationsspezifische Anforderungen in abgrenzbaren Lern- und Handlungsbereichen und beschreiben zugleich die individuellen Voraussetzungen für ein erfolgreiches Handeln in diesen Situationen" (van Ackeren & Klemm, 2009, S. 157). Das Erreichen der nationalen Bildungsstandards erfolgt im Rahmen einer stichprobenbasierten Überprüfung in den Jahrgangsstufen 4, 8, 9 und 10 im Ländervergleich durch das eigens gegründete Institut für Qualitätsentwicklung im Bildungswesen (IQB). Es wird das Ziel verfolgt, „Lehrkräfte bei der Analyse, Planung und Überprüfung ihrer Unterrichtsarbeit [zu] unterstützen, Schülerinnen und Schülern Orientierung und Transparenz hinsichtlich der Leistungserwartungen [zu] geben und eine systematische Schulentwicklung durch interne und externe Evaluation der Schulen [zu] ermöglichen" (Avenarius & Füssel, 2010, S. 272).

Wenngleich Bildungsstandards als primäre Leistungsstandards verbindliche Kriterien für alle Bundesländer darstellen, sind sie mit Berücksichtigung der Kulturhoheit der Länder als Rahmenstandards zur individuellen Ausgestaltung zu betrachten. Personale und soziale Kompetenzen, so eine zentrale Kritik, finden derzeit kaum Berücksichtigung (vgl. van Ackeren & Klemm, 2009).

Landesweite Vergleichsarbeiten

Auch die sogenannten Vergleichsarbeiten stellen ein extern administriertes Verfahren dar, welches der Überprüfung der Kompetenzen und Leistungen als Outputmerkmal von Schülerinnen und Schülern am Ende einer festgelegten Lernzeit dient (vgl. Maak Merki, 2010). „Ziel dieses Verfahrens soll es sein, eine Qualitätssicherung zu gewährleisten, sich darüber länderübergreifend auszutauschen und es den Schülerinnen und Schülern in allen Ländern der Bundesrepublik zu ermöglichen, in allen Bildungsgängen über individuelle Förderung die gesetzten Ziele zu erreichen" (Beschluss der 299. Kultusministerkonferenz am 17./18. Oktober 2002). Vergleichsarbeiten zielen darauf ab, durch Informationen über Defizite und Handlungsbedarfe auf der Ebene von Einzelschule und Unterricht anzusetzen. Es handelt sich dabei um eine jährlich durchgeführte Large-Scale-Studie, die z.T. verpflichtend als Vollerhebung und z.T. als freiwillige Teilnahme erfolgt. Diesem Instrumentarium wird ein schullaufbahnbegleitender Charakter zugesprochen, der mit der Identifikation von Stärken und Schwächen einhergeht. Durch die Ergebnisrückmeldung an die Schulen werden datengestützte, schulinterne Diskussionen z.B. über Differenzierungsmaßnahmen, Entwicklung von Förderkonzepten, schulinterne Rahmenpläne, Lehrerkooperation und -einsatz angestrebt. Die sogenannten VERA-Daten werden sowohl in der Primarstufe (VERA 3) als auch in der Sekundarstufe (VERA-8) erhoben (vgl. van Ackeren & Klemm, 2009), deren Bezugsnormorientierung die nationalen Bildungsstands darstellen.

Teilnahme an internationalen Schulleistungstests

Die internationalen Schulleistungsstudien (PISA im dreijährigen Rhythmus, PIRLS/IGLU im fünfjährigen Rhythmus, TIMSS im vierjährigen Rhythmus) folgen dem Anspruch, Daten auf Systemebene bereitzustellen und so ein zielgerichtetes Systemmonitoring zu unterstützen. Grundlage dafür bilden jeweils Stichprobenerhebungen (Zufallsauswahl), durchgeführt von zentral eingesetzten Testleiterinnen und -leitern. Diese Studien stellen in ihrer konzeptionellen Anlage für länderübergreifende Steuerungsakteure wie die Bildungspolitik des Bundes oder KMK ein wichtiges Instrument zur Beurteilung der Leistungsfähigkeit des Bildungssystems im internationalen Vergleich dar (internationale Studien) (vgl. KMK, 2006). Dabei zielt die Beteiligung an den internationalen Leistungsvergleichsstudien vor allem darauf ab, Informationen zu generieren, die benötigt werden, um die Anschlussfähigkeit des deutschen Bildungssystems zu sichern und zudem eine Normierung der Bildungsstandards in Anlehnung an internationale Maßstäbe vorzunehmen (vgl. KMK, 2006).

Nationale und Kommunale Bildungsberichterstattung

Das System der Bildungsberichterstattung als Bestandteil des Bildungsmonitorings verfolgt das Ziel, das Bildungssystem einer Nation, eines Landes oder einer Kommune auf der Grundlage zuverlässiger Daten abzubilden, die aktuelle Leistungsfähigkeit aus der Systemperspektive zu erfassen und Entwicklungen im Zeitverlauf empirisch zu beschreiben (vgl. Döbert, 2010).

Neben den zahlreichen anderen beschriebenen Maßnahmen der systematischen Beobachtung des Bildungsgeschehens und der Erfassung institutioneller Stärken und Schwächen, die zumeist einen Ausschnitt des Bildungsgeschehens abbilden, liegt der Nutzen einer Bildungsberichterstattung vor allem in der indikatorengestützten Darstellung des Bildungsgeschehens einer Region aus systemischer Sicht (vgl. Döbert, 2010). Indikatoren werden hier als theoretisch fundierte Konstrukte verstanden, die komplexe Zusammenhänge im Bildungswesen durch Daten erfassen und in Statusberichten zusammenführen. Die Auswahl der darzustellenden Indikatoren erfolgt dabei in Abhängigkeit der Handlungsrelevanz sowie des Anwendungsbezugs (vgl. Projektteam KBM, 2011). Die Abbildung kausaler Zusammenhänge in einem Bildungsbericht ist nicht leistbar. Dafür bedarf es zusätzlicher Analysen von Wirkungszusammenhängen. Bildungsberichte sind vielmehr als Entscheidungshilfe für Politik, Verwaltung, aber auch einzelner Bildungsinstitutionen zu verstehen, um gesellschaftliche Prozesse der Qualitätsentwicklung im Bildungswesen kontinuierlich zu beobachten (vgl. Döbert & Weishaupt, 2012) und so Stand und Entwicklung des Bildungssystems zielgerichtet und analytisch im Sinne von Vergleichs- und Bewertungsmöglichkeiten zu unterstützen (vgl. Döbert, 2009). Für die Kommunen, deren Bildungsberichterstattung sich neben der Bundes- und Länderebene in den letzten Jahren als ein wichtiges Steuerungsinstrument etablierte, bietet sich so die Möglichkeit, bildungsbereichsübergreifende Strukturen und Trägerkonstellationen darzustellen, besondere Problemlagen des lokalen Bildungssystems zu beschreiben oder Vergleiche mit Entwicklungen auf Länderebene anzustellen (vgl. Projektteam KBM, 2011). Vor allem im Hinblick auf die Entwicklungsfähigkeit von Kommunen und den Ausbau des kommunalen Bildungswesens als ein Teil der öffentlichen Daseinsvorsorge, erscheint eine systematische Berichterstattung auch auf kommunaler Ebene besonders zielführend.

Im Zentrum der Bildungsberichte stehen die Bildungsinstitutionen und die Erfassung der Voraussetzungen, Verlaufsmerkmale, Ergebnisse und Erträge von primär institutionellen Bildungsprozessen mit dem Ziel eines evaluativen und deskriptiven Überblicks der genannten Aspekte (vgl. Döbert, 2010; Döbert & Weishaupt, 2012). Ein Bildungsbericht folgt dem Anspruch, eine Gesamtschau des Bildungssystems bereichsübergreifend darzustellen und greift zumeist den Leitgedanken „Bildung im Lebenslauf“ auf (ebd., S. 161). Das impliziert auch eine Darstellung der Übergänge zwischen den einzelnen Institutionen. Bildungsprozesse und Schnittstellen im Bildungswesen in den Blick zu nehmen, ist besonders vor dem Hintergrund der Abstimmung bildungspolitischer Maßnahmen und der Entwicklung gemeinsamer, institutionenübergreifender Handlungsstrategien erforderlich (vgl. Döbert 2007) und zeigt einmal mehr die Notwendigkeit der Kooperation zwischen den zuständigen Institutionen.

Externe Evaluation bzw. Schulinspektion und interne Evaluationen

Während die Rückmeldung der Ergebnisse testbasierter Rechenschaftssysteme (Schülerleistungsdaten, Kompetenzmessungen etc.) an die Schulen im europäischen Raum bisher weniger verbreitet ist (derzeit z.B. England oder den Niederlanden), gewinnen interne und externe Schulevaluationen zunehmen an Bedeutung. Sie stellen die Prozesse innerhalb der Schulen in den Mittelpunkt, indem sie die jeweiligen Konstellationsgefüge der verschiedenen Ebenen im Sinne einer governancetheoretischen Perspektive aufgreifen (vgl. Gärtner, 2013). Im Gegensatz zu (inter-)nationalen Leistungsmessungen, die Rechenschaftspflicht auf Ebene des gesamtdeutschen Bildungssystems bzw. der einzelnen Länder widerspiegeln, werden im Rahmen interner und externer Schulevaluationen Aussagen über die Schulen als Handlungseinheit getroffen (vgl. Fend, 2008). Für die Mehrzahl der Bundesländer ist die Überprüfung der Qualität der schulischen Arbeit durch interne und externe Evaluation im Schulgesetz verpflichtend verankert (vgl. Füssel & Avenarius, 2010).

Es kann zwischen externen Evaluationen (z.B. Schulinspektionen) und internen Evaluationen (z.B. schulinternes Qualitätsmanagement, Feedback) unterschieden werden. Externe Evaluationen dienen im Allgemeinen der Beurteilung von Schulen auf Basis offizieller Qualitätsrahmen durch externe Begutachter. Der Fokus der Begutachtung richtet sich auf Prozessvariablen wie beispielsweise Unterrichtsqualität, Schulmanagement oder Professionalität der Lehrkräfte. Unter Rückgriff auf verschiedene Verfahren der Informationsgewinnung (Unterrichtsbeobachtung, Fragebogen, Interviews, Dokumentenanalyse) wird für jede Schule ein Stärken-Schwächen-Profil in Form eines Inspektionsberichtes angefertigt und der Schulaufsicht übermittelt (vgl. Gärtner, 2013). Das Wissen, das dabei generiert wird, kann unterschiedlich genutzt werden: (1) durch die Schulen, zum Anstoß von Entwicklungsprozessen (Schulentwicklung), (2) durch die Schulaufsicht zur Anregung von Entwicklungsprozessen bei „schwachen" Schulen (Rechenschaftslegung) und (3) zur Auseinandersetzung der Schule mit Qualitätskriterien nach Ankündigung einer Schulinspektion (Normendurchsetzung) (Landwehr, 2011 zitiert nach Gärtner, 2013).[3] Schulinspektion, als eine Form der externen Evaluation, zählt wie die oben angeführten Vergleichsarbeiten und Lernstandserhebungen ebenso wie zentrale Abschlussprüfungen zu den Instrumenten externer Evaluation (vgl. van Ackeren & Klemm, 2009).

In Abgrenzung dazu werden unter interner Evaluation verschiedene Anwendungsgebiete der einzelinstitutionellen Selbstevaluation zusammengefasst, wie (1) Bestandsaufnahme über Stärken und Schwächen zu Beginn eines Entwicklungsprozesses; (2) Feedback (Schülerfeedback zur Lehrkraft und/oder Unterricht, Feedback des Kollegiums, etc.) und (3) schulinternes Qualitätsmanagement. Die Zielsetzung liegt dabei in einer Selbstreflexion von Lehrkräften (Personalentwicklung) ebenso wie in einer Steuerung der Schulentwicklung (Schulmanagement) oder in einer Partizipation von Schülerinnen und Schülern, Lehrkräften oder Eltern (vgl. Berkemeyer & Müller, 2010).

Selbstevaluation meint hier einen „systematische[n], kontinuierliche[n] Lern- und Arbeitsprozess, in dem vor Ort Informationen und Daten über das Lernen, den Unterricht und die Schule gesammelt werden, um aus ihnen Erkenntnisse zu gewinnen und sie begründet zu bewerten. Ziel ist die Selbstreflexion über die Arbeit der Schulentwicklung, der Beteiligung von Betroffenen oder der Selbstkontrolle und Rechenschaft" (Eikenbusch, 1997, S. 7). Im Gegensatz zur externen Evaluation wird die Schule hier selbst zum Steuerungsakteur (vgl. Thiel & Tillmann, 2012). Den Rahmen für den Evaluationsprozess bilden zumeist Schulprogramme und darin enthaltene (pädagogische) Zielsetzungen, ebenso wie Maßnahmen, die zur Erreichung der Ziele formuliert wurden (vgl. Gärtner, 2013). Einige Erkenntnisse zur Wirkung dieses Instruments liegen bereits vor, diskutieren deren Einsatz jedoch sehr kritisch. Probleme bestehen v.a. bezogen auf die Qualität des Evaluationsprozesses, ebenso wie die Ergebnisinterpretation und die Verwendung des generierten Wissens zur Maßnahmenentwicklung (vgl. Schildkamp & Visscher, 2010; Scheerens, 2002).

3 Zur Wirkung von Schulinspektion auf Schulentwicklung liegen verschiedene Studien mit ebenfalls heterogener Befundlage vor (vgl. dazu exemplarisch de Wolf & Janssens, 2007; Ehren & Visscher, 2008; Husfeld, 2011; Huber, 2006; Gärtner et al. 2009; Pietsch, 2011).

Dezentralisierung und erweiterte Autonomie der Bildungseinrichtungen

Parallel zur Entwicklung von output-orientierten Maßnahmen und der damit verbundenen Tendenz zur „Vereinheitlichung" auf der Makroebene gewinnen international seit den 1990er Jahren Dezentralisierungsmechanismen (Mikrosteuerung) zunehmend an Bedeutung (vgl. Rürup & Heinrich, 2007). Im Bereich der allgemeinbildenden Schule fand dies besonders in den Ansätzen und Maßnahmen zur „erweiterten schulischen Autonomie" bzw. „Eigenverantwortung" ihren Ausdruck. Ziel war, durch erhöhte Selbstständigkeit (beispielsweise von Schulen) zu besseren Lernergebnissen in den Einrichtungen zu gelangen, also eine Qualitätssteigerung im Bildungswesen durch Verantwortungsübertragung zu forcieren. Mit der schulischen Selbststeuerung soll die Möglichkeit geschaffen werden, die schulischen Prozesse besser an die spezifischen Verhältnisse vor Ort anzupassen (vgl. Altrichter & Maag Merki, 2010). Schulen werden so ein Stück weit zum Träger von Qualitätsentwicklung im Schulsystem (vgl. Thiel & Tillmann, 2012). Aus internationaler Perspektive lässt sich dieser Ansatz insbesondere in England beobachten, wo Einzelschulen sowohl über das Personalmanagement als auch über Finanzen und die pädagogische Organisation verfügen (vgl. Böttcher, 2007).

Für die Schulen ergibt sich daraus zum einen eine Kompetenzerweiterung im Sinne einer umfassenderen Gestaltungsfreiheit (Dezentralisierung) in pädagogischen, finanziellen und personellen Fragen. Zum anderen wird eine Art Rechenschaftslegung für die Schulen eingeführt, die in Form der bereits beschriebenen Evaluationen die Erreichung vorgegebener Ziele überprüft (Rezentralisierung) (vgl. Brauckmann et al., 2010). Modellversuche zur Erprobung der erweiterten Selbstständigkeit der Schule gab und gibt es beispielsweise in Nordrhein-Westfalen, Niedersachsen, Bayern oder Berlin (vgl. Berkemeyer, 2010).

Autonomie auf pädagogischer Ebene ist eingebettet in die Rahmenbedingungen auf staatlicher Ebene, z.B. in Form von Weisungen der Kultusministerien – wie Schulinspektionen, Bildungsstandards oder zentrale Prüfungen, und wirkt im Rahmen der individuellen und durch die Einzelschule (Schulkonferenz) verabschiedeten Schulprogramme handlungsleitend für Lehrkräfte, Schüler und Eltern. Im Hinblick auf die personelle Eigenständigkeit erhalten die Schulen in den meisten Ländern Entscheidungsbefugnisse bei der Auswahl der Schulleiter ebenso wie in der Beteiligung am schulbezogenen Ausschreibungsverfahren bei der Lehrkräfteauswahl (Rheinland-Pfalz, Schleswig-Holstein). Spricht man von Eigenverantwortung der Bildungsinstitution, so bezieht sich diese neben der pädagogischen und personellen auch auf die finanzielle Ebene. Im Sinne einer dezentralen Ressourcenverantwortung werden den Einzelschulen entsprechende Jahresbudgets zur Selbstverwaltung durch den Schulträger übertragen. Auch die Einwerbung von Zuwendungen Dritter prägt die Praxis der erweiterten Autonomie und führt nicht selten zur Kritik, der Staat delegiere die Verantwortung für knappe Ressourcen an die Schulen, während die Schulen angehalten werden, in einer neuen Rolle als wirtschaftender, ökonomisch handelnder Akteur im System zu agieren (ebd.). Eine Zusammenschau der empirischen Befunde zur Umsetzung der „Schulautonomie in den einzelnen Bundesländern zeigt, dass die Konzepte im Allgemeinen in Verbindung mit Rechenschaftslegung gesehen werden" (vgl. Brauckmann et al., 2010; Rürup, 2007).

Neben der eigenverantwortlichen Schule ist der Diskurs um die Dezentralisierungstendenzen eng mit der Frage verknüpft, inwiefern eine Veränderung/Erweiterung der Kompetenzen im Bildungswesen auf regionaler, insbesondere kommunaler Ebene erforderlich wird. In den öffentlichen Debatten über die Verbesserung des Bildungswesens und um die Herstellung gleichwertiger Lebensverhältnisse richtet sich die Aufmerksamkeit zunehmend auch auf die Rolle der Kommunen im Prozess der Bildungssteuerung. Dass es sich dabei keineswegs um eine neue Debatte handelt, zeigt die Empfehlung des Deutschen Bildungsrates 1970, „auf lokal-regionaler Ebene“ Gremien mit dem Ziel einzurichten, „sozialer Benachteiligung im Zugang zu Bildungsprozessen“ (Tippelt et al., 2006, S. 279) entgegenzuwirken. Gegenwärtige Entwicklungen finden vor allem im Bereich der Bildungsverwaltung und des Bildungsmanagements auf kommunaler Ebene statt (vgl. Berkemeyer, 2010) und gehen mit einer zunehmenden Vernetzung lokaler Akteure einer Bildungslandschaft einher. Beispielhaft seien an dieser Stelle die Konzeptionen der Bildungskommission NRW „Zukunft der Bildung – Schule der Zukunft“ ebenso wie die Projekte „Schule & Co“, „Lernende Region“ oder „Lernen vor Ort“ zu nennen.[4]

Evidenzbasierte Steuerung – Vom Wissen zum Handeln

Den beschriebenen Maßnahmen zur Steuerung des Bildungswesens ist gemein, dass sie eine Entwicklung kennzeichnen, in der Steuerung zunehmend nach Evidenzen im Sinne handlungsleitender Daten und Informationen verlangt. Die Steuerung des Bildungssystems auf der Basis evidenzbasierter Entscheidungen manifestiert sich zunehmend als Anspruch bildungspolitischen Handelns. Steuerungsprozesse sollen stärker datengestützt gestaltet werden, ohne dass bisher abschließend geklärt ist, in welcher Form Evidenzen erforderlich sind und wie durch sie gesteuert wird (vgl. Thiel et al., 2013). Die gezielte und rationale Gestaltung des Bildungswesens setzt voraus, dass Wirkungszusammenhänge innerhalb der sozialen Realität bzw. des Bildungssystems verstanden werden (vgl. Fend, 2008).

Ausgehend von der Perspektive des Educational Governance, die dem Anspruch folgt, über das Zustandekommen, die Aufrechterhaltung ebenso wie die Entwicklungen im Bildungssystem aufzuklären (vgl. Altrichter & Maag Merki, 2010), stellt sich in einem zweiten Schritt die Frage, wie sich das Bildungswesen zielgerichtet verändern lässt. Der Governance-Ansatz richtet den Fokus demgemäß auf Fragen der Systemgestaltung und der zielgerichteten Steuerung. Steuerungsintentionen, so Altrichters Argumentation, seien nie in Gänze umzusetzen. Vielmehr sei Steuerung im Bildungswesen immer intentional, also von einer bestimmten (Steuerungs-)Logik ausgehend, oder transintentional, durch anders motivierte Handlungsbeiträge, die eine Minimierung der sich so ergebenden Handlungen anstrebt (vgl. Altrichter, 2009).

---

4 Eine systematische Darstellung der zentralen Entwicklungen und die inhaltliche Ausrichtung der Vorhaben zur Regionalisierung und Dezentralisierung findet sich u.a. in Berkemeyer, 2010, S. 42 ff.

Folgt man dem Anspruch des neuen Steuerungsparadigmas, so sollte Veränderungen im Bildungswesen eine nachweisliche Wirkung inneliegen (vgl. Fend, 2011). Zielgerichtetes Handeln im Sinne der Weiterentwicklung des Bildungssystems setzt die Strukturierung und Bündelung von Informationen, also Wissen, voraus. Es wird unterstellt, dass das Handeln der Entscheidungsträger im Bildungssystem effektiver und effizienter würde, stünde ihnen mehr und strukturierteres Steuerungswissen zur Verfügung. Eine entsprechende Datenbasis mit Erkenntnissen und Informationen, die als Steuerungswissen bezeichnet werden, soll beispielsweise durch die Wissenschaft bereitgestellt werden (vgl. Altrichter & Heinrich, 2006).

Doch wann wird Wissen handlungsleitend und was kennzeichnet steuerungsrelevante Informationen? „Im Zusammenhang der Erforschung evidenzbasierten organisationalen Handelns wird der Evidenzbegriff aus dem Englischen entliehen und meint die Überprüfung bzw. Begründbarkeit von Annahmen. Im Rahmen einschlägiger Forschung wird Evidenz i.d.R. mit wissenschaftlichen Erkenntnissen gleichgesetzt" (van Ackeren et al., 2011, S. 171 f.). Tippelt und Reich-Claassen setzen in ihren Ausführungen Informationen mit Indikatoren insofern gleich, als Steuerung durch Indikatoren[5] im weitesten Sinn als gleichbedeutend mit Steuerung durch Informationen gesehen werden kann, sofern es sich um systemrelevante Informationen handelt, die den Transfer von wissenschaftlichen Erkenntnissen in Bildungspolitik und -praxis verbessern (vgl. Tippelt & Reich-Claasen, 2010).

Bisher gibt es international kaum empirische Befunde, die Aufschluss darüber geben, welches Wissen letztlich handlungsleitend für Entscheidungsträgerinnen und -träger aus Verwaltung und Politik wirkt (vgl. Heinrich, 2011). Es bedarf bestimmter Voraussetzungen, um Informationen in handlungsleitendes Wissen zu übertragen. Nicht alle Daten und Informationen, die den Akteuren zur Verfügung gestellt werden, besitzen automatisch Steuerungsrelevanz. Handlungsleitendes Wissen setzt nicht nur Anwendungsbezug voraus, sondern erfordert auch auf Seiten der Informationsempfänger bestimmte Voraussetzungen, die ermöglichen, dass vermittelte Informationen ankommen und letztlich in zielgerichtetes Handeln überführt werden (vgl. van Ackeren & Hovestadt, 2003). So verweisen Altrichter und Heinrich in ihrer „revidierten Fassung des Steuerungsbegriffs" (vgl. Altrichter & Heinrich, 2005) auf die Kontextualisierungsleistungen der verschiedenen Akteure sowie die damit verbundenen Herausforderungen und differenzieren klar zwischen Steuerungsintention und Steuerungswirkung: „Steuern meint in einem sozialwissenschaftlichen Kontext, Handlungen zu setzen und Entscheidungen zu treffen, die weitere Handlungen und Entscheidungen relevanter AkteurInnen in bestimmter Richtung beeinflussen. Über ‚Steuerung' zu sprechen impliziert dabei nicht die Annahme, dass Steuerungsintentionen zu 100% in entsprechende Folgehandlungen umgesetzt würden, noch, dass Steuerungshandlungen ohne Nebenwirkungen abliefen oder keine ‚transintentionalen Effekte' erzeugten. Unterstellt wird ebenfalls

5 Definition und Konzept des Indikatorenbegriffs im Rahmen der Bildungsberichterstattung werden im Kapitel 6 ausgeführt.

nicht, dass Steuerungshandlungen gleichsam ‚automatisch' ohne individuelle und soziale Vermittlungsschritte abliefen. Im Modernisierungsdiskurs von Steuerung zu sprechen impliziert aber doch, dass – begründet durch eine gewisse (Steuerungs-)Logik oder ein (Steuerungs-)Konzept – versucht wird, die Zufälligkeit oder Beliebigkeit von Folgehandlungen einzuschränken" (Altrichter & Heinrich, 2005, S. 126).

Als ein Element neuer Steuerungsvorstellungen setzt wissensorientiertes Handeln also eine möglichst exakte Datenbasis voraus, die der Beschreibung über den Zustand des Bildungssystems dient und Informationen über dessen Beschaffenheit bereitstellt (vgl. Altrichter & Heinrich, 2006). Den Akteuren sollen so „Daten und Zugriffsmöglichkeiten für ihre Steuerungsabsichten" (ebd. S. 55) bereitgestellt werden. Van Ackeren et. al (2011) verweisen auf den Nutzen handlungsleitenden Wissens, das für strategische Planung umsetzbar und für tatsächliche Handlungskonsequenzen nutzbar sei. Eben diesem Anspruch folgt das Modell des Systemmonitorings als gesellschaftlicher Kommunikationsprozess, welches exemplarisch herangezogen werden soll, um die am Prozess einer wissensbasierten Steuerung beteiligten Akteure im Systemzusammenhang zu verorten (vgl. Abb. 1.3).

Abb. 1.3: Systemmonitoring als soziales System – Kommunikationskreis

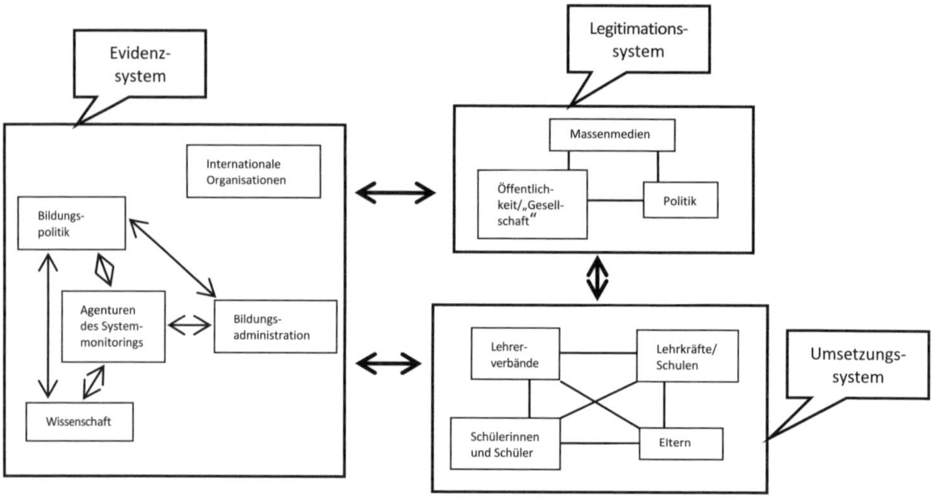

Quelle: Eder, Döbert & Seber, 2012. Unveröffentlichtes Manuskript

Ausgehend von einer systemtheoretischen Betrachtungsweise erfolgt eine Zuordnung der Akteure zu einem der drei angenommenen Teilsysteme (Evidenz-, Legitimations- und Umsetzungssystem), zwischen denen ein Austausch im Sinne eines Kommunikationskreises stattfindet. Das Modell verweist im Sinne der Handlungskoordination auf die Vernetzung der Teilsysteme untereinander ebenso wie auf den Austausch der Akteure innerhalb der verschiedenen Ebenen (beispielsweise Wissenschaft, Agenturen des Systemmonitorings und Bildungsadministration).

Das auf die Produktion und Nutzung des Systemmonitorings ausgerichtete Evidenzsystem fasst u.a. Bildungspolitik, Bildungsadministration und Wissenschaft zusammen. Dieser Bereich lässt sich mit dem Modell der rationalen Politikgestaltung charakterisieren, welches, entwickelt von der Schweizerischen Koordinationsstelle für Bildungsforschung (SKBF), die Kooperationsleistung von Wissenschaft und Politik im Hinblick auf die Transformation von Daten-Wissen-Handeln im zyklischen Prozess nachzeichnet.

Das Modell baut auf vier Grundannahmen einer evidence-based-policy auf:

1. Bereitstellung von gesicherten Erkenntnissen, sogenanntes Steuerungswissen, bildet den Ausgangspunkt für eine wissensbasierte Steuerung.
2. Entscheidungsträgerinnen und -träger rezipieren und interpretieren diese Daten/Erkenntnisse,
3. um im Anschluss an den Rezeptionsprozess problemadäquate Entscheidungen zu treffen.
4. Die Maßnahmenentwicklung auf Basis der Entscheidungen und die Implementation selbiger soll letztlich zu einer Verbesserung des Bildungssystems führen. (Vgl. Dedering, 2010)

Es wird davon ausgegangen, dass die Leitfragen im Vorfeld der Datenproduktion von der Politik gestellt werden und so die Besonderheit darin besteht, dass die bereitgestellten Informationen den Anforderungen politischer Delegationseliten entsprechen und bereits bekannte Herausforderungen bzw. zentrale Problemlagen aufgegriffen werden. Der Bildungsbericht als Produkt dieses zyklischen Prozesses erhält dadurch eine dynamische Komponente (vgl. Eder, Döbert & Seeber, 2012). Wenngleich das Modell zwar den Transformationsprozess vom fundierten Wissen (bereitgestellt durch die Wissenschaft) zu entsprechenden Planungsentscheidungen (initiiert durch politische Entscheidungsträger) durch Auswertung und Diskurs beleuchtet, so lässt es dennoch offen, unter welchen Umständen Wissen in intendierte Handlungen (verwaltungs-)politischer Akteure mündet und stößt so an die von Altrichter und Heinrich beschriebenen Grenzen von Steuerungsintentionen und Steuerungshandeln.

Das Legitimierungssystem, bestehend aus Medien und Öffentlichkeit, dient vorwiegend der Herstellung von Transparenz und repräsentiert zugleich den Auftraggeber (die Öffentlichkeit), dem das Evidenzsystem rechenschaftspflichtig ist. „Die zentrale Funktion dieses Systems ist Handlungsveranlassung und Handlungsrechtfertigung. Weitgehend ungeklärt ist dabei, welche inhaltlichen Transformationen und Reduktionen auf dem Weg vom Evidenzsystem zum Legitimationssystem eintreten" (Eder, Döbert & Seeber, 2012, S. 6). Steuerungsimpulse umzusetzen und zu handeln, ist demzufolge ebenso als Zusammenspiel verschiedener Teilsysteme zu betrachten wie die daraus resultierenden (Weiter-)Entwicklungen im Bildungswesen.

Das Modell lässt gleichwohl offen, wie die Übersetzungsleistung rückgemeldeter Ergebnisse an die Bildungseinrichtungen bzw. -akteure erfolgen kann, um sie dort zu operationalisieren bzw. kontextbezogen zu adaptieren und konkrete Handlungsprozesse zu initiieren. Mit Blick auf die Mikroebene der Verarbeitungskapazität und Verarbeitungsmodi im Umgang mit den neuen Steuerungsinformationen bleibt also die Frage, welcher Voraussetzungen es bedarf, um mit Evaluationsergebnissen zu steuern, bzw. wann das bereitgestellte Wissen handlungsleitend wird, von der Wissenschaft bisher weitestgehend unbeantwortet.

Literatur

Ackeren, van, I. & Hovestedt, G. (2003). Indikatorisierung der Empfehlungen des Forum Bildung. *Bildungsreform Band 4*. Bonn: Bundesministerium für Bildung und Forschung (BMBF).

Ackeren, van, I. & Klemm, K. (2009). *Entstehung, Struktur und Steuerung des deutschen Schulsystems. Eine Einführung*. Wiesbaden: VS Verlag für Sozialwissenschaften.

Ackeren, van, I., Zlatkin-Troitschanskaia, O., Binnewies, C., Clausen, M., Dormann, C., Preisendoerfer, P., Rosenbusch, C. & Schmidt, U. (2011). Evidenzbasierte Schulentwicklung. Ein Forschungsüberblick aus interdisziplinärer Perspektive. *Die Deutsche Schule – Zeitschrift für Erziehungswissenschaft, Bildungspolitik und pädagogische Praxis, 103* (2), 170–184.

Altrichter, H. (2009). Governance. Schulreform als Handlungskoordination. *Die Deutsche Schule – Zeitschrift für Erziehungswissenschaft, Bildungspolitik und pädagogische Praxis, 101 (3)*, 240–251.

Altrichter, H. (2011). Governance – Steuerung und Handlungskoordination bei Transformation von Bildungssystemen. In Künzli, R. & Maag Merki, K. (Hrsg.), *Zukunft Bildung Schweiz* (S. 51–94). Bern: Akademien der Wissenschaften.

Altrichter, H., Brüsemeister, T. & Wissinger, J. (Hrsg.). (2007). *Educational Governance – Handlungskoordination und Steuerung im Bildungssystem*. Wiesbaden: VS Verlag für Sozialwissenschaften.

Altrichter, H. & Heinrich, M. (2005). Schulprofilierung und Transformation schulischer Governance. In Büeler, X., Bucholzer, A. & Roos, M. (Hrsg.), *Schulen mit Profil. Forschungsergebnisse – Brennpunkte – Zukunftsperspektiven* (S. 125–140). Innsbruck: Studien Verlag.

Altrichter, H. & Heinrich, M. (2006). Evaluation als Steuerungsinstrument im Rahmen eines „neuen Steuerungsmodells" im Schulwesen. In Böttcher, W., Holtappels, H.-G. & Brohm, M. (Hrsg.), *Evaluation im Bildungswesen. Eine Einführung in Grundlagen und Praxisbeispiele* (S. 51–64). Weinheim/München: Juventa.

Altrichter, H. & Maag Merki, K. (2010). Steuerung der Entwicklung des Schulwesens. In: Altrichter, H. & Maag Merki, K. (Hrsg.), *Handbuch Neue Steuerung im Schulsystem* (S. 15–40). Wiesbaden: VS Verlag für Sozialwissenschaften.

Altrichter, H. & Maag Merki, K. (Hrsg.) (2010a). *Handbuch Neue Steuerung im Schulsystem*. Wiesbaden: VS Verlag für Sozialwissenschaften.

Andresen, S. (2009). Bildung. In Andresen, S., Casale, R., Gabriel, T., Horlacher, R., Larcher Klee, S., Oelkers, J. (Hrsg.), *Handwörterbuch Erziehungswissenschaft* (S. 76–90). Weinheim/Basel: Beltz Verlag.

Avenarius, H. & Füssel, H.-P. (2010). *Schulrecht. Ein Handbuch für Praxis, Rechtsprechung und Wissenschaft*. Kronach: Carl Link.

Benz, A. & Dose, N. (2010). Governance – Modebegriff oder nützliches sozialwissenschaftliches Konzept? In Benz, A. & Dose, N. (Hrsg.), *Governance – Regieren in komplexen*

Regelsystemen. Eine Einführung (S. 13–36). 2. Aufl. Wiesbaden: VS Verlag für Sozialwissenschaften.

Benz, A. & Dose, N. (Hrsg.). (2010a). *Governance – Regieren in komplexen Regelsystemen. Eine Einführung*. 2. Aufl. Wiesbaden: VS Verlag für Sozialwissenschaften.

Berkemeyer, N. (2010). *Die Steuerung des Schulsystems – Theoretische und praktische Explorationen*. Wiesbaden: VS Verlag für Sozialwissenschaften.

Berkemeyer, N. & Müller, S. (2010). Schulinterne Evaluation – nur ein Instrument zur Selbststeuerung von Schulen? In Altrichter, H. & Maak Merki, K. (Hrsg.), *Handbuch Neue Steuerung im Schulsystem* (S. 195–218). Wiesbaden: VS Verlag für Sozialwissenschaften.

Blanke, B., Nullmeier, F., Reichard, C. & Wewer, G. (Hrsg.). (2011). *Handbuch zur Verwaltungsreform*. 4. aktualisierte und ergänzte Auflage. Wiesbaden: VS Verlag für Sozialwissenschaften.

Böttcher, W. (2007). Zur Funktion staatlicher „Inputs" in der dezentralisierten und outputorientierten Steuerung. In Altrichter, H., Brüsemeister, T. & Wissinger, J. (Hrsg.), *Educational Governance – Handlungskoordination und Steuerung im Bildungssystem* (S. 185–206). Wiesbaden: VS Verlag für Sozialwissenschaften.

Bogumil, J. & Holtkamp, L. (2006). *Kommunalpolitik und Kommunalverwaltung – Eine policyorientierte Einführung*. Wiesbaden: VS Verlag für Sozialwissenschaften.

Brauckmann, S., Kühne, S., Stäsche, U., Tarazona, M., Weishaupt, H. & Wittmann, E. (2010). Steuerung und Verwaltung des Bildungswesens. In Jäger, R. S., Nenninger, P., Petillon, H., Schwarz, B. & Wolf, B. (Hrsg.), *Empirische Pädagogik 1990–2010. Eine Bestandsaufnahme der Forschung in der Bundesrepublik Deutschland. Band 1: Grundlegende empirische Forschung* (S. 119–160). Landau: Empirische Pädagogik e.V.

Brüsemeister, T. (2012). Educational Governance: Entwicklungstrends im Bildungssystem. In Ratermann, M. & Stöbe-Blossey, S. (Hrsg.), *Governance von Schul- und Elementarbildung. Vergleichende Betrachtungen und Ansätze der Vernetzung* (S. 27–44). Wiesbaden: VS Verlag für Sozialwissenschaften.

Dedering, K. (2010). Entscheidungsfindung in Bildungspolitik und Bildungsverwaltung. In Altrichter, H. & Maag Merki, K. (Hrsg.), *Neue Steuerung im Schulsystem. Ein Handbuch* (S. 63–80). Wiesbaden: VS Verlag für Sozialwissenschaften.

Döbert, Hans (2007). Bildungsberichterstattung in Deutschland als Instrument bildungspolitischer Steuerung. In Böhm-Kasper, O., Schuchart, C., Schulzeck, U. (Hrsg.), *Kontexte von Bildung. Erweiterte Perspektiven in der Bildungsforschung* (S. 177–196). Münster u.a.: Waxmann.

Döbert, H. (2009). *Bildungsbericht und Bildungsmonitoring. Kriterien und Standards*. Vortrag auf der Fachtagung der DGBV am 06. März 2009 in Esslingen.

Döbert, H. (2010). Bildungsberichte als Steuerungsinstrument – reichen Daten zur Steuerung aus? In Schaal, B. & Huber, F. (Hrsg.), *Qualitätssicherung im Bildungswesen – Auftrag und Anspruch der bayerischen Qualitätsagentur* (S. 39–54). Münster u.a.: Waxmann.

Döbert, H. (2010a). Regionale Bildungsberichterstattung in Deutschland – Konzept, Ziele, Anforderungen. *Recht der Jugend und des Bildungswesens. Zeitschrift für Schule, Berufsbildung und Jugenderziehung, 58 (2)*, 158–175.

Döbert, H. & Avenarius, H. (2007). Konzeptionelle Grundlagen der Bildungsberichterstattung in Deutschland. In van Buer, J. & Wagner, C. (Hrsg.), *Qualität von Schule. Ein kritisches Handbuch* (S. 297–316). Frankfurt a. M.: Peter Lang.

Döbert, H. & Weishaupt, H. (2012). Bildungsmonitoring. In Wacker, A.; Maier, U. & Wissinger, J. (Hrsg.), *Schul- und Unterrichtsreform durch ergebnisorientierte Steuerung* (S. 155–173). Wiesbaden: VS Verlag für Sozialwissenschaften.

Eder, F., Döbert, H. & Seber, S. (2012). *Evidenzbasierte Steuerung im Bildungssystem.* Unveröffentlichtes Manuskript.

Ehren, M. C. & Visscher, A. J. (2006). Towards a theory on the impact of school inspection. *British Journal of Educational Studies, 56*(2), 205–227.

Eikenbusch, G. (1997). Schulinterne Evaluation – Ein Weg zur gemeinsamen Schulentwicklung. *Pädagogik, 49* (5), 6–9.

Fend, H. (2008). *Schule gestalten. Systemsteuerung, Schulentwicklung und Unterrichtsqualität.* Wiesbaden: VS Verlag für Sozialwissenschaften.

Fend, H. (2011). Die Wirksamkeit der Neuen Steuerung – theoretische und methodische Probleme ihrer Evaluation. *Zeitschrift für Bildungsforschung, 1,* 5–24.

Flitner, A. & Giel, Klaus (Hrsg.). (1964). *Wilhelm von Humboldt. Über die innere und äußere Organisation der höheren wissenschaftlichen Anstalten in Berlin.* Werke in fünf Bänden, Band IV. Darmstadt: Wissenschaftliche Buchgesellschaft.

Gabler Verlag (Hrsg.). (2010). *Gabler Wirtschaftslexikon.* Wiesbaden: Springer Verlag. Stichwort: Konnexitätsprinzip. Wirtschaftslexikon. Verfügbar unter: http://wirtschaftslexikon.gabler.de/Definition/konnexitaetsprinzip.html [12.11.2012].

Gärtner, H. (2013). Praxis und Verhältnis interner und externer Evaluation im Schulsystem im internationalen Vergleich. *Zeitschrift für Erziehungswissenschaft, 16* (4), 693–712.

Gärtner, H., Hüsemann, D. & Pant, H. A. (2009). Wirkungen von Schulinspektion aus Sicht betroffener Schulleitungen. Die Brandenburger Schulleiterbefragung. *Empirische Pädagogik, 23*(1), 1–18.

Heinrich, M. (2011). Empirische Erforschung schulischer Governance – handlungsleitendes Wissen für Administration und Bildungspolitik? In Fickermann, D. & Schwippert, K. (Hrsg.), *Wissen für Handeln – Ansätze zur Neugestaltung des Verhältnisses von Bildungsforschung und Bildungspolitik* (S. 31–49). Hamburg: ZUSE.

Huber, S. (2006). *Konsequenzen aus der externen Evaluation an Bayerns Schulen. Auswertung einer Befragung von Schulleiterinnen und Schulleitern zu den Entwicklungen an ihren Schulen.* München: Staatsinstitut für Schulqualität und Bildungsforschung.

Husfeld, V. (2011). Wirkungen und Wirksamkeit der externen Schulevaluation. Überblick zum Stand der Forschung. *Zeitschrift für Erziehungswissenschaft, 14*(2), 259–282.

Jann, W. (2011). Neues Steuerungsmodell. In Blanke, B., Nullmeier, F., Reichard, C. & Wewer, G. (Hrsg.), *Handbuch zur Verwaltungsreform* (S. 98–108). 4. aktualisierte und ergänzte Auflage. Wiesbaden: VS Verlag für Sozialwissenschaften.

Jann, W. & Wegrich, K. (2010). Governance und Verwaltungspolitik: Leitbilder und Reformkonzepte. In Benz, A. & Dose, N. (Hrsg.), *Governance – Regieren in komplexen Regelsystemen. Eine Einführung* (S. 175–200). 2. Aufl. Wiesbaden: VS Verlag für Sozialwissenschaften.

Klieme, E., Avenarius, H., Blum, W. et. al. (2003). *Zur Entwicklung nationaler Bildungsstandards.* Bonn: Bundesministerium für Bildung und Forschung (BMBF).

Kultusministerkonferenz (KMK) (1971). *Abkommen zwischen den Ländern der Bundesrepublik zur Vereinheitlichung auf dem Gebiet des Schulwesens.* Vom 28.10.1964 in der Fassung vom 14.10.1971.

Kultusministerkonferenz (KMK) (2001). *Weiterentwicklung des Schulwesens in Deutschland seit Abschluss des Abkommens zwischen den Ländern der Bundesrepublik Deutsch-*

land zur Vereinheitlichung auf dem Gebiete des Schulwesens. Vom 28.10.1964 in der Fassung vom 14.10.1971, Beschluss der Kultusministerkonferenz vom 10.05.2001.

Kultusministerkonferenz (KMK) (2002). *Entwicklung von Bildungsstandards.* Beschluss der 299. Kultusministerkonferenz am 17./18. Oktober 2002 in Würzburg.

Kultusministerkonferenz (KMK) (2004). *Bildungsstandards der Kultusministerkonferenz. Erläuterungen zur Konzeption und Entwicklung.* Bonn: Wolters Kluwer.

Kultusministerkonferenz (KMK) (2006). *Gesamtstrategie der Kultusministerkonferenz zum Bildungsmonitoring.* Bonn: Wolters Kluwer.

Köller, O. (2007). Standards und Qualitätssicherung zur Outputsteuerung im System und in der Einzelinstitution. In van Buer, J. & Wagner, C. (Hrsg.), *Qualität von Schule. Ein kritisches Handbuch* (S. 93–102). Frankfurt a. M.: Peter Lang.

Konsortium Bildungsberichterstattung (Hrsg.). (2006). *Bildung in Deutschland. Ein indikatorengestützter Bericht mit einer Analyse zu Bildung und Migration.* Bielefeld: Bertelsmann.

Kussau, J. & Brüsemeister, T. (2007). Educational Governance: Zur Analyse der Handlungskoordination im Mehrebenensystem der Schule. In Altrichter, H., Brüsemeister, T. & Wissinger, J. (Hrsg.), *Educational Governance – Handlungskoordination und Steuerung im Bildungssystem* (S. 15–54). Wiesbaden: VS Verlag für Sozialwissenschaften.

Landwehr, N. (2011). Thesen zur Wirkung und Wirksamkeit der externen Schulevaluation. In Quesel, C., Husfeld, V., Landwehr, N. & Steiner, N. (Hrsg.), *Wirkung und Wirksamkeit der externen Schulevaluation* (S. 35–70). Bern: hep.

Lange, H. (2003). Qualitätssicherung in Schulen. In Brüsemeister, T., Eubel, K.-D. (Hrsg.), *Zur Modernisierung der Schule. Leitideen, Konzepte, Akteure. Ein Überblick* (S. 175–183). Bielefeld: Transcript.

Lange, U., Rahn, S., Seitter, W. & Körzel, R. (Hrsg.). (2009). *Steuerungsprobleme im Bildungswesen.* Wiesbaden: VS Verlag für Sozialwissenschaften.

Leschinsky, A. & Cortina, K. S. (2008). Zur sozialen Einbettung bildungspolitischer Trends in der Bundesrepublik. In Cortina, K. S., Baumert, J., Mayer K. U. & Trommer, L. (Hrsg.), *Das Bildungswesen in der Bundesrepublik Deutschland. Strukturen und Entwicklungen im Überblick* (S. 20–51). Reinbek: Rowohlt.

Maag Merki, K. (2010). Theoretische und empirische Analysen der Effektivität von Bildungsstandards, standardbezogenen Lernstandserhebungen und zentralen Abschlussprüfungen. In Altrichter, H. & Maag Merki, K. (Hrsg.), *Handbuch neue Steuerung im Schulsystem* (S. 145–169). Wiesbaden: VS Verlag für Sozialwissenschaften.

Mayntz, R. (2006). Governance Theory als fortentwickelte Steuerungstheorie? In Schuppert, G. F. (Hrsg.), *Governance-Forschung, Vergewisserung über Stand und Entwicklungslinien* (S. 11–20). 2. Auflage. Baden-Baden: Nomos-Verlagsgesellschaft.

Pant, H. A. (2013). Wer hat Nutzen von Kompetenzmodellen? *Zeitschrift für Erziehungswissenschaft.* Sonderheft (18) 2013, 71–79.

Pietsch, M. (2011). *Nutzung und Nützlichkeit der Schulinspektion Hamburg. Ergebnisse der Hamburger Schulleitungsbefragung.* Behörde für Schule und Berufsbildung, Institut für Bildungsmonitoring. Hamburg.

Projektteam „Kommunales Bildungsmonitoring“ (KBM) des Deutschen Instituts für Internationale Pädagogische Forschung (DIPF) (2011). *Wie erstellt man einen kommunalen Bildungsbericht?* Handreichung im Programm „Lernen vor Ort“. Bonn.

Rürup, M. (2007). *Innovationswege im deutschen Bildungssystem. Die Verbreitung der Idee „Schulautonomie" im Ländervergleich*. Wiesbaden: VS Verlag für Sozialwissenschaften.

Rürup, M. & Heinrich, M. (2007). Schulen unter Zwang – Die Schulautonomiegesetzgebung der deutschen Länder als Rahmen der Schulentwicklung. In Altrichter, H., Brüsemeister, T. & Wissinger, J. (Hrsg.), *Educational Governance. Handlungskoordination und Steuerung im Bildungssystem* (S. 157–184). Wiesbaden: VS Verlag für Sozialwissenschaften.

Scheerens, J. (2002). School self-evaluation. Origins, definition, approaches, methods and implementation. In Nevo, D. (Hrsg.), *School-based evaluation. An international perspective* (S. 35–69). Amsterdam: JAI.

Schildkamp, K. & Visscher, A. (2010). The utilisation of school self-evaluation instrument. *Educational studies, 36* (4), 371–389.

Schröter, E. & Wollmann, H. (1998). New Public Management. In von Bandemer, S., Blanke, B., Nullmeier, F. & Wewer, G. (Hrsg.), *Handbuch zur Verwaltungsreform* (S. 59–69). Opladen: Leske und Budrich.

Thiel, F., Heinrich, M. & van Ackeren, I. (Hrsg.). (2013). Evidenzbasierte Steuerung im Bildungssystem? Befunde aus dem BMBF-SteBis-Verbund. *Die Deutsche Schule – Zeitschrift für Erziehungswissenschaft, Bildungspolitik und pädagogische Praxis. 12. Beiheft,* 11–18.

Tippelt, R., Carsten, C., Dobischat, R., Federighi, P. & Feller, A. (2006). Regionale Netzwerke zur Förderung lebenslangen Lernens – Lernende Region. In Fatke, R. & Merkens, H. (Hrsg.), *Bildung über die Lebenszeit* (S. 241–283). Wiesbaden: VS Verlag für Sozialwissenschaften.

Tippelt, R. & Reich-Claasen, J. (2010). Stichwort „Evidenzbasierung". *DIE – Zeitschrift für Erwachsenenbildung, 2010 (4)*, 12–13.

Thiel, F. & Thillmann, K. (2012). Interne Evaluation. In Wacker, A., Maier, U. & Wissinger, J. (Hrsg.), *Schul- und Unterrichtsreform durch ergebnisorientierte Steuerung. Empirische Befunde und forschungsmethodische Implikationen* (S. 35–56). Wiesbaden: VS Verlag für Sozialwissenschaften.

Wissinger, J. (2007). Does School Governance matter? Herleitung und Thesen aus dem Bereich „School Effectiveness and School Improvement". In Altrichter, H., Brüsemeister, T. & Wissinger, J. (Hrsg.), *Educational Governance. Handlungskoordination und Steuerung im Bildungssystem* (S. 105–130). Wiesbaden: VS Verlag für Sozialwissenschaften.

Wolf, I. F. de & Janssens, J. G. (2007). Effects and side effects of inspections and accountability in education: an overview of empirical studies. *Oxford Review of Education, 33*(3), 379–396.

Wilfried Lohre

2. Kommunalstrukturen und kommunale Bildungssteuerung

2.1 Die Bedeutung der kommunalen Ebene für die Bildungssteuerung

Vor fast 20 Jahren empfahl die Bildungskommission NRW in ihrer Denkschrift „Zukunft der Bildung – Schule der Zukunft“ die Schaffung von Bildungsregionen. Dabei sollten gleichwertige, aber differenzierte Bildungslandschaften in den Regionen entwickelt werden, um einen Beitrag zur Verbesserung der Bildungschancen der Bürgerinnen und Bürger, zur Gleichwertigkeit der Lebensverhältnisse, aber auch zur Anerkennung lokaler und regionaler Eigengestaltung zu leisten (vgl. Bildungskommission NRW, 1995)[1]. Damit wurden die Begriffe „Bildungsregion“ und „Bildungslandschaft“ in die bildungspolitische Debatte eingeführt, mit dem Ergebnis, dass sie bis heute noch keine abschließende Klärung erfahren haben. Der Terminus „Regionale Bildungslandschaft“ erlaubt, trotz vermeintlich eindeutiger Verwendung, eine Vielzahl beliebiger Deutungen. Gerade die schillernde Metapher „Landschaft“ wird allzu gerne aufgegriffen, um unterschiedlichste Sachverhalte zu umschreiben: Gärten (als Weiterbildungslandschaft?), in denen viele bunte Blumen blühen, oder eindeutig administrierte Schrebergärten (als Schullandschaft?) werden gleichermaßen mit diesem Begriff belegt.

Die Gestaltung solcher Landschaftstypen verlangt entsprechend unterschiedliche Steuerungsprozesse für ein gelingendes Bildungsmanagement. Schon an dieser Stelle aber soll klargestellt sein, dass im Folgenden mit Bildung grundsätzlich mehr und Anderes als Schule gemeint ist, nämlich die formale, non-formale und informelle Bildung, deren Abstimmung ein optimales Lernen im gesamten Lebenslauf für alle Bürgerinnen und Bürger erst möglich macht. Alle „Landschaftsgestaltung“ bezieht sich auf diesen weit gefassten Bildungsbegriff. Auf welcher Ebene die Bildungslandschaft pragmatisch angesiedelt und entwickelt bzw. gestaltet und gesteuert wird bzw. werden sollte, ist Gegenstand dieses Textes.

---

1 In der Denkschrift der Kommission wurde der Entwicklung regionaler Bildungslandschaften ein umfangreiches Kapitel gewidmet, das im Abschnitt Strukturen und Koordination verortet wurde. Wenngleich die Empfehlungen der Kommission im Wesentlichen aus einer Analyse des Schulwesens abgeleitet wurden, so sind dennoch grundlegende Tendenzen zu erkennen, die verschiedenen Bereiche einer integralen Bildung auch strukturell zusammen zu denken.

Bildungslandschaften auf unterschiedlichen Ebenen: lokal, kommunal und regional

Häufig werden die Begriffe „regionale Bildungslandschaft“, „kommunale Bildungslandschaft“ und „lokale Bildungslandschaft“ synonym verwendet, wenngleich sich hinter den drei räumlichen Adjektiven unterschiedliche Größenvorstellungen verbergen. „Lokale Bildungslandschaften“ beziehen sich in vielen Fällen auf kleinere geografische Einheiten, wie Quartiere, Stadtteile oder Stadtbezirke. Mit „regionalen Bildungslandschaften“ sind in der Regel größere Einheiten gemeint, die als kulturell oder wirtschaftlich zusammenhängende Handlungsräume beschrieben werden. Damit muss nicht unbedingt ein organisatorischer Rahmen verbunden sein, der Grenzen von Verantwortlichkeiten definiert (vgl. Benz et al., 1999). Allein der Begriff „kommunale Bildungslandschaft“ suggeriert Klarheit, da er sich zumeist auf die Kommune als gebietskörperschaftliche Einheit bezieht. Bei näherer Betrachtung wird allerdings deutlich, dass die Kommune einerseits die politische Einheit einer lokalen Gebietskörperschaft und andererseits die unterste Ebene der räumlich-administrativen Staatsgliederung meint. Schon bei Einführung des Begriffs „Bildungslandschaft“ wurde die räumliche Eingrenzung „regional“ gewählt, wie die Bildungskommission NRW in der Denkschrift 1995 ausführt: „Als Bildungsregionen sollen in der Regel die Kreise und kreisfreien Städte gelten“ (Bildungskommission NRW, 1995, S. 288). Dieses Verständnis von regionalen Bildungslandschaften setzte sich bis in die Gegenwart durch. Insbesondere durch zwei bedeutsame Projekte in Nordrhein-Westfalen[2] sowie entsprechende Entwicklungsarbeiten in Niedersachen und Baden-Württemberg angestoßen, wird in diesen Ländern von Kreisen und kreisfreien Städten als Bildungsregionen gesprochen[3]. Nicht zuletzt das vom Bundesministerium für Bildung und Forschung gemeinsam mit Deutschen Stiftungen initiierte Programm „Lernen vor Ort“ (vgl. Lohre & Kaehlbrandt, 2009) unterstützt und forciert den Aufbau kommunaler Bildungslandschaften durch entsprechende Förderung von 40 kreisfreien Städten und Kreisen.

Mit der intensiver werdenden Diskussion zahlreicher Kommunen wurde die Entwicklung in den kommunalen Spitzenverbänden und hier insbesondere im Deutschen Städtetag aufgegriffen. Höhepunkt war der Bildungskongress des Deutschen Städtetages, der die Aachener Erklärung (vgl. Deutscher Städtetag, 2007) verabschiedete, in der erstmalig die kommunale Bildungslandschaft im Sinne eines vernetzten Systems von Erziehung, Bildung und Betreuung als Leitbild städtischen Engagements im Bildungsbereich formuliert wurde. In seiner Münchener Erklärung stellt der Deutsche Städtetag

---

2 In den Jahren 1997 bis 2002 wurden im Rahmen des Projektes „Schule & Co.“ in zwei Kommunen (Stadt Leverkusen und Kreis Herford) des Landes NRW regionale Bildungslandschaften pilothaft aufgebaut. Diese Entwicklung wurde weiterhin in Kooperation der Landesregierung mit der Bertelsmann Stiftung im Zeitraum 2002 bis 2008 mit dem gemeinsamen Projekt „Selbstständige Schule“ in insgesamt 19 kreisfreien Städten und Kreisen des Landes fortgesetzt.

3 Ausdruck dieser Begrifflichkeiten sind die in NRW und Baden-Württemberg stark etablierten Bildungsregionen, mit denen immer Kreise und kreisfreie Städte gemeint sind.

schließlich explizit die Forderung auf, die begonnene Entwicklung kommunaler Bildungslandschaften fortzusetzen und dafür entsprechende örtliche Koordinierungs- und Steuerungsstrukturen aufzubauen. Ausdrücklich sollen dabei auch die zivilgesellschaftlichen Akteure in die anstehenden Kooperationsprozesse vor Ort einbezogen werden (vgl. Deutscher Städtetag, 2012).

Bildungssteuerung auf kommunaler Ebene durch eine Verantwortungsgemeinschaft

Die Festlegung „kommunaler Bildungslandschaften“ auf gebietskörperschaftliche Grenzen setzt sie in einen Zusammenhang zu den verfassungsrechtlichen Regelungen und einschlägigen Gesetzen auf Bundes- und Länderebene, die die Zuständigkeit für das Bildungswesen unterschiedlichen Akteuren innerhalb dieser gebietskörperschaftlichen Grenzen zuschreiben. Die Fragmentierung der Zuständigkeiten im Bildungsbereich führt dazu, dass auch auf kommunaler Ebene[4] mehrere zuständige Akteure das örtliche Bildungswesen aus eigenem Interesse und mit eigenem gesetzlichem Auftrag beeinflussen. Begründet ist dies in dem erweiterten Bildungsbegriff, der zugleich Akteure der verschiedenen Bildungsbereiche umfasst. Auf kommunaler Ebene sind dabei zunächst drei Gruppen von zuständigen Bildungsakteuren zu unterscheiden:

- Staatliche Bildungsakteure;
- Kommunale Bildungsakteure;
- Nicht-staatliche Bildungsakteure.

Staatliche Bildungsakteure sind die Bundes- und Landesministerien oder deren nachgeordnete Behörden, die für bestimmte Bereiche und Aufgaben der Bildung zuständig sind. Kommunale Bildungsakteure sind die jeweiligen Verwaltungen (Ämter, Fachbereiche, Dezernate) einer einzelnen Gemeinde oder Stadt bzw. mehrerer Gemeinden oder Städte, wenn es sich um einen Kreis handelt. Unter nicht-staatlichen Bildungsakteuren sollen die Organisationen verstanden werden, die im staatlichen Auftrag, aber mit eigener Gestaltungskraft durch entsprechende Bildungsmaßnahmen und -angebote das örtliche Bildungswesen beeinflussen[5]. Während die unterschiedlichen Akteursgruppen jeweils eigene Organisationsstrukturen mit weitgehend hierarchischen Entscheidungsmustern sowie individuelle Handlungslogiken aufweisen, sind die örtlichen Zielgruppen ihrer Aktivitäten im Wesentlichen die gleichen: die Kinder und Jugendlichen, die Berufstätigen, die Langzeitarbeitslosen oder aber die Bürgerinnen und Bürger innerhalb der jeweiligen Kommune. Die Fragmentierung der Zuständigkeiten macht deutlich, dass

---

4 Mit „kommunaler Ebene“ ist noch keine abschließende Aussage darüber getroffen, ob es sich um eine kreisangehörige Stadt oder Gemeinde, um eine kreisfreie Stadt oder um einen Kreis handelt. Die hier gemachten Aussagen gelten für die Gebietskörperschaften unterschiedlicher Größe grundsätzlich gleichermaßen.

5 Hierbei muss in erster Linie an die zuständige Arbeitsverwaltung, an die Kammern, an die Wohlfahrtsverbände als Träger der Jugendhilfe und an die örtlichen Hochschulen gedacht werden.

auch vor Ort kein zuständiger Bildungsakteur und keine zuständige Akteursgruppe allein eine stimmige und kohärente kommunale Bildungslandschaft gestalten oder erzwingen kann, da sich die jeweilige Zuständigkeit immer nur auf einen Teilbereich der Bildung bezieht.

Abb. 2.1: Bildungsakteure in Deutschland

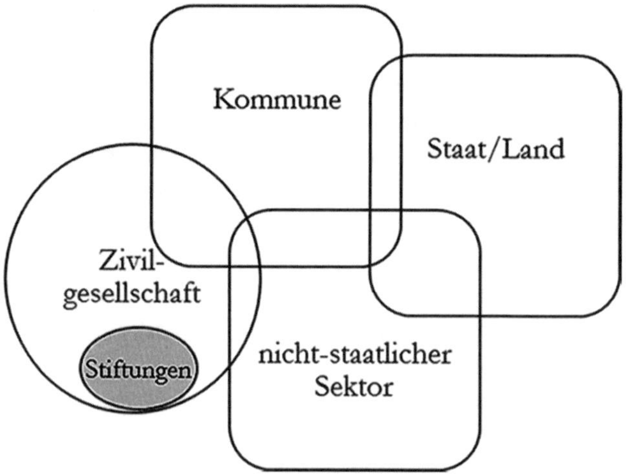

Quelle: Eigene Darstellung

Jenseits der geregelten Zuständigkeiten fordern insbesondere die Kommunen eine Betrachtungsweise des örtlichen Bildungswesens ein, die von „gemeinsamer Verantwortung“[6] geprägt ist. Ohne die differenzierten Zuständigkeiten zunächst in Frage zu stellen, wird der Blick auf das Gemeinsame im lokalen Bildungswesen gelenkt. Der Anspruch gemeinsamer Gestaltung einer kommunalen Bildungslandschaft hat unter dem Aspekt gemeinsamer Verantwortung jedoch zwei wesentliche Konsequenzen:

1. In Kenntnis der begrenzten Gestaltungsmöglichkeiten einzelner Akteursgruppen beim Aufbau kommunaler Bildungslandschaften werden seit einiger Zeit auch Akteure der lokalen Zivilgesellschaft mitgedacht. Dabei sind insbesonde-

6 So spricht der Deutsche Städtetag von einer staatlich-kommunalen Verantwortungsgemeinschaft oder auch von Verantwortungspartnerschaft (vgl. Deutscher Städtetag, 2007). Dabei fordern die Städte jedoch gleichzeitig erweiterte Kompetenzen, insbesondere im Schulbereich, ohne jedoch die grundsätzliche Zuständigkeit der Länder für die inneren Schulangelegenheiten in Frage zu stellen.

re Stiftungen als organisierter Teil der Zivilgesellschaft gemeint[7]. Diese vierte Akteursgruppe müsse unbedingt eingebunden werden (vgl. Deutscher Städtetag, 2012), so wird allenthalben gefordert, ohne ihre Rolle und Aufgaben genauer zu beschreiben und ohne eine konkrete Vorstellung, wie, durch wen und wann diese extrem heterogene Gruppe angesprochen oder gar eingebunden werden könnte.

2. Die Bestrebungen nach Verantwortungsgemeinschaft erzwingen veränderte und neue Kooperationsmodelle für die Partner. Zwar verfügt jeder Partner über eine eigene Handlungslogik und eine eigene Hierarchie, in der Anweisungen, Entscheidungen und Berichterstattung geregelt sind. Zwischen den Partnerorganisationen gibt es aber bisher keine solchen Regelungen. Es gibt keine gemeinsame Hierarchie und es existieren keine für alle geltenden Handlungslogiken. Die Partner können nur über Aushandlungsprozesse zur gemeinsamen Entscheidung, Ressourcenbereitstellung und Vorgehensweise gelangen.

Eine Bildungssteuerung auf kommunaler Ebene hat das Ziel, die kommunale Bildungslandschaft gemeinsam so zu gestalten, dass optimale Lern- und Lebenschancen für alle Bürgerinnen und Bürger erreicht werden können (vgl. Lohre, 2007). Mitglieder der vier Akteursgruppen sind letztendlich[8] zur Kooperation verpflichtet, wenn dies, also die gemeinsame Gestaltung der Bildungslandschaft, in den geografischen Grenzen der kommunalen Gebietskörperschaft angegangen werden soll. Hier ist die Kommune als politische und administrative Einheit jedoch nur *ein* Bildungsakteur. Zwar ist mit kommunaler Bildungslandschaft genau das Gebiet der Kommune gemeint, die Steuerung dieser Landschaft kann jedoch erfolgreich nur durch die kooperierenden Akteursgruppen gemeinsam bewerkstelligt werden.

Kommunale Zuständigkeiten und Verantwortung im Bildungsbereich

Legt man den weiter gefassten Bildungsbegriff zugrunde, wird schnell deutlich, dass die Kommune weitgehend für die Gestaltung vieler Bildungsbereiche zuständig ist. Abge-

---

7 Das Programm „Lernen vor Ort“, das gemeinsam vom Bundesministerium für Bildung und Forschung und deutschen Stiftungen initiiert wurde, geht von einer gewünschten Partnerschaft und Kooperation zwischen Kommune und Stiftungen aus, wobei sich im Programmverlauf herausgestellt hat, dass sogenannte „lokale Stiftungsverbünde“ den örtlichen Bezug besonders betonen und vor allem eine dauerhafte Partnerschaft mit ihrer Kommune begründen können.

8 Die angestrebte Kooperation kann nur schrittweise gelingen. In Abhängigkeit von der jeweiligen Ausgangslage, von den Erfahrungen, die die möglichen Partner im Umgang miteinander haben, werden die Akteursgruppen nicht gleichzeitig einzubinden sein, wenn Fortschritte zügig erreicht werden sollen. In diesem Zusammenhang werden sich häufig nur Kommune und Land an die notwendigen Kooperationsversuche wagen. Im Programm „Lernen vor Ort“ konnten in einigen Fällen Stiftungen diesen beginnenden Kooperationsprozess zwischen Kommune und Land initiieren oder moderieren. Die Einbeziehung weiterer Akteure und Akteursgruppen kann durchaus Jahre gemeinsamer Entwicklungsarbeit in Anspruch nehmen.

leitet aus Bundes- und Landesgesetzen nimmt die Kommune bestimmte Aufgaben selbstständig wahr, wenngleich die eingesetzten Ressourcen zum Teil über Zuwendungen des Landes oder durch den kommunalen Finanzausgleich der Kommune zugewiesen werden. Für den Bereich der frühen Bildung und für die außerschulische Bildungsarbeit ist die Kommune im Wesentlichen aufgrund des Sozialgesetzbuchs (SGB) VIII, nämlich des Kinder- und Jugendhilfegesetzes sowie der hierzu gehörenden Ausführungsgesetze der Länder zuständig. Die kommunale Zuständigkeit für die Weiterbildung ist auf die allgemeine Weiterbildung[9] begrenzt und aus landesgesetzlichen Regelungen abgeleitet.

Abb. 2.2: Zuständigkeiten für die Bildung auf kommunaler Ebene

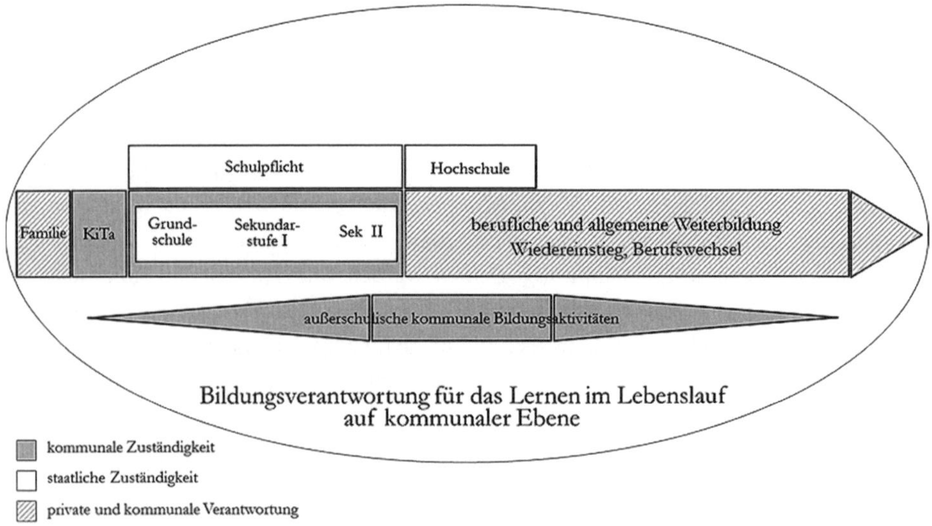

Quelle: Eigene Darstellung

Allein die Zuständigkeiten für die schulische Bildung sind traditionell so geregelt, dass der Disput über die Sinnhaftigkeit dieser Regelung fortdauert. So sehr es richtig ist, bei der Begrifflichkeit der Bildungslandschaft zu betonen, dass Bildung mehr meint als Schule, so muss doch darauf hingewiesen werden, dass Schule die einzige öffentlich geregelte Bildungsinstitution ist, für die es eine Besuchspflicht gibt. Damit wird zugleich deutlich, dass alle Kinder und Jugendlichen einer sog. Vollzeitschulpflicht unterliegen, d.h. sie müssen die allgemeinbildenden Schulen für mindestens neun bis zehn Schuljahre besuchen. Der Vollzeitschulpflicht folgt die bundesgesetzlich geregelte Be-

9 Bei der Zuständigkeit für die berufliche Weiterbildung wird an die Regelungskompetenz des Bundes für die berufliche Ausbildung angeknüpft. In ihre Ausführungsmodalitäten sind sowohl die Kammern als auch die Arbeitsverwaltung eingebunden. Der Kommune kommt in diesem Zusammenhang nur die Rolle als Trägerin der beruflichen Schulen im Rahmen der Jugendberufshilfe zu.

rufsschulpflicht. Im deutschen Bildungssystem ist die Schulpflicht aufgrund der föderalen Struktur der Republik und damit verbundenen Kulturhoheit der Länder in den Länderverfassungen festgeschrieben. Dort sind auch die Zuständigkeiten für die Schulangelegenheiten gleichermaßen so geregelt, dass zwischen inneren und äußeren Schulangelegenheiten differenziert wird und die Zuständigkeiten geteilt werden:

- für die inneren Schulangelegenheiten sind die jeweiligen Länder zuständig; ihnen obliegt die staatliche Schulaufsicht;
- für die äußeren Schulangelegenheiten sind die jeweiligen Kommunen (Schulträger) zuständig.

Aufgrund dieser Regelung fallen alle inhaltlichen Angelegenheiten (Lehrpläne, Stundentafeln, Lehrerausbildung und Lehrereinstellung, Personalhoheit etc.) in die Zuständigkeit des Landes. Den Kommunen obliegt demnach lediglich die Sachaufwandsträgerschaft für ihre Schulen: Sie haben die Bereitstellung und Unterhaltung der Schulgebäude, eine den Lehrplänen entsprechende Ausstattung der Schulen, die Bereitstellung der Lehrmittel, den Schülertransport sowie die Bereitstellung von geeignetem Personal für die Schulverwaltung (Sekretariat) und für die Hausmeisteraufgaben zu sichern und vor allem zu finanzieren. So einfach und klar diese Regelung gedacht war, so wenig brauchbar erscheint sie im Alltag schulischer Weiterentwicklungen. So streiten Land und Kommunen über die Finanzierung neuer Entwicklungen. Mit der verpflichtenden Einführung neuer Technologien im schulischen Unterricht musste Hardware angeschafft und die notwendige Kommunikationsinfrastruktur installiert werden. Streitpunkt: das Land erlässt die neuen Lehrpläne und bildet die Lehrkräfte aus (innere Schulangelegenheit) – die Kommunen bezahlen die dadurch erforderlich gewordene Ausstattung (äußere Schulangelegenheit). An dieser Auseinandersetzung schließt sich ein weiterer Diskussionspunkt an: Die für die Wartung und für den unterrichtlichen Einsatz erforderlichen Fachkräfte sind nach Auffassung des Landes kein pädagogisches Personal (keine innere Schulangelegenheit). Für die Kommunen sind diese Fachkräfte jedoch auch keine Hausmeister oder Sekretariatskräfte (keine äußeren Schulangelegenheiten). Seit Jahren forderten nun die Kommunen mehr Mitspracherechte im Kontext der Sachaufwandsträgerschaft. Die Forderung nach einer erweiterten Schulträgerschaft war lange Zeit wesentlicher Bestandteil der Gespräche und Verhandlungen mit den Ländern.

Mit der Diskussion um kommunale Bildungslandschaften und die Gestaltung eines ganzheitlichen Bildungswesens vor Ort ging die Forderung der Kommunen nach einer erweiterten Schulträgerschaft über in die weiterreichende nach Mitgestaltung im gesamten Bildungswesen vor Ort. Nicht mehr nur die finanziellen Konsequenzen der Schulträgerschaft allein stehen im Mittelpunkt der Auseinandersetzungen. Es geht inzwischen vielmehr um das Gelingen oder Misslingen eines örtlichen Bildungswesens, dessen negative Folgen allein die Kommunen zu tragen haben. Dies erkennen immer mehr Kommunen, dass ein funktionierendes Bildungswesen vor Ort auch deshalb wichtig ist, „weil Bildung besonders unter Berücksichtigung des demografischen Wandels zum wesentlichen Standortfaktor geworden ist. Einerseits tragen gut ausgebildete, kreative und fantasievolle Bürgerinnen und Bürger zur Wettbewerbsfähigkeit und damit zur wirtschaftlichen Entwicklung einer jeden Kommune bei. Andererseits werden auch die soziale Entwicklung und die demokratische Kultur einer Region erheblich durch ein hohes Bildungsniveau beeinflusst“ (Lohre & Kaehlbrandt, 2009, S. 88). Ein ganzheitliches und stimmiges Bildungswesen vor Ort schließt die Schule mit ein, also muss die Kommune auch ein Recht auf Mitgestaltung und Mitwirkung in allen Bildungsbereichen erhalten, ohne die grundlegende Zuständigkeit der Länder und des Bundes für die gesetzlichen Rahmenbedingungen und einheitlichen Standards infrage zu stellen (vgl. Deutscher Städtetag, 2012).

Notwendigkeiten innerkommunaler Kooperation

Obwohl die Kommune als politische und administrative Einheit nur ein Bildungsakteur auf kommunaler Ebene ist, kommt ihr dennoch eine besondere Rolle zu. Einerseits trägt sie im Rahmen der Daseinsfürsorge entscheidende Verantwortung für alle Bürgerinnen und Bürger innerhalb ihrer Grenzen, nämlich für „die Schaffung, Sicherung und Entwicklung (notwendiger) sozialer Lebensbedingungen der Bürger“ (Fuchs, 2005, S. 2), was deutlich über die Sicherung des Existenzminimums hinausgeht. Vielmehr müssen Nachhaltigkeit – soziale Gerechtigkeit und Demokratie – zum entscheidenden Kriterium für Daseinsvorsorge werden. Was letztlich zum Inhalt der Daseinsvorsorge gehört, entscheidet jede Kommune im Rahmen ihrer Selbstverwaltung. Über alle kommunalen Grenzen hinweg sehen allerdings die meisten Kommunen die Sicherstellung einer bestmöglichen Bildung für alle Bürgerinnen und Bürger als Teil dieser Daseinsfürsorge. Die Kommunen wollen und müssen diese Verantwortung wahrnehmen, daher ist ihre Interessenslage unmittelbar.

Andererseits ist die Kommune kraft eigener Zuständigkeiten und der damit verbundenen Kompetenzen wichtiger Kooperationspartner der anderen Bildungsakteure. Aus dieser doppelten Rolle leiten die Kommunen eine besondere Kooperationsbereitschaft ab, die jedoch nicht automatisch mit der notwendigen Kooperationsfähigkeit verknüpft ist, um mit dem starken Partner Land, mit den Wohlfahrtsverbänden, der Arbeitsverwaltung oder den Kammern auf Augenhöhe zusammenarbeiten zu können.

Basis einer solchen Kooperation ist eine klare Handlungslogik der Kommune mit ihrer differenzierten Verwaltungsstruktur und dem Stadtrat, Gemeinderat oder dem Kreistag. Wird die kommunale Bildungspolitik so breit angelegt, wie es der kommunalen Bildungslandschaft entspricht, sind nahezu alle Dezernate, Fachbereiche und Ämter der kommunalen Verwaltung ebenso betroffen wie die verschiedenen Fachausschüsse der kommunalen Politik. Jugendamt, Schulverwaltungsamt, Gesundheitsamt, Sozialamt, Kämmerei, Sport- und Kulturamt sind, wenn auch unterschiedlich stark, betroffen und stimmen sich mit dem Amt für Stadtentwicklung, dem Amt für Statistik und anderen Ämtern ab, um zu einer ganzheitlichen Position der Kommune im Bildungsbereich zu gelangen. Innerkommunale Kooperation ist dazu der Schlüssel. Die Zusammenarbeit zwischen den Ämtern eines Dezernates[10] und zwischen den Dezernaten muss entwickelt bzw. ausgebaut werden, auch wenn innerkommunale Zuständigkeitsregelungen vermeintlich entgegenstehen. Auch für die innerkommunale Handlungslogik muss gelten, dass nicht nur auf der Basis von Zuständigkeiten agiert werden kann, sondern in gemeinsamer Verantwortung ganzheitlich geplant und gehandelt wird. Kommunale Verwaltungsvorstände sind Ausdruck der Zusammenarbeit auf Leitungsebene. Sicherlich existieren auch zahlreiche Arbeits- und Entwicklungsgruppen zur Erarbeitung ämter- oder dezernatsübergreifender Vorlagen. Nicht zuletzt gehört zur innerkommunalen Kooperation darüber hinaus auch die Zusammenarbeit und Abstimmung der Verwaltung mit den politischen Gremien der Kommune[11]. Ob und inwieweit dies systematisch und professionell organisiert wird, ist nur sehr kommunenspezifisch zu beantworten.

Werden bei der Entwicklung kommunaler Bildungslandschaften Kreise als relevante kommunale Gebietskörperschaften betrachtet, für die eine entsprechende Steuerung auf kommunaler Ebene aufgebaut werden muss, dann ist auch die Zusammenarbeit zwischen den kreisangehörigen Städten und Gemeinden sowie zwischen dem Kreis und seinen Städten und Gemeinden der innerkommunalen Kooperation zugeordnet. Die sogenannten HVB-Konferenzen, bei denen die Hauptverwaltungsbeamten im Kreis zusammenkommen, könnten sicherlich Austausch und Abstimmung ermöglichen, allerdings gibt es im Gegensatz zum Verwaltungsvorstand keinerlei hierarchische Strukturierung. In diesem Zusammenwirken könnte „Governance" praktiziert werden. Unter „Governance" soll eine Steuerungs- und Regelungsstruktur verstanden werden, die z.B. verschiedene staatliche Akteure zusammenführt, formelle und informelle Elemente beinhaltet und nicht ausschließlich auf hierarchischen Über- und Unterordnungsverhältnissen beruht (vgl. Benz et al., 1999). Anzahl und Struktur der notwendigen Arbeits- und Entwicklungsgruppen sind bei Kreisen ungleich komplexer als bei kreisfreien Städten. Diese Komplexität macht es zwingend notwendig, dass mit diesen Abstimmungsgruppen keine Doppelstrukturen und bürokratischen Monster entstehen, sondern ein professionelles Kooperationsmanagement aufgebaut wird.

---

10 Die in manchen Kommunen neu strukturierten Dezernate, in denen zwecks Kooperation verwandte Ämter zusammengefasst werden, suggerieren ein automatisch verbessertes Abstimmungsverhalten. In zahlreichen kommunalen Beispielen konnten diese Erwartungen jedoch nicht erfüllt werden. In Anbetracht der Tatsache, dass z.B. unter dem Gesichtspunkt einer ganzheitlichen Bildungspolitik eigentlich alle Ämter betroffen sind, unter dem Gesichtspunkt Stadtentwicklung jedoch ebenso, scheint ein Dezernatszuschnitt allein unter diesem Aspekt eher unwahrscheinlich. Vielmehr wird deutlich, dass die Organisation der Stadtverwaltung flexible Formen der fachlichen Kooperation vorsehen muss, die nicht in Ämter- und Dezernatsstrukturen zu gießen sind.

11 Im Rahmen des Programms „Lernen vor Ort" hat die Stadt Leipzig erstmalig eine bildungspolitische Stunde im Stadtrat durchgeführt. Auf der Basis des vorgelegten kommunalen Bildungsberichts hatten alle Fraktionen die Gelegenheit, sich zu den wesentlichen Belangen der Bildung in Leipzig auszutauschen. In diesem Zusammenhang bestimmten alle Fraktionen auch erstmalig bildungspolitische Sprecher. Inzwischen wurde diese Einrichtung zum dritten Mal durchgeführt und verstetigt. Informationen zur bildungspolitischen Stunde in Leipzig können unter aufgerufen werden: http://www.leipzig.de/jugend-familie-und-soziales/schulen-und-bildung/bildungsmanagement/bildungspolitische-stunde/.

Je besser die innerkommunale Zusammenarbeit funktioniert, d.h. je intensiver die Abstimmungsprozesse realisiert wurden, desto klarer kann die kommunale Position formuliert und vertreten werden.[12]

Kooperation aller Bildungsakteure auf kommunaler Ebene oder die Kooperation der Kommune mit externen Partnern

„Um ein Kind zu erziehen, braucht es ein ganzes Dorf", so lautet eine alte afrikanische Weisheit, die zum Allgemeinplatz auch in Deutschland verkommen ist. Was aber, wenn es das Dorf nicht mehr gibt? Diese drastische Fragestellung macht nochmals deutlich, wie komplex die Herausforderungen sind, eine kommunale Bildungslandschaft aufzubauen. Alle (wesentlichen) Bildungsakteure sind gefragt, denn nur gemeinsam kann das rekonstruiert werden, was das Dorf ausgemacht hat. Die Kooperation aller Bildungsakteure ist keine triviale Aufgabe, verfügen doch alle über eigene Zuständigkeiten, an die man sich gewöhnt hat, über spezifische Handlungslogiken, die selbstständiges Planen und Handeln ermöglicht haben, über eigene Budgets, deren Verwendung den Entscheidungen institutioneneigener Hierarchien folgt. Die gemeinsame Aufgabenstellung, ein kohärentes Bildungswesen und Bildungsmanagement vor Ort aufzubauen und zu verstetigen, erfordert eine Kultur der Zusammenarbeit, die von gegenseitigem Vertrauen geprägt ist. Es müssen gemeinsam Wege gefunden werden, wie in einem kommunikativen und dialogischen Prozess konsensuale Entscheidungen getroffen werden können. Die Entscheidungen können nur im Konsens gefunden werden, weil eine Hierarchie zwischen den verschiedenen Bildungsakteuren auf kommunaler Ebene nicht existiert. Sie agieren auf Augenhöhe, d.h. absolut gleichberechtigt.

Um diese Kooperation zu entwickeln, müssen Gremien eingerichtet werden, in denen die notwendige Kommunikation geordnet stattfinden kann. Lenkungskreise und Steuergruppen sind mit der Entwicklung von kommunalen Bildungslandschaften eingerichtet worden. In ihnen arbeiten je nach Entwicklungsstand Kommune und Land, Wohlfahrtsverbände, Arbeitsverwaltung, Kammern und Hochschulen sowie die zivilgesellschaftlichen Akteure zusammen. In ihnen treffen die Entscheidungsebenen der verschiedenen Bildungsakteure aufeinander. Vereinbarungen, die dort erzielt werden, können von den Entscheidern in ihren jeweiligen Herkunftsinstitutionen im Wege hierarchischer Anordnungen umgesetzt werden. Lenkungskreise und Steuergruppen sind dage-

12 Diese Feststellung gilt ebenso für die Entwicklung von Positionen und Argumentationen der anderen Bildungsakteure. Auch eine Landesverwaltung muss der Notwendigkeit innerer Kooperationsprozesse Rechnung tragen. Die Abstimmung zwischen verschiedenen Landesressorts ist weit von der Selbstverständlichkeit entfernt, allerdings verfügt eine Landesregierung nicht nur über ein Kabinett, sondern auch über eine Staatskanzlei, zu deren Aufgaben eine Ressortabstimmung gehört(e). In je unterschiedlichen Ausprägungen weisen auch die Wohlfahrtsverbände, die Kammern, die Arbeitsverwaltung, die Hochschulen usw. mehr oder weniger große Abstimmungsprobleme in den eigenen Institutionen auf. Abstimmungsprozesse in der Zivilgesellschaft sind fast nicht existent, jedenfalls nicht systematisch und professionell organisiert. Auch die ansonsten bestens organisierten Stiftungen lassen es an Austausch und Abstimmung zwischen ambitionierten Stiftungen mangeln.

gen hierarchiefrei. Hier müssen die Akteure deshalb die Bereitschaft mitbringen, in begrenztem Rahmen und bezogen auf die angestrebte Gemeinsamkeit des Handelns auf ihr hoheitliches Entscheiden zu verzichten und sich auf Aushandlungsprozesse einzulassen.

Doch selbst diese Bereitschaft und die Einrichtung spezifischer Gremien bieten noch keine Gewähr für eine erfolgreiche und dauerhafte Kooperation. Erst mit professioneller Koordination sind die Voraussetzungen für Dauer und Erfolg der Zusammenarbeit geschaffen. Kooperationsbereite Partner zusammenzuführen, Gremiensitzungen organisatorisch wie inhaltlich vorzubereiten, die notwendigen Datengrundlagen aufzubereiten und bereitzustellen sowie für eine qualitätsorientierte Umsetzung zu sorgen und über die Fortschritte zu berichten sind wesentliche Aufgaben einer solchen koordinierenden Stelle (vgl. Abb. 2.3). Die Erfahrung zeigt, dass diese sich zum organisatorischen Kern der Governance entwickelt (vgl. Benz et al., 1999). Die hierfür erforderlichen Ressourcen (Zeit, Personal, Finanzmittel) gemeinsam aufzubringen, erweist die Kooperationsbereitschaft der Partner.

Abb. 2.3: Koordination der Kooperation

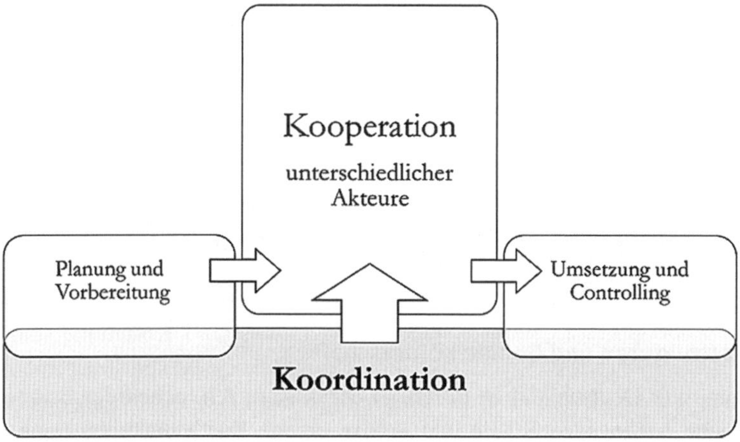

Quelle: Eigene Darstellung

Beim Aufbau kommunaler Bildungslandschaften und der Etablierung von Governancestrukturen zur Bildungssteuerung auf kommunaler Ebene wurde dieser organisatorische Kern, oftmals als „Bildungsbüro“ bezeichnet, mit Zustimmung aller Kooperationspartner innerhalb der Kommunalverwaltung angesiedelt. Mal ist sie als Stabsstelle unmittelbar bei der Verwaltungsspitze (Oberbürgermeister oder Landrat) angesiedelt, mal direkt einem Dezernenten oder Beigeordneten unterstellt. In jedem Fall zeigt die Einordnung in die Verwaltungsgliederung einschließlich der damit verbundenen Stellenbeschreibung sowie der etatmäßigen Bereitstellung dieser Stelle(n) auch die politische Bedeutung, die diesem Prozess beigemessen wird. Die personelle Ausstattung eines Bildungsbüros hängt nicht nur von der Größe der Kommune ab. Vielmehr kommt es darauf an, welche Koordinierungsaufgaben auf kommunaler Ebene als unabdingbar notwendig erkannt wurden, ob sich die anderen Kooperationspartner (insbesondere das Land)[13] an der Bereitstellung der Ressourcen beteiligen und inwieweit Synergieeffekte durch Zusammenlegung verschiedener Koordinierungsaufgaben gesehen werden. Dabei kommen aktuell vor allem die bildungsrelevanten Kooperationsfelder Übergangsmanagement, Integration und Inklusion, Bildungsallianzen und Alphabetisierung sowie politische und kulturelle Bildung in den Blick, da gerade in diesen Feldern auch Bund und Länder einen großen Kooperationswillen zeigen und diverse Förderprogramme auflegen, mit denen entsprechende Koordinierungsaufgaben gefördert werden (können).

2.2 Grundzüge kommunaler Verwaltungsstrukturen in Deutschland

Die Kommune ist in mehrfacher Hinsicht bei der Entwicklung kommunaler Bildungslandschaften aktiv und betroffen: Zum Ersten sind mit der Kommune die gebietskörperschaftlichen Grenzen abgesteckt, in denen die Bürgerinnen und Bürger leben, für die die Daseinsfürsorge wahrzunehmen ist. Zum Zweiten ist die Kommune kraft eigener Zuständigkeit und auf der Basis kommunaler Selbstverwaltung ein wichtiger Bildungsakteur. Zum Dritten ist die koordinierende Stelle üblicherweise lebender Bestandteil der kommunalen Verwaltung. In welchem Kontext eine Kommune dieser dreifachen Aufgabenstellung angemessen nachkommen kann und will, hängt nicht zuletzt auch von der Größe und Gliederung sowie von der Organisiertheit der Kommune ab.

Zur besseren Einschätzung soll im Folgenden ein Überblick über die tatsächlichen Größenordnungen deutscher Kommunen gegeben werden. Dazu werden auch die Kompetenzen und Zuständigkeiten geklärt, die im Zusammenhang mit der Gestaltung kommunaler Bildungslandschaften relevant sind.

Verwaltungsstrukturen und Gebietskörperschaften

Die Bundesrepublik Deutschland ist dezentral organisiert, d.h. neben der Bundes- und der Länderebene haben auch Städte und Kreise eigene Zuständigkeiten, eine eigene Finanzwirtschaft und einen dazu gehörenden demokratischen Willensbildungsprozess. Die öffentlichen Aufgaben sind auf die drei Ebenen verteilt. Gemeinsam gestalten sie das Gemeinwohl. Auch wenn die Kommunen zu den drei Hauptverwaltungsebenen gehören, so sind sie staatsrechtlich Teil der Länder und unterliegen damit deren Aufsichts- und Weisungsrecht. Mit dem Begriff „Kommune" werden sowohl die Gemeinden, die kreisfreien Städte, die kreisangehörigen Städte und die Landkreise bezeichnet.

---

13 In Nordrhein-Westfalen finanziert beispielsweise das Land dauerhaft eine Personalstelle für die mittlerweile eingerichteten 50 kommunalen Bildungsbüros. In Baden-Württemberg ist es je eine Personalstelle für die zunächst 19 etablierten Bildungsregionen. In Niedersachsen sollen diese Koordinierungsstellen in allen Kreisen und kreisfreien Städten des Landes mit zunächst 0,5 Personalstellen unterstützt werden.

Kommunen sind juristisch betrachtet Körperschaften des öffentlichen Rechts. Die vertikale Verwaltungsstruktur Deutschlands stellt sich wie in Abbildung 2.4 dar.

Abb. 2.4: Verwaltungsgliederung in Deutschland

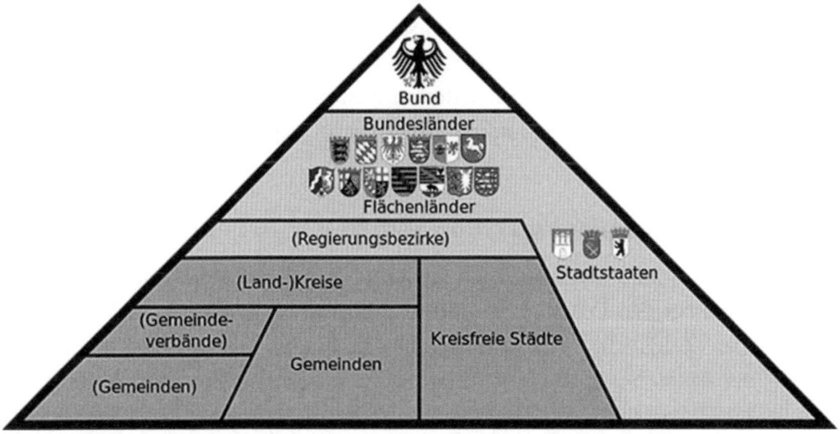

Administrative Gliederung Deutschlands, CC-BY-SA-2.0-de, David Liuzzo
Quelle: http://commons.wikimedia.org/wiki/File:Administrative_Gliederung_Deutschlands.png.

Die Gebietskörperschaft ist eine Organisationseinheit, der einzelne Aufgaben für einen bestimmten Teil des Staatsgebiets zugewiesen sind. Die Aufgaben und Grenzen der Gebietskörperschaften sind im Grundgesetz bzw. in den Länderverfassungen geregelt. Ihre Arbeitsweise unterhalb der Landesebene zeichnet sich durch Selbstorganisation und kommunale Selbstverwaltung aus, die eigene Organe (z. B. Bürgermeister, Gemeinderat) im Rahmen der ihnen zugewiesenen Aufgaben ausführen. Zusammen mit der Sozialversicherung bilden die Gebietskörperschaften Bund, Länder und Gemeinden den Sektor „Staat".

Die Kommunen als dritte Verwaltungsebene stellen sich jedoch in Abhängigkeit von den jeweiligen landesrechtlichen Regelungen differenziert dar. Als kommunale Gebietskörperschaften gelten:

- die Landkreise bzw. Kreise sowie die kreisfreien Städte bzw. die Stadtkreise;
- den Kreisen gleichgestellte Kommunalverbände besonderer Art (Städte-Region Aachen, Region Hannover und Regionalverband Saarbrücken);
- die kreisangehörigen Städte und Gemeinden;
- die Verbandsgemeinden (in Rheinland-Pfalz und Sachsen-Anhalt) und
- die Samtgemeinden (in Niedersachsen).

Dagegen sind Regierungsbezirke (z.B. in Baden-Württemberg) und Landschaftsverbände (in Nordrhein-Westfalen) einerseits und Stadtbezirke und Stadtteile keine Gebietskörperschaften.

Die kommunale Selbstverwaltung in Deutschland hat durch die Selbstverwaltungsgarantie in Art. 28 Abs. 2 Satz 1 Grundgesetz Verfassungsrang[14]. Ihre Ausgestaltung ist in den jeweiligen Gemeindeordnungen der Länder geregelt. Demnach ist die Organisiertheit und Struktur der Kommunen und der kommunalen Selbstverwaltung nicht in allen Bundesländern und nicht in allen Handlungsfeldern gleichartig geregelt. Zum einen müssen also die unterschiedlichen Größenklassen und Organisationstypen der Kommunen in den jeweiligen Bundesländern berücksichtigt werden. Zum anderen ergeben sich besondere Auswirkungen im Bildungsbereich, da die Zuständigkeiten der Kommunen als Schulträger und als Jugendhilfeträger in den Ländern unterschiedlich geregelt sind.

Heterogenität der kommunalen Ebene

Kreise und kreisfreie Städte erscheinen als ständige Bezugsgrößen kommunaler Bildungssteuerung angemessen. Dabei wird jedoch die Tatsache ignoriert, dass kreisfreie Städte nicht immer Großstädte, und kreisangehörige Städte nicht immer Kleinstädte sind. Schon bei der Betrachtung der kreisfreien Städte[15] werden gewichtige Unterschiede deutlich. In der Regel sind kreisfreie Städte Großstädte mit mehr als 100.000 Einwohnern oder größere Mittelstädte mit mehr als 20.000 Einwohnern. Der Rest sind Kleinstädte. Ende 2012 gibt es in Deutschland 76 Großstädte[16], von denen sieben kreisangehörige Großstädte sind und drei den besonderen Kommunalverbänden angehören. Wie die nachfolgende Abbildung zeigt, die sich auf die Angaben des statistischen Bundesamtes stützt, werden zum Jahresende 2012 insgesamt 107 kreisfreie Städte und Stadtkreise sowie 295 Landkreise (inkl. der drei besonderen Kommunalverbände) ausgewiesen.

Von den 107 kreisfreien Städten sind allerdings 42 Städte keine Großstädte und 18 haben sogar weniger als 50.000 Einwohner[17].

14 Auch auf europäischer Ebene haben sich die EU-Mitgliedsstaaten in der „Europäischen Charta der kommunalen Selbstverwaltung 1985“ verpflichtet, eine kommunale Souveränität zu gewährleisten.

15 In Baden-Württemberg werden kreisfreie Städte als Stadtkreise bezeichnet.

16 Obwohl es hier nicht um Genauigkeit der Zahlenwerke geht, soll dennoch auf die Daten aus dem Gemeindeverzeichnis kreisfreie Städte und Landkreise nach Fläche und Bevölkerung auf Grundlage des ZENSUS 2011 zum Stand 31.12.2012 hingewiesen werden (vgl. https://www.destatis.de/DE/ZahlenFakten/LaenderRegionen/Regionales/Gemeindeverzeichnis/Administrativ/Aktuell/04Kreise.html).

17 Eine Kommune wird in Deutschland üblicherweise als „Stadt“ bezeichnet, wenn sie mehr als 2.000 Einwohner hat. In Deutschland existieren zurzeit 2.064 Kommunen, die sich Stadt nennen dürfen. Aus historischen und demografischen Gründen gibt es jedoch aktuell 67 Kommunen, die als „Stadt“ geführt werden, obwohl weniger als 2.000 Einwohner in ihr leben. Die kleinste Stadt Deutschlands ist aktuell Arnis (Schleswig-Holstein) mit 273 Einwohnern (vgl. https://www.destatis.de/DE/ZahlenFakten/LaenderRegionen/Regionales/Gemeinde verzeichnis/Administrativ/Aktuell/05Staedte.htm).

Abb. 2.5: Anzahl der kreisfreien Städte und Kreise nach Bundesländern

Stand: 31.12.2012 (in Klammern die Anzahl der Städte mit unter 100.000 Einwohnern)

Bundesländer	kreisfreie Städte/ Stadtkreise	(Land-)Kreise/ bes. Kommunalverbände
Baden-Württemberg	9 (1)	35
Bayern	25 (17)	71
Berlin	1	0
Brandenburg	4 (3)	14
Bremen	2	0
Hamburg	1	0
Hessen	5	21
Mecklenburg-Vorpommern	2 (2)	6
Niedersachsen	8 (4)	38
Nordrhein-Westfalen	22	31
Rheinland-Pfalz	12 (8)	24
Saarland	0	6
Sachsen	3	10
Sachsen-Anhalt	3 (1)	11
Schleswig-Holstein	4(2)	11
Thüringen	6 (4)	17
gesamt	**107 (42)**	**295**

Quelle: Statistisches Bundesamt, Kreisfreie Städte und Landkreise nach Fläche, Bevölkerung und Bevölkerungsdichte am 31.12.2012; Eigene Darstellung

Kreisfreie Städte erledigen auch die Angelegenheiten einer unteren staatlichen Verwaltungsbehörde. Abgesehen von den beiden Stadtstaaten Hamburg und Berlin[18] ist München mit ca. 1,4 Millionen Einwohnern die größte und Zweibrücken (Rheinland-Pfalz) mit ca. 33.000 Einwohnern die kleinste kreisfreie Stadt. Alle 107 kreisfreien Städte verfügen über eigene Jugendämter, d.h. sie steuern ihre vorschulische und außerschulische Jugendhilfe im Rahmen der geltenden Bundes- und Landesgesetze eigenverantwortlich. Sie sind darüber hinaus auch Schulträger für alle Schularten. So sind in München etwa 340 Schulen aller Schularten zu finden[19], während in Zweibrücken insgesamt

18 Hamburg und Berlin sind zwar größer, aber sie sind als Stadtstaaten Sonderfälle kreisfreier Städte. Das Land Bremen besteht dagegen aus den zwei kreisfreien Städten Bremen und Bremerhaven.

19 Die Daten sind dem letzten Münchener Bildungsbericht entnommen (https://www.muenchen.de/rathaus/Stadtverwaltung/Referat-fuer-Bildung-und-Sport/kommunales-bildungsmanagement/kommunales-bildungsmonitoring.html). Dabei ist in München noch eine bayrische Besonderheit anzumerken: Von den 340 Schulen sind 40 weiterführende Schulen in kommunaler Trägerschaft, d.h. auch die Verantwortung für das pädagogische Personal liegt bei der Kommune. Die staatliche Aufsicht bleibt davon unberührt.

15 Schulen geführt werden. Mit der Größe der Kommune und mit der Anzahl der Bildungseinrichtungen wächst auch die strukturelle Komplexität, der für den Aufbau kommunaler Bildungslandschaften eine große Bedeutung zukommt. Quartiersbezogene Spezifika und vielfältige Spezialisierungen und Profilierungen können bei einer großen Zahl von Bildungseinrichtungen leichter aufgegriffen und realisiert werden. Gleichzeitig entstehen jedoch höhere Koordinierungsnotwendigkeiten.

Die 295 Landkreise, die ebenfalls in der Regel als Bezugsgrößen für kommunale Bildungslandschaften gewählt werden, sind Gemeindeverbände[20], denen eine unterschiedliche Zahl von Städten und Gemeinden angehören. Sie unterscheiden sich in ihrer Größe und Strukturkomplexität mindestens so deutlich wie die kreisfreien Städte. Hinzu kommen noch länderspezifisch unterschiedliche Zuständigkeitsregelungen, vor allem hinsichtlich der Schulträgerschaft. In ihnen leben etwa zwei Drittel der Gesamtbevölkerung Deutschlands, so dass eine gelingende Gestaltung der Bildungslandschaften in den Kreisen von großer Wichtigkeit für das nationale Bildungswesen ist.

Wie die kreisfreien Städte nehmen auch die Landkreise neben ihren kommunalen Aufgaben auch die Aufgaben einer unteren staatlichen Verwaltungsbehörde wahr. Landkreise üben also die allgemeine Aufsicht über die kreisangehörigen Städte und Gemeinden aus. Den Kreisen[21] kommt aber auch eine gewisse Ausgleichs- und Ergänzungsfunktion zu. Einerseits gleicht der Kreis die Leistungsunterschiede seiner Gemeinden aus. Andererseits übernimmt der Kreis Leistungen, die seine Gemeinden nicht aus eigener Kraft erfüllen können. Kreise sind zu dem Zweck eingerichtet, die kreisangehörigen Städte und Gemeinden bei der Erfüllung derjenigen Aufgaben zu unterstützen, die über den Verwaltungsraum der Gemeinden hinausreichen oder deren Leistungskraft überschreiten. Außerdem übertragen die Landesgesetzgeber den Kreisen überörtliche Aufgaben, die im Gebiet kreisfreier Städte noch als örtliche Aufgaben erscheinen, um damit ein Leistungsgefälle zwischen Stadt und Land zu mindern oder auszugleichen. Kreisangehörige Städte und Gemeinden sind also kommunale Gebietskörperschaften, die einem Kreis angehören. Er erledigt für sie die Aufgaben der überörtlichen Gemeinschaft (wie z.B. die Jugendhilfe, die Abfallbeseitigung oder den Betrieb eines Krankenhauses), wenn sie die Aufgabenerfüllung aufgrund ihrer begrenzten Größe und/oder Verwaltungskraft nicht sicherstellen können. Insofern stehen Kreise und ihre kreisangehörigen Städte und Gemeinden zwar in einem engen partnerschaftlichen Verhältnis, die klare und einvernehmliche Aufgabenabgrenzung ist jedoch nicht immer konfliktfrei, da an dieser Stelle auch immer das Recht auf kommunale Selbstverwaltung betroffen ist, das natürlich auch den kreisangehörigen Städten und Gemeinden zusteht. Diese Partnerschaft wird jährlich auf die Probe gestellt, wenn nämlich der Kreis in eige-

---

20 Gemeindeverbände gibt es auch oberhalb der Kreisebene (z.B. Bezirke in Bayern) sowie unterhalb der Kreisebene (Samtgemeinde in Niedersachsen oder Verbandsgemeinde in Rheinland-Pfalz).

21 Üblicherweise wird vom „Landkreis“ gesprochen. Nur in Schleswig-Holstein und in Nordrhein-Westfalen gilt der Begriff „Kreis“.

ner Verantwortung die Kreisumlage festlegt, die er auf der Grundlage ihrer Steuerkraft von seinen Mitgliedskommunen erhebt, um seinen Finanzbedarf zu decken.

Alle Landkreise gliedern sich in mehrere kreisangehörige Gemeinden, deren Zahl, Größe und Verwaltungsstruktur jedoch sehr unterschiedlich ist. So umfasst der Landkreis Ammerland (Niedersachsen) sechs Gemeinden mit insgesamt etwa 120.000 Einwohnern, während sich der Eifelkreis Bitburg-Prüm (Rheinland-Pfalz) in 235 Gemeinden mit gemeinsam 96.000 Einwohnern gliedert. Die 235 Gemeinden sind allerdings in sieben Verbandsgemeinden zusammengefasst. Die kreisangehörigen Städte und Gemeinden unterscheiden sich ihrerseits erheblich in Größe und Verwaltungskraft. Die 295 Landkreise umfassen insgesamt fast 11.100 Gemeinden und Städte, die in ihrer Größe von weniger als 100 Einwohnern bis zur Stadt Neuss (Nordrhein-Westfalen) als größte kreisangehörige Stadt mit mehr als 150.000 Einwohnern variieren.

Abb. 2.6: Anzahl Gemeinden und Städte (Stand: 29. Mai 2013)

Bundesländer	Anzahl der Gemeinden (davon nicht in einem Verbund *)	Anzahl Städte (davon kreisfrei)
Baden-Württemberg	1.101 (190)	312 (9)
Bayern	2.056 (317)	317 (25)
Berlin	1(1)	1 (1)
Brandenburg	419 (148)	113 (4)
Bremen	2 (2)	2 (2)
Hamburg	1 (21)	1 (1)
Hessen	426 (426)	191 (5)
Mecklenburg-Vorpommern	780 (40)	84 (2)
Niedersachsen	1.003 (286)	162 (8)
Nordrhein-Westfalen	396 (396)	271 (22)
Rheinland-Pfalz	2.306 (48)	128 (12)
Saarland	52 (52)	17 (0)
Sachsen	438 (259)	171 (3)
Sachsen-Anhalt	223 (104)	105 (3)
Schleswig-Holstein	1.110 (80)	63 (4)
Thüringen	878 (155)	126 (6)
gesamt	**11.192 (3.180)**	**2.064 (107)**

Quelle: Statistisches Bundesamt, Gemeindeverzeichnis-Informationssystem, Eigene Darstellung

Aufgrund ihrer Bevölkerungsstärke haben einige kreisangehörige Städte in verschiedenen Bundesländern einen verwaltungsrechtlichen Sonderstatus erhalten, der mit der Übertragung weiterer Aufgaben verbunden ist. Damit sind in den Bundesländern unterschiedliche Sondertitel verbunden: Große Kreisstadt, Große selbstständige Stadt oder Große kreisangehörige Stadt. Sondertitel und Sonderrechte sind in den einzelnen Bundesländern ebenso differenziert geregelt, wie die Verfahrensweisen, nach denen eine Stadt diese erreichen kann.

Länderspezifische Zuständigkeitsregelungen im Bildungsbereich

Kreise und kreisfreie Städte sind zweifelsohne wichtige Bildungsakteure auf kommunaler Ebene. Während die Zuständigkeitsfragen bei kreisfreien Städten relativ leicht zu beantworten sind, sind die Unterschiede in den länderspezifischen gesetzlichen Regelungen für die Landkreise erheblich. Nach Art. 70 des Grundgesetzes liegt die Zuständigkeit zur Regelung der Gemeindeverfassung bei den Ländern. In Verbindung mit der verfassungsrechtlich geregelten Selbstverwaltungsgarantie für die Kommunen existieren in allen Bundesländern Gemeindeordnungen, die – durchaus different – Rechte und Pflichten, Aufbau, Struktur und Zuständigkeiten der kommunalen Organe regeln und zugleich die staatliche Aufsicht über die Gemeinden festschreiben. Auch für den Bildungsbereich ergeben sich daraus erhebliche Unterschiede, die für die Gestaltung kommunaler Bildungslandschaften relevant sind.

Sowohl in Kreisen als auch in kreisfreien Städten gelten für die Ämter, die mit Bildungsfragen unmittelbar zu tun haben, wichtige für die Kommunen bindende bundes- oder landesrechtliche Regelungen. Zum einen ist die Einrichtung eines Jugendamtes eine bundesgesetzlich geregelte Pflichtaufgabe der Kommune[22]. Das Jugendamt setzt sich, anders als die anderen kommunalen Ämter, aus zwei Bestandteilen zusammen: aus dem Jugendhilfeausschuss und aus der Verwaltung des Jugendamtes. Im Jugendhilfeausschuss wirken nichtstaatliche Organisationen und die Fachpolitik in allen Jugendhilfefragen mit. Zum anderen unterhalten die Kommunen in ihrer Eigenschaft als Schulträger ein Schulverwaltungsamt, das für die Fragen der äußeren Schulangelegenheiten zuständig ist. In fast allen Bundesländern[23] sind für die kommunalen Schulträger staatliche Schulämter als untere Schulaufsicht auf der Ebene von Kreisen und kreisfreien Städten eingerichtet[24], die für einige Aufgaben der inneren Schulangelegenheiten zuständig sind. Wenngleich die Schulaufsicht für die ehemals wichtigsten Schularten (Grund- und Hauptschule als Nachfolgerinnen der Volksschule) in Hinblick auf eine enge Zusammenarbeit traditionell in unmittelbarer Nähe zum Schulträger organisiert war, rückt sie heute nicht nur aus Kostengründen wieder weiter weg von den Kommunen: Die Länder halten in der Regel eine Gliederung ihrer Schulaufsicht nach Schularten nach wie vor für wichtiger als die Kooperation mit den jeweiligen Schulträgern.

---

22 Das Jugendamt ist eine Einheit der Kommunalverwaltung, die ihre rechtliche Grundlage im SGB VIII, dem Kinder- und Jugendhilfegesetz (KJHG) findet. Auch wenn für dieses Amt häufig andere Bezeichnungen gewählt werden (Amt für Kinder, Jugend und Familie oder durch Zusammenlegung von Schule und Jugend als Amt für Bildung), seine Aufgaben und Organisationsstruktur bleiben immer gleich, da sie bundesgesetzlich geregelt sind.

23 In Niedersachsen und Rheinland-Pfalz sind keine staatlichen Schulämter vorgesehen.

24 Je nach Größenordnung der Gebietskörperschaften sind in einigen Bundesländern die staatlichen Schulämter für die Schulen in mehreren Kommunen zuständig. So gibt es etwa in Brandenburg nur 6 staatliche Schulämter für die dortigen 18 relevanten Gebietskörperschaften.

Für die kreisfreien Städte sind die länderspezifischen Unterschiede nicht so gravierend, sieht man davon ab, dass Größe und Verwaltungskraft einer Kommune auch Auswirkungen auf die Gestaltung der einzelnen Bildungsbereiche zeigen, z.B. bei der Gestaltung der Ganztagsschulen sowie bei dem aktuellen Thema Inklusion. Auch sind die Mitwirkungsmöglichkeiten der Kommunen bei der Entwicklung ihrer Schulen und insbesondere bei der Personalentwicklung unterschiedlich geregelt. Auf Organisation und Gestaltung des städtischen Jugendamtes oder des Schulverwaltungsamtes haben die jeweiligen Landesregelungen jedoch kaum Auswirkungen. Allein die staatlichen Schulämter sind nach landesspezifischen Sonderregelungen organisiert.

Die große Heterogenität der Landkreise zeigt sich auch in länderspezifischen Zuständigkeitsregelungen für den Bildungsbereich. Für die Einrichtung von Jugendämtern gilt das KJHG, d.h. im Rahmen der kommunalen Selbstverwaltung kann jede kreisangehörige Stadt oder Gemeinde grundsätzlich ein eigenes Jugendamt unterhalten, wenn die Gemeinde diese Aufgabe aus eigener Kraft erfüllen kann. Vereinfacht kann gesagt werden, dass größere kreisangehörige Städte und Gemeinden eigene Jugendämter unterhalten, während der Kreis die Aufgaben der Jugendhilfe für die kleineren Gemeinden, deren Leistungsfähigkeit dazu nicht ausreicht, übernimmt. Das führt allerdings dazu, dass es in einer gedachten kommunalen Bildungslandschaft auf Kreisebene zwei verschiedene Ebenen der Jugendhilfe gibt. Aufgrund der enormen Unterschiede in den Größenordnungen der kreisangehörigen Städte und Gemeinden gibt es im Extremfall ausschließlich ein Jugendamt in der Kreisverwaltung oder, wie im Beispiel des Kreises Recklinghausen (Nordrhein-Westfalen), kein Jugendamt des Kreises, weil alle Mitgliedsstädte[25] eigene Jugendämter eingerichtet haben.

Die Trägerschaft von Schulen ist in den Landesschulgesetzen oder in Einzelgesetzen geregelt. Bundesweit wird zwischen öffentlichen und freien Schulträgern unterschieden, wobei die kreisfreien Städte, die Landkreise sowie die kreisangehörigen Städte und Gemeinden die öffentlichen Schulträger sind. Für die kreisfreien Städte ist dies bundeseinheitlich geregelt, nicht so für die Kreise. Während beispielsweise in Nordrhein-Westfalen die Kreise lediglich Schulträger der beruflichen Schulen (Berufskollegs) sowie einiger Formen der Förderschulen sind, ist in Niedersachsen den Kreisen die Schulträgerschaft für die beruflichen Schulen, die Förderschulen, die Gesamtschulen und die Gymnasien zugeschrieben. In Nordrhein-Westfalen sind demnach die kreisangehörigen Städte und Gemeinden eigenständige Schulträger aller allgemeinbildenden Schulen, in Niedersachsen sind diese nur Schulträger für die Grund-, Haupt- und Realschulen. In Bayern obliegt den Landkreisen auch die Schulträgerschaft für die Realschulen, in Sachsen-Anhalt auch für die Sekundarschulen. Da Schulträgerschaft immer auch bedeutet, dass die Kosten für die Unterhaltung der Schule (mit Ausnahme der Kosten für das lehrende Personal) getragen werden müssen, ist die unterschiedlich umfangrei-

25 Der Kreis Recklinghausen ist mit mehr als 610.000 Einwohnern der bevölkerungsreichste Kreis Deutschlands (abgesehen vom besonderen Gemeindeverband Region Hannover). Er gliedert sich in 6 große und 4 mittlere kreisangehörige Städte, in denen jeweils zwischen 29.000 und 115.000 Einwohner leben.

che Trägerschaft für die Kreise auch eine Frage der Höhe und Gestaltung der Kreisumlage.

Kommunale Leitungsebenen und Verwaltungsvorstände

In der kommunalen Verwaltung sind die Zuständigkeiten klar und eindeutig geregelt, wie es dem deutschen Verwaltungsaufbau eigen ist. Die Gemeindeordnungen der Länder sehen für die kommunalpolitische Willensbildung den Gemeinderat (Stadtrat und Kreistag) vor, der die zentralen Entscheidungen trifft. Sie orientieren sich mittlerweile bezüglich der Stellung des sogenannten Hauptverwaltungsbeamten (Oberbürgermeister, Bürgermeister und Landrat) fast alle[26] an der Süddeutschen Bürgermeisterverfassung[27]. (Ober-)Bürgermeister bzw. Landräte haben eine starke Stellung, da sie nicht nur die Beschlüsse des Gemeinderates vollziehen, sondern auch die Kommune nach außen vertreten und Leiter der Gesamtverwaltung sind. Sie werden direkt und nicht wie bis in die 1980er Jahre vom Gemeinderat gewählt, dessen Vorsitzende sie sind.

Die Hauptverwaltungsbeamten bilden gemeinsam mit den Beigeordneten den Verwaltungsvorstand. Beigeordnete (Senatoren[28], Bürgermeister[29], Stadträte[30], berufsmäßige Stadträte[31]) sind hauptamtliche kommunale Wahlbeamte, die vom Gemeinderat für eine Amtszeit von bis zu 8 Jahren gewählt werden. Die Anzahl der Beigeordneten richtet sich nach der Größe der Kommune. Der Erste Beigeordnete[32] ist der allgemeine Vertreter des Hauptverwaltungsbeamten. In fast allen Bundesländern (Ausnahme Hessen) haben die Hauptverwaltungsbeamten ein Weisungsrecht gegenüber den Beigeordneten.

Unterhalb des Hauptverwaltungsbeamten regelt jede Kommune den Aufbau ihrer Verwaltung selbstständig und eigenverantwortlich. Die Gliederung sieht in allen Kommunen durchaus vergleichbare Strukturen (mit Dezernaten, Fachbereichen, Ämtern und Abteilungen) vor, wobei die Anzahl der Dezernate und Fachbereiche sowie die weitere verwaltungsmäßige Ausdifferenzierung häufig der Größe der Kommune folgen. Die Zusammenfassung von Ämtern und Fachbereichen zu einem Dezernat und damit die

26 In Hessen gilt im Wesentlichen noch die Magistratsverfassung, wenngleich auch dort der Bürgermeister inzwischen direkt gewählt wird.

27 Auch Nordrhein-Westfalen und Niedersachsen legen mittlerweile die Süddeutsche Bürgermeisterverfassung zugrunde, nachdem bis Mitte der 1990er Jahre die kommunale Doppelspitze (mit Oberbürgermeister und Oberstadtdirektor) gegolten hat. Der Oberbürgermeister oder der Bürgermeister und der Landrat hat eine starke Stellung, da er die Kommune nach außen vertritt und Leiter der Gesamtverwaltung ist. Er wird direkt und nicht wie früher vom Gemeinderat gewählt. Der Hauptverwaltungsbeamte ist zudem Vorsitzender des Gemeinderates.

28 In Lübeck und in den Hansestädten Mecklenburg-Vorpommerns.

29 In den Stadtkreisen Baden-Württembergs, in denen der Hauptverwaltungsbeamte den Titel Oberbürgermeister trägt.

30 In den Städten Niedersachsens.

31 In den Städten Bayerns.

32 In Nordrhein-Westfalen auch Stadtdirektor oder Kreisdirektor genannt.

Verantwortlichkeit eines Beigeordneten sind nicht immer fachlich begründet. Häufig sind politische Bedeutsamkeiten einzelner Fachbereiche und die Zuweisung zu den mit politischen Mehrheiten gewählten Beigeordneten der entscheidende Grund für den Zuschnitt der Dezernate.

Diese Regelungen gelten für alle Gemeinden in Deutschland, wenngleich Umsetzung und Sinnhaftigkeit von der Größe und Leistungskraft der jeweiligen Kommune abhängen. Während Großstädte sehr differenzierte Fach- und Verwaltungsstrukturen aufbauen können, sind den kleinen Städten und Gemeinden dabei klare Grenzen gesetzt. Aufgaben, die kleinere Städte und Gemeinden nicht mehr angemessen übernehmen und erledigen können, werden von den Verwaltungen der Gemeindeverbände bzw. der Landkreise wahrgenommen.

Bedeutung der kommunalen politischen Gremien

Auf der Basis des grundgesetzlich garantierten Selbstverwaltungsrechts und festgeschrieben durch die Gemeindeordnungen der Länder obliegt allein dem Gemeinderat (Stadtrat oder Kreistag) das Entscheidungsrecht für alle kommunalen Belange. Dabei müssen die bundesgesetzlich geregelten und durch Landesgesetze entsprechend konkretisierten staatlichen Vorgaben beachtet und eingehalten werden. Der Gemeinderat richtet Fachausschüsse ein, um die Frage- und Aufgabenstellungen fachlich entsprechend vorzubereiten und Beschlussvorlagen zu erarbeiten. Auf die besondere Bedeutung des Jugendhilfeausschusses, dessen Mitglieder zu 60% dem Gemeinderat angehören müssen und zu 40% von den freien Trägern der Jugendhilfe und der Jugendverbände benannt werden, wurde bereits hingewiesen. Er besitzt ein Beschlussrecht in allen grundsätzlichen Angelegenheiten der Jugendhilfe, seine Entscheidungen sind für die Verwaltung des Jugendamtes bindend. Die verantwortliche Mitwirkung engagierter Bürgerinnen und Bürger sowie von Fachleuten aus der Jugendhilfe und mithin die geregelte Kooperation in diesem wichtigen Bereich der Daseinsfürsorge ist einmalig in der deutschen Verwaltungsstruktur. Die übrigen Fachausschüsse richtet der Gemeinderat in eigenem Ermessen und in eigener Verantwortung ein, wobei sich durchaus unterschiedliche thematische Schneidungen und differenzierte Namensgebungen in den Kommunen ergeben haben[33].

Letztendlich sind die Befassung und Beschlussfassung des Gemeinderates auf der Basis von Empfehlungen der Fachausschüsse für den Hauptverwaltungsbeamten, für den Verwaltungsvorstand und die gesamte Verwaltung bindend. Eine ständige Rückkopplung zwischen Verwaltung und den politischen Gremien ist mehr als sinnvoll, um zu einem vertrauensvollen Miteinander zu gelangen und entsprechende Beschlussvorlagen verabschieden zu können. Auf dieser Grundlage können die kommunalen Vertreter

33 Beispielhaft sind hier die Namen für Ausschüsse genannt, die sich mit Angelegenheiten der Bildung auf kommunaler Ebene befassen: „Bildungsausschuss", „Jugend- und Schulausschuss", „Ausschuss für Jugend, Schule und Bildung" etc.

die Kooperationsgespräche mit anderen Bildungsakteuren auf kommunaler Ebene führen.

2.3 Voraussetzungen für eine gelingende Bildungssteuerung auf kommunaler Ebene

Die bisherigen Ausführungen haben deutlich gemacht, dass es für die Entwicklung kommunaler Bildungslandschaften keine Blaupausen geben kann. Sowohl die sehr heterogenen Ausgangssituationen in den Kommunen als auch die sehr differenzierten lokalen Strukturkomplexitäten sowie die Verschiedenartigkeit der handelnden Personen und Institutionen erfordern sehr individuelle Vorgehensweisen unter klarer Berücksichtigung der vorliegenden Problemlagen. Bei aller Unterschiedlichkeit gelten jedoch für die erfolgreiche Entwicklung kommunaler Bildungslandschaften einige allgemeine Erkenntnisse.

Im Mittelpunkt steht die Kooperation sowohl innerhalb der Kommune als auch mit den anderen Bildungsakteuren auf kommunaler Ebene (vgl. Abschnitt 2.1). Im Zentrum wird immer die Frage stehen: Wer soll, will, kann mit wem zu welchem Zeitpunkt und wie intensiv in welchem Handlungsfeld und mit welcher Zielsetzung kooperieren. Bei der Frage nach dem Wer mit Wem kommen die gebietskörperschaftlichen Unterschiede und Besonderheiten massiv zur Geltung.

Die innerkommunale Kooperation entwickelt sich vor dem Hintergrund der Ausführungen in Abschnitt 2.2 zur großen Herausforderung. Bei der Entwicklung und Gestaltung der Bildungslandschaft in einer kreisfreien Stadt ist die innerkommunale Kooperation nicht wirklich unproblematisch. Es muss lediglich die Zusammenarbeit zwischen verschiedenen und normalerweise getrennt agierenden Ressorts[34] erreicht werden, indem die unterschiedlich großen Schnittmengen der Zuständigkeitsbereiche transparent gemacht und gemeinsam bearbeitet werden. Allein die Kooperation zwischen Jugendamt und Schulverwaltungsamt ist wohl in vielen Städten eine Herausforderung von historischer Dimension, sind doch die fachlichen und inhaltlichen Konzepte zu verschieden. Hinzu kommt, dass das Selbstbewusstsein und die Autonomie eines Amtes mit seiner Größe und Personalstärke wachsen. Es ist also keine triviale Aufgabe, diese im Sinne einer ganzheitlichen Bildungslandschaft erforderliche Kooperation zu erreichen. Hier kommt dem Hauptverwaltungsbeamten und dem kommunalen Verwaltungsvorstand eine große Bedeutung zu. Nur wenn die innerkommunale Kooperation im Bildungsbereich zur Chefsache und bewusster und regelmäßiger Teil der Kommunikation im Vorstand wird, können tradierte Verhaltens- und Reaktionsmuster überwunden werden. Eine funktionierende Kooperation findet dann auch ihren Niederschlag in der

34 Nicht nur die klassischen Bildungsämter sind hier gemeint. Vielmehr müssen auch die nur mittelbar betroffenen Ämter und Fachbereiche wie Wirtschaftsförderung, Stadtentwicklung, Kämmerei etc. einbezogen werden.

Zusammenarbeit der jeweiligen politischen Fachausschüsse, deren Impulse die Kooperationsbereitschaft der Ämter anregen und fördern können.

Auch wenn es nach wie vor gängige Praxis ist, kreisfreie Städte als idealen Bezugspunkt für kommunale Bildungslandschaften zu sehen, so kann es sehr wohl sinnvoll sein, dass sich zwei oder mehrere benachbarte Kommunen gemeinsam auf den Weg machen wollen[35], eine gemeinsame Bildungslandschaft zu entwickeln und zu gestalten. Dieses Vorhaben ist sicherlich nicht einfacher, kann aber unter dem Gesichtspunkt eines ganzheitlichen Bildungswesens durchaus empfehlenswert sein. Unabdingbare Voraussetzung ist allerdings der starke und explizite Wille zur Kooperation bei allen beteiligten Kommunen. So sehr die Überlegungen zur Entwicklung dezentraler Bildungslandschaften in großen Großstädten wie Hamburg, Berlin oder Köln aus Gründen der Übersichtlichkeit und effektiven Steuerung nachvollziehbar sind, so sehr müssen dezentrale Strukturen in ein Gesamtkonzept für die ganze Stadt eingebettet sein. Zentrale Entscheidungskompetenzen über Stadtentwicklung, Bildungswesen, Finanzen etc. liegen nach wie vor aus gutem Grund beim Stadtrat und die Vertretung der Stadt liegt nach wie vor beim Hauptverwaltungsbeamten. Wenn Kooperation gelingen soll, muss sie für die Gesamtstadt gedacht und dann durchaus dezentral entwickelt werden.

Mit innerkommunaler Kooperation ist bei Landkreisen jedoch nicht nur die Zusammenarbeit der verschiedenen Dezernate und Ämter in der Kreisverwaltung oder die interne Zusammenarbeit in den jeweiligen Verwaltungen der Mitgliedsgemeinden des Kreises gemeint. Vielmehr kommt unter diesem Aspekt auch die Gestaltung einer interkommunalen Zusammenarbeit zwischen dem Kreis und seinen kreisangehörigen Städten und Gemeinden einerseits und zwischen den Mitgliedsgemeinden andererseits hinzu. Unter Berücksichtigung der weiter oben aufgezeigten Heterogenität der Kreise in ihrer Größe und Leistungskraft und bei Beachtung der hochgradig verschiedenen Strukturkomplexität auf der Ebene der Mitgliedsgemeinden ist das Kooperationsanliegen eine große Herausforderung. Dies ist umso bemerkenswerter, als es in dieser Sache keinerlei Weisungsrecht des Landrates gegenüber den Bürgermeistern der Mitgliedsgemeinden gibt. Wertvolles Instrument in diesem Zusammenhang ist die sog. HVB-Konferenz[36], auf der die Notwendigkeit der interkommunalen Zusammenarbeit im Bildungsbereich thematisiert und auf den Weg gebracht bzw. vertieft werden kann. Sind die Hauptver-

35 Diese Strategie muss sehr gut vorbereitet und mit entsprechenden Beschlüssen unterlegt sein. Eine längere Tradition in der Zusammenarbeit etwa im Kulturbereich, die mit guten Erfahrungen und dem gewachsenen Vertrauen verbunden ist, kann das Vorhaben aussichtsreich erscheinen lassen. Gemeinsamer Problemdruck könnte Kooperationsüberlegungen initiieren und befördern, sollte jedoch auf keinen Fall die alleinige Motivation sein. Ablenkung von stadtinternen Problemlagen ist in keinem Fall ein guter Ratgeber für Kooperationen mit Nachbarn.

36 Die (regelmäßigen) Zusammenkünfte der Hauptverwaltungsbeamten (HVB) aus den Mitgliedsgemeinden und vom Kreis sind freiwillige Gesprächsrunden, die der gegenseitigen Information und dem Austausch über individuelle Problemlagen dienen. Entscheidungen werden formal dort nicht getroffen. Es ist allerdings Ausdruck gewachsener Kooperationskultur, wenn diese HVB-Konferenzen in einigen Landkreisen zu wichtigen Steuerungssitzungen geworden sind.

waltungsbeamten überzeugt, können sie in ihren jeweiligen Verwaltungen auch kraft hierarchischer Kompetenz die ressortübergreifende Zusammenarbeit fordern und befördern.

Trotz teilweise unüberschaubarer Strukturkomplexität der Landkreise bleiben sie Bezugspunkte kommunaler Bildungslandschaften, um die Einheitlichkeit der Lebensverhältnisse für alle Bürgerinnen und Bürger eines Kreises für den Bildungsbereich zu erhalten. Allerdings muss aus pragmatischen Gründen ein Entwicklungsstart mit nur einigen der kreisangehörigen Städte und Gemeinden möglich sein, wenn das Ganze im Blick gehalten wird. Zusätzlich gibt es in einigen Kreisen Überlegungen größerer kreisangehöriger Städte, sich alleine auf den Weg zu machen, da sie in der Regel aufgrund ihrer Größe ein nahezu voll entfaltetes Bildungswesen vorweisen können. Allein die Trägerschaft für einige Schularten erinnert diese Kommunen daran, dass sie kreisangehörig sind und den Kreis als Kooperationspartner brauchen. Falls große Städte sich also zutrauen, den Entwicklungsprozess alleine zu gestalten, sind die Kreise gut beraten, wenn sie diese Entwicklung unterstützen und begleiten. Dabei sollte durchaus im Blick sein, den beginnenden Prozess kreisweit zu nutzen, um vergleichbare Lebensverhältnisse weiterhin anzustreben, den kleineren Mitgliedsgemeinden die Erfahrungen zur Verfügung zu stellen, sie durch entsprechende Zusammenarbeit zu unterstützen und an der Entwicklung der Bildungslandschaft zu beteiligen.

Kommunen, denen die innerkommunale bzw. interkommunale Zusammenarbeit gelingt, sind strategisch bedeutsame Partner für die anderen wichtigen Bildungsakteure, mit denen bei der Gestaltung der Bildungslandschaften kooperiert werden soll, was eine weitere Herausforderung für die Kommunen darstellt. Denn diese, seien es die Kammern, die Arbeitsverwaltung, die Hochschulen oder das Land, haben in der Regel andere organisatorische oder geografische Rahmenbedingungen und Zuständigkeitsregelungen. Ihr Landschaftsbegriff definiert sich nach völlig anderen Kriterien. Insofern kann es nicht überraschen, dass die Abgrenzung einer kommunalen Bildungslandschaft mehr durch die kommunale Perspektive bestimmt wird. Inwieweit es den Kommunen gelingt, mit den anderen Bildungsakteuren auf Augenhöhe zu kooperieren, hängt nicht zuletzt von der Entscheidungskompetenz ihrer Vertreter sowie von der Größe der Gebietskörperschaft ab, die der kommunalen Bildungslandschaft als Bezugsgröße dient. Kammergeschäftsführer, Universitätspräsidenten, Direktoren der Arbeitsagentur oder Leitungspersonen der oberen Schulaufsicht[37] werden sich kaum mit allzu zahlreichen Kommunalvertretern – seien sie auch noch so hochrangig – zur Kooperation auf Augenhöhe an einen Tisch setzen. Ihre Motivation und Bereitschaft wird wesentlich auch davon abhängen, wie viele kommunale Bildungslandschaften sich in ihrem Zuständigkeits- und Einflussgebiet herausbilden.

37 Die obere, manchmal auch oberste Schulaufsicht ist je nach Größe des Bundeslandes in den Bezirksregierungen oder direkt in den Schul- und Kultusministerien angesiedelt. Manchmal sind es statt der Bezirksregierungen auch Schulpräsidien oder Regionalstellen einer Landesschulbehörde.

Die Einrichtung einer koordinierenden Stelle wird üblicherweise im Rahmen einer Kommunalverwaltung vorgenommen. Je kleiner die Kommune und je geringer ihre Leistungs- und Verwaltungskraft ist, desto schwieriger wird es, für diese wichtige Stelle oder Abteilung entsprechendes Personal zu rekrutieren. Ein nicht entsprechend ausgestattetes Bildungsbüro wird aber seinen anspruchsvollen Koordinierungsaufgaben kaum gerecht werden können.

Zusammenfassend kann festgestellt werden, dass es eine einheitliche Bezugsgröße für kommunale Bildungslandschaften aufgrund der kommunalen Heterogenität nicht geben kann. Kein Entwicklungsprozess startet bei null und immer gilt es, bestehende Kooperationsbeziehungen zu nutzen und sie thematisch oder strukturell auszubauen. Insgesamt sollten die Kommunen dabei durchaus groß denken, wenngleich sie oftmals anschließend realisieren, dass sie klein anfangen müssen.

Abb. 2.7: Gelingensbedingungen für Kooperationen im Bildungsbereich

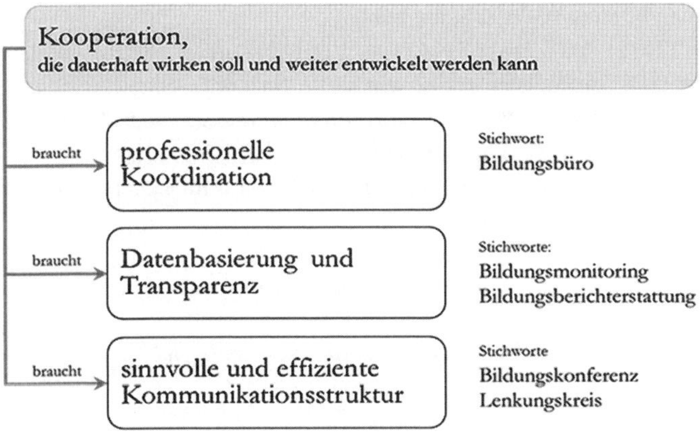

Quelle: Eigene Darstellung

Für alle angestrebten Kooperationsmodelle im Bildungsbereich, die nur konsensorientiert und freiwillig sein können, gelten gleichermaßen die drei nachfolgend aufgeführten Gelingensbedingungen, für die jedoch sehr differenzierte und sehr spezifische Ausführungswege in jeder einzelnen kommunalen Bildungslandschaft gefunden und entwickelt werden müssen.

- Die Koordination durch ein entsprechend eingerichtetes und ausgestattetes Bildungsbüro kann umso professioneller erfolgen, je leistungsstärker die den Rahmen gebende Kommune ist.
- Datenbasierung und Transparenz ist herzustellen, da ansonsten keine gemeinsame Grundlage für die gemeinsame Bestandsaufnahme und Problemanalyse gegeben ist. Eine geeignete Datenbasierung kann jedoch umso

besser hergestellt werden, je leistungsstärker[38] die den Rahmen gebende Kommune ist.

- Sinnvolle und effiziente Kommunikation kann nur dann gelingen, wenn an bestehende Kommunikationsstrukturen angeknüpft wird und Doppelstrukturen nach Möglichkeit vermieden werden. Je leistungsstärker die Rahmen gebende Kommune ist, desto leichter werden der Aufbau und die dauerhafte Unterhaltung entsprechender Kommunikationsstrukturen gelingen.

Literatur

Benz, A., Fürst, D., Kilper, H. & Rehfeld, D. (1999). *Regionalisierung – Theorie, Praxis, Perspektiven.* Opladen: Leske + Budrich.

Bildungskommission NRW (1995). *Zukunft der Bildung – Schule der Zukunft.* Neuwied: Luchterhand.

Deutscher Städtetag (2007). *Aachener Erklärung.* Verfügbar unter: http://www.staedtetag.de/fachinformationen/bildung/058050/index.html.

Deutscher Städtetag (2012). *Münchener Erklärung.* Verfügbar unter: http://www.staedtetag.de/imperia/md/content/dst/muenchner_erklaerung_2012_final.pdf.

Fuchs, T. (2005). *Auf dem Weg zu einer neuen Konzeption der kommunalen Daseinsvorsorge.* Verfügbar unter: http://delegibus.com/2005,11.pdf [10.05.2013].

Lohre, W. (2007). Über das Netzwerk hinaus – Entwicklung und Steuerung regionaler Bildungslandschaften. In Solzbacher, C. & Minderop, D. (Hrsg.), *Bildungsnetzwerke und Regionale Bildungslandschaften* (S. 33–42). München: Luchterhand.

Lohre, W. & Kaehlbrandt, R. (2009). Lernen vor Ort – Eine gemeinsame Initiative des Bundesministeriums für Bildung und Forschung mit deutschen Stiftungen. In Bundesministerium für Bildung und Forschung (Hrsg.), *Zukunft (der) Weiterbildung – Vorschläge und Expertisen* (S. 87–96). Bielefeld: W. Bertelsmann Verlag.

38 In diesem Kontext sind Kommunen leistungsstark, wenn sie über Statistikämter oder über hinreichende Statistikkompetenz verfügen. Formal erhalten die Kommunen z.B. nur dann spezifische Schuldaten von den statistischen Landesämtern, wenn die Kommunen über eine sog. abgeschottete Statistikstelle verfügen.

Hermann Avenarius

3. Schule zwischen Kommune und Staat aus rechtlicher Sicht

3.1 Die normativen Grundlagen

Verfassungsrechtliche Gewährleistungen

Wer sich über die rechtlichen Beziehungen zwischen Schule einerseits, Kommune und Staat andererseits Klarheit verschaffen will, tut gut daran, einen Blick ins Grundgesetz zu werfen. Dieses bestimmt nicht nur, dass die Gestaltung des Schulwesens Sache der Länder ist – und zwar seit der Föderalismusreform in deren ausschließlicher Zuständigkeit –, es enthält auch die Grundlagen für die Kompetenzverteilung in der Ordnung des Schulwesens zwischen dem Staat, also dem jeweiligen Land, einerseits und den Kommunen andererseits.

Gemäß Art. 7 Abs. 1 Grundgesetz steht das gesamte Schulwesen unter der Aufsicht des Staates, also unter der Aufsicht des jeweiligen Landes. Mit diesem Aufsichtsbegriff ist nach herrschender Meinung in Rechtsprechung und Schrifttum weit mehr gemeint als Aufsicht im Sinne des allgemeinen Verwaltungsrechts. Er umfasst – so das Bundesverwaltungsgericht – die „Gesamtheit der staatlichen Befugnisse zur Organisation, Planung, Leitung und Beaufsichtigung des Schulwesens“[1]. Ganz ähnlich formuliert es das Bundesverfassungsgericht: „Die Schulaufsicht im Sinne des Art. 7 Abs. 1 GG umfasst die Befugnisse des Staates zur Planung und Organisation des Schulwesens mit dem Ziel, ein Schulsystem zu gewährleisten, das allen jungen Bürgern gemäß ihren Fähigkeiten die dem heutigen gesellschaftlichen Leben entsprechenden Bildungsmöglichkeiten eröffnet“. Dabei bedeutet der staatliche Bildungs- und Erziehungsauftrag – er ist in der Schule dem Elternrecht nicht nach-, sondern gleichgeordnet – „nicht nur Vermittlung von Wissensstoff, sondern hat auch zum Ziel, den einzelnen Bürger zu einem selbstverantwortlichen Mitglied der Gesellschaft heranzubilden“[2]. Es geht bei dieser staatlichen Verantwortung für das Schulwesen um ein *allein dem Staat vorbehaltenes Bildungs- und Erziehungsmandat in der Schule*. Diese Klarstellung ist von erheblicher Bedeutung. Sie besagt, dass der Staat im öffentlichen Schulwesen von Verfassungs wegen über ein Monopol verfügt, das sich keineswegs auf den Unterricht, also auf die Vermittlung kognitiver Kenntnisse und Fertigkeiten beschränkt, sondern sich auch auf Erziehung und Betreuung, mithin auf die Förderung und Stärkung sozialer Kompetenzen der Schülerinnen und Schüler erstreckt. Die Schule hat auf diese Weise eine *Integ-*

1 BVerwGE 6, 101 (104); 47, 201 (204).
2 BVerfGE 59, 360 (377).

rationsaufgabe zu erfüllen, indem sie die Grundanforderungen des sozialen und politischen Zusammenlebens zur Geltung bringt[3].

Auch die Rechtsstellung der Kommune im Schulbereich ist durch das Grundgesetz vorgegeben. Nach Art. 28 Abs. 2 GG muss den Gemeinden das Recht gewährleistet sein, alle Angelegenheiten der örtlichen Gemeinschaft im Rahmen der Gesetze in eigener Verantwortung zu regeln. Mit dieser institutionellen Garantie ist den Gemeinden ein Kernbereich kommunaler Selbstverwaltung gesichert. Er umfasst jedoch keinen gegenständlich bestimmten oder nach feststehenden Merkmalen bestimmbaren Aufgabenkatalog, sondern nur die allgemeine Befugnis, sich aller Angelegenheiten der örtlichen Gemeinschaft anzunehmen, soweit sie nicht durch Gesetz einem anderen Träger der öffentlichen Verwaltung übertragen sind. Zugleich hat das Bundesverfassungsgericht verdeutlicht, dass bei Aufgaben mit örtlichem Bezug eine Zuständigkeitspriorität zugunsten der Gemeinden besteht[4]. *Der Gesetzgeber darf deshalb der Gemeinde eine Aufgabe mit relevantem örtlichen Charakter – und dazu rechnet grundsätzlich auch die Errichtung und Unterhaltung von Schulen – nur aus Gründen des Gemeininteresses entziehen*, vor allem dann, wenn anders die ordnungsgemäße Aufgabenerfüllung nicht sicherzustellen ist. Daraus ergibt sich eine für die schulische Versorgung vor allem in ländlichen Gebieten wichtige Klarstellung: Einerseits darf den Gemeinden bei ausreichender Größe und Leistungsfähigkeit die Trägerschaft für Schulen mit örtlichem Einzugsbereich nicht entzogen werden. Der Gesetzgeber muss daher auch kreisangehörigen Städten sowie anderen Gemeinden und deren Zusammenschlüssen die Möglichkeit einräumen, Träger von weiterführenden allgemeinbildenden Schulen zu sein, sofern die Schülerzahl für die Errichtung und Fortführung einer in der Schulentwicklungsplanung als notwendig ausgewiesenen Schule vorhanden ist. Umgekehrt gilt: Wenn der örtliche Bezug der wahrzunehmenden Aufgabe fehlt, z.B. wegen eines über das Gemeindegebiet weit hinausreichenden Einzugsbereichs der Schule oder mangels der für Errichtung und Unterhaltung von Schulen erforderlichen kommunalen Leistungskraft, ist der Gesetzgeber nicht gehindert, die Zuständigkeit für die Schulträgerschaft auf eine andere Ebene der öffentlichen Verwaltung, namentlich die der Landkreise, „hochzuzonen". Hier zeigt sich, dass die kommunale Selbstverwaltungsgarantie durchaus auf Grenzen stößt.

Die Abgrenzung zwischen (staatlicher) Schulaufsicht und (kommunaler) Schulträgerschaft entspricht somit der herkömmlichen *Unterscheidung zwischen inneren und äußeren Schulangelegenheiten.* Während der Staat danach für die Lehr- und Lernprozesse sowie für die außerunterrichtliche Erziehungsarbeit und damit für Inhalte, Methoden und Strukturen der Schule verantwortlich ist, sorgen die Kommunen als Schulträger für die Errichtung, Unterhaltung und Verwaltung der einzelnen Schule. Diese Verteilung der schulrechtlichen Kompetenzen zwischen Kommune und Staat hat Gerhard Anschütz, einer der großen Staatsrechtslehrer der Weimarer Republik, in einem ein-

3 Dazu Avenarius, in: ders.: Schulrecht, 8. Aufl., 2010, S. 109 f., 352 f. m.w.N.
4 BVerfGE 79, 127 (143 ff.).

prägsamen Bild veranschaulicht: „Die Gemeinde baut, als Trägerin der äußeren Schulverwaltung, der Schule das Haus; Herr im Hause aber ist der Staat“[5].

Die Unterscheidung zwischen inneren und äußeren Schulangelegenheiten wird zwar hier und da wegen ihrer mangelnden Trennschärfe als fragwürdig kritisiert. Und es ist nicht zu leugnen, dass beispielsweise eine tüchtige Schulsekretärin mit Empathie und positiver Ausstrahlung mehr für die innere Schulentwicklung bewirken kann als mancher Lehrer, der die Schülerinnen und Schüler mit fadem Unterricht langweilt. Schulgesetze und Rechtsprechung halten gleichwohl mit gutem Grund an dieser Unterscheidung fest. Es handelt sich bei „inneren Schulangelegenheiten“, „äußeren Schulangelegenheiten“ um sogenannte unbestimmte Rechtsbegriffe, um Typenbegriffe, deren sich das Recht auch sonst bedienen muss, weil es ohne sie, ohne die dadurch ermöglichte Abstraktion, die konkrete Realität in ihrer Vielfalt nicht abzubilden vermöchte. Aus anderen Zusammenhängen sind uns solche Rechtsbegriffe durchaus vertraut, man denke nur etwa an „Gefahr“ im Polizei- und Ordnungsrecht, „Eignung“ im Beamtenrecht, „wichtiger Grund“ im Arbeits- und Mietrecht, „Treu und Glauben“ im bürgerlichen Recht.

Schulgesetzliche Konkretisierungen

Wie haben die Länder in ihren Schulgesetzen den verfassungsrechtlichen Rahmen für die Regelung der Zuständigkeiten zwischen Kommune und Staat ausgefüllt? Es würde zu weit führen, auf Einzelheiten und diese oder jene Besonderheit einzugehen. Ein kursorischer Überblick muss genügen.

Was die *Rolle des Staates* bei der Wahrnehmung des Bildungs- und Erziehungsauftrags im Schulwesen betrifft, ist allen Schulgesetzen mehr oder weniger gemeinsam, dass sie selbst die grundlegenden Bildungs- und Erziehungsziele der Schule, soweit sie nicht schon in der Landesverfassung enthalten sind, festlegen. Sie ermächtigen das Kultusministerium, die schulformbezogenen Vorgaben für den Unterricht durch Lehrpläne zu erlassen. Die Lehrpläne wiederum legen die Ziele und Inhalte für die verschiedenen Bildungsgänge, Unterrichtsfächer und Lernbereiche fest und bestimmen, häufig mit Hilfe von Bildungsstandards, die erwarteten Lernergebnisse. An diesen Maßgaben haben die Schulen ihre Unterrichts- und Erziehungsarbeit auszurichten. Sie verwirklichen ihre Aufgabe durch die an ihnen tätigen Lehrkräfte, die in der Regel Landesbeamte sind, und durch sonstiges pädagogisches Personal. Die Schulleiterin bzw. der Schulleiter ist verantwortlich dafür, dass die Schule ihren Bildungs- und Erziehungsauftrag erfüllt. Bei all dem darf nicht aus dem Blick geraten, dass die Schule selbst staatliche Einrichtung ist[6]. Als solche ist sie zwar üblicherweise nicht rechtsfähig, wohl aber ist sie im Rahmen der Rechts- und Verwaltungsvorschriften selbstständig in der Planung und Durchführung des Unterrichts und des Schullebens, in der Erziehung sowie in der

---

5 *Anschütz*: Die Verfassung des Deutschen Reichs v. 11. August 1919. Ein Kommentar für Wissenschaft und Praxis. 14. Aufl., Berlin 1933, Art. 143 Anm. 2.

6 Die einzelne Schule hat bekanntlich janusförmigen Charakter: Sie ist in der Regel – nichtrechtsfähige – staatliche Einrichtung und zugleich – nichtrechtsfähige – Anstalt des kommunalen Schulträgers.

Leitung, Organisation und Verwaltung ihrer eigenen Angelegenheiten. Durch ein von der Schulkonferenz beschlossenes Schulprogramm gestaltet die Schule den Rahmen, in dem sie ihre pädagogische Verantwortung für die eigene Entwicklung und die Qualität ihrer Arbeit wahrnimmt.

Diese gesetzlichen Regelungen machen deutlich, dass es *vor allem die Schulen selbst* sind, *die den staatlichen Bildungs- und Erziehungsauftrag im Rahmen der Rechts- und Verwaltungsvorschriften verwirklichen*. Sie unterstehen dabei der staatlichen Schulaufsicht, also der Aufsicht durch das Kultusministerium und die nachgeordneten Schulaufsichtsbehörden. Die Schulaufsicht umfasst insbesondere die *Fachaufsicht* über die Schulen sowie die *Dienstaufsicht* über die Lehrkräfte und die sonstigen pädagogischen Mitarbeiterinnen und Mitarbeiter. Die Fachaufsicht erstreckt sich im Grundsatz auf die rechtmäßige und zweckmäßige Wahrnehmung der den Schulen zugewiesenen Aufgaben. In den meisten Schulgesetzen wird aber wiederum betont, dass die Schulaufsichtsbehörden die Schulen in der selbstständigen Wahrnehmung ihrer Aufgaben unterstützen und beraten sollen. Seit einigen Jahren sind Verfahren zur Sicherung der Qualität der schulischen Arbeit deutlich in den Vordergrund getreten, und zwar in Gestalt der in regelmäßigen Abständen stattfindenden internen Evaluation der Schulen einerseits und ihrer externen Evaluation durch Schulaufsichtsbehörden oder separate staatliche Institute für Qualitätsentwicklung andererseits.

Die schulgesetzlichen Vorschriften zur *Rechtsstellung der Kommunen* im Schulwesen lassen sich wie folgt zusammenfassen.

Bei den mit der Schulträgerschaft verbundenen Aufgaben handelt es sich in der Regel um pflichtige Selbstverwaltungsaufgaben. Sie gehören zwar zum eigenen Wirkungskreis der Kommunen, die Aufgaben sind ihnen jedoch nicht freigestellt, sondern durch Gesetz vorgeschrieben. *Die Schulträger sind für die Errichtung, Organisation, Unterhaltung und Verwaltung der einzelnen Schule verantwortlich*. Sie müssen für das notwendige Schulangebot sorgen und es nach Maßgabe des öffentlichen Bedürfnisses gestalten. Für die Schulorganisation schreiben die Gesetze zumeist Mindestgrößen der Schülerzahl in den verschiedenen Schulformen und Schulstufen vor. Werden diese Mindestgrößen dauerhaft unterschritten, müssen Schulen geschlossen werden. In der großen Mehrzahl der Länder sind die kommunalen Schulträger verpflichtet, *Schulentwicklungspläne* für ihr Gebiet aufzustellen, Pläne, die ein möglichst vollständiges und wohnortnahes Bildungsangebot sichern und gewährleisten sollen, dass die personelle Ausstattung der Schulen im Rahmen der Bedarfs- und Finanzplanung des jeweiligen Landes möglich ist. Dabei sind überdies die Ziele der Raumordnung und Landesplanung zu beachten. Die kommunalen Schulträger unterstehen nicht nur der allgemeinen Kommunalaufsicht, sondern auch der Rechtsaufsicht durch die staatlichen Schulbehörden. Ihre Entscheidungen über Errichtung, organisatorische Änderung oder Schließung von Schulen sind überall an die *schulaufsichtliche Genehmigung* gebunden. Auch die

Schulentwicklungspläne bedürfen in den meisten Ländern der Zustimmung des Kultusministeriums[7].

Es ist also festzuhalten, dass *über die inneren Angelegenheiten der öffentlichen Schulen allein staatliche Stellen entscheiden*: der Gesetzgeber, die staatlichen Schulbehörden und im Rahmen der Rechts- und Verwaltungsvorschriften die Schulen selbst, nicht hingegen die Kommunen. Weder den Bestimmungen des Grundgesetzes und der Landesverfassungen noch den Schulgesetzen ist ein Bildungs- oder Erziehungsauftrag der Kommunen im Schulwesen zu entnehmen. Zwar haben die Kommunen, soweit sie Träger der Jugendhilfe sind, nach dem Achten Sozialgesetzbuch (dem Kinder- und Jugendhilfegesetz) sehr wohl einen Erziehungsauftrag; dieser erstreckt sich aber ausschließlich auf den außerschulischen Bereich.

3.2 Die Reformvorschläge des Deutschen Städtetags

Es ist insbesondere der *Deutsche Städtetag*, der die herkömmliche Rollenverteilung zwischen Staat und Kommunen, wie sie vor allem in den Schulgesetzen geregelt ist, für reformbedürftig hält. Schon in seiner *Aachener Erklärung* aus dem Jahr 2007 hatte er verlangt, „die Verantwortung der Städte in der Bildung zu stärken"; dieses Postulat hat er in seiner *Münchner Erklärung* von 2012 u.a. durch die Forderung bestärkt, die kommunalen Gestaltungsmöglichkeiten insbesondere für den Schulbereich zu erweitern. Die bestehende Kompetenzverteilung behindere die Gestaltungsmöglichkeiten der Kommunen massiv. Bildung müsse wieder zu einer „gemeinsamen Aufgabe aller staatlichen Ebenen" werden, die durch Kooperation und Vernetzung geprägt werde[8].

In der Aachener Erklärung wird die kommunale Ebene als Ausgangspunkt für Bildungsprozesse in den verschiedenen Lebensphasen herausgestellt. „Hier entscheidet sich Erfolg oder Misserfolg von Bildung, werden die Grundlagen für berufliche Perspektiven, gesellschaftliche Teilhabe und gleichzeitig die Zukunftsfähigkeit einer Region gelegt." Die Städte prägten mit ihren vielfältigen Einrichtungen die Bildungslandschaft Deutschlands. *Deshalb müsse die Verantwortung der Städte in der Bildung gestärkt werden.*

„Leitbild des Engagements der Städte" – so heißt es weiter – „ist die *kommunale Bildungslandschaft* im Sinne eines vernetzten Systems von Erziehung, Bildung und Betreuung". Als Grundlage für regionale Steuerung und Qualitätssicherung solle ein umfassendes Bildungsmonitoring als integriertes Berichtswesen von Bildungsverläufen vor Ort gemeinsam von Kommunen und Ländern entwickelt werden. Sodann werden die Länder aufgefordert, kommunale Steuerungsmöglichkeiten insbesondere im Schulbereich zu erweitern und die Zuständigkeiten im Bereich der inneren und äußeren Schulangelegenheiten zugunsten der Kommunen neu zu ordnen.

---

7 Zum Verhältnis von Städten und Staat in der deutschen Schulgeschichte s. Zymek, RdJB 2013, 484.

8 Die Aachener Erklärung und die Münchner Erklärung sind im Internet auf der Homepage des Deutschen Städtetags (www.staedtetag.de) abrufbar.

Die Münchner Erklärung knüpft an das Leitbild „Kommunale Bildungslandschaft“ der Aachener Erklärung an. Sie verlangt, dass die „bestehenden Hemmnisse für gemeinsames Handeln in der Bildung in rechtlicher, struktureller und finanzieller Hinsicht [...] beseitigt und zu einer konstruktiven Zusammenarbeit weiterentwickelt werden“. Insbesondere für den Schulbereich werden mehr kommunale Wirkungsmöglichkeiten gefordert. *Die Länder sollen dem kommunalen Engagement durch erweiterte schulgesetzlich geregelte Kompetenzzuweisungen Rechnung tragen*, und zwar hinsichtlich der Mitgestaltung bei der inneren Schulentwicklung, einer substantiellen kommunalen Beteiligung bei der Schulleiterauswahl sowie weitgehender Handlungsfreiheit bei der Schulorganisation vor Ort. Immerhin wird eingeräumt: „Die Zuständigkeit der Länder für die grundlegenden gesetzlichen Rahmenbedingungen und einheitliche Standards muss mit Blick auf die Sicherstellung von Vergleichbarkeit und Mobilität erhalten bleiben“.

Das führt zu der Frage, wie die schulpolitischen Reformvorschläge des Deutschen Städtetags einzuschätzen, welche *Realisierungschancen* ihnen nicht zuletzt unter verfassungsrechtlichen Gesichtspunkten beizumessen sind.

Mitgestaltung der Kommunen bei der inneren Schulentwicklung

Diese Forderung weckt Assoziationen an Art. 144 Satz 1 der Weimarer Reichsverfassung. Dieser bestimmte nicht nur, dass das gesamte Schulwesen unter der Aufsicht des Staates steht, sondern eröffnete dem Staat zugleich die Möglichkeit, die Gemeinden an der Aufsicht zu beteiligen. Nach verbreiteter Auffassung schließt das Grundgesetz eine solche Mitwirkung nicht aus. Die Beteiligung der Kommunen an der staatlichen Aufsicht war allerdings von jeher so zu verstehen, dass die Gemeinde lediglich mit der Ausübung schulaufsichtlicher Funktionen betraut werden, also im Auftrag oder nach Weisung des Staates tätig werden konnte. Eine solche Art der Mitwirkung an der staatlichen Schulaufsicht durch kommunale Stellen oder Bedienstete, die wir noch heute in mehreren Bundesländern vorfinden (z.B. in Bayern, Nordrhein-Westfalen, Rheinland-Pfalz), dürfte dem Städtetag bei der Verabschiedung seiner Münchner Erklärung kaum vorgeschwebt haben, geht es ihm doch nicht um weisungsabhängige Schulaufsicht, sondern um die „Mitgestaltung der inneren Schulentwicklung“ in eigener kommunaler Verantwortung.

Mit seiner Forderung nach Mitgestaltung möchte der Städtetag vielmehr darauf hinwirken, dass die Schulen am Ort sich stärker in die kommunale Bildungslandschaft einfügen, der kulturellen und sozialen Entwicklung und den damit verbundenen Herausforderungen Rechnung tragen, sich auf gemeinsames Handeln mit den außerschulischen Einrichtungen einlassen. *Die Kommunen können die Schulen allerdings zu solcher Kooperation nicht verpflichten.* Es ist Sache der Schulen, im Rahmen ihrer Eigenverantwortung selbst darüber zu befinden, ob und wie sie sich am Bildungsgeschehen auf kommunaler Ebene beteiligen.

Für die vom Städtetag postulierte kommunale Mitgestaltung bei der inneren Schulentwicklung könnte sich die in den Schulgesetzen seit einigen Jahren nachdrücklich betonte *Verpflichtung der Schulen zur Öffnung gegenüber ihrem Umfeld* als rechtliche

Brückenfunktion erweisen. Diese Öffnung kann – wie es in § 16 des Hessischen Schulgesetzes heißt – durch die Zusammenarbeit der Schulen mit außerschulischen Einrichtungen und Institutionen geschehen, insbesondere mit Sport- und anderen Vereinen, Kunst- und Musikschulen, kommunalen und kirchlichen Einrichtungen sowie mit Einrichtungen der Weiterbildung. Ähnlich formulieren es die Schulgesetze der anderen Länder.

An diese Vorschriften können die Kommunen anknüpfen, um ihr Ziel, die Einbindung der Schulen in die kommunale Bildungslandschaft, zu erreichen. Doch sei erneut darauf hingewiesen, dass Mitgestaltung nicht bedeuten kann, dass die Kommune den Schulen Weisungen erteilt, ihnen vorschreibt, wie sie ihre pädagogische Arbeit auszurichten haben. Entscheidungsrechte in inneren Schulangelegenheiten stehen ihr nicht zu. Die verfassungsrechtlich gewährleistete Alleinverantwortung des Staates für die schulische Bildung und Erziehung, die auch der Arbeit der einzelnen Schule zu Grunde liegt, lässt es jedenfalls nicht zu, dass ihr ein von ihr nicht akzeptiertes pädagogisches Konzept aufgedrängt wird[9].

Andererseits kann Öffnung der Schule nicht bedeuten, dass es allein die Schule ist, die in der Kooperation mit außerschulischen Einrichtungen jede Einzelheit des Zusammenwirkens selbst bestimmt. Öffnung der Schule heißt ja gerade, dass sie sich auf die außerschulische Wirklichkeit, wie sie ist, einlässt, dass die Schülerinnen und Schüler das Berufs- und Arbeitsleben, die Realitäten der sie umgebenden Welt wahrnehmen und kritisch verarbeiten.

Für die Zusammenarbeit zwischen der Kommune und ihren Schulen dürfte es hilfreich sein, wenn sich beide durch sogenannte *Zielvereinbarungen* auf konkrete Projekte verständigen. Das betrifft beispielsweise die so wichtige Kooperation zwischen Kindertagesstätten und Grundschulen, die sich nicht zuletzt auf die gemeinsame Fortbildung von Erzieherinnen und Erziehern einerseits, Lehrkräften andererseits erstrecken sollte.

Zusammenarbeit ist vor allem im Blick auf die zahlreicher werdenden *Ganztagsschulen* unerlässlich. In diesem Kontext stellen sich auch manche rechtlichen Probleme, zum Beispiel hinsichtlich der Zuordnung der Tätigkeit und der Stellung des Personals, das im außerunterrichtlichen Bereich bei sozialen, kulturellen und sportlichen Aktivitäten tätig ist. Diese Mitarbeiterinnen und Mitarbeiter sind, auch wenn sie von einem außerschulischen Träger, zum Beispiel dem Jugendamt, bereitgestellt werden, zwar einerseits den Grundsätzen ihrer spezifischen Profession, zum Beispiel als Sozialpädagogen, verpflichtet, werden aber andererseits nicht aufgrund eines eigenen Erziehungsauftrags, sondern auf der Grundlage des staatlichen Erziehungsauftrags in der Schule tätig. Sie sind „Teil der Schule“; ihr Handeln ist schulisches, der Schule zuzurechnendes Handeln. Sie unterstehen der Aufsicht und Verantwortung der Schulleitung. Die von

9 Die Rolle des Staates im Schulwesen beschränkt sich keineswegs auf die grundlegenden gesetzlichen Rahmenbedingungen und einheitliche Standards, die „mit Blick auf die Sicherstellung von Vergleichbarkeit und Mobilität“ erhalten bleiben müssen, wie der Städtetag in seiner Münchner Erklärung etwas gönnerhaft verlautbaren lässt. Vielmehr äußert sich die staatliche Verantwortung für das Schulwesen auch und vor allem in der Verantwortung jeder einzelnen Schule für ihre Bildungs- und Erziehungsarbeit.

ihnen geleiteten Gruppensitzungen und Treffen sind Schulveranstaltungen, so dass die beteiligten Schülerinnen und Schüler durch die Schülerunfallversicherung geschützt sind. Das alles gilt auch dann, wenn, wie zum Beispiel in Hessen (§ 156 Nr. 1 HSchG), der Schulträger die pädagogischen Mitarbeiterinnen und Mitarbeiter, die nicht Lehrkräfte sind, finanziert.

Beteiligung der Kommunen an der Schulleiterauswahl

Der Städtetag fordert nicht nur eine Mitwirkung der Kommunen bei der Gestaltung der inneren Schulentwicklung; er verlangt in seiner Münchner Erklärung darüber hinaus deren substantielle Beteiligung an der Schulleiterauswahl.

Die Ernennung des Schulleiters bzw. der Schulleiterin ist Sache der Schulaufsichtsbehörde. *Der Mitwirkung* nichtstaatlicher Stellen, also auch *des kommunalen Schulträgers, sind durch das Prinzip der repräsentativen Demokratie Grenzen gezogen.* Eine dem Parlament verantwortliche Regierung kann die von ihr geforderte Verantwortung nur tragen, wenn sie über Mittel und Möglichkeiten verfügt, die ihr zugewiesenen Aufgaben auch tatsächlich zu erfüllen. Die Auslese der Beamten gehört zu den Kompetenzen, die wegen ihrer politischen Tragweite nicht generell der Regierungsverantwortung entzogen werden können, sind es doch gerade die Schulleiterinnen und Schulleiter, ohne die der Staat die ihm durch Art. 7 Abs. 1 GG zugewiesene Verantwortung für das Schulwesen nicht wahrzunehmen vermöchte[10]. Das gilt umso mehr, als der Schulleitung angesichts der zunehmenden rechtlichen Verselbstständigung der Schulen weitreichende Entscheidungsbefugnisse zustehen. Nicht zuletzt von der Persönlichkeit und der Führungskraft des Schulleiters oder der Schulleiterin hängt es ab, wie der staatliche Bildungs- und Erziehungsauftrag verwirklicht wird.

Das schließt allerdings die Beteiligung des kommunalen Schulträgers an der Personalauswahl nicht aus. Die Kommune hat ein legitimes Interesse an dieser Entscheidung. Dies schon deshalb, weil die Schulleiterinnen und Schulleiter mit der Verwaltung des örtlichen Schulvermögens (Grundstück, Schulhaus, Einrichtung) und der Bewirtschaftung kommunaler Mittel, insbesondere des Schulbudgets, betraut sind und überdies als Vorgesetzte des im Dienst des Schulträgers stehenden Personals fungieren. Vor allem aber sind sie Schlüsselpersonen für die Entwicklung der kommunalen Bildungslandschaft. Ohne ihre Mitwirkung an der Zusammenarbeit zwischen den verschiedenen am Ort tätigen Einrichtungen kann die Kommune das Ziel, Bildung ins Zentrum ihrer Aktivitäten auf dem Gebiet der Daseinsvorsorge zu rücken, nicht erreichen.

Insoweit ist es folgerichtig, dass in den meisten Ländern eine Mitwirkung des Schulträgers an der Entscheidung über die Besetzung der Schulleiterstellen vorgesehen ist. Die Beteiligung ist allerdings sehr unterschiedlich ausgestaltet. Sie reicht vom bloßen Anregungs- und Anhörungsrecht über ein Vorschlagsrecht bis hin zum Einspruchs- oder Vetorecht. *Die Grenze des verfassungsrechtlich Zulässigen ist jedenfalls dann überschritten, wenn der Behörde ein Kandidat gegen ihren Willen aufgezwungen werden*

10 Vgl. BVerfGE 93, 37 (66 ff.) und E 107, 59 (87 f.).

kann. Es muss ihr zumindest freistehen, einen ihr als ungeeignet erscheinenden Bewerber zurückzuweisen.

In diesem Zusammenhang sei darauf hingewiesen, dass die Rechtsprechung die gesetzlich vorgesehene Mitwirkung der Kommunen in mehreren Fällen unter Berufung auf den verfassungsrechtlichen *Grundsatz der Bestenauslese* (Art. 33 Abs. 2 GG) nicht unerheblich eingeschränkt hat. So hat etwa das Oberverwaltungsgericht Münster das dem Schulträger durch § 61 Abs. 4 des nordrhein-westfälischen Schulgesetzes eingeräumte Vetorecht gegen die von der Schulaufsichtsbehörde beabsichtigte Ernennung eines Bewerbers als mit dem Grundsatz der Bestenauslese für nicht vereinbar erklärt[11]. Und der Verwaltungsgerichtshof Mannheim hat entschieden, dass die Nichtbeachtung des dem Schulträger in § 40 des baden-württembergischen Schulgesetzes eingeräumten Vorschlagsrechts durch die Schulaufsichtsbehörde unschädlich sei, da es sich dabei nur um eine verfahrensrechtliche Vorschrift handele, die dem Schulträger keine rechtlich durchsetzbare Position einräume[12].

Handlungsfreiheit der Kommunen bei der Schulorganisation vor Ort

Der Deutsche Städtetag verlangt schließlich in seiner Münchner Erklärung, dass die Länder den Kommunen bei der Schulorganisation vor Ort weitgehende Handlungsfreiheit einräumen. Damit dürfte gemeint sein, dass die in den Schulgesetzen enthaltenen, oft sehr detaillierten Maßgaben für die Schulentwicklungsplanung und ihre Umsetzung samt der damit einhergehenden staatlichen Zustimmungsvorbehalte künftig entfallen sollen.

Wie der Gesetzgeber im Spannungsverhältnis zwischen staatlicher Schulhoheit und kommunaler Selbstverwaltung die Gewichte verteilt, steht in seinem Ermessen. *Dabei ist kaum zu erwarten, dass er den Schulträgern völlige Organisationsfreiheit einräumt* – dies schon deshalb nicht, weil die örtliche Schulentwicklungsplanung erhebliche Konsequenzen für die der staatlichen Schulbehörde obliegende Zuteilung des Lehrpersonals nach sich zieht. Im Übrigen hat der Staat ein legitimes Interesse daran sicherzustellen, dass den Schülern und Eltern überall ein hinreichendes Angebot von Schulen in der jeweiligen Gemeinde zur Verfügung steht; der Gesetzgeber wird deshalb kaum darauf verzichten, die Wirksamkeit der Entscheidungen des Schulträgers an deren Genehmigung durch die staatliche Schulbehörde zu binden. Es erscheint daher auch insoweit wenig wahrscheinlich, dass sich die Länder in ihrer Gesetzgebung die Reformvorstellungen des Deutschen Städtetags zu eigen machen.

11 OVG Münster, Beschluss vom 7.4.2008, Az.: 6 B 404/08, – juris.
12 VGH Mannheim, Beschluss vom 16.8.2004, Az.: 9 S 1794/04 –, juris.

3.3 Schluss

Dass sich an den die Beziehungen zwischen Schule, Kommune und Staat regelnden gesetzlichen Bestimmungen in absehbarer Zeit Wesentliches ändern wird, erscheint somit eher zweifelhaft. Mit dieser Skepsis soll aber keineswegs zum Ausdruck gebracht werden, dass die Aachener und die Münchner Erklärung des Deutschen Städtetages ohne Belang sind. Das Gegenteil ist richtig. In diesen Erklärungen geht es ja nicht nur, nicht einmal in erster Linie um mehr Rechte der Kommunen zum Beispiel hinsichtlich der Mitgestaltung bei der inneren Schulentwicklung. Vielmehr kommt es dem Städtetag vor allem darauf an, dass die Städte die Bildung in den verschiedenen Lebensphasen, also nicht nur die schulische Bildung, als zentrales Feld der Daseinsvorsorge, als wichtigen Standortfaktor für ihre Lebensfähigkeit und Attraktivität erkennen und ihr bildungspolitisches Engagement auf der Grundlage eines umfassenden Bildungsmonitoring entsprechend erweitern. Die beiden Resolutionen betonen die Notwendigkeit der Zusammenarbeit mit den verschiedenen am Ort vorhandenen Akteuren – Jugendhilfe, Schule, Kultur, Sport, Wirtschaft usw., aber auch den staatlichen Schulbehörden –, sie sprechen sogar von einer „staatlich-kommunalen Verantwortungsgemeinschaft gemeinsam mit den zuständigen Akteuren“. Ein solches Zusammenwirken kann man mit noch so robusten rechtlichen Regelungen ohnehin nicht erzwingen. Es kann nur gelingen, wenn es auf Einsicht und freiem Willen beruht.

Dana Tegge

4. Kommunale Gestaltungsmöglichkeiten und Steuerungsinstrumente[1]

In den öffentlichen Debatten über die Verbesserung des Bildungswesens, die Herstellung gleichwertiger Lebensverhältnisse und über Bildung im Lebenslauf der Einzelnen richtet sich die Aufmerksamkeit zunehmend auch auf die Rolle der Kommunen im Prozess der Bildungssteuerung. Nachdem der Deutsche Städtetag 2007 die kommunale Bildungslandschaft zum Leitbild für das bildungspolitische Engagement von Kommunen erklärte und viele Initiativen in deutschen Kommunen realisiert wurden, trug die Münchner Erklärung des Deutschen Städtetages im November 2012 die gemeinsame Verantwortung von Bildung als politische Forderung und als erneuten Appell an die Kommunen zur aktiven kommunalen Bildungsgestaltung in die Öffentlichkeit (vgl. Egger & Tegge, 2014).

Diese Entwicklung ist nicht zuletzt darauf zurückzuführen, dass Bildung ein Teil der Daseinsvorsorge der Städte und Gemeinden ist und qualifizierte Arbeitskräfte vor Ort zur wirtschaftlichen Entwicklung einer Region beitragen. Daher liegt es im Interesse jeder Kommune, Bildung so zu gestalten, dass sie für jeden Bürger leicht zugänglich und attraktiv ist. Jedoch erweist sich die Bereitstellung eines breiten wohnortnahen Bildungsangebotes als keine leichte Aufgabe, denn Kommunen stehen dabei einigen Schwierigkeiten gegenüber, wie einer oftmals defizitären Haushaltslage oder vielfach beschränkten Zuständigkeiten in der Bildungspolitik. Vor diesem Hintergrund stellen sich zunächst drei zentrale Fragen:

1. Was sind Möglichkeiten und was Grenzen kommunaler Bildungssteuerung?
2. Welche Handlungsfelder kommunaler Bildungssteuerung gibt es in den einzelnen Bildungsbereichen?
3. Was sind Instrumente kommunaler Bildungssteuerung?

Als Resultat des Wandels der verwaltungspolitischen Leitbilder und der Hinwendung zu einem output-orientierten, wissensbasierten Verständnis von Steuerung (vgl. Kapitel 1) haben sich in den letzten Jahren auch im kommunalen Bildungssektor neben traditionellem Verwaltungshandeln neue Ansätze von Bildungssteuerung entwickelt, die häufig in Verbindung mit strukturellen Neuausrichtungen der kommunalen Verwaltung einhergehen. Zunehmend rücken Kooperationsprozesse ins Zentrum von Steuerungshandeln. So werden das klassische Steuerungsverständnis und die strikte Trennung kommunalen

---

1 Die inhaltliche Ausrichtung einer früheren Fassung dieses Beitrags wurde gemeinsam mit Liliana Sagan entwickelt, der an dieser Stelle für Ihre Unterstützung gedankt sei.

Verwaltungshandelns entlang der Ämterzuständigkeit zunehmend hinterfragt. Die Zusammenarbeit von Akteuren der öffentlichen Verwaltung (von Land und Kommunen), aber auch die Einbeziehung zivilgesellschaftlicher Akteure, wie Verbände, Gewerkschaften oder kirchliche Träger von Bildungseinrichtungen, kennzeichnen diese neue Entwicklung. Damit einher geht die Etablierung neuer Instrumente der kommunalen Bildungssteuerung, wie Maßnahmen der Qualitätssicherung oder die Entwicklung regionaler Leitbilder.

4.1 Kommunale Steuerungsmöglichkeiten und -grenzen

Betrachtet man die Steuerungsmöglichkeiten einer Kommune im Bildungsbereich nach Zuständigkeit und Grad der Verantwortung, lassen sich nach Baethge-Kinsky (2012) unmittelbare und mittelbare Verantwortungsbereiche und Handlungsfelder (vgl. Abb. 4.1) unterscheiden.

Unmittelbare Verantwortung trägt die Kommune demnach vor allem im Bereich der frühkindlichen Bildung, Betreuung und Erziehung. Zudem obliegt ihr die Schulträgerschaft ebenso wie die unmittelbare Verantwortung für die Kinder- und Jugendhilfe und die Erwachsenenbildung an Volkshochschulen.

Im Allgemeinen ist sie dabei vor allem zuständig für:

- bereichsspezifische Personalfragen, wie Umfang des Personalbestands, Qualifikation und Ausgestaltung des Arbeitsverhältnisses/Arbeitsvertrags (im Schulbereich nur Zuständigkeit für das nicht-pädagogische Personal);
- Fragen des Baus und der Unterhaltung von Kitas, Schulen, Volkshochschulen und sonstiger Bildungseinrichtungen in kommunaler Trägerschaft;
- die Entwicklung regionaler Verteilungsstrukturen (Angebote, Schülerströme, Trägerstrukturen usw.) und Sicherung der wohnortnahen Angebote;
- Fragen der demografischen Entwicklung;
- Fragen der Steuerung des Finanzmitteleinsatzes (vgl. Döbert, 2010; Avenarius & Füssel, 2008).

Unmittelbare Verantwortung ist demgemäß mit Aufgaben gleichzusetzen, zu denen die Kommune z.B. durch (landes- oder bundes-)gesetzliche Vorgaben verpflichtet ist (pflichtige Aufgaben) (vgl. Avenarius & Füssel, 2008).

Die mittelbare Verantwortung umfasst die Bereiche, in denen Kommunen insofern Verantwortung tragen, als sie neben weiteren Akteuren zumeist über Kooperation, Bereitstellung von Finanzmitteln, Infrastruktur oder Personal indirekt Einfluss nehmen. Bei diesen freiwilligen Aufgaben obliegt der Kommune die Entscheidungsfreiheit über das „ob“ und „wie“ einer Investition oder eines Vorhabens. „Die Gemeinde entscheidet im Rahmen der sonstigen Gesetze frei, ob sie eine Aufgabe wahrnimmt und wie sie diese durchführt (z.B. Bibliothek, Museum, Sportstätten, Altenheime, Verkehr). Der Staat hat nur die Rechtsaufsicht“ (§ 2 der Kommunalverfassung des Landes Brandenburg). Zu den freiwilligen Aufgaben einer Kommune zählen beispielsweise die Einrichtung und Unterhaltung von Museen, von Musik- und Volkshochschulen, Theatern, Bibliotheken, Sportstätten und Ähnlichem (vgl. Baethge-Kinsky, 2012, S. 23 f.).

Abb. 4.1: Bildungspolitische Handlungsfelder nach Verantwortung der kommunalen Verwaltung

Unmittelbare Verantwortung	*Mittelbare Verantwortung (Einflussnahme)*
Frühkindliche Bildung und Erziehung *Versorgung mit Plätzen in KiTas und Pflege* ***Bereitstellung von Schulen samt Ausstattung*** *Wohnortnahe Versorgung* *Inklusive Bildung* ***Kinder- und Jugendhilfeeinrichtungen und -aktivitäten*** *Jugendsozialarbeit* *Außerschulische Kinder- und Jugendarbeit* ***Erwachsenenbildung***	***Schulbildung während und nach der Pflichtschulzeit*** *Hausaufgabenhilfe* *Alphabetisierung* *Nachholen von Schulabschlüssen* ***Kommunen als Hochschulstandort*** *Ansiedelung von (privaten) Hochschulen* ***Berufliche Ausbildung*** *Berufsbildungsvorbereitung* *Management der Übergänge zwischen Schule–Beruf* ***Qualifikationsanpassung und -erweiterung*** *Berufliche Fort- und Weiterbildung (einschl. tertiärer Bildung außerhalb der Hochschulen)* ***Interpersonale, -kulturelle und -generationelle Verständigung*** *Integration von Migranten* *Förderung zivilgesellschaftlichen Engagements (Schulen, Sportvereine, Parteien, Verbände etc.)* *Dialog zwischen den Generationen* ***Kulturelle Selbstbestimmung*** *Kulturelle Bildung* *Familienbildung* *Gesundheitsprävention* *Selbsterfahrung in Sport, Spiel und Natur*

Quelle: Baethge-Kinsky, 2012, S. 23

Werden der Kommune durch das Land öffentliche Aufgaben übertragen, mit deren Erledigung Kosten für die kommunalen Haushalte entstehen, so wird das Konnexitätsprinzip als verfassungsrechtliche und finanzwissenschaftliche Regel wirksam. Demnach verpflichtet sich der Auftraggeber (Bund oder Land) dazu, die so entstandenen Mehrkosten zu tragen (vgl. Avenarius & Füssel, 2010). Folglich muss das jeweilige Land die durch die gestellten Aufgaben entstehenden finanziellen Aufwendungen den Kommunen zur Verfügung stellen (vgl. Gabler Wirtschaftslexikon, 2010). Hier ist z.B. der Ausbau der Kindertagesbetreuung für unter Dreijährige im Zuge der Einführung des Rechtsanspruchs auf frühkindliche Förderung in einer Tageseinrichtung oder Kindertagespflege ab Vollendung des ersten Lebensjahres zu nennen. Dieser Rechtsanspruch, der im SGB VIII § 24 gesetzlich verankert wurde, gilt seit dem 1. August 2013 und machte einen (zum Teil umfassenden) Ausbau der Betreuungsangebote durch die Kommunen erforderlich, der in Verbindung mit entsprechenden finanziellen Aufwendungen steht.

Kommunale Gestaltungsmöglichkeiten von Bildung in den Bildungsbereichen

Frühkindliche Bildung, Betreuung und Erziehung

Ein Teil des Handlungsfelds frühkindlicher Bildung und Erziehung liegt in unmittelbarer Verantwortung der Kommune. Die rechtliche Grundlage dafür bildet einerseits das Achte Sozialgesetzbuch, dem so genannten Kinder- und Jugendhilfegesetz (SGB VIII; KJHG), in dem die frühkindliche Bildung und Betreuung in den Bereich der Jugendhilfe eingeordnet wird. So heißt es in § 2 Abs. 3 SGB VIII „zu den Aufgaben der Jugendhilfe zählen Angebote zur Förderung von Kindern in Tageseinrichtungen und in Tagespflege“. Andererseits ist es Aufgabe der Länder, die Trägerschaft der Jugendhilfe durch die entsprechenden Ausführungsgesetze (vgl. § 69 Abs. 1 SGB VIII) zum Kinder- und Jugendhilfegesetz zu bestimmen. In der Frage der Trägerschaft selbst haben sich auch nach der Föderalismusreform 2006 kaum Änderungen ergeben. Die Kommunen tragen zumeist die Verantwortung dafür, dass die Leistungen der Jugendhilfe, wie sie im SGB VIII formuliert sind, bereitgestellt werden.

Gemäß dem Subsidiaritätsprinzip sind die Kommunen als öffentlicher Träger der Jugendhilfe angehalten, freie Träger zur Unterstützung bei der Aufgabe der vorschulischen Betreuung einzusetzen. „Leistungen der Jugendhilfe werden von Trägern der freien Jugendhilfe und von Trägern der öffentlichen Jugendhilfe erbracht“ (§ 3 Abs. 2 SGB VIII). Die Kommunen tragen aber die Gesamtverantwortung für die frühkindliche Bildung, Betreuung und Erziehung. Sowohl die Planung und Bereitstellung von Kindertageseinrichtungen und Betreuungsangeboten als auch Fragen der Qualitätssicherung, Bedarfsplanung, Personalverantwortung, personellen Weiterqualifizierung, des Baus und der Finanzierung etc. werden in kommunaler Zuständigkeit geregelt und können als steuerungsrelevant für die frühkindliche Bildung und Erziehung betrachtet werden.

Die klassische input-orientierte Bildungssteuerung in den benannten Verwaltungsstrukturen kommt sowohl für die Kindertageseinrichtungen in öffentlicher als auch in freier Trägerschaft in Richtlinien zum Ausdruck, die in den Ausführungsgesetzen der Länder zum SGB VIII formuliert sind. So werden Mindeststandards im Kindertagesstättengesetz festgelegt, die Vorgaben zu Personalschlüsseln und Gruppengrößen formulieren. Die Kommune bzw. der Träger muss diese Vorgaben zwar erfüllen, jedoch bleibt ihm dabei freigestellt, darüber hinaus auf eine Verbesserung der Rahmenbedingungen hinzuwirken. Weitere steuerungsrelevante Aspekte, die sich in den Ausführungsgesetzen wiederfinden, betreffen Betreuungszeiten, Baukosten und Ausstattung der Einrichtungen oder Fort- und Weiterbildung des pädagogischen Personals (vgl. § 6, § 7, § 8 KiTaG Niedersachsen). In den gesetzlichen Grundlagen sind vorwiegend Instrumente der Input-Steuerung verankert. Instrumentarien der Output-Steuerung wie Lernergebnisse, Erträge oder Erfolge finden sich in den gesetzlichen Grundlagen im Bereich frühkindlicher Bildung und Erziehung kaum wieder. Zwar ist diesbezüglich bereits eine Neuorientierung erkennbar. So wurden in allen Bundesländern sogenannte Bildungs-, Erziehungs-, und Orientierungspläne mit dem Ziel erarbeitet, die Qualitätssicherung in den Einrichtungen stärker in den Blick zu nehmen. Eine Verbindlichkeit dieser Pläne ist jedoch nicht gewährleistet, da die Träger wie beschrieben autonom arbeiten (vgl. Cortina et al., 2008). Als Träger der vorschulischen Bildung verfügt die Kommune demnach über vielfältige Möglichkeiten, Entwicklungen zu steuern.

Allgemeinbildende Schule

Im Bereich der allgemeinbildenden Schule hat sich eine Steuerungsform etabliert, die traditionell als top-down und hierarchisch-bürokratisch beschrieben werden kann (vgl. Ratermann & Stöbe-Blossey, 2012). Im Gegensatz zum Bereich der frühkindlichen Bildung und Erziehung ist der kommunale Handlungsspielraum begrenzt. Nach Art. 7 Abs. 1 GG steht das gesamte Schulwesen unter der Aufsicht des Staates. Das gesamte Schulwesen, dies impliziert auch Schulen in freier Trägerschaft, wird der Kulturhoheit der Länder zugeordnet und obliegt ihrem Kompetenzbereich. Im Rahmen der Schulhoheit sind die Grundsätze des Schulwesens in den Schulgesetzen der Länder geregelt.

Die einzelne Schule ist Bestandteil der örtlichen Gemeinschaften (Art. 28 Abs. 2 GG). Dessen ungeachtet beschränkt sich die Zuständigkeit zunächst auf die äußere Schulträgerschaft, während innere Schulangelegenheiten in den Kompetenzbereich des jeweiligen Bundeslandes fallen.

Innere Schulangelegenheiten beziehen sich dabei auf die pädagogische Ausgestaltung der Schule:

- Ziele und Inhalte des Unterrichts, z.B. Lehrpläne, Stundentafeln, Schulbücher, Versetzungen, Prüfungen;
- Personalhoheit für das pädagogische Personal: Einstellung, Ausbildung, Finanzierung, Fortbildungen;
- die strukturelle Ausgestaltung des Schulwesens, z.B. Schulformen, Schuldauer (vgl. van Ackeren & Klemm, 2009).

Die Kommune besitzt insgesamt nur begrenzt Steuerungskompetenz im Bereich der allgemeinbildenden Schule und bleibt überwiegend auf die pflichtigen Selbstverwaltungsaufgaben beschränkt. Die äußere Schulträgerschaft – und damit der kommunale Handlungsspielraum – umfasst die Einrichtung und Unterhaltung der Schulen (Gebäude, Geräte, Lehrbücher, weitere Materialien) sowie die Zuständigkeit für nicht lehrendes Personal (Hausmeister, Integrationshelfer, etc.). Vereinfacht ausgedrückt, bedeutet das: „Schulträger ist, wer die äußeren Schulangelegenheiten verwaltet und die sächlichen Schulkosten trägt" (Avenarius, 2010, S. 201). Dazu gehört auch die Organisation und Bereitstellung des Angebots zur Schülerbeförderung, für die ebenfalls landesrechtliche Regelungen, z.B. über Zumutbarkeit von Entfernungen und Fahrzeiten, den Rahmen setzen, in dem die Kommune handeln kann (vgl. Avenarius, 2010). Im Rahmen der freiwilligen Aufgaben steuert die Kommune in den Bereichen Gründung und Unterhaltung der Ganztagsschulangebote, Förderung des Schulsports, Verpflegung der Schülerinnen und Schüler oder Einsatz von Schulsozialarbeitern.

Obwohl das Aufsichtsrecht über das gesamte Schulwesen dem Staat obliegt, gibt es die Möglichkeit der kommunalen Mitwirkung. Das für Bildung zuständige Ministerium kann durch Verordnung Aufgaben der obersten Schulaufsichtsbehörde (das für Bildung zuständige Ministerium) auf die untere Schulaufsichtsbehörde (Schulamt) übertragen (z.B. § 129 Abs. 3 Schulgesetz des Landes Schleswig-Holstein).

Schulsozialarbeit und Ganztagsbetreuung

Neben der frühkindlichen Bildung und Erziehung als fürsorgerisches Tätigkeitsfeld einer Kommune, fallen Kinder- und Jugendhilfeeinrichtungen und -aktivitäten in den kommunalen Verantwortungsbereich. So ist die Jugendsozialarbeit und Zuständigkeit für Jugendeinrichtungen (Jugendzentren und Jugendclubs) ebenfalls in den Jugendämtern angesiedelt und somit ein steuerungsrelevantes Handlungsfeld.

In § 13 Abs. 1 SGB VIII wird Jugendsozialarbeit als ein Angebot an junge Menschen formuliert, die zum Ausgleich sozialer Benachteiligungen oder zur Überwindung individueller Beeinträchtigungen in erhöhtem Maße auf Unterstützung angewiesen sind. Sie sollen in ihrer schulischen und beruflichen Ausbildung, Eingliederung in die Arbeitswelt und ihrer sozialen Integration gefördert werden. Eine besondere Form dieses Unterstützungsangebotes ist die Schulsozialarbeit. Sie ist gewissermaßen eine Kooperation zwischen Schule, Stellen der Schulverwaltung und Jugendhilfe (vgl. § 81 Abs. 3 SGB VIII). Die Verantwortung, ob und in welchem Umfang derartige Angebote zur Verfügung gestellt werden, obliegt der Kommune, wird jedoch durch die landesgesetzlichen Vorgaben maßgeblich mitbestimmt. So grenzt z.B. das Schulgesetz Rheinland-Pfalz in § 48 klar ab, welche Richtlinien im Hinblick auf verpflichtendes Mittagessen bei gebundener Ganztagsschule, die maximale Dauer des Unterrichts oder die Öffnungszeiten gelten. Ähnliche Formulierungen zu den Rahmenbedingungen lassen sich auch in anderen Schulgesetzen (z.B. Schulgesetz Mecklenburg-Vorpommern, § 39) finden.

Zentral für die Frage der Möglichkeiten im Hinblick auf kommunale Steuerungsmechanismen ist jedoch die Zuständigkeit für den Bereich der Jugendhilfe, die in der Kommune angesiedelt ist. So treffen unterschiedliche kommunale Akteure letztlich die Entscheidung über Personal, Umfang und Inhalte des Angebotes.

Vor allem im Hinblick auf den verstärkten Ausbau der Ganztagsbetreuung nimmt die Bedeutung der Sozialarbeit und damit auch die Steuerungskompetenz der Kommune für das Fachpersonal ebenso wie die Ausgestaltung der entsprechenden Angebote und die Abstimmung mit Vereinen oder Angeboten der Kinder- und Jugendhilfe zu. An dieser Stelle seien auch die Integrationshelfer genannt, die ebenfalls im Rahmen der kommunalen Verantwortlichkeit liegen und die perspektivisch mit Blick auf die Umsetzung der VN-BRK (Behindertenrechtskonvention der Vereinten Nationen) eine wichtige Rolle spielen. Neben den personellen Zuständigkeiten hat mit der Ganztagsschulentwicklung auch die Initiierung und Mitgestaltung von Kooperationsmodellen zwischen Schule und Jugendhilfe einen Bedeutungszuwachs erfahren. Kommunal steuern lassen sich z.B. die Qualitätsstandards der Zusammenarbeit zwischen Schule und Jugendhilfe gleichermaßen wie die Qualifizierung des außerschulischen Personals.

Berufliche Bildung

Der betriebliche Teil der Berufsausbildung unterliegt bundesgesetzlichen Regelungen und ist somit nicht Teil des Wirkungskreises kommunaler Steuerungsmechanismen im Bildungswesen, ebenso wie die Hochschulen, hier sind die Steuerungskompetenzen auf Bund (z.B. BAföG) und Land (z.B. Zulassung, Hochschulbau, Personal und Studentenwerk) verteilt.

Erwachsenenbildung

Im Bereich der Weiterbildung verfügen Kommunen zumindest bei den Volkshochschulen über Gestaltungsmöglichkeiten, während ein Großteil der Angebote durch freie Träger bereitgestellt wird. Die Volkshochschulen als öffentliche Weiterbildungseinrichtungen sind kommunale Institutionen und werden nur in wenigen Fällen durch die Länder finanziell unterstützt, dabei geht es vor allem um Finanzierung von Modellprojekten zur beruflichen Eingliederung von Jugendlichen und jungen Erwachsenen. Ein Großteil der Weiterbildung hingegen befindet sich in freier Trägerschaft, z.B. von Gewerkschaften, Arbeitgeberverbänden oder Kirchen und sind damit ebenso wenig steuerbar (vgl. Gnahs & Weiß, 2012) wie der betriebliche Teil der Weiterbildung. Neben den Handlungskompetenzen in Bezug auf die Volkshochschuleinrichtungen verfügen die Kommunen über Steuerungsmöglichkeiten in Bezug auf das beschäftigte Personal in den Weiterbildungsinstitutionen in kommunaler Trägerschaft.

Non-formale Bildung und informelles Lernen

Non-formale Bildung und informelles Lernen gehören zum Bereich der freiwilligen Aufgaben einer Kommune. In vollständiger Entscheidungsfreiheit bestimmt sie dabei die Ausgestaltung dieses Bildungsbereichs und entscheidet u.a. über die Einrichtung und Unterhaltung von Museen, von Musik- und Volkshochschulen, Theatern, Bibliotheken, Sportstätten etc., verfügt mithin über unmittelbare Steuerungs- und Handlungsmöglichkeiten (vgl. Döbert, 2010).

Ganz allgemein lässt sich sagen, dass die Grenzen der Steuerbarkeit einer Region stets von den vorgelagerten, individuellen Rahmenbedingungen wie der finanziellen Situation der öffentlichen Haushalte, den demografischen Entwicklungen oder der wirtschaftlichen Infrastruktur markiert werden (vgl. ebd.).

4.2 Kommunale Steuerungsinstrumente von Bildung

Klassische Steuerungsinstrumente

Den Kommunen stehen zur Steuerung der oben genannten Bildungsbereiche verschiedene direkte und indirekte Instrumente zur Verfügung. *Indirekt* lassen sich Prozesse des kommunalen Bildungsgeschehens z.B. durch die Setzung von Rahmenbedingungen steuern, welche auf die individuellen Entscheidungen der Bildungsteilnehmer wirken.

Die Ausgestaltung der Entscheidungen innerhalb dieses gesetzten Rahmens obliegt dabei dem Steuerungsadressaten.

Als zentrale klassische Instrumente der *direkten* Bildungssteuerung, die den entsprechenden Entscheidungsträgern auf kommunaler Ebene zur Verfügung stehen und mit denen sie das kommunale Bildungswesen gestalten, sind zu nennen:

- Personal;
- Planung;
- Rechtliche Rahmenbedingungen;
- Finanzen (vgl. Avenarius & Füssel, 2010; Blanke et. al., 2011).

Das bis in die 1990er Jahre vorherrschende traditionelle Verständnis bildungspolitischer Input-Steuerung orientierte sich maßgeblich an der Steuerung über Eingabefaktoren und ging so mit der Annahme einher, dass gewünschte Ergebnisse allein über eine zielgerichtete Steuerung des Inputs zu erreichen sind. In diesem klassischen, eher starren Verwaltungsgefüge zielten Steuerungsprozesse sowie die dafür zur Verfügung stehenden Instrumentarien auf einen zielgerichteten top-down-Prozess ab, der Ergebnisorientierung und Transparenz zunächst kaum berücksichtigte. Vor diesem Hintergrund sind die im Folgenden beschriebenen Steuerungsinstrumente zu betrachten. Wenngleich sie auch in der gegenwärtigen Steuerungspraxis eine zentrale Rolle einnehmen, so hat sich deren Einsatz insofern verändert, als Partizipation, Transparenz und Ergebnisorientierung verstärkt Berücksichtigung finden.

Die Möglichkeiten der Bildungssteuerung über *personelle Ressourcen* und deren Einsatz unterscheiden sich zwischen den Bildungsbereichen. Die Einstellung des Personals im Bereich der frühkindlichen Bildung liegt im Zuständigkeitsbereich der Kommune. Wenngleich durch landesgesetzliche Vorgaben zu Gruppengrößen und Personalschlüssel Rahmenrichtlinien vorgegeben sind, so besteht eine wichtige Zuständigkeit in der Einstellung und Qualifizierung des Personals kommunaler Kindertageseinrichtungen. Im Bereich der allgemeinbildenden Schule ist das Land für die Einstellung des pädagogischen Personals zuständig, daher hat die Kommune hier kaum Gestaltungsmöglichkeiten. Demgegenüber liegt die Entscheidungshoheit über die Einstellung des nicht-pädagogischen Personals, z.B. Schulsozialarbeiter oder Schulpsychologen, und des Personals im Bereich der non-formalen Bildung und des informellen Lernens im Kompetenzbereich der kommunalen Verantwortlichen, soweit die Einrichtungen kommunal sind.

Die kommunale *Bildungsplanung* beschäftigt sich vorwiegend mit Strukturfragen, wobei der Verzahnung der Bildungsbereiche, insbesondere der Gestaltung von Übergängen, eine besondere Bedeutung zukommt. Landkreise und kreisfreie Städte sind durch den Gesetzgeber beauftragt, beispielsweise über die Kita-Bedarfsplanungen oder den Jugendhilfe- oder Schulentwicklungsplan mittel- und langfristig ein wohnortnahes Angebot bereitzustellen. Sie entscheiden über die Einrichtung bzw. Aufrechterhaltung der Angebote im Bereich der Erwachsenenbildung (z.B. Volkhochschulangebot, Museen, Theater) oder außerschulische Angebote der Jugendarbeit (Jugendclubs etc.). Damit ist die Kommune mit der Herausforderung konfrontiert, im Sinne der Daseinsvorsorge ein wohnortnahes Bildungsangebot zu gewährleisten, das den Bedürfnissen der Bürgerinnen und Bürger gerecht wird – sie steuert die sektorale und regionale Verteilung der Angebote.

Im Hinblick auf die *rechtlichen Rahmenbedingungen* findet die kommunale Bildungssteuerung im Rahmen der landes- oder bundesgesetzlichen Vorgaben statt. Diese gesetzlichen Grundlagen bestimmen die Möglichkeiten und Grenzen kommunalen Steuerungshandelns. Die Kommunen selbst können im Rahmen der entsprechenden Kommunalverfassungen der Länder ihre Angelegenheiten durch Verwaltungserlasse und Verwaltungsvorschriften regeln.

Der Einsatz von *Finanzmitteln* als klassischem Steuerungsinstrumentarium erfolgt vorwiegend als einsatzorientierte Mittelzuweisung. Konkret geht es dabei um den Einsatz von Personal-, Sachmittel- und Investitionskosten, die zur Gestaltung des kommunalen Bildungswesens eingesetzt werden. Anreize zur ständigen, effizienten Mittelverwendung etablierten sich im Zuge der verwaltungspolitischen Reformbemühungen und der output-orientierten Steuerung (vgl. Blanke et al., 2011). Mit der Bereitstellung finanzieller Ressourcen wird auf die Ausstattung einzelner Einrichtungen ebenso wie auf die Angebotslandschaft insgesamt (auch im Sinne von Standortentscheidungen) Einfluss genommen (vgl. auch Kapitel 5).

Neue Instrumente kommunaler Bildungssteuerung

Betrachtet man die gegenwärtige Praxis der Bildungssteuerung auf kommunaler Ebene, zeigt sich, dass sich das hierarchische, an klassischen Instrumenten ausgerichtete Handeln insofern verändert, als zunehmend ein auf Partizipation und Transparenz abzielender Steuerungsgedanke verfolgt wird. Die traditionellen Zuständigkeiten ebenso wie geteilte, hierarchische Entscheidungsmechanismen (vor allem im Bereich der allgemeinbildenden Schule) werden in den letzten Jahren zunehmend kritisch diskutiert. International lässt sich ein Trend hin zur Dezentralisierung beobachten (vgl. Döbert, 2010), demzufolge Entscheidungskompetenzen auf die kommunale oder einzelinstitutionelle Ebene verlagert und neue Strukturen etabliert werden. Akteure, die bisher unberücksichtigt blieben (Verbände, Stiftungen, Gewerkschaften etc.), werden in Gestaltungs- und Entscheidungsprozesse einbezogen. Auf kommunaler Ebene etablieren sich nicht zuletzt mit der Bundesinitiative „Lernen vor Ort“ neue Kooperationsstrukturen und Arbeitsgremien, welche neue Ansätze der Bildungssteuerung markieren. „Deregulierung im Bildungssystem bedeutet den Abbau staatlicher Regulierungen (Gesetze, Verordnungen, Richtlinien) und eine abnehmende Bedeutung zentraler Steuerung und Kontrolle. In dem Maße, in dem das Bildungssystem dereguliert wird, erhöht sich die Entscheidungs- und Wahlfreiheit der einzelnen beteiligten Institutionen und der in diesen Institutionen handelnden Personen auf untergeordneten, dezentralen Ebenen“ (Blossfeld et al., 2010, S. 23).

Die Rolle der Kommune in der Ausgestaltung der Bildungslandschaft (vgl. Kapitel 2) unterliegt somit einem Wandel. Im Rahmen aktueller bildungspolitischer Herausforderungen, Diskussionen sowie Handlungsfelder, z.B. im Bereich der allgemeinbildenden und beruflichen Schulen (Ganztagsangebote, Sozialarbeit, Förderprogramme für Kinder mit Migrationshintergrund oder Inklusion von Schülerinnen und Schülern mit Behinderung etc.), wird von den kommunalen Schulbehörden eine enge Zusammenarbeit mit anderen kommunalen Dienststellen wie dem Jugendamt, dem Arbeitsamt oder Vertreterinnen und Vertretern der Wirtschaft, der Verbände, der Kammern, der Eltern- und Schülervertretungen, der Kirchen usw. verlangt (vgl. Avenarius, 2010). Ohne kommunale Akteure, so die These, lassen sich die gegenwärtigen Herausforderungen nicht bewältigen. Für die Kommune geht damit eine neue integrierende Funktion als verbindendes Organ einher, das Entscheidungsprozesse unter den unterschiedlichen Akteuren und Einrichtungen koordiniert.

Mit dem Perspektivenwechsel von der Input- zur Output-Orientierung und vom klassischen Steuerungsverständnis hin zum Governance-Ansatz geht auch eine Veränderung der Instrumente kommunaler Bildungssteuerung einher. Neben den klassischen Instrumenten Planung, Finanzierung, Personal und Recht greift man auch auf kommunaler Ebene zunehmend auf Instrumente zurück, die Qualität von Bildung ebenso in den Mittelpunkt rücken, wie die systematische Beobachtung und Bewertung der intendierten oder nichtintendierten Folgen des kommunalen Steuerungshandelns.

Inhaltliche Vorgaben

Bildungsleitbilder formulieren zumeist Zielsetzungen und wesentliche Handlungsbereiche und Herausforderungen für die kommunale Bildungslandschaft. Für die kommunale Politik, Administration und Akteure der verschiedenen Bildungsbereiche skizziert es damit den Rahmen für kurz-, mittel- oder langfristige Bemühungen. So heißt es in der Präambel des Dokuments der Stadt Erfurt: „Das Bildungsleitbild stellt einen strategischen Rahmen für Erfurt als Bildungsstadt dar und beschreibt Visionen, Werte und langfristige Ziele im Bereich der Bildung. Es schafft Verbindlichkeit und Transparenz für alle Bürgerinnen und Bürger und dient allen bildungsrelevanten Akteuren in der Stadt zur Orientierung“ (Landeshauptstadt Erfurt, 2012). Als neues Instrument der Kommunen etablierte sich also das Bildungsleitbild für die Formulierung zentraler Ziele zur Weiterentwicklung einer Kommune bzw. Region in Abstimmung mit den beteiligten Akteuren. Relevanz besitzt dieses Instrument nicht nur für die an der Steuerung beteiligten Akteure, denen darin Ausgangspunkt und Zielvorgaben für die weitere Entwicklung einer Kommune, also gewissermaßen ein Handlungsrahmen, gegeben werden. Vielmehr schafft es Transparenz für alle Bildungsteilnehmerinnen und -teilnehmer über die inhaltliche Schwerpunktsetzung und bietet so Orientierung für Politik, Verwaltung, aber auch Zivilgesellschaft.

Maßnahmen der Qualitätssicherung

Mit der Diskussion um die Verbesserung der Qualität von Bildungseinrichtungen greift man in den verschiedenen Bildungsbereichen zunehmend auf die Formulierung von Leitlinien zur Qualitätssicherung zurück. Im Kompetenzbereich der Kommune geht es dabei z.B. um die Formulierung von Bildungsleitlinien für Kindertageseinrichtungen, die häufig von den Einrichtungen selbst mit Unterstützung des Jugendamtes erarbeitet werden und durch die Kommunalparlamente ihre demokratische Legitimation erlangen (vgl. Lübeck, 2006).

Bildungspläne – ein neues Steuerungsinstrument in der Kinder- und Jugendhilfe – werden als „Abschied von der Unverbindlichkeit" bezeichnet (Rattermann & Stöbe-Blosey, 2012, S. 138). Sie sollen verbindliche Vorgaben zu den als wichtig erachteten Inhaltsbereichen der Kindertagesbetreuung formulieren und somit einen Orientierungsrahmen für die Aufgabenwahrnehmung bereitstellen. Verabschiedet werden sie auf Landesebene und entfallen damit nicht unmittelbar in den Verantwortungsbereich kommunaler Steuerung. Der kommunale Handlungsspielraum in diesem Bereich besteht dennoch neben den Bildungsleitlinien u.a. im Bereich der frühkindlichen Bildung bei der Qualifikation des Personals.

Kommunales Bildungsmonitoring und kommunale Bildungsberichterstattung

Nicht zuletzt mit der Bildungsberichterstattung hat sich ein bereichsübergreifendes Steuerungsinstrument etabliert, welches das Ziel verfolgt, auf Basis empirischer Daten erforderliches Steuerungswissen zu generieren, um Steuerungshandeln zielgerichteter und begründbarer zu gestalten (vgl. Döbert, 2007). Mit der Aachener Erklärung des Deutschen Städtetages 2007 wird der Implementation eines integrierten Berichtswesens auf kommunaler Ebene eine besondere Bedeutung zugesprochen. Während auf nationaler Ebene mit der Veröffentlichung des Berichts „Bildung in Deutschland" 2006 der Grundstein für die gemeinsame Bildungsberichterstattung von Bund und Ländern gelegt wurde (vgl. Konsortium Bildungsberichterstattung, 2006), haben in den letzten Jahren auch auf kommunaler Ebene, nicht zuletzt durch die Bildungsberichte der im Programm „Lernen vor Ort" vertretenen Kommunen, die Bestrebungen einer systemischen Beobachtung des Bildungssystems deutlich zugenommen. Vor allem mit Blick auf die bereits beschriebenen kommunalen Zuständigkeiten erscheint die Fortführung einer systematischen, dauerhaften Beobachtung und Situationsbeschreibung des Bildungsgeschehens auf dieser administrativen Ebene zunehmend relevant und folgerichtig (vgl. Döbert & Weishaupt, 2012).

Das System der kommunalen Bildungsberichterstattung als Bestandteil des Bildungsmonitorings verfolgt das Ziel, das Bildungssystem einer Region auf der Grundlage zuverlässiger Daten abzubilden, die aktuelle Beschaffenheit aus Systemperspektive zu erfassen und Entwicklungen im Zeitverlauf empirisch zu beschreiben. Bildungsberichterstattung soll Wissen bereitstellen, Problemlagen identifizieren und Veränderungen aufzeigen, um die Qualität des Bildungssystems weiterzuentwickeln. Sie kann und soll nicht alle steuerungsrelevanten Fragen beantworten, sondern dient vielmehr als Impulsgeber für die Weiterentwicklung der kommunalen Bildungslandschaft. Gegenüber zahlreichen anderen Maßnahmen der systematischen Beobachtung des Bildungsgeschehens und der Erfassung institutioneller Stärken und Schwächen wie etwa zentrale Abschlussprüfungen, Schulinspektionen oder Vergleichsarbeiten, die zumeist einen Ausschnitt des Bildungsgeschehens abbilden, liegt der Nutzen einer kommunalen Bildungsberichterstattung vor allem in der indikatorengestützten Darstellung des Bildungsgeschehens einer Region aus systemischer Sicht (vgl. Döbert, 2010).

Neue Instrumente kommunaler Bildungssteuerung, so zeigt die exemplarische Darstellung, bieten z.B. umfassende Möglichkeiten, bereichsübergreifende Maßnahmen zu entwickeln und Synergien zwischen Bildungseinrichtungen gezielt zu nutzen (Übergangsmanagement), um so einen bereichsübergreifenden Blick auf das Bildungssystem zu forcieren und eine systematische Abstimmung der Angebote zu gewährleisten.

Höfer (2002) fasst die Entwicklungen, die häufig in Verbindung mit der Etablierung regionaler Bildungslandschaften beschrieben werden, wie folgt zusammen: „Gemeint ist eine Region im Sinne einer kreisfreien Stadt oder eines Kreises mit eigenen angehörigen Gemeinden […]. Verbindend für die so gemeinte Region ist das ge- und erklärte Interesse aller Akteure aus Politik, Verwaltung, Bildungseinrichtungen, Betriebe usw. an der bestmöglichen Entwicklung der Kinder und Jugendlichen dieser Region im Sinne qualitätsvoller Bildung und Ausbildung“ (ebd., S. 104).

Wenngleich die klassische Dezernatssteuerung auf der kommunalen Ebene erhalten bleibt und die Zuständigkeiten beispielsweise im Bereich der allgemeinbildenden Schulen in gleicher Form im staatlichen Schulamt bzw. für die äußere Schulträgerschaft in Verantwortung der Kommunen verbleibt, so finden zunehmend Kommunikations- und Abstimmungsprozesse zwischen den verschiedenen Akteuren der getrennten Zuständigkeiten zur Entwicklung eines ganzheitlichen Bildungskonzepts statt (vgl. Rombey, 2009). Im Hinblick auf die kommunale Bildungssteuerung werden vor allem Impulse für eine Weiterentwicklung des Bildungswesens unter Einbeziehung zivilgesellschaftlicher (Netzwerk/Beteiligung) oder staatlicher Akteure (staatlich-kommunale Verantwortungsgemeinschaften) gesetzt. Die „neuen Entwicklungen“ beziehen sich dabei nicht ausnahmslos auf strukturelle Veränderungen, vielmehr sind sie als (inhaltlicher) Impulsgeber für ein kohärentes Bildungsmanagement zu verstehen. Die beschriebenen Kooperationsbeziehungen, die u.a. durch eine höhere Bürgerbeteiligung gekennzeichnet sind, zeichnen sich vor allem durch ihre entscheidungsvorbereitende und unterstützende Funktion aus, welche die kommunal steuernden Gremien entlasten. Den zivilgesellschaftlichen Akteuren – z.B. Wohlfahrtsverbänden, Vereinen oder Stiftungen – werden mehr Entscheidungs- und Handlungsspielräume eingeräumt, um deren Kompetenz und Potential für die Weiterentwicklung des kommunalen Bildungswesens zu nutzen.

Bildungssteuerung im Rahmen von Netzwerkarbeit und Partizipation

Neben der staatlich-kommunalen Verantwortungsgemeinschaft (vgl. Kapitel 2) und den Kooperationsbemühungen innerhalb der Kommunalverwaltung gewinnt auch die Vernetzung und Handlungskoordination zwischen Verwaltung, Politik und zivilgesellschaftlichen Akteuren (mit partizipativen Elementen, z.B. im Rahmen regionaler oder kommunaler Bildungskonferenzen) zunehmend an Bedeutung und wirkt so direkt auf die kommunale Steuerungspraxis. Die Aufgaben der Koordination und Vernetzung werden den Kommunen verstärkt seit den 1990er Jahren zugeordnet. Mit diesen Aufgaben wird ihnen die Verantwortung dafür übertragen, „Bildungsanbieter und Bildungsorte im lokalen Raum zu koordinieren und zu vernetzen“ (Olk & Stimpel, 2011), um „einen wirksamen Beitrag für mehr Qualität sowie erfolgreiche Bildungsbiografien zu leisten“ (Hebborn, 2009, S. 5). Aus (verfassungs-)rechtlicher Sicht haben die Kommunen jedoch nur begrenzte Zuständigkeiten dafür, denn Vernetzungs- und Koordinationsfunktionen im Bildungsbereich stellen formalrechtlich eine „freiwillige" Leistung der Kommunen dar, „die angesichts der finanziellen Probleme in den Kommunalhaushalten oder auch im Falle veränderter politischer Mehrheiten im Stadt- oder Gemeinderat stets aufs Neue zur Disposition steht" (Olk & Stimpel, 2011).

Nicht zuletzt aus den Erfahrungen mit Projekten wie „Lernen vor Ort", aber auch aus projektunabhängigen kommunalen Initiativen lassen sich Schlussfolgerungen über vergleichbare strukturelle Veränderungen ziehen, die im Rahmen der Einbeziehung zivilgesellschaftlicher Akteure zu beobachten sind. Häufig werden die so entstandenen Strukturen mit den beschriebenen Entwicklungslinien der staatlich-kommunalen Verantwortungsgemeinschaften vermischt. Wenngleich die Einrichtung von partizipativen Strukturelementen auf kommunaler Ebene Bestandteil des Kooperationsvertrages zwischen dem Land Nordrhein-Westfalen und den einzelnen Kommunen ist, so ist die vertragliche Verankerung dieser Elemente weder hinreichende Bedingung für deren Etablierung noch ist die staatlich-kommunale Verantwortungsgemeinschaft die Voraussetzung für die Etablierung einer kommunalen Steuerungskultur, die partizipative Elemente verankert.

Im Rahmen der in den letzten Jahren entstandenen Netzwerkarbeit auf kommunaler Ebene lassen sich verallgemeinernd drei zentrale Gremien auf unterschiedlichen Prozessebenen identifizieren, welche die Entwicklung der Bildungsregionen unter Einbeziehung aller an Bildung Beteiligten gezielt unterstützen:

1. strategische Ebene;
2. operative Ebene;
3. demokratisches Legitimationsgremium.

Die *strategische Ebene* dient dazu, unter Berücksichtigung der regionalen Besonderheiten, verbindliche Entscheidungen in Bezug auf die Planung aller Bildungsaktivitäten zu treffen, d.h. Priorisierung der Vorhaben, Controlling über Wirkung, Ergebnisse etc. (vgl. PT-DLR, 2011). Die Mitglieder, i.d.R. Vertreterinnen und Vertreter von Land, Kommune und Schulen, greifen Ergebnisse wie Handlungsempfehlungen (z.B. solche der Bildungskonferenz als demokratischem Legitimationsgremium) auf, um die damit verbundenen Aufgaben an die operative Ebene zu delegieren. Auf strategischer Ebene erfolgt die Schwerpunktsetzung der Aktivitäten in einer Kommune (vgl. Manitius et al., 2013). Als ein fach- und ebenenübergreifendes Gremium steht diesem Gremium zudem frei, weitere beratende Mitglieder in seine Arbeit einzubeziehen. In der Praxis gibt es keine einheitliche Bezeichnung, wenngleich bei einer Vielzahl der Kommunen der Lenkungs- oder auch Steuerungskreis diese strategische Ebene der Zusammenarbeit bildet.

Die *operative Ebene* umfasst das ausführende Gremium, welches die delegierten Aufgaben der strategischen Ebene umsetzt. Dieses Gremium ist institutionell sehr unterschiedlich in der Kommunalverwaltung verankert, z.B. als Sachgebiet oder Abteilung einer Schulverwaltung etabliert, als Stabsstelle eingerichtet oder den mit Bildung befassten Ämtern oder direkt dem Landrat oder Kreisdirektor zugeordnet (vgl. hierzu Bos et al. 2012). Nicht selten werden sie als „regionale Bildungsbüros" bezeichnet und als

„neuer Akteur der Schulentwicklung“ (Manitius & Berkemeyer, 2011, S. 53) und als Vernetzungsinstanz (vgl. Bos et al., 2012) auf kommunaler Ebene charakterisiert. Anzumerken ist in diesem Zusammenhang, dass es keine allgemeingültige Definition des Begriffs Bildungsbüro gibt. Das Bildungsbüro kann auch unterschiedliche Funktionen innehaben und so wie in Offenbach eine allgemeine Bildungsberatungsstelle darstellen, die analog zu einem Bürger- oder Baubüro als Bildungsbüro bezeichnet wird und somit weniger im Sinne einer operativen Ebene im Rahmen kommunaler Bildungssteuerung agiert. Zudem umfasst das Aufgabenspektrum dieser Ebene in einigen Fällen bereits Initiativen, die im Sinne der klassischen Bildungssteuerung dem Aufgabenbereich des Kultusministeriums angehören. So befasst sich das Bildungsbüro der Städteregion Aachen neben weiteren Aufgaben auch mit der systematischen Schulentwicklung und Qualitätsverbesserung des Unterrichts. In diesem Kontext wurden z.B. Fortbildungsprojekte für Schulen organisiert, die neben Lehrerfortbildungen auch die Entwicklung von Unterrichtsangeboten fokussierten (vgl. Städteregion Aachen, 2012).

Folgt man dem Gedanken der Einbeziehung zivilgesellschaftlicher Akteure, bedarf es neben der strategischen und operativen Gremienarbeit eines *demokratischen Legitimationsgremiums*. Häufig nutzt man dafür das Format der (kommunalen) Bildungskonferenz, die sich ebenfalls als Strukturelement etabliert hat. Für die Institutionalisierung von Partizipationsmöglichkeiten für Land und Kommunen, aber auch für sonstige Bildungsakteure bieten Bildungskonferenzen die „Chance, aber auch die Pflicht, flächendeckend miteinander zu kooperieren und eine ganzheitliche Bildungsstrategie zu entwickeln. Ziel [...] ist es, alle kommunalen, schulaufsichtlichen und gesellschaftlichen Kräfte vor Ort zur Unterstützung von Schulen zu bündeln“ (Kooperationsvertrag des Landes NRW und der Stadt, www.regionale.bildungsnetzwerke.nrw.de). Dabei bleibt der inhaltliche Fokus keineswegs auf den Bereich Schule beschränkt. Vielmehr werden neben bereichsspezifischen Konferenzen regelmäßig bildungsbereichsübergreifende Herausforderungen einer Bildungsregion unter Beteiligung einer breiten Basis von Akteuren des Bildungssystems diskutiert. Sie schaffen Transparenz und bieten den vorgenannten (strategischen und operativen) Leitungsgremien die Möglichkeiten, Anregungen zu sammeln (vgl. Weiß, 2011).

Der Begriff der Netzwerkarbeit umfasst, so die Schlussfolgerung, mehr als ämterübergreifende Kooperationsstrukturen. Vielmehr geht es darum, einen breiteren Abstimmungsprozess auch an Schnittstellen, z.B. beim Übergangsmanagement, zu etablieren. Nicht selten spielen dabei die bereits genannten operativen Gremien eine zentrale (koordinierende und/oder gestaltende) Rolle und tragen zur Entwicklung eines regionalen Bildungsnetzwerks durch die bereichsübergreifende Kooperation sowie strategische Steuerungsimpulse aktiv bei. Sie koordinieren und initiieren Bildungsprojekte in der Kommune und bieten konkrete Unterstützung an. Dabei verstehen sie sich sowohl als Prozessbegleiter als auch als Servicestelle. Zu den Angeboten gehören auch die Bildungsberatung oder die Vernetzung der (schulischen und außerschulischen) Bildungsangebote. So wird in der Stadt Osnabrück die Schulentwicklungsplanung durch das Bildungsbüro erstellt (vgl. Bildungsbüro Stadt Osnabrück). Das Bildungsbüro der Stadt Lemgo (Kreis Lippe) hat mit dem Jugendamt und allen Kindertagesstätten und Grundschulen eine Kooperationsvereinbarung zur Einführung eines standardisierten Übergangsmanagements Kita–Grundschule initiiert. Dieses wird im Rahmen einer Evaluationsstudie unter Federführung der Universität Bielefeld begleitet; die Finanzierung obliegt zwei Stiftungen (vgl. Kreis Lippe, 2013).

Literatur

Ackeren, van, I. & Klemm, K. (2009). *Entstehung, Struktur und Steuerung des deutschen Schulsystems. Eine Einführung.* Wiesbaden: VS Verlag für Sozialwissenschaften.

Avenarius, H. (2010). Schulträgerschaft, dienstrechtliche Zuordnung der Lehrkräfte. In Avenarius, H. & Füssel, H.-P. (Hrsg.), *Schulrecht* (S. 197–209). 8. Auflage. Köln: Carl Link.

Avenarius, H. & Füssel, H.-P. (2010). *Schulrecht im Überblick.* Darmstadt: Wissenschaftliche Buchgesellschaft.

Baethge-Kinsky, V. (2012). *Lernen ganzheitlich erfassen – Wie lebenslanges und lebensweites Lernen in einem kommunalen Lernreport dargestellt werden kann. Konzeption eines kommunalen Lernreports. In Kooperation mit Hans Döbert.* Gütersloh: Bertelsmann-Stiftung.

Hebborn, K. (2009). Bildung in kommunaler Verantwortung. Interview mit Klaus Hebborn, Beigeordneter für Bildung, Kultur und Sport des Deutschen Städtetages. *Berufsbildung in Wissenschaft und Praxis. Kooperation und Vernetzung (2) 2009,* 5–9.

Bildungsbüro Stadt Osnabrück. Verfügbar unter: http://www.osnabrueck.de/5456.asp. [09.12.2013].

Blossfeld, H.-P., Bos, W., Daniel, H.-D., Hannover, B., Lenzen, D., Prenzel, M. & Wößmann, L. (2010). *Bildungsautonomie: Zwischen Regulieren und Eigenverantwortung – Jahresgutachten 2010.* Wiesbaden: VS Verlag für Sozialwissenschaften.

Bos, W., Berkemeyer, N., Manitius, V. & Jungermann, A. (2012). *Bestandsaufnahme zu den Regionalen Bildungsbüros NRW. Ein Projekt in Zusammenarbeit mit dem Ministerium für Schule und Weiterbildung des Landes Nordrhein-Westfalen.* Unveröffentlichtes Manuskript.

Cortina, K.S., Baumert, J., Lechinsky, A., Mayer, K. U., Trommer, L. (Hrsg.) (2008). *Das Bildungswesen in der Bundesrepublik Deutschland. Strukturen und Entwicklungen im Überblick. Ein Bericht des Max-Planck-Instituts für Bildungsforschung.* Reinbek: Rowohlt.

Deutscher Städtetag (2007). *Aachener Erklärung des Städtetages anlässlich des Kongresses „Bildung in der Stadt“ am 22./23. November 2007.* Verfügbar unter: http://ec.europa.eu/education/migration/germany9_de.pdf. [09.12.2013].

Deutscher Städtetag (2012). *Bildung gemeinsam verantworten. Münchener Erklärung des Deutschen Städtetages anlässlich des Kongresses „Bildung gemeinsam verantworten“ am 08.–09.* November *2012.* Verfügbar unter: http://www.staedtetag.de/imperia/md/content/dst/muenchner_erklaerung_2012_final.pdf [07.04.2014].

Döbert, H. (2007). Bildungsberichterstattung in Deutschland als Instrument bildungspolitischer Steuerung. In Böhm-Kasper, O., Schuchart, C. & Schulzeck, U. (Hrsg.), *Kontexte von Bildung. Erweiterte Perspektiven in der Bildungsforschung* (S. 177–196). Münster u.a.: Waxmann.

Döbert, H. (2010). Regionale Bildungsberichterstattung in Deutschland – Konzept, Ziele, Anforderungen. *Recht der Jugend und des Bildungswesens. Zeitschrift für Schule, Berufsbildung und Jugenderziehung, 58 (2)*, 158–175.

Döbert, H. & Weishaupt, H. (2012). Bildungsmonitoring. In Wacker, A., Maier, U. & Wissinger, J. (Hrsg.), *Schul- und Unterrichtsreform durch ergebnisorientierte Steuerung* (S. 155–173). Wiesbaden: VS Verlag für Sozialwissenschaften.

Egger, M. & Tegge, D. (2014). Kommunale Bildungsberichterstattung – partizipativ, transparent, problemorientiert. In Huber, Stefan Gerhard (Hrsg.), *Kooperative Bildungslandschaften: Netzwerke(n) im und mit System. Praxishilfen Schule* (S. 68–95). Köln: Carl Link.

Gabler Verlag (Hrsg.). (2010). *Gabler Wirtschaftslexikon. Springer Verlag. Stichwort: Konnexitätsprinzip. Wirtschaftslexikon.* Verfügbar unter: http://wirtschaftslexikon.gabler.de/Definition/konnexitaetsprinzip.html [07.04.2014].

Gesetz über Tageseinrichtungen für Kinder (KiTaG). VORIS 21130 03.

Gnahs, D. & Weiß, C. (2012). Weiterbildungssteuerung auf kommunaler Ebene. *DIE – Zeitschrift für Weiterbildungsforschung, 35 (2)*, 56–72.

Grundgesetz der Bundesrepublik Deutschland.

Höfer, C. (2002). Schulaufsicht auf dem Weg in eine regionale Schullandschaft. In Rolff, H.-G. & Schmidt, H.-J. (Hrsg.), *Brennpunkt Schulleitung und Schulaufsicht. Konzepte und Anregungen für die Praxis* (S. 91–110). Neuwied, Kriftel: Luchterhand.

Kommunale Gemeinschaftsstelle für Verwaltungsmanagement (KGSt) Homepage. Verfügbar unter: http://www.kgst.de/themenfelder/kultur-und-bildung/ [09.12.2013].

Kommunalverfassung des Landes Brandenburg (BbgKVerf). Vom 18. Dezember 2007 (GVBl.I/07, [Nr. 19], S. 286), zuletzt geändert durch Artikel 2 des Gesetzes vom 16. Mai 2013 (GVBl.I/13, [Nr. 18]).

Konsortium Bildungsberichterstattung (Hrsg.). (2006). *Bildung in Deutschland. Ein indikatorengestützter Bericht mit einer Analyse zu Bildung und Migration.* Bielefeld: Bertelsmann.

Kooperationsvertrag NRW. Verfügbar unter: http://www.regionale.bildungsnetzwerke.nrw.de/rbnkooperationsvertragstadt.pdf [25.11.2012].

Kreis Lippe (2013). *Wissenschaftliche Studie zum Übergangsmanagement Kita – Grundschule – Zwischenbilanz in Lemgo vorgestellt.* Verfügbar unter: http://www.lemgo.net/528.html?&tx_ttnews[tt_news]=3746&cHash=8c235ac03f0e525a48312136609249ce [07.04.2014]

Landeshauptstadt Erfurt (Hrsg.). (2012). *Bildungsleitbild der Landeshauptstadt Erfurt.* Verfügbar unter: https://bildungskatalog.erfurt.de/cms/export/sites/default/bildungskatalog/Bilder/pdf/Bildungsleitbild_Erfurt.pdf [09.12.2013].

Lübeck (2006). *Qualitätskriterien der städtischen Kindertageseinrichtungen.* Vgl: http://www.luebeck.de/lvw_docs/forms/4/4_041/Qualit_tskrieterien_der_st_dtischen_Kitas.pdf [07.04.2014].

Manitius, V. & Berkemeyer, N. (2011). Regionale Bildungsbüros – ein neuer Akteur der Schulentwicklung. In Dietrich, F., Heinrich, M. & Thieme, N. (Hrsg.), *Neue Steuerung – alte Ungleichheiten? Steuerung und Entwicklung im Bildungssystem* (S. 53–64). Münster: Waxmann.

Manitius, V., Jungermann, A., Berkemeyer, N. & Bos, W. (2013). Regionale Bildungsbüros als Boundary – Ergebnisse aus einer Bestandsaufnahme zu den Regionalen Bildungsbüros in NRW. *Die Deutsche Schule – Zeitschrift für Erziehungswissenschaft, Bildungspolitik und pädagogische Praxis,* 105 (3), 275–294.

Olk, T. & Stimpel, T. (2011). Kommunale Bildungslandschaften und Educational Governance vor Ort. Bildungspolitische Reformpotenziale durch Kooperation und Vernetzung formeller und informeller Lernorte? In Bollweg, P. & Otto, H.-U. (Hrsg.), *Räume flexibler Bildung. Bildungslandschaft in der Diskussion* (S. 169–187). Wiesbaden: VS Verlag für Sozialwissenschaften.

PT-DLR - Projektträger im Deutschen Zentrum für Luft- und Raumfahrt für das Bundesministerium für Bildung und Forschung (Hrsg.). (2011). *Werkstattbericht. IT-Instrumentarium für das Bildungsmonitoring.* Magazin für das Programm „Lernen vor Ort". Bonn.

Ratermann, M. & Stöbe-Blossey, S. (2012). *Governance von Schul- und Elementarbildung. Vergleichende Betrachtungen und Ansätze der Vernetzung.* Wiesbaden: VS-Verlag für Sozialwissenschaften.

Rombey, W. (2009). Aufbau und Gestaltung kommunaler Bildungslandschaften – Das Beispiel der StädteRegion Aachen. *Kommunale Bildungspolitik. Deutsche Zeitschrift für Kommunalwissenschaften, 48* (1), 39–61.

Schleswig-Holsteinisches Schulgesetz (Schulgesetz - SchulG) in der Fassung vom 24. Januar 2007. Letzte berücksichtigte Änderung: § 36 geändert (Art. 6 Ges. v. 25.06.2013, GVOBl. S. 275).

Schulgesetz für das Land Mecklenburg-Vorpommern (Schulgesetz - SchulG M-V) in der Fassung der Bekanntmachung vom 10. September 2010.

Schulgesetz Rheinland-Pfalz vom 30. März 2004 (GVBl. S. 239), zuletzt geändert am 22. Dezember 2009 (GVBl. S. 418).

Sozialgesetzbuch (SGB) VIII: Kinder- und Jugendhilfe.

StädteRegion Aachen (2012): *Erster Bildungsbericht der StädteRegion Aachen.*

Weiß, W. (2011). *Kommunale Bildungslandschaften. Chancen, Risiken und Perspektiven.* Mannheim, München: Juventa Verlag.

Alexandra Schwarz

5. Bildungsfinanzierung in Kommunen

Die Bildungsfinanzierung umfasst die Beschaffung, Verwendung und Verteilung sächlicher und personeller Ressourcen sowie monetärer Mittel in allen Bildungsbereichen und stellt ein zentrales Instrument der bildungspolitischen Steuerung dar. Obwohl Gemeinden und Zweckverbände nur rund ein Fünftel der gesamten öffentlichen Ausgaben für Bildung aufbringen, kommt der kommunalen Finanzierung in den Bereichen Kindertagesbetreuung, Schule und Jugendhilfe wachsende Bedeutung zu, denn Kommunen nehmen hier Aufgaben wahr, die den Folgen ungünstiger Ausgangslagen von Kindern und Jugendlichen entgegenwirken können. Gerade im Bereich der freiwilligen Selbstverwaltungsaufgaben haben Kommunen einen gewissen Spielraum, die Bildungsangebote zu gestalten und an die speziellen Erfordernisse vor Ort anzupassen, z.B. durch Programme zur Sprachförderung oder eine erweiterte Ganztagsbetreuung bis in die Abendstunden. Spielräume und Flexibilität der kommunalen Steuerung – nicht nur im Bildungsbereich – können aber durch fehlende finanzielle Mittel, etwa bei schlechter Haushaltslage oder anderen zusätzlich zu finanzierenden Aufgaben, beschränkt sein. Das Ausmaß, mit dem Kommunen ihre Aufgaben im Bereich Bildung selbst gestalten und steuern, kann daher nicht unabhängig von den kommunalen Finanzen gesehen werden. Grundlegend für das Kommunale Bildungsmonitoring erscheinen daher die Fragen: Wieviele Mittel stehen für Bildung zur Verfügung, wofür werden sie eingesetzt und wie werden sie finanziert?

Wie nachfolgend dargestellt wird, erweist es sich auch für den Bereich der kommunalen Bildungsfinanzierung als unerlässlich, im kommunalen Bildungsmonitoring nicht nur Informationen in Form von Kennzahlen und Indikatoren zu berichten, sondern diese vor allem in den regionalen Kontext einzuordnen und mit Blick auf die spezifischen Herausforderungen vor Ort zu qualifizieren. Dabei soll nicht das Ziel verfolgt werden, kommunale Ausgaben im Kontext von Bildung möglichst umfassend darzustellen. Dies ist schon aufgrund der Unterschiede zwischen Ländern, z.B. hinsichtlich der Schulträgerschaft und der Regelungen zum Finanzausgleich, nur schwer möglich. Es soll vielmehr der Frage nachgegangen werden, worin die Steuerungswirkung kommunaler Bildungsausgaben bestehen kann und warum die Berichterstattung von Bildungsausgaben daher auch im kommunalen Kontext einen Mehrwert birgt.

5.1 Kommunale Bildungsausgaben und ihre Finanzierung

Bezogen auf die einzelnen Bildungsbereiche tätigen die Kommunen hauptsächlich Ausgaben für ihre pflichtigen Aufgaben, insbesondere für die Kindertagesbetreuung und die Kindertagespflege sowie für die äußeren Schulangelegenheiten. Laut dem Bildungsfinanzbericht 2012 des Statistischen Bundesamtes entfielen im Bundesdurchschnitt des Jahres 2009 von den gesamten öffentlichen Ausgaben der Gemeinden und Zweckverbände für Bildung (21,8 Mrd. EUR) rund 39% auf die frühkindliche Betreuung und rund 48% auf den Schulbereich (vgl. Statistisches Bundesamt, 2012). Dabei handelt es sich an dieser Stelle um sogenannte Grundmittel, d.h. die aus den allgemeinen Haushaltsmitteln (Steuern, Mittel aus dem Finanzausgleich, Kreditmarktmittel, Rücklagen) finanzierten Ausgaben der Kommunen, die bereits um die der Aufgabe zurechenbaren Zuwendungen und Einnahmen aus dem öffentlichen und nicht-öffentlichen Bereich bereinigt sind. Weitere kommunale Aufgaben, wie die Förderung von Schülern (z.B. Schüler-BAföG, ca. 7% der kommunalen Bildungsausgaben) und die Jugendarbeit (rund 5%), fallen gegenüber den Schulträgeraufgaben und den Kindertageseinrichtungen nur gering ins Gewicht. Aus der Aufgabenperspektive zeigt sich aber, dass über 68% der öffentlichen Ausgaben für Jugendarbeit und weniger als 20% der öffentlichen Ausgaben für den Bereich Schulen von den Kommunen getätigt werden. Obgleich also der kommunale Beitrag zur Finanzierung des Schulbereichs durch die Zuständigkeit der Länder für das lehrende Personal bei bundesweiter Betrachtung gering ausfällt, sind die Schulträgeraufgaben aus der kommunalen Perspektive natürlich eine nicht zu vernachlässigende Haushaltsposition.

Aufgrund von regionalstrukturellen Unterschieden, insbesondere hinsichtlich der Bevölkerungsdichte, ist eine Darstellung absoluter kommunaler Bildungsausgaben in der Regel nicht hilfreich. Auch der Anteil der kommunalen Ausgaben für Bildung bzw. für bestimmte Bildungsbereiche am kommunalen Gesamthaushalt (vgl. Baethge-Kinsky, 2012) führt nicht zu einer sinnvollen Bewertung. Gibt eine Kommune 4% ihrer Steuereinnahmen für Bildung aus und bestehen die kommunalen Bildungsausgaben zu zwei Dritteln aus Ausgaben für den Schulbereich, ist dies vergleichsweise viel oder wenig? Wie sind diese Angaben zu beurteilen und zu interpretieren? Der Kommunalhaushalt unterliegt selbst Schwankungen (z.B. aufgrund von Sonderzuweisungen aus Investitionsprogrammen des Bundes), die den Anteil der Bildungsausgaben verzerren (ohne Sonderzuweisung würden die Ausgaben der Kommunen geringer und der Anteil der Bildungsausgaben höher ausfallen). Für das kommunale Bildungsmonitoring ist daher zu empfehlen, die für den Bildungsbereich zur Verfügung gestellten Mittel anhand von Kennzahlen zu berichten, die einen möglichst fairen Vergleich von Kommunen gewährleisten (vgl. Statistisches Bundesamt, Statistisches Landesamt Baden-Württemberg & Deutsches Institut für Erwachsenenbildung, 2013). Dies kann erreicht werden, indem die Ausgaben für einen bestimmten Ausgabenbereich (z.B. Grundschulen) auf die Zahl der relevanten Bildungsteilnehmer bezogen werden (Schüler an Grundschulen). Als Ergebnis können dann Ausgaben je Bildungsteilnehmer berichtet werden, die zwischen den Kommunen vergleichbar sind.

Abb. 5.1: **Ausgaben für den laufenden Schulbetrieb, Kreise und kreisfreie Städte, 2007**

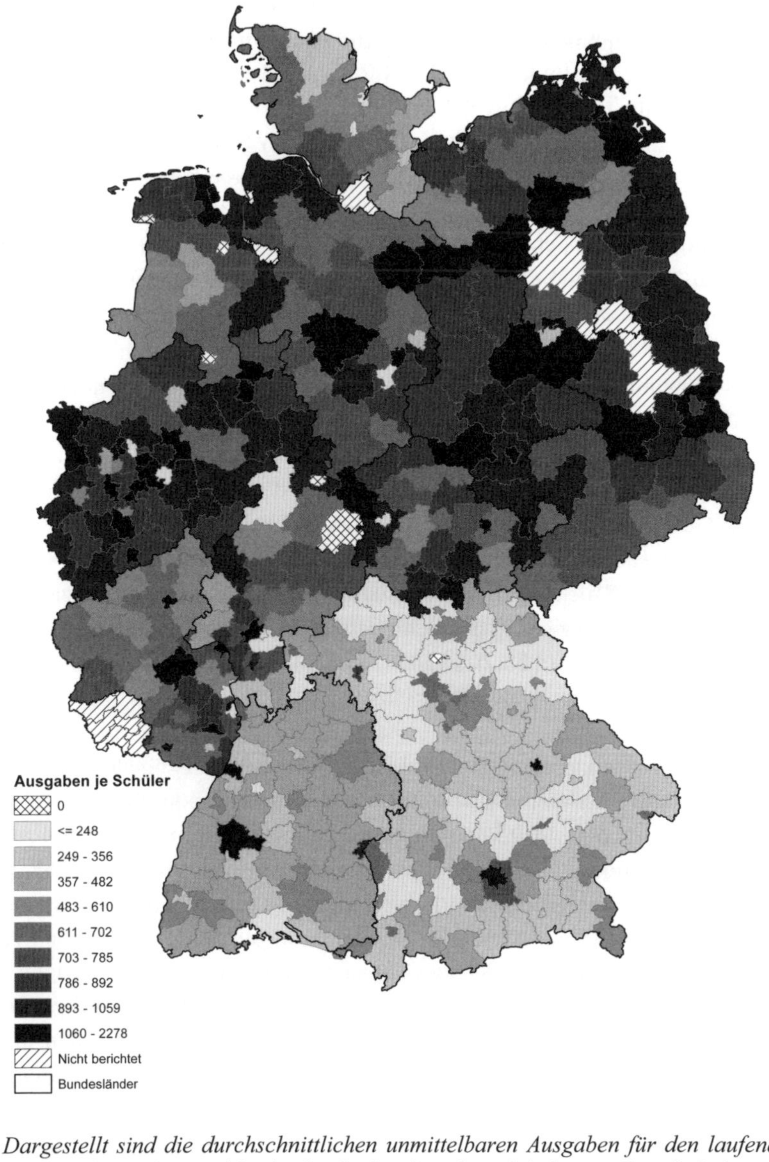

Dargestellt sind die durchschnittlichen unmittelbaren Ausgaben für den laufenden Schulbetrieb (Personalausgaben und laufender Sachaufwand) je Schüler an Grundschulen nach Kreisen und kreisfreien Städten, 2007 (in EUR).

Hinweise: Für Mecklenburg-Vorpommern einschließlich Hauptschulen und Schularten mit mehreren Bildungsgängen; Ausgaben von Null ergeben sich für Kreise/kreisfreie Städte, die keine Grundschüler und/oder keine Ausgaben im Bereich Grundschulen berichten.

Quelle: Schwarz & Weishaupt, 2013, S. 500

Werden solche Berechnungen durchgeführt, so wäre zumindest innerhalb der Länder nur eine geringfügige Variation dieser Durchschnittsausgaben zu erwarten, da die

Schulträger länderspezifisch unter vergleichbaren Rahmenbedingungen arbeiten. Dies sollte insbesondere dann gelten, wenn Investitionen in den Bau und Erhalt von Grundstücken und Gebäuden unberücksichtigt bleiben, die grundsätzlich mittel- bis langfristig angelegt sind und Betrachtungen im Querschnitt verzerren können. Entsprechende Studien zeigen jedoch eine zum Teil erhebliche Variation der kommunalen Ausgaben, und das nicht nur zwischen, sondern auch innerhalb der Länder (vgl. Böhm-Kasper, 2009; Fickermann et al., 2002; Makles & Schwarz, 2011; Schwarz & Weishaupt 2013; Wolf, 2006). Werden konkret die kommunalen Ausgaben für den laufenden Schulbetrieb je Grundschüler betrachtet, so zeigt sich für das Jahr 2007, dass diese Durchschnittsausgaben auf Kreisebene in Nordrhein-Westfalen und in Sachsen-Anhalt bei rund 950 EUR liegen, während diese Ausgaben in Bayern mit durchschnittlich 380 EUR und in Baden-Württemberg mit 470 EURO deutlich geringer ausfallen (vgl. Abb. 5.1 und Schwarz & Weishaupt, 2013). Zudem scheinen sie in den weiteren westdeutschen Flächenländern mit der regionalen Struktur zu variieren (niedrigere Ausgaben in dünner besiedelten Gebieten). Im Osten Deutschlands lassen sich derartige Unterschiede hingegen nicht feststellen. Außerdem zeigt sich für die Ballungsgebiete keinesfalls ein Skaleneffekt: trotz tendenziell größerer Schulen fallen hier die Ausgaben für den laufenden Schulbetrieb besonders hoch aus. Diese Variation kann nur durch Unterschiede in den verwaltungstechnischen Zuständigkeiten (Schulträgerschaft) und durch die Ausgliederung von Schulträgeraufgaben in den privaten Bereich, an kirchliche Träger oder Träger der Wohlfahrtspflege erklärt werden. Weiter zeigt sich, dass u.a. der regional unterschiedliche Ausbau offener Ganztagsangebote zu Unterschieden in den kommunalen Ausgaben je Grundschüler führt.

Die Höhe der kommunalen Ausgaben hängt aber zunächst maßgeblich von den Quellen ihrer Finanzierung ab. Der Länderfinanzausgleich und die kommunalen Finanzausgleiche sorgen dafür, dass auch Ländern bzw. Gemeinden mit schwacher Wirtschaftsstruktur, niedrigen Durchschnittseinkommen und demzufolge niedrigeren Steuereinnahmen ausreichende, den Bedarf deckende Mittel für die öffentliche Daseinsvorsorge zur Verfügung stehen (vgl. Scherf, 2010; Bundesministerium der Finanzen, 2014). Landesspezifische Gesetze zur Gemeindefinanzierung regeln dabei, inwiefern kommunale Bedarfsbesonderheiten beim Finanzausgleich berücksichtigt werden. So etwa die Schulpauschale, die für den „[...] Neu-, Um- und Erweiterungsbau, den Erwerb, die Modernisierung und für raumbildende Ausbauten sowie für die Einrichtung und Ausstattung von Schulgebäuden und kommunalen Kindertageseinrichtungen [...]“, aber auch für Instandsetzungen sowie für Mieten und Leasingraten für Schulgebäude eingesetzt werden (§ 17 Abs. 1 Gemeindefinanzierungsgesetz Nordrhein-Westfalen, 2013). Unter anderem Hessen und Nordrhein-Westfalen kennen daneben noch den Schüleransatz für die Mittelzuweisung. Dieser war in Nordrhein-Westfalen bis einschließlich zum Haushaltsjahr 2011 nach Schulformen und dem Förderort von Schülern mit sonderpädagogischem Förderbedarf gestaffelt (integrativ an einer Regelschule vs. Förderschule). Seit dem Haushaltsjahr 2012 sieht der Schüleransatz in Nordrhein-Westfalen nur noch eine Unterscheidung in Ganz- und Halbtagsschüler vor. Kreise erhalten als spezielle Zuweisung eine Kreisumlage, in einigen Bundesländern sind Gastschulbeiträge schulgesetzlich verankert. Die bedarfsorientierten Mittelzuweisungen im kommunalen Finanzausgleich unterscheiden sich also gerade bei bildungsbezogenen Aufgaben zum Teil erheblich zwischen den Ländern und verändern sich im Zeitverlauf.

Im Jahr 2011 betrug der Anteil der Finanzzuweisungen an den kommunalen Einnahmen bundesweit rund 31% (vgl. Bundesministerium der Finanzen, 2013). Nach wie vor erfolgt die Deckung der kommunalen Ausgaben hauptsächlich aus Steuern, deren Anteil an den Einnahmen im Jahr 2011 bei rund 44% lag (darunter rund 20% Gemeindeanteil an der Gewerbesteuer und rund 16% Gemeindeanteil an der Einkommenssteuer, vgl. ebd.). Gerade diese kommunalen Steuereinnahmen erweisen sich als starker Prädiktor für die Höhe der kommunalen Bildungsausgaben (vgl. Schwarz & Weishaupt, 2013). Ursache hierfür dürfte nicht nur sein, dass Kommunen mit vergleichsweise hohen Steuereinnahmen tendenziell mehr Mittel für Bildungsaufgaben verausgaben, sondern auch, dass durch das Recht auf Festlegung der Hebesätze die Kommunen ihre Steuereinnahmen – in sinnvollen Grenzen – selbst steuern können. Zuweisungen der öffentlichen Hand dienen dagegen eher dazu, regelmäßig wiederkehrende, schul- und schülerbezogene Ausgaben zu finanzieren. Entsprechend finden sich in insgesamt eher finanzschwachen und von vergleichsweise hoher Arbeitslosigkeit geprägten Regionen Hinweise darauf, dass mit einer hohen Belastung der Sozialhaushalte tendenziell geringere Ausgaben für Bildung einhergehen (vgl. ebd., 2013). Kommunen befinden sich hier in dem Dilemma, nicht nur geringe eigene Steuereinnahmen zu erzielen, sondern gleichzeitig höhere Ansprüche nach dem Sozialgesetzbuch finanzieren zu müssen.

Insgesamt zeigt sich an diesen Beispielen, dass im Rahmen eines kommunalen Bildungsmonitorings erfasste und berichtete Bildungsausgaben der Kommune unabdingbar einer regionalstrukturellen Rahmung bedürfen. Die Zahl der vom jeweiligen Bundesland zugewiesenen Lehrerstellen hängt maßgeblich von landesgesetzlich festgelegten Schüler-Lehrer-Relationen je Schulform ab, sodass diese personellen Ressourcen vornehmlich von der demografischen Entwicklung abhängen. Bei der Frage nach der Verwendung und Verteilung grundsätzlich knapper kommunaler Mittel sind aber weitere Faktoren zu beachten. Ob und wie lange eine Kommune bei rückläufigen Schülerzahlen kleine Grundschulstandorte erhalten kann, hängt auch von der kommunalen Haushaltslage ab, die ihrerseits stark von den Steuereinnahmen und damit von Erwerbstätigkeit und Gewerbestruktur beeinflusst wird. Die inhaltliche Auseinandersetzung mit kommunalen Bildungsfinanzen muss daher immer vor dem Hintergrund der grundlegenden Finanzsituation in der Kommune, der Wirtschaftsstruktur und dem Arbeitsmarkt sowie der sozialen Lage und der demografischen Entwicklung erfolgen.

5.2 Daten zur Bildungsfinanzierung auf kommunaler Ebene

Kommunale Haushaltspläne und die in ihnen enthaltenen Stellenpläne sind die wichtigste Informationsquelle, wenn kommunale Bildungsausgaben beobachtet und berichtet werden sollen. Wie jeder öffentliche Haushalt durchläuft der kommunale Haushalt einen Kreislauf aus verschiedenen gesetzlich vorgeschriebenen Phasen (vgl. Brümmerhoff, 2011). „Sie beginnen mit der Initiative, bestimmte Ausgaben zu tätigen (und Einnahmen zu erheben), führen zu Gesetzgebung und Ausführung und enden mit der Kontrolle der tatsächlichen Verausgabung und der Entlastung." (ebd., S. 159). Entsprechend ist die konkrete Struktur des Haushaltsplans, der Angaben zu den geplanten Ausgaben nach Aufgabenbereichen enthält und z.B. den Bereich der Schulträgeraufgaben einschließt (vgl. Tab. 5.1), von besonderer Bedeutung, wenn auf kommunaler Ebene Bildungsausgaben berichtet werden.

Die Ständige Konferenz der Innenminister und Senatoren der Länder hat im Jahr 2003 den Bundesländern erlaubt, ihre kommunalen Haushalte sowohl kameralistisch als auch auf Basis der kaufmännischen doppelten Buchführung (Doppik) aufzustellen. Das Ziel der kameralistischen Buchführung von Bund, Ländern und Gemeinden ist es, die Ausführung eines Haushaltsplanes für eine Abrechnungsperiode (üblicherweise das Haushaltsjahr) nachzuweisen. Dokumentiert werden dabei die tatsächlichen Zahlungsströme, d.h. die Einnahmen und Ausgaben als Zu- und Abgänge im Geldvermögen, deren Ist-Werte mit den (prognostizierten) Soll-Größen des Haushaltsplans verglichen werden können (vgl. Brümmerhoff, 2011).

Im Gegensatz zur Kameralistik orientiert sich die doppelte kommunale Buchführung an den Grundsätzen der kaufmännischen Buchführung bei Unternehmen. Mit ihr wird der Ressourcenverbrauch gemessen und transparent gemacht, Vermögen und Schulden der Kommune werden vollständig erfasst und dargestellt. Messgrößen sind in der Doppik damit nicht Einnahmen und Ausgaben, sondern der gesamte bewertete Verzehr von Wirtschaftsgütern (Aufwendungen, z.B. Löhne und Gehälter, aber auch Rückstellungen für künftige Pensionsansprüche, Materialverbrauch, bilanzielle Abschreibungen) und das Ergebnis der gesamten wirtschaftlichen Leistung (Erträge, z.B. Umsatzerlöse, Zinserträge, Mieterträge) in der Abrechnungsperiode. Der doppische Haushalt enthält so aussagekräftige Daten über die Leistungen (Produkte) der Verwaltung und die mit ihrer Herstellung verbundenen Kosten. Diese neue Sicht auf die kommunale Leistungserbringung besitzt natürlich für das Bildungsmonitoring großen Charme und hat die Erwartung geweckt, bildungsbezogene Leistungen der Kommune mit Kosten bewerten zu können, z.B. die Aufrechterhaltung des Schulbetriebs im Sinne aller dafür erforderlichen Güter und Dienstleistungen. Wie eine koordinierte Datenanfrage bei den Statistischen Landesämtern in den Jahren 2011 und 2012 gezeigt hat, können jedoch die Kommunen der meisten Flächenländer aufgrund mangelnder Datenqualität (noch) keine doppisch gebuchte Finanzstatistik liefern. Zwar haben sich die meisten Bundesländer für die Einführung des doppischen Systems entschieden; Bayern, Hessen, Schleswig-Holstein und Thüringen haben die Optionsregelung jedoch an die kommunale Ebene weitergereicht (vgl. Kommunale Gemeinschaftsstelle für Verwaltungsmanagement, 2010; Fliedner, 2011). Die Umstellung des Rechnungswesens auf die (optionale) doppelte kommunale Buchführung ist in allen Bundesländern abgeschlossen – bis auf Baden-Württemberg. Hier haben die Kommunen noch bis 2016 Zeit für die Umstellung. Daher sind für ein Monitoring der Bildungsausgaben nach wie vor die Grundsätze der Kameralistik ausschlaggebend. Auf Landes- und Bundesebene werden die Ausgaben weiterhin auf das kamerale Schema umgeschlüsselt und aggregiert, um die teils sehr verschiedenen Haushaltsführungen vergleichbar zu halten. Da prinzipiell die Freiheit in der Gestaltung der Kontenpläne bis auf die Ebene der einzelnen Kommune reicht (vgl. Tab. 5.1), kann Vergleichbarkeit zwischen Kommunen bzw. Kommunen und Kreis oder Land nur auf der Ebene von Produktgruppen hergestellt werden.

Gleiches gilt für die Kontenpläne, mit denen Einnahmen bzw. Erträge und Ausgaben bzw. Aufwendungen erfasst werden. Hier bietet sich eine Aggregation auf die im Bildungsfinanzbericht verwendeten Einnahme- und Ausgabearten an: Personalausgaben, laufender Sachaufwand, Baumaßnahmen, sonstige Sachinvestitionen, Zahlungen an den öffentlichen Bereich, Zahlungen an andere Bereiche, Zahlungen vom öffentlichen Bereich und unmittelbare Einnahmen (vgl. Statistisches Bundesamt, 2012). Anhand einer systematischen Kreuzung der Einnahme- und Ausgabearten mit den Produktgruppen ist es dann möglich, die Ausgaben der Kommune für einzelne Bildungsbereiche und -angebote darzustellen und z.B. Ausgaben je Bildungsteilnehmer zu berechnen.

Die kommunale Finanzstatistik spiegelt also die tatsächlichen Zahlungsströme in Form von Einzahlungen und Auszahlungen wider, wobei die Ausgaben den verschiedenen Aufgabenbereichen, die Einnahmen aber weitestgehend nur nach ihrer Herkunft, nicht aber nach der geplanten Verwendung erfasst werden. Daher ist nur sehr eingeschränkt darstellbar, welchen Anteil der Bildungsausgaben eine Kommune selbst finanziert (insbesondere durch Steuereinnahmen) und welche Bildungsausgaben etwa aus Zuweisungen der Länder oder vom privaten Bereich (z.B. durch Elternbeiträge) finanziert werden. Diese Frage der konkreten Finanzierung einzelner Bildungsaufgaben kann letztlich nur in der Kommune und durch die zuständigen Stellen (Kämmerei) geklärt werden.

Tab. 5.1: Produktbereiche, Produktgruppen und Produkte in der kommunalen Finanzstatistik, Beispiel Nordrhein-Westfalen

<table>
<tr><th>Verbindliche Produktbereiche</th><th>Produktgruppen</th><th>Produkte</th></tr>
<tr><td>11 Innere Verwaltung
...</td><td>111 Verwaltungssteuerung und Service
...</td><td rowspan="5">Bildung von Produkten nach den örtlichen Bedürfnissen

(z.B. organisations-bezogene Untergliederung)</td></tr>
<tr><td>21 Schulträgeraufgaben
...</td><td>211 Grundschulen
...</td></tr>
<tr><td>31 Soziale Hilfen
...</td><td>315 Soziale Einrichtungen
...</td></tr>
<tr><td>41 Gesundheitsdienste
...</td><td>412 Gesundheitseinrichtungen
...</td></tr>
<tr><td>61 Allgemeine Finanzwirtschaft</td><td>612 Sonstige allgemeine Finanzwirtschaft</td></tr>
</table>

Fortsetzung Tab. 5.1

<table>
<tr><td colspan="3">Produktbereich Schulträgeraufgaben:</td></tr>
<tr><td>Produktgruppen</td><td colspan="2">Bemerkungen: zuzuordnende Produkte</td></tr>
<tr><td>211 Grundschulen</td><td>Inkl. Schulkindergärten</td><td rowspan="7">Den Schularten sind anteilig zugeordnet:
• Förderung des Schulsports, von Wettbewerben u.a.
• Gastschülerzuschüsse und -beiträge an kommunale Schulträger
• Lernmittelfreiheit (soweit nicht individuell gewährt)
• Modellversuche
• Schulwanderungen</td></tr>
<tr><td>212 Hauptschulen</td><td></td></tr>
<tr><td>215 Realschulen</td><td>Inkl. Abendrealschulen</td></tr>
<tr><td>217 Gymnasien</td><td>Inkl. Abendgymnasien und Kollegs</td></tr>
<tr><td>218 Gesamtschulen</td><td>Organisatorische und pädagogische Zusammenführung der Schulformen in der Sekundarstufe I</td></tr>
<tr><td>221 Förderschulen</td><td>Inkl. Schulkosten in Einrichtungen der Sozial- u. Jugendhilfe u. des Strafvollzugs (soweit von Anstaltskosten trennbar)</td></tr>
<tr><td>231 Berufskollegs</td><td>Inkl. Berufsschule, Berufsfachschule, Fachschule, Fachoberschule</td></tr>
<tr><td>241 Schülerbeförderung</td><td colspan="2"></td></tr>
<tr><td>242 Fördermaßnahmen für Schüler</td><td colspan="2">Betreuung u. Beratung zur Ausbildungsförderung, Antrags- und Bewilligungsverfahren, Stipendien an Schüler, sonst. Leistungen an einzelne Schüler</td></tr>
<tr><td>243 Sonstige schulische Aufgaben</td><td colspan="2">Schulartenübergreifende Maßnahmen; Serviceeinrichtungen für Schulen (z.B. Medienzentren, Verkehrsgarten, Schullandheime), schulpsychologischer Dienst, Schulfahrten (sofern nicht in Produktgruppe der Schule nachweisbar), Schülerunfall- und Schülerhaftpflichtversicherung, Schülerlotsen, sonstige schulische Einrichtungen</td></tr>
</table>

Quelle: Landesbetrieb Information und Technik Nordrhein-Westfalen (IT.NRW), Finanzrechnungsstatistik der Gemeinden und Gemeindeverbände, 2013; eigene Zusammenstellung

Nach der Umstellung des kommunalen Rechnungswesens werden Daten zu den kommunalen Finanzen aber zunehmend verfügbar sein; bereits jetzt ist zu beobachten, dass die Vollständigkeit und Qualität der Daten sukzessiv zunimmt. Kommunale Bildungsausgaben können nach ihrer Struktur (wofür werden Ausgaben getätigt, z.B. Personal), nach ihrer Verwendung (Verteilung der Mittel auf die Bildungsbereiche) und nach ihrer Herkunft im Sinne von Finanzierungsquellen dargestellt werden. Dabei muss es mittelfristig auch gelingen, auf Landesebene kommunale Ausgaben kleinräumig (auf Ebene der Gemeinden) zu berichten, damit Kommunen ihre Ausgaben mit einem Landesdurchschnitt und mit strukturell ähnlichen Kommunen vergleichen können. Diese Aufgabe sollte – wie bei anderen Kennzahlen zum kommunalen Bildungsmonitoring auch – in den Händen der Statistischen Landesämter liegen. Bislang werden Fragen der Bildungsfinanzierung nur äußerst selten in kommunalen Bildungsberichten behandelt, was neben fehlenden oder mangelhaften Daten vor allem auf die politische Brisanz von Haushaltsfragen zurückzuführen ist. Letztlich fehlt es für den Bereich der Bildungsfinanzierung an kooperativer Forschung, die neben der Quantifizierung von Einnahmen und Ausgaben, Vermögen und Schulden der Kommunen auch inhaltliche und organisationstheoretische Erklärungsansätze für regionale Variationen der Bildungsfinanzierung liefert.

5.3 Konzepte bedarfsgerechter Finanzierung auf kommunaler Ebene

Die bisher dargestellten Aspekte der Bildungsfinanzierung sind zunächst rein deskriptiver Natur und bedürfen einer inhaltlichen Qualifizierung, um im Rahmen eines Bildungsmonitorings Hinweise für die weitere Entwicklung der Bildungsangebote auf kommunaler Ebene zu geben. In einer sehr vereinfachten Betrachtung haben die Kommunen – unter sonst gleichen Bedingungen – zwei Möglichkeiten, über die Bildungsfinanzierung Entwicklungen vor Ort zu steuern. (1) Höhere Einnahmen (durch Steuern) ermöglichen es, mehr in Bildung zu investieren. (2) Bleibt das Gesamtbudget konstant, sind Umschichtungen in bildungsbezogene Aufgabenbereiche erforderlich. In beiden Fällen stellt sich vor allem die Verteilungsfrage, d.h. bestimmte kommunale Aufgaben sollten bei der Finanzierung ein besonderes Gewicht bekommen, die Verteilung der Mittel sollte sich an spezifischen kommunalen Herausforderungen orientieren. So stellen viele Kommunen (z.B. Kreis Mettmann, Stadt Dortmund) als freiwillige Leistung Schulbegleiter in Regelschulen für Kinder mit Behinderungen bereit (gemeint sind hier nicht die Integrationshilfen nach dem SGB VIII bzw. XII). Die Stadt Wuppertal hat sich im Januar 2014 dazu entschlossen, die Kosten der Sozialarbeit an den weiterführenden Schulen selbst weiter zu tragen, nachdem die Finanzierung durch das Land Nordrhein-Westfalen im Dezember 2013 ausgelaufen war. Die Stadt Oberhausen hat im November 2013 geplante Ausgaben für Infrastrukturmaßnahmen, u.a. für Lärmschutz, kurzfristig zurückgestellt, um an einer Gesamtschule die notwendigen Umbaumaßnahmen für die Einrichtung einer integrativen Lerngruppe vornehmen zu können.

Diese Beispiele liefern zunächst Hinweise auf Prioritäten, die Kommunen bei eher kurzfristig auftretenden Problemlagen setzen. Ein übergeordnetes und nachhaltig angelegtes Verteilungskonzept orientiert sich dagegen an der Effizienz und der Gerechtigkeit von Bildungsinvestitionen. So muss der Mitteleinsatz auch auf kommunaler Ebene daran gemessen werden, dass mit ihm möglichst hohe Bildungserträge erzielt werden und die eingesetzten Ressourcen die Zugangschancen zu Bildung von sozial benachteiligten Kindern, Jugendlichen und Erwachsenen verbessern. Hier Gestaltungsspielräume zu nutzen, ist für die Kommunen von zentraler Bedeutung, da gerade sie „[…] für die negativen Folgen gescheiterter Bildungsbiographien in Form von sozialen Folgekosten aufkommen müssen sowie vor allem deshalb, weil ein quantitativ ausreichendes Angebot an qualifizierten Arbeitskräften in der Region […] ein wichtiger Standortfaktor im interkommunalen Wettbewerb […]“ ist (Olk, 2008, S. 951). Von einer an Gerechtigkeitsaspekten orientierten, gewichteten Bildungsfinanzierung (vgl. Makles, 2014) machen einige Länder bei der Zuweisung von Lehrerstellen Gebrauch. So verteilt Nordrhein-Westfalen zusätzliche Lehrerstellen auf Basis eines Kreissozialindex, mit dem auf Kreisebene regionale Unterschiede in der sozialen Zusammensetzung der Schülerschaft berücksichtigt werden sollen (gemessen anhand von Arbeitslosenquote, Sozialhilfequote, Migrantenquote und Quote der Wohnungen in Einfamilienhäusern). Im Stadtstaat Hamburg werden den Schulen zusätzliche Ressourcen ebenfalls auf Basis eines Sozialindex zugeteilt. In Hessen wurde ein solches Vorgehen zum Schuljahr 2013/14 eingeführt.

Aber auch auf der kommunalen Ebene finden sich in jüngerer Zeit Beispiele für eine bedarfsorientierte Ressourcenzuweisung. Ein Beispiel ist das „Mannheimer Unterstützungssystem Schule“, durch das ausgewählte Schulen aller Schulformen seit dem Schuljahr 2008/2009 jeweils 20 Wochenstunden zusätzliche Förderung erhalten. Diese Unterstützungsangebote werden durch sechs beteiligte kommunale Bildungspartner bereitgestellt und von der Stadt Mannheim finanziert (vgl. www.mannheim.de/bildung-staerken/maus-mannheimer-unterstuetzungssystem-schule). Ziel des Programms ist es, Bildungserfolge an zentralen Übergängen des Bildungssystems zu stärken (Übergang Grundschule auf weiterführende Schule, Erreichen eines Schulabschlusses, Vermeiden von Klassenwiederholungen, Rückschulung von Förderschülern an allgemeinbildende Schulen). Bemerkenswert an diesem Programm ist, dass die möglichen Wirkungen des Programms wissenschaftlich evaluiert werden (vgl. Worresch & Reinders, 2012). Obgleich das methodische Konzept dieser Evaluation keine kausalen Rückschlüsse auf die Wirkungen des Programms zulässt, ist doch zumindest festzustellen, dass die Schulen, die an dem Programm teilnehmen, insgesamt Verbesserungen in den benannten Zieldimensionen vorweisen können.

Ein weiteres Beispiel für bedarfsorientierte Ressourcenzuweisung findet sich für den Bereich der Kindertagesstätten in München. Hier werden mit der sogenannten „Münchner Förderformel“ über die gesetzlich geregelten Zuweisungen hinaus an die Kindertagesstätten sowohl kindbezogen, d.h. an der individuellen Lebenslage orientierte, als auch einrichtungsbezogen zusätzliche Ressourcen verteilt (http://www.foerderformel.muc.kobis.de/). Dabei wird der „Standortfaktor“ wiederum auf Basis eines Sozialindex ermittelt, aber auch für zusätzliche Öffnungstage (z.B. während der Ferienzeit) erhalten die Kindertageseinrichtungen zusätzliche Mittel. Durch Sonderzuweisungen für Innovationen wird außerdem der Wettbewerb unter den Einrichtungen und ihren Trägern gefördert. Die Teilnahme der Einrichtungen an dem Finanzierungskonzept ist freiwillig. Dennoch ist darauf hinzuweisen, dass die „Münchner Förderformel“ – im Gegensatz etwa zum obigen Beispiel aus der Stadt Mannheim – nicht als „on top“-Finanzierung, sondern als grundlegendes und auf gerechte Bildungschancen ausgerichtetes Finanzierungskonzept für die Kindertageseinrichtungen der Stadt München angelegt ist. Eine Evaluation hinsichtlich der Wirksamkeit dieses Konzeptes liegt aber bislang nicht vor.

Kommunen versuchen in den letzten Jahren verstärkt, dem Problem ungünstiger Ausgangslagen von Kindern und Jugendlichen möglichst früh zu begegnen. Mit dem Leitgedanken von Bildung als einem lebenslangen Prozess entwickeln Kommunen ihre Bildungs- und Betreuungsangebote in Richtung „kommunaler Bildungslandschaften", d.h. als eine „integrierte kommunale Bildungsinfrastruktur", die sich nicht länger durch institutionell abgegrenzte Angebote, sondern durch miteinander verschränkte und abgestimmte Angebote von Schule, Jugendhilfe, Akteuren der musischen und kulturellen Bildung, Unternehmen etc. auszeichnet (vgl. Olk, 2008). Daneben kommt dem finanziellen Engagement von Privatpersonen, Unternehmen und Stiftungen wachsende Bedeutung zu. Als Beispiel sei der Lübecker Bildungsfonds genannt, der die Finanzierung von verlässlicher Ganztagsbetreuung, Mittagessen, Arbeitsmaterialien, Sprachförderung sowie Musik- und Sportangeboten in Kindertagesstätten und Schulen unterstützt und von Wirtschaftsunternehmen und einem Stiftungsverbund mitfinanziert wird. Ein ähnliches Konzept verfolgt der Regionale Bildungsfonds Laichinger Alb, der von einer Bürgerstiftung getragen wird und auf einer kommunal übergeordneten Ebene private Mittel für die individuelle Förderung und finanzielle Unterstützung benachteiligter Kinder und Jugendlicher einwirbt. Derartige Konzepte einer nicht-öffentlichen Gegenfinanzierung werden weiter an Bedeutung gewinnen, denn „[m]ehr Geld für Bildung ist auch angesichts der höchst angespannten Lage der öffentlichen Haushalte nicht unproblematisch zu realisieren." (Färber 2010, S. 143) Mit Blick auf die kommunalen Aufgaben zur Daseinsvorsorge – nicht nur im Bildungsbereich – sind sie aber auch durchaus kritisch zu beobachten.

Anhand der kommunalen Bildungsausgaben lassen sich also Präferenzen der Kommunen für bestimmte Bildungs- und Betreuungsangebote dokumentieren. Dies ist für ein kommunales Bildungsmonitoring besonders dann von Bedeutung, wenn es sich um Aufwendungen für freiwillige und insofern zusätzliche Angebote handelt, z.B. wenn in besonderem Maße in Schulsozialarbeit oder den Ausbau von Ganztagsangeboten investiert wird oder Bildungseinrichtungen und/oder Bildungsteilnehmern in schwieriger sozialer Lage ein zusätzliches Budget gewährt wird. Für die kommunale Bildungsplanung entsteht hier also dann ein Mehrwert, wenn die Kommune die getätigten Ausgaben in den Kontext der pflichtigen und der darüber hinaus wahrgenommenen Aufgaben einerseits und die zur Verfügung stehenden Mittel andererseits stellt. Inwiefern eine Kommune durch die gezielte und im Grundsatz ungleiche Mittelzuweisung an bestimmte Bildungsbereiche eine gerechtere Verteilung der Bildungschancen erreicht, verlangt allerdings nach einer systematischen Evaluation der Wirksamkeit der finanzierten Maßnahmen, indem z.B. zusätzliche Förderung im vorschulischen Bereich zum Eintritt in die Grundschule (Erfolg/Rückstellung) in Beziehung gesetzt wird. Erst hierdurch können Bildungsinvestitionen Steuerungsrelevanz entfalten.

Literatur

Baethge-Kinsky, V. (2012). *Lernen ganzheitlich erfassen – Wie lebenslanges und lebensweites Lernen in einem kommunalen Lernreport dargestellt werden kann.* Gütersloh: Bertelsmann Stiftung.

Böhm-Kasper, C. (2009). *Kommunale Schulausgaben.* Frankfurt a. M.: Peter Lang.

Brümmerhoff, D. (2011). *Finanzwissenschaft.* München: Oldenbourg.

Bundesministerium der Finanzen (2013). *Eckdaten zur Entwicklung und Struktur der Kommunalfinanzen 2003 bis 2012.* Verfügbar unter: http://www.bundesfinanzministerium.de/Content/DE/Standardartikel/Themen/Oeffentliche_Finanzen/Foederale_Finanzbeziehungen/Kommunalfinanzen/Eckdaten-Enwicklung-2003-bis-2012.pdf. [14.02. 2014].

Bundesministerium der Finanzen (2014). D*er bundesstaatliche Finanzausgleich.* Vgl.: http://www.bundesfinanzministerium.de/Content/DE/Standardartikel/Themen/Oeffentliche_Finanzen/Foederale_Finanzbeziehungen/Laenderfinanzausgleich/Der-bundesstaatliche-Finanzausgleich.pdf. [14.02.2014].

Färber, G. (2010). Bildungsfinanzierung – eine staatliche Aufgabe? Die Perspektiven der Finanz- und Verwaltungswissenschaft. In Barz, H. (Hrsg.), *Handbuch Bildungsfinanzierung* (S. 135–144). Wiesbaden: VS Verlag für Sozialwissenschaften.

Fickermann, D., Schulzeck, U. & Weishaupt, H. (2002). Kommunale Finanzkraft und Schulausgaben. In Mayr, A. & Nutz, M. (Hrsg.), *Nationalatlas Bundesrepublik Deutschland, (Bd. 6) Bildung und Kultur* (S. 52–55). Heidelberg: Spektrum.

Fliedner, O. (2011). *Kommunen in Staat und Gesellschaft. Grundwissen Kommunalpolitik, Bd. 1.* Bonn: Friedrich-Ebert-Stiftung.

Kommunale Gemeinschaftsstelle für Verwaltungsmanagement (2010). *Umstellungsfristen Doppik. Vgl.* http://www.google.de/url?sa=t&rct=j&q=&esrc=s&source=web&cd=2&cad=rja&ved=0CDUQFjAB&url=http%3A%2F%2Fdoppikvergleich.de%2Fuploads%2Ftx_jpdownloads %2FUebersicht-Einfuehrung-Doppik.pdf. [14.02.2014].

Landesbetrieb Information und Technik Nordrhein-Westfalen (IT.NRW), Finanzrechnungsstatistik der Gemeinden und Gemeindeverbände 2013. Verfügbar unter: http://www.it.nrw.de/statistik [29.04.2014].

Makles, A. (2014). *Bildungsinvestitionen und bildungspolitische Maßnahmen im Spannungsfeld von Gerechtigkeit und Effizienz. Eine empirische Analyse der Chancengerechtigkeit unter Verwendung amtlicher Statistiken und Sekundärdaten.* Heidelberg u.a.: SpringerGabler Research.

Makles, A. & Schwarz, A. (2011). Aspekte der Berechnung der Kosten je Schüler und Schulform am Beispiel von Nordrhein-Westfalen. *Die Deutsche Schule 103*, 108–124.

Olk, T. (2008). Kommunale Bildungsplanung. In Coelen, T. & Otto, H.-U. (Hrsg.), *Grundbegriffe Ganztagsbildung* (S. 949–957). Wiesbaden: VS Verlag für Sozialwissenschaften.

Scherf, W. (2010). Die kommunalen Finanzen in Deutschland. In Kost, A. & Wehling, H.-G. (Hrsg.), *Kommunalpolitik in den deutschen Ländern. Eine Einführung* (S. 367–389). 2. akt. u. überarb. Aufl. Wiesbaden: VS Verlag für Sozialwissenschaften.

Schwarz, A. & Weishaupt, H. (2013). Regionale Disparitäten der Bildungsfinanzierung. In Schulze, A. & Becker, R. (Hrsg.), *Bildungskontexte. Strukturelle Voraussetzungen und Ursachen ungleicher Bildungschancen* (S. 483–510). Wiesbaden: VS Verlag für Sozialwissenschaften.

Statistisches Bundesamt (2012): *Bildungsfinanzbericht 2012.* Wiesbaden: Statistisches Bundesamt.

Statistisches Bundesamt, Statistisches Landesamt Baden-Württemberg & Deutsches Institut für Erwachsenenbildung (2013). *Anwendungsleitfaden zum Aufbau eines kommunalen Bildungsmonitorings.* Wiesbaden, Stuttgart, Bonn. https://www.bildungsmonitoring.de/bildung [29.04.2014].

Wolf, F. (2006). *Die Bildungsausgaben der Bundesländer im Vergleich.* Berlin: Lit.

Worresch, V. & Reinders, H. (2012). *Evaluation des Mannheimer Unterstützungssystems Schule (MAUS). Abschlussbericht über die zweite Projektphase 2010–2012.* Schriftenreihe Empirische Bildungsforschung Band 25. Würzburg: Universität Würzburg.

Magnus John

6. Bildungsmonitoring

Im Zusammenhang mit der Entwicklung neuer Steuerungskonzepte und im Bemühen um eine Qualitätsverbesserung des Bildungswesens wurde die ständige Überprüfung des Erreichten zu einem Anliegen der Bildungspolitik. Die Kultusministerkonferenz hat daraufhin eine Vereinbarung für ein regelmäßiges Bildungsmonitoring beschlossen. Das Bildungsmonitoring erfuhr dadurch in Deutschland in der letzten Dekade größere Beachtung und Bedeutung. Zum Vorbild wurde die bereits langjährige regelmäßige Berichterstattung durch die OECD und seit 2006 auch der Bildungsbericht für Deutschland. Nicht nur die Länder, sondern auch die Kommunen als Träger von Bildungseinrichtungen bemühten sich zunehmend um ein Bildungsmonitoring, um besser über die kommunale Bildungssituation informiert zu sein. Dieses Kapitel nimmt Bildungsmonitoring als Instrument kommunaler Bildungssteuerung in den Fokus. Bildungsmonitoring wird dazu auf nationaler, Länder- und kommunaler Ebene sowie in Bildungseinrichtungen dargestellt, Besonderheiten dieses Steuerungsinstrumentes werden aufgezeigt und am Ende schließlich Ziele und Funktionen erörtert. Für eine reflektierte Auseinandersetzung mit dem Bildungsmonitoring ist es notwendig, sich mit der Entwicklung, Begriffsdefinitionen sowie Ziel und Zwecke dieses Instruments auseinanderzusetzen. Daher wird zunächst auf diese grundlegenden Aspekte eingegangen.

6.1 Verständnis und Funktionen eines Bildungsmonitorings

Systemmonitoring kann allgemein als dauerhafte, datengestützte Beobachtung von Entwicklungen der Gesellschaft sowie ihrer Teilprozesse bzw. Subsysteme bezeichnet werden (vgl. Döbert & Avenarius, 2007). Mittels dadurch gewonnener empirisch fundierter Daten können Phänomene beschrieben, Hypothesen generiert und überprüft werden. Monitoring wird von unterschiedlichen Wissenschaftsdisziplinen durchgeführt. Die Ursprünge des Monitorings liegen vor allem in der Beobachtung von naturwissenschaftlichen Phänomenen, so etwa in der Medizin, wo per OP-Monitoring die zentralen Vitalfunktionen bei Operationen systematisch und kontinuierlich gemessen werden. Bereits seit mehreren Jahrhunderten werden Wetter- und Umweltdaten (Wetterbeobachtung) zielgerichtet erhoben. So ist es nicht verwunderlich, dass der Begriff Monitoring in den 1970er Jahren im Zusammenhang etwa mit Stationen, welche Luftverschmutzung messen, genutzt wurde. In Deutschland sind Monitoringaktivitäten im sozialwissenschaftlichen Bereich durch die gesellschaftliche Wohlfahrtsmessung hervorzuheben. Mittels des *Wohlfahrtssurveys* wurde seit 1978 kontinuierlich die deutsche Bevölkerung zu deren individueller Wohlfahrt und Lebensqualität befragt und analysiert (vgl. Glatzer et al., 1984). Den Hintergrund für diese Bemühungen bildete die Erkenntnis, dass sich die gesellschaftlichen Lebensbedingungen und die Lebenssituation der Bevölkerung nicht allein anhand der ökonomischen Indikatoren der Volkswirtschaftlichen Gesamtrechnung abbilden lassen. Hinzukommen müssen auch Informationen über die sozialen Lebensumstände, zu denen auch das Bildungsniveau und die Bildungsteilhabe zählen.

Folglich ist Bildungsmonitoring als Oberbegriff für unterschiedliche, kontinuierliche und systematische bildungswissenschaftliche Datenerhebungsprozesse und systematische Evaluationsverfahren zu begreifen (vgl. Rürup et al., 2010). Bildungsmonitoring wird definiert als: „ein kontinuierlicher, datengestützter Beobachtungs- und Analyseprozess des Bildungswesens insgesamt sowie einzelner seiner Bereiche bzw. Teile zum Zweck der Information von Bildungspolitik und Öffentlichkeit über Rahmenbedingungen, Verlaufsmerkmale, Ergebnisse und Erträge von Bildungsprozessen" (Döbert & Avenarius 2007, S. 299). Im kommunalen Bildungsmonitoring werden Bildungsentwicklungen in einer Kommune aus der Systemperspektive analysiert, um Ansatzpunkte für Stärken und Schwächen, für Weiterentwicklung und Veränderung sowie für Erfolg und Misserfolg von Bildungsangeboten und ihrer Nutzung zu identifizieren. Es werden die Realisierungsformen des Bildungsmonitorings (z.B. eine thematische Analyse, ein Bildungsbericht, Ad-hoc-Berichte und Entscheidungshilfen etc.), der Umfang (Bildungsbereiche, Themen und Indikatoren) und der Umgang mit den zu erhebenden, zu analysierenden und zu veröffentlichenden Daten sowie die Möglichkeiten des Zusammenwirkens von Akteuren bestimmt (vgl. Kapitel 7 und 8).

Wesentliches Ergebnis dieser Prozesse ist ein Produkt, z.B. ein Bildungsbericht, der erhobene Daten zu Informationen bündelt und durch dessen Rezeption Steuerungswissen für datenbasierte Entscheidungen generiert werden soll (vgl. Kapitel 8 und 11): „Bildungsberichte sind bildungsbereichsübergreifende, indikatorengestützte, problemorientierte und auf Entwicklungen im Zeitverlauf angelegte (Gesamt-)Darstellungen über die Situation von Bildung auf nationaler Ebene, auf Länderebene oder auf kommunaler Ebene" (Projektteam KBM, 2011, S. 7).

Die inhaltliche und strategische Ausgestaltung eines Bildungsmonitorings wird maßgeblich durch die an das Steuerungsinstrument gestellten Ziele und Zwecke beeinflusst.

Ziel und Zweck

Ein Monitoring dient nicht der Anhäufung von Daten („Datenfriedhof"). Vielmehr sollen die gewonnenen Informationen genutzt werden, um datenbasiert aktuelle Zustände und zukünftige Herausforderungen zu erkennen, um auf dieser Datenbasis fundierte Entscheidungen treffen zu können. Dazu gilt es valide Informationen zur Bildungsbeteiligung, zu Bildungsverläufen, zur Bildungsqualität, Chancengleichheit und Chancengerechtigkeit des Bildungswesens aufzuzeigen. Somit nimmt Systemmonitoring vor dem Hintergrund des steigenden Legitimationsdruckes und der Qualitätsdiskussionen im

Bildungsbereich (vgl. Kuper, 2002) eine prominente Stellung für die Steuerung des Bildungssystems ein (vgl. Döbert & Avenarius, 2007).

Bildungsmonitoring zielt insgesamt darauf ab, Qualitätsentwicklung und -sicherung im Bildungssystem voranzutreiben. Es informiert mittels systematisch und kontinuierlich erhobener Daten die Bildungspolitik und die Öffentlichkeit und soll somit zur zielgerichteten, empirisch fundierten („evidenz-basierten“) Steuerung des Bildungswesens beitragen. Durch das Informieren der Öffentlichkeit über Bildungsentwicklungen soll eine solide und objektive Diskussionsgrundlage geschaffen werden, um Handlungsbedarfe aufzuzeigen, Reformschritte anzustoßen und Maßnahmen einzuleiten sowie den Nutzen und Einfluss eingeleiteter Interventionen zu bewerten (vgl. Döbert, 2010a).

Bildungsmonitoring kann somit als Grundlage für bildungspolitische Entscheidungen und die Entwicklung eines datengestützten Bildungsmanagements genutzt werden, sofern es als Steuerungsinstrument in den Verwaltungsstrukturen verankert ist.

Im Zentrum eines Bildungsmonitorings steht die Arbeit der Institutionen des Bildungswesens von der frühkindlichen Bildung bis zur Bildung im Erwachsenenalter (vgl. Döbert & Avenarius, 2007). Ein solcher institutionalisierter Beobachtungs- und Analyseprozess auf der Basis empirisch gesicherter Daten hat im Wesentlichen drei Funktionen nach Böttcher et al. (2008):

1. *Beobachtung, Analyse und Darstellung wesentlicher Aspekte eines Bildungssystems:*

Ziel ist es, gesicherte Informationen über die jeweiligen Bildungsbereiche für die relevanten Steuerungsebenen bereitzustellen. Gesichert bedeutet, dass es sich um möglichst regelmäßig erscheinende und z.B. von den statistischen Ämtern überprüfte Daten handelt. Das sichert Qualität und Fortschreibung der zu analysierenden Daten. Dadurch sind Entwicklungen darstellbar und das Monitoring – durch die Möglichkeit der Fortschreibung der Daten – kontinuierlich möglich. Die Relevanz der zu analysierenden Aspekte im Bildungssystem ist immer auch von der Steuerungsebene abhängig.

2. *Systemkontrolle, vor allem mit Blick auf Leistungsmaßstäbe (Benchmarks):*

Die Dauerbeobachtung durch kontinuierlich dargestellte Kennziffern allein ermöglicht noch keine Systemkontrolle. Hinzukommen muss die datengestützte Darstellung von Situationen und Entwicklungen bezogen auf bildungspolitische Zielsetzungen, damit Aussagen zur Qualität und Effizienz des Bildungssystems getroffen werden können. Um einzelne Informationen einordnen oder mit Referenz- oder Vergleichswerten vergleichen zu können, bedarf es systematischer Zeitvergleiche (Zeitreihen), eines Vergleichs mit Regionen ähnlicher Ausgangslage und mit allgemeinen Zielvorstellungen (Chancengleichheit, Effizienz, Leistungsfähigkeit) oder spezifischen Zielen (z.B. Halbierung der Schulabbrecherquote).

3. *Systemdiagnostik durch Aufzeigen von Entwicklungen und Problemlagen:*

Bildungsmonitoring zielt darauf ab, Entwicklungen und Problemlagen im Bildungssystem zu erkennen, um auf Grundlage empirisch gesicherter Erkenntnisse evidenzbasiertes, strategisch-politisches Handeln zu ermöglichen. Vergleichswerte sind notwendig, damit eingeschätzt werden kann, ob Handlungsbedarfe bestehen oder nicht (vgl. Böttcher et al., 2008).

Insgesamt lässt sich festhalten, dass durch Bildungsmonitoring „Steuerungswissen" generiert bzw. erweitert und „Steuerungshandeln" begründbarer und zielgerichteter gestaltet werden soll. Daher enthält ein Bildungsmonitoring stets zugleich auch eine vergleichende Komponente.

Die aufbereiteten Informationen eines Monitoringprozesses dienen in diesem Sinne vor allem der Generierung von Steuerungswissen auf Systemebene. In Deutschland erfolgt Bildungsmonitoring auf unterschiedlichen Ebenen, die es im Folgenden zu explizieren gilt.

6.2 Das System des Bildungsmonitorings in Deutschland

Das in Deutschland bestehende System des Bildungsmonitorings folgt im Prinzip den Ebenen und Verantwortlichkeiten für die Steuerung und Verwaltung des Bildungssystems, nämlich den Ebenen Bund, Länder, Kommunen bis hin zu den einzelnen Bildungseinrichtungen.

Im letzten Jahrzehnt wurden auf den einzelnen Ebenen verschiedene Bildungsmonitoringsysteme und Produktformen entwickelt, die als Steuerungsinstrumente eher nebeneinanderstehen. Im Folgenden werden daher die einzelnen Monitoringsysteme auf der nationalen Ebene, auf der Ebene der Bundesländer sowie entsprechende Instrumente und Verfahren auf kommunaler Ebene dargestellt.

National

Auf nationaler Ebene wird das Bildungsgeschehen über möglichst alle Bildungsbereiche hinweg betrachtet, um Aussagen über die Funktionsfähigkeit des Bildungssystems treffen zu können. Es wird auf eine Vielzahl von Datenquellen zurückgegriffen, um eine umfassende und kontinuierliche Analyse des Bildungssystems zu ermöglichen. Hierzu gehören der gesamte Bereich der amtlichen Statistik, neuerdings z.B. mit Individualdaten in fast allen Bildungsbereichen, aber auch regelmäßig durchgeführte Untersuchungen in einzelnen Bildungsbereichen, wie z.B. die HIS-Studierendenbefragungen oder internationale Erhebungen wie der Adult Education Survey (AES). Das von der Deutschen Forschungsgemeinschaft und von der Bundesregierung geförderte Nationale Bildungspanel (NEPS) wird zukünftig auch repräsentative Daten zu Bildungsverläufen im Längsschnitt bereitstellen (vgl. Blossfeld et al., 2011). National sind einheitliche Erhebungsinstrumente notwendig, um fundierte Informationen über die Funktionsfähigkeit des Bildungswesens zu erhalten (vgl. Kultusministerkonferenz, 2006).

Als wichtige Säule des Bildungsmonitorings haben Bund und Länder eine gemeinsame Bildungsberichterstattung etabliert, mit dem Bericht „Bildung in Deutschland" als Produkt (vgl. vertiefend Kapitel 11). Der Bildungsbericht hat den Anspruch, eine Gesamtschau des Bildungssystems zu geben. Er greift dabei auf die wichtigsten Daten der genannten Quellen zurück, die er in einer überschaubaren Zahl von Indikatoren (vgl. ebd.) verdichtet. Seit der ersten Veröffentlichung 2006 folgten weitere Berichte 2008, 2010 und 2012, auf deren Grundlage die Bildungspolitik und Öffentlichkeit über Entwicklungen, Problemlagen sowie in gesonderten Schwerpunktkapiteln vertiefend über Themen wie Migration, Übergänge, demografischer Wandel und kulturelle musisch-ästhetische Erziehung im Lebenslauf informiert wurden (vgl. Konsortium Bildungsberichterstattung, 2006; Autorengruppe Bildungsberichterstattung, 2008, 2010, 2012).

Bundesländer

Mit den sogenannten „Konstanzer Beschlüssen" hat die Kultusministerkonferenz (KMK, 1997) unterstrichen, dass die systematische und breit angelegte Feststellung von Ergebnissen (Systemmonitoring) und eine daran anknüpfende Bemühung um die Klärung von Ursachen für unbefriedigende Ergebnisse eine der wesentlichen Aufgaben der Bildungspolitik ist. Um dem steigenden Bedarf an solchem Wissen gerecht werden zu können, müssen in den Ländern und innerhalb der Kultusministerkonferenz – neben den bestehenden – neue Formen der Beobachtung des Bildungssystems geschaffen und in eine Gesamtstrategie eingebunden werden. Gleichzeitig kommt die KMK damit den Handlungsnotwendigkeiten nach, die sich aus der Reform der bundesstaatlichen Ordnung ergeben (vgl. Döbert & Weishaupt, 2012). Die zentralen Instrumente und Verfahren nach der Kultusministerkonferenz (2006) für das Bildungsmonitoring sind:

- Internationale Schulleistungsuntersuchungen (Internationale Ebene);
- Gemeinsame Bildungsberichterstattung von Bund und Ländern (Nationale Ebene);
- Zentrale Überprüfung des Erreichens der Bildungsstandards in einem Ländervergleich (Länderebene);
- Vergleichsarbeiten in Anbindung oder Ankoppelung an die Bildungsstandards zur landesweiten Überprüfung der Leistungsfähigkeit einzelner Schulen (Länderebene) (vgl. KMK, 2006).

Diese eingesetzten Maßnahmen der Kultusministerien zur Etablierung eines Bildungsmonitorings in Deutschland sind dazu gedacht, Vergleichbarkeit und Qualität zu sichern (vgl. ebd.). Dadurch sollen die Qualitätsentwicklung des Schulwesens und eine Sicherung von Leistungsstandards über alle Schulen hinweg gewährleistet und somit auch ein kohärentes Bildungsmonitoring ermöglicht werden. Auffällig ist, dass nur die Bildungsberichterstattung bildungsbereichsübergreifend angelegt ist und die anderen Teile des Bildungsmonitorings sich ausschließlich auf die Schule beziehen. Mit dem Projekt „Programme for the International Assessment of Adult Competencies" (PIAAC) (Rammstedt, 2013) hat wiederum die OECD die Initiative ergriffen, um zusätzlich Informationen über Kompetenzen im Erwachsenenalter zu erhalten. Über NEPS sollen Kompetenzen von Studierenden erfasst werden und seit Jahren gibt es Bemühungen, ein „Berufsbildungs-PISA" zu ermöglichen, trotz einer Fülle theoretischer und methodologischer Probleme. So begrüßenswert die Ausweitung des Monitorings auf Kompetenzen in allen Bildungsbereichen und Lebensphasen ist, sollte ein Monitoring sich auch auf

Bedingungen des Unterrichts und der Lernsituationen beziehen und auch das Personal einschließen.

Auf der Ebene der Länder lassen sich weitere Bestandteile eines Bildungsmonitorings erkennen:

1) die externen Evaluationen bzw. Schulinspektionen (vgl. Döbert & Dedering, 2008);
2) zusätzliche Lernstandserhebungen (vgl. Maier & Kuper, 2012), z.B. Vera 3 und Vera 8;
3) Länderbildungsberichte mit spezifischen thematischen Zuschnitten und anderen Datenquellen als im nationalen Bildungsbericht (vgl. KMK, 2006).

In Hinblick auf den Adressatenkreis fällt auf, dass sich Länderberichte als materialisierte Form des Bildungsmonitorings auf Landesebene vorwiegend an die Kultusministerien und Schulaufsicht richten, damit diese fundierte Aussagen zu (Qualitäts-) Entwicklungen treffen und Handlungsstrategien ableiten können. Indikatorengestützte Länderbildungsberichte liegen bereits in Bayern, Baden-Württemberg, Berlin/Brandenburg, Hamburg, Mecklenburg-Vorpommern, Sachsen, Sachsen-Anhalt und Schleswig-Holstein vor.[1]

Kommunen

Die ganzheitliche Verantwortung für die Versorgung mit Bildung über alle Bildungsbereiche hinweg und für alle Bürgerinnen und Bürger in einer Region liegt bei den Städten, Gemeinden und Kreisen (vgl. Deutscher Städtetag, 2007). Notwendig sind daher fundierte Informationen über die (Qualität von) Bildung in Kommunen, welche im Rahmen eines Bildungsmonitorings zu generieren sind. In der Aachener Erklärung des Deutschen Städtetags anlässlich des Kongresses „Bildung in der Stadt“ wurde ein umfassendes Bildungsmonitoring als „integriertes Berichtswesen von Bildungsverläufen vor Ort“ (Deutscher Städtetag, 2007, S. 1) als Grundlage für die regionale Beobachtung, Steuerung und Qualitätsentwicklung des Bildungssystems in einer Kommune gefordert.

Die Aachener Erklärung (2007) hat die folgenden Hauptmerkmale einer kommunalen Bildungslandschaft benannt:

- „Individuelle Potentiale des Individuums und deren Förderung in der Lebensperspektive sind Ausgangspunkt für die Organisation von Bildungs- und Lernprozessen. Kein Kind, kein Jugendlicher darf verloren gehen.
- Die für Bildung zuständigen Akteure arbeiten auf der Basis verbindlicher Strukturen zusammen: Familie, Kinder- und Jugendhilfe, Schule, Kultur, Sport, Wirtschaft etc.
- Eltern bzw. Familien werden als zentrale Bildungspartner einbezogen.
- Übergänge werden nach dem Prinzip „Anschlüsse statt Ausschlüsse“ ermöglicht und gestaltet.

1 Auch Nordrhein-Westfalen hat einen Bildungsbericht erarbeitet, welcher allerdings nicht indikatorengestützt aufgebaut ist.

- Die kulturelle Bildung wird als wichtiger Teil ganzheitlicher Bildung einbezogen“ (Deutscher Städtetag, 2007, S. 2).

Der Ausbau des kommunalen Bildungssystems bildet somit einen wichtigen Teil der Daseinsvorsorge für Kinder, Jugendliche, Eltern und Erwachsene und sollte daher in die kommunalen Entwicklungsstrategien eingebunden sein und auf fundierten, datenbasierten Entscheidungen beruhen. Denn das Bildungssystem und dessen Entwicklung sind ein wesentlicher Grundstein für die Entwicklungsfähigkeit von Regionen (vgl. Döbert, 2010b).

Deshalb hat die Qualitätssicherung der Bildungsangebote eine besondere Bedeutung für die Kommunen. Daher ist ein Bildungsmonitoring für die Kommunen häufig auch ein vordringliches Anliegen. Oft werden in einem kommunalen Bildungsmonitoring alle Bildungsbereiche abgebildet, um im Sinne von *Bildung im Lebenslauf* die Möglichkeiten oder Hindernisse von gelingenden Bildungsverläufen „vor Ort“ aufzuzeigen.

Wesentliche Adressaten des Bildungsmonitorings auf kommunaler Ebene sind die Kommunalverwaltungen und die Bildungsakteure in der Praxis und Politik, welche Informationen für die weitere Entwicklung der Bildungsangebote benötigen, um im Zuge eines kohärenten, datenbasierten Bildungsmanagements (vgl. Kapitel 13) eine datengestützte Verbesserung des örtlichen Bildungsangebots zu ermöglichen. Zudem soll auch die Öffentlichkeit über das Bildungswesen in der Region informiert werden.

Bisherige Aktivitäten zur Dauerbeobachtung und -analyse des Bildungssystems „vor Ort“ sowie entsprechende Informationen der Öffentlichkeit konzentrieren sich vor allem auf eine kommunale Bildungsberichterstattung, deren Produktformen vielseitig und deren Ausgestaltungen als heterogen (vgl. Kapitel 12) zu bezeichnen sind. Dabei können vielfältige Datenquellen und kommunalspezifische Daten (Stadt-Zensus etc.) genutzt werden (vgl. Kapitel 10). Mit Hilfe des kommunalen Bildungsmonitorings lässt sich ein Gesamtbild über die verschiedenen Bildungsbereiche, -strukturen und Trägerkonstellationen hinweg erstellen, z.B. mit Besonderheiten und möglichen Unterschieden zum Landesdurchschnitt. Daran anknüpfend können intendierte und nicht-intendierte Folgen von ergriffenen oder nicht ergriffenen Steuerungsmaßnahmen auf diesem Wege verdeutlicht werden. Mit der Bereitstellung von steuerungsrelevanten Informationen über Bildung, insbesondere unter Berücksichtigung kommunalspezifischer Problemlagen und Zielsetzungen, wird die Anbindung an die Gesamtstrategie (Leitbilder und Ziele) einer Kommune gewährleistet (vgl. Döbert, 2009).

Auf kommunaler Ebene dargestellte Informationen sind meist auf Stadtteil- und Gemeindeebene aggregiert, um Aussagen über Qualität, Entwicklungen und spezifische innerkommunale Problembereiche und -bezirke (beispielsweise Versorgung mit Kindertagesbetreuungsplätzen) treffen zu können.

Verlässt man die kommunale Ebene, dann lässt sich die Entwicklung eines Bildungsmonitorings auch auf der Ebene der Bildungseinrichtungen beobachten. So wurde in den letzten zehn Jahren ein breit gefächertes System von externen Evaluationen eingeführt, wie etwa Schulinspektionen oder Vergleichsarbeiten, welche die Schulen bei deren Entwicklung unterstützen sollen und zusätzliche Daten liefern (vgl. Döbert et al., 2008). Hinzu treten verschiedene Formen von interner Evaluation, Berichtslegungen usw., die sich nicht nur zunehmend etabliert, sondern auch vielfältig erweitert haben (vgl. Döbert, 2009). Aber auch Hochschulen lassen sich im Zuge steigender Autonomie und zum Zweck der Qualitätssicherung und -entwicklung systematisch analysieren und fassen die Ergebnisse in so genannten Hochschulberichten zusammen (vgl. Falk et al., 2007).

6.3 Besonderheiten eines kommunalen Bildungsmonitorings

Im Vergleich zur nationalen und Länderebene lassen sich einige Unterschiede zu einem Bildungsmonitoring auf kommunaler Ebene feststellen. Diese Besonderheiten sollen nachfolgend genauer beschrieben werden. Hierzu zählen vor allem:

- die kleinräumige Darstellung von Bildungsangeboten und deren Nutzung;
- die datenbasierte Erfassung aller Bildungsbereiche einer Kommune, welche die gesamte Lebensspanne umfassen;
- die Nutzung kommunalspezifischer Daten und Informationen;
- der Einbezug von kommunalspezifischen und aktuell brisanten Themen.

Eine Besonderheit des kommunalen Bildungsmonitorings liegt darin, die regional vorhandenen Planungs- und Steuerungsinstrumente, z.B. die der Kinder- und Jugendhilfeplanung, der Sozialplanung und Schulentwicklungsplanung zu nutzen und sie innerhalb des Monitoringprozesses durch ein eher evaluativ angelegtes Bildungsmonitoring aufeinander zu beziehen, um so eine bildungsbereichsübergreifende Problemanalyse und ein integriertes Berichtswesen zu ermöglichen. Denn die vorhandenen Instrumente können bereits verlässliche Informationen zu aktuellen Zuständen sowie zukünftigen Entwicklungen in den Bildungsbereichen liefern, auf die ein Bildungsmonitoring aufbauen kann (vgl. Siepke & Pohl, 2012).

Bildung für den einzelnen Menschen spielt sich auf kommunaler Ebene ab, der Besuch von Bildungseinrichtungen in der Wohngemeinde ist der Ausgangspunkt für Bildungsprozesse in allen Lebensphasen. Daher werden in einem Bildungsmonitoring auch Bildungsinstitutionen vom frühkindlichen Alter bis in das hohe Erwachsenenalter abgebildet, um Beschreibungen und Analysen zur Bildungsqualität über alle Bereiche hinweg zu ermöglichen. Dabei ist auch die Zusammenarbeit der einzelnen Bildungsträger, egal ob Land, nicht-staatliche, gemeinnützige und gewerbliche Partner, wesentlich. Erst durch die Kooperation zwischen vielen Akteuren im Bildungsbereich entstehen so genannte Bildungsnetzwerke oder Bildungslandschaften, in denen sich Menschen durch bedarfsgerechte und zwischen den Trägern abgestimmte Angebote bestmöglich über Bildungsgelegenheiten entwickeln können. Um eine solche Bildungslandschaft zielführend begleiten und steuern zu können, benötigen kommunale Entscheidungsträger Informationen über die verschiedenen Trägerschaften und Wissen darüber, wo Bildungsangebote bestehen und wie diese genutzt werden (vgl. Projektteam KBM, 2011). Dieses Gesamtbild über Angebotsstrukturen und deren Qualität geht über eine Verknüpfung der einzelnen Fachplanungen weit hinaus.

Die systematische und kontinuierliche Analyse und Beschreibung verschiedener Bildungsbereiche und Angebote allein reicht nicht aus. Die Berücksichtigung von kommunalen Rahmenbedingungen, wie z.B. wirtschaftliche, sozioökonomische, arbeitsmarktbezogene Faktoren, bildet eine wichtige Hintergrundfolie auf deren Basis Problemlagen und Entwicklungen interpretiert werden können. So sind beispielsweise zukünftig zu erwartende Absolventenzahlen einer Region vor dem Hintergrund der Geburtenraten zu reflektieren. Auch im Vergleich zu anderen Regionen oder mit dem Landesdurchschnitt lassen sich durch kommunale Kontextinformationen Rückschlüsse für Abweichungen ableiten und Zusammenhänge aufzeigen.

Städte und Gemeinden sind zentrale Akteure bei der Steuerung und Moderation einer zielorientierten Zusammenarbeit der unterschiedlichen kommunalen Bildungsträger und Anbieter. Nur durch eine übergreifende Koordination und Verzahnung der verschiedenen Bildungsbemühungen auf kommunaler Ebene, stets unter der Perspektive der kontinuierlichen Unterstützung von Bildungsprozessen im Lebenslauf, können gute Rahmenbedingungen für Bildung geschaffen und bestmögliche Bildungsverläufe gewährleistet werden (vgl. Döbert & Weishaupt, 2012).

Während die nationale Bildungsberichterstattung eine gesamtstaatliche Perspektive einnimmt, können Kommunen besondere Schwerpunkte auf ihre spezifischen Ziele und Problemlagen legen und diese zusätzlich durch nicht-indikatorengestützte Teile ergänzen. Dabei können durchaus auch positive Erfahrungen im Bildungswesen, wie z.B. so genannte „best-practice-Beispiele" oder besondere Leistungen einzelner Einrichtungen, dargestellt werden (vgl. Projektteam KBM, 2011).

Ein weiteres Spezifikum eines kommunalen Bildungsmonitorings stellt die kleinräumige Darstellung von Angebots- und Nutzungsdaten dar. Durch die differenzierte Darstellung von Bildungsangeboten und Bildungsaspirationen, beispielsweise auf Stadtteilebene, Quartiersebene oder für einzelne Schulsprengel, können steuerungsrelevante Informationen – etwa Übergangsquoten in den entsprechenden Sozialräumen – über das kommunale Bildungsgeschehen bereitgestellt werden. So lässt sich veranschaulichen, welche ihrer räumlichen Einheiten besondere Aufwendungen der Kommune benötigen. Kleinräumige Daten können somit direkt in Beziehung zu durchgeführten oder geplanten Maßnahmen einer Kommune gesetzt werden.

Eine weitere Besonderheit, die gleichzeitig maßgeblich die Nachhaltigkeit dieses kommunalen Steuerungsinstrumentes beeinflusst, stellt die Entwicklung und Anknüpfung an strategische Ziele bzw. Leitbilder von Kommunen dar. Kommunales Bildungsmonitoring kann Aspekte längerfristiger politischer Strategien und Leitbilder mit aufnehmen und gleichzeitig (Diskussions-)Grundlage für die Leitbildentwicklungen sein, indem es Problemlagen und zentrale Herausforderungen von Kommunen aufzeigt. Qualitätssicherung und -entwicklung der kommunalen Bildungslandschaft kann wesentlich zur Daseinsvorsorge für die Bürger vor Ort beitragen. Dies ist der Fall, wenn mittels des Bildungsmonitorings zur Verfügung gestellte (Steuerungs-)Informationen eine bildungspolitische Diskussion über Qualität im regionalen Bildungswesen zulassen, diese angenommen werden und sich bildungspolitisches Handeln daran orientiert (vgl. Döbert & Weishaupt, 2012).

Literatur

Autorengruppe Bildungsberichterstattung (2008). *Bildung in Deutschland. Ein indikatorengestützter Bericht mit einer Analyse zu Übergängen im Anschluss an den Sekundarbereich I.* Bielefeld: Bertelsmann.

Autorengruppe Bildungsberichterstattung (2010). *Bildung in Deutschland 2010. Ein indikatorengestützter Bericht mit einer Analyse zur Zukunft des Bildungswesens im Kontext der demografischen Entwicklung.* Bielefeld: Bertelsmann.

Autorengruppe Bildungsberichterstattung (2012). *Bildung in Deutschland 2012. Ein indikatorengestützter Bericht mit einer Analyse zur kulturellen Bildung im Lebenslauf.* Bielefeld: Bertelsmann.

Blossfeld, H.-P., Roßbach, H.-G. & von Maurice, J. (Hrsg.) (2011): *Education as a lifelong process. The German National Educational Panel Study (NEPS).* Wiesbaden: VS Verlag für Sozialwissenschaften .

Böttcher, W., Bos, W., Döbert, H. & Holtappels, H.-G. (Hrsg.) (2008). *Bildungsmonitoring und Bildungscontrolling in nationaler und internationaler Perspektive. Dokumentation zur Herbsttagung der Kommission Bildungsorganisation, -planung, -recht (KBBB).* Münster: Waxmann.

Deutscher Städtetag (2007). *Aachener Erklärung des Deutschen Städtetages anlässlich des Kongresses „Bildung in der Stadt" am 22./23. November 2007.* Aachen.

Döbert, H. (2009). Regionale Bildungsberichterstattung. Erfordernis und Ansprüche. *SchulVerwaltung. Baden-Württemberg, 18*(5), 118–119.

Döbert, H. (2010a). Bildungsberichte als Steuerungsinstrument. Reichen die Daten zur Steuerung aus? In Schaal, B. & Huber, F. (Hrsg.), *Qualitätssicherung im Bildungswesen. Auftrag und Anspruch der bayerischen Qualitätsagentur* (S. 39–54). Münster u.a.: Waxmann.

Döbert, H. (2010b). Regionale Bildungsberichterstattung in Deutschland. Konzept, Ziele und Anforderungen. *Recht der Jugend und des Bildungswesens, 58*(2), 158–175.

Döbert, H. & Avenarius, H. (2007). Konzeptionelle Grundlagen der Bildungsberichterstattung in Deutschland. In van Buer, J. (Hrsg.), *Qualität von Schule. Ein kritisches Handbuch* (S. 297–314). Frankfurt a.M. u.a.: Lang.

Döbert, H. & Dedering, K. (Hrsg.). (2008). *Externe Evaluation von Schulen. Historische, rechtliche und vergleichende Aspekte.* Münster u.a.: Waxmann.

Döbert, H. & Dedering, K. (2010). Indikatorenverständnis und Umgang mit Indikatoren in internationalen und nationalen Bildungsberichtssystemen. In Baethge, M., Döbert, H., Füssel, H.-P., Hetmeier, H.-W., Rauschenbach, T., Rockmann, U. et al. (Hrsg.), *Bildungsforschung: Indikatorenentwicklung für den nationalen Bildungsbericht „Bildung in Deutschland"* (S. 23–53). Bonn u.a.: BMBF.

Döbert, H., Rürup, M. & Dedering, K. (2008). Externe Evaluation von Schulen in Deutschland. Die Konzepte der Bundesländer, ihre Gemeinsamkeiten und Unterschiede. In Döbert, H. & Dedering, K. (Hrsg.), *Externe Evaluation von Schulen. Historische, rechtliche und vergleichende Aspekte* (S. 63–151). Münster u.a.: Waxmann.

Döbert, H. & Weishaupt, H. (2012). Bildungsmonitoring. In Wacker, A., Maier, U. & Wissinger, J. (Hrsg.), *Schul- und Unterrichtsreform durch ergebnisorientierte Steuerung. Empirische Befunde und forschungsmethodische Implikationen* (S. 155–173). Wiesbaden: VS Verlag für Sozialwissenschaften.

Falk, S., Reimer, M. & Hartwig, L. (2007). Absolventenforschung für Hochschulen und Bildungspolitik. Konzeption und Ziele des „Bayerischen Absolventenpanels". *Beiträge zur Hochschulforschung, 29*(1), 6–33.

Glatzer, W., Berger, R. & Zapf, W. (1984). *Schriftenreihe / Sonderforschungsbereich 3 der Universitäten Frankfurt und Mannheim „Mikroanalytische Grundlagen der Gesellschaftspolitik". 10 i.e. 11: Lebensqualität in der Bundesrepublik. Objektive Lebensbedingungen und subjektives Wohlbefinden.* Frankfurt a. M.: Campus.

Konsortium Bildungsberichterstattung (2006). *Bildung in Deutschland. Ein indikatorengestützter Bericht mit einer Analyse zu Bildung und Migration.* Bielefeld: Bertelsmann.

Kultusministerkonferenz (KMK) (1997). *Grundsätzliche Überlegungen zu Leistungsvergleichen innerhalb der Bundesrepublik Deutschland.* Konstanzer Beschluss der KMK vom 24.10.1997.

Kultusministerkonferenz (KMK) (2006). *Gesamtstrategie der Kultusministerkonferenz zum Bildungsmonitoring.* Bonn: Wolters Kluwer.

Kuper, H. (2002). Stichwort: Qualität im Bildungssystem. *Zeitschrift für Erziehungswissenschaft, 5*(4), 533–551.

Maier, U. & Kuper, H. (2012). Vergleichsarbeiten als Instrumente der Qualitätsentwicklung an Schulen. Überblick zum Forschungsstand. *Die deutsche Schule, 104*(1), 88–99.

Ministerium für Schule und Weiterbildung des Landes Nordrhein-Westfalen. *Schule in Nordrhein-Westfalen. Bildungsbericht 2009.* Düsseldorf. www.schulministerium.nrw.de.

Projektteam „Kommunales Bildungsmonitoring" (KBM) des Deutschen Instituts für Internationale Pädagogische Forschung (DIPF) (2011). *Wie erstellt man einen kommunalen Bildungsbericht?* Handreichung im Programm „Lernen vor Ort". Bonn.

Rammstedt, B., Ackermann, D., Helmschrott, S., Klaukien, A., Maehler, D. B., Martin, S., Massing, N. & Zabal, A. (2013). *Grundlegende Kompetenzen Erwachsener im internationalen Vergleich. Ergebnisse von PIAAC 2012.* Münster: Waxmann.

Rürup, M., Fuchs, H.-W. & Weishaupt, H. (2010). Bildungsberichterstattung – Bildungsmonitoring. In Altrichter, H., Boni, M. & Meyer-Renschhausen, E. (Hrsg.), *Handbuch Neue Steuerung im Schulsystem* (1. Aufl., S. 377–401). Wiesbaden: VS Verlag für Sozialwissenschaften.

Siepke, T. & Pohl, U. (2012). Lernen vor Ort. Skizze eines bundesweiten Projekts. In Buchen, H., Horster, L. & Rolff, H.-G. (Hrsg.), *Schulen in der Region – Region in der Schule* (S. 23–44). Stuttgart u.a.: Raabe.

Urte Pohl und Alexandra Schwarz

7. Konzipierung eines kommunalen Bildungsmonitorings

Bildungsmonitoring wird verstanden als „[...] die kontinuierliche, datengestützte Information von Bildungspolitik und Öffentlichkeit über Rahmenbedingungen, Verlaufsmerkmale, Ergebnisse und Erträge von Bildungsprozessen“ (Döbert & Avenarius, 2007, S. 299). Zudem ist Bildungsmonitoring als Oberbegriff für unterschiedliche kontinuierliche und systematische bildungswissenschaftliche Datenerhebungsprozesse und systematische Evaluationsverfahren zu begreifen (vgl. Rürup et al., 2010). Wesentliches Ergebnis dieser Prozesse ist ein Produkt, z.B. ein Bildungsbericht, der erhobene Daten zu Informationen bündelt und durch dessen Rezeption Steuerungswissen für datenbasierte Entscheidungen generiert werden soll. Bildungsmonitoring ist damit prozess- und produktorientiert. Der kommunale Kontext besteht dann, wenn sich Prozesse und Produkte des Bildungsmonitorings auf eine der nationalen Ebene oder den Bundesländern untergeordnete administrative Ebene beziehen. Diese Ebene soll so gewählt werden, dass sie sich im Hinblick auf die Struktur des Bildungssystems und die Zuständigkeiten im Bildungssystem als sinnvoll und relevant darstellt, z.B. hinsichtlich der Trägerschaft der Bildungseinrichtungen. Daher beziehen sich die kommunalen Bildungsberichte in Deutschland auf einen (Land-)Kreis oder eine kreisfreie Stadt. Prozesse des Bildungsmonitorings finden jedoch zwangsläufig auch auf den weiter untergeordneten Ebenen statt, d.h. in den kreisangehörigen Städten und Gemeinden, die nicht nur Bildungsdaten liefern, sondern z.B. als Grundschulträger unmittelbar Teil des Steuerungsprozesses im Bildungswesen sein können.

Im Rahmen der Konzipierung eines kommunalen Bildungsmonitorings (KBM) geht es darum, die inhaltlichen und strategischen Ziele des Bildungsmonitorings, die sich daraus notwendigerweise ergebenden Maßnahmen zur Umsetzung sowie die Planung der einzusetzenden Ressourcen (Zeit, Geld, Material, Personal) darzustellen. Damit haben in der Phase der Konzipierung eines kommunalen Bildungsmonitorings eine Verständigung und schließlich eine Festlegung zu erfolgen, welches theoretisch-inhaltliche Konzept dem Prozess des Bildungsmonitorings und den in ihm entstehenden Produkten zugrunde liegt und wie das Bildungsmonitoring organisatorisch umgesetzt werden soll. Schließlich muss eine Auseinandersetzung mit Standards des wissenschaftlichen Arbeitens erfolgen, deren Beachtung die Qualität des Prozesses und der Produkte sicherstellen kann. Bildungsmonitoring kann nur dann auf die Sicherung und Entwicklung von Qualität in Bildungslandschaften (vgl. Kapitel 2) abzielen, wenn der Prozess einer evidenzbasierten, regelmäßigen Information von Bildungspolitik und Öffentlichkeit und die im Verlaufe des Bildungsmonitorings entstehenden Produkte selbst Qualitätsstandards genügen.

In diesem Abschnitt werden die einzelnen Schritte bei der Konzipierung eines KBM in der Praxis dargestellt und diese – soweit möglich – in den zeitlichen Ablauf eines Monitorings- und Berichtszyklus eingeordnet. Der Schwerpunkt liegt dabei auf der inhaltlichen Ausrichtung und den strategischen Zielen, die mit einem KBM verfolgt werden können. Es soll auch herausgearbeitet werden, inwiefern sich aus organisatorischer und theoretisch-inhaltlicher Perspektive mustergültige und/oder etablierte „Standards", d.h. Empfehlungen für die Konzeption eines Bildungsmonitorings angeben lassen, mit denen im Sinne der gesteckten Ziele besonders erfolgreich gearbeitet wurde und wird. Im KBM wird von dem Grundverständnis ausgegangen, dass sich Standards für ein Bildungsmonitoring erst dann herausstellen, wenn sie den Anforderungen aus Politik und Wissenschaft genügen und entsprechend anerkannt sind. Standards in diesem Sinne haben sich gegenüber anderen, alternativen Methoden und Instrumenten durchgesetzt; ihr Einsatz erweist sich als nachhaltig wirksam.

7.1 Klärung der strategischen und inhaltlichen Ausrichtung

Auf kommunaler Ebene ist im Rahmen der Konzipierung eines Bildungsmonitorings zunächst mit den relevanten Institutionen (Ämtern, Referaten, Forschungseinrichtungen etc.) ein abgestimmtes Verständnis davon zu entwickeln, welche Ziele mit einem Bildungsmonitoring erreicht werden sollen. Der Abgleich der an ein Monitoring gestellten Erwartungen mit tatsächlich erreichten Zielen und die Auseinandersetzung mit diesen Vorstellungen ist ein fortlaufender Prozess und damit wesentlicher Bestandteil des Bildungsmonitorings selbst. Beginn und Anlass der Verständigung über die Ziele des Bildungsmonitorings können dabei variieren und sind häufig initialisiert durch das Streben nach der Erstellung eines Produktes, meist einem kommunalen Bildungsbericht. Häufig entschließen sich Kommunen erst mit diesem konkreten Ziel der öffentlichen Information dazu, sich innerkommunal auf politischer und institutioneller Ebene über die Einrichtung und die Ziele eines kommunalen Bildungsmonitorings abzustimmen.

Strategie und Ziele

Als Gemeinsamkeit und insofern auch als ein Standard im kommunalen Bildungsmonitoring hat sich die Orientierung an jenen bildungspolitischen Zielen herausgestellt, die vor Ort wesentliche Problemlagen in den Blick nehmen (vgl. Döbert & Klieme, 2010). Die im Jahr 2009 im Programm „Lernen vor Ort" (LvO) gestarteten vierzig Kommunen konzentrierten sich zunächst darauf, die Zielsetzung anhand von bekannten Problemlagen herauszuarbeiten. Gleichzeitig sollten die jeweiligen Zielsetzungen mit den vier übergreifenden strategischen Zielen konform gehen, die die Europäische Union mit Perspektive auf das Jahr 2020 formuliert hat: Verwirklichung von lebenslangem Lernen und Mobilität zu Lern- und Ausbildungszwecken, Verbesserung der Qualität und Effizienz der allgemeinen und beruflichen Bildung, Förderung von Gerechtigkeit, sozialem Zusammenhalt und aktivem Bürgersinn sowie Förderung von Innovation und Kreativität (vgl. BMBF & BIBB, 2010). Hieran orientiert, definiert die nationale Bildungsberichterstattung die Ziele von Bildung anhand von drei wesentlichen Dimensionen: Individuelle Regulationsfähigkeit, gesellschaftliche Teilhabe und Chancengleichheit sowie Humanressourcen. Dieser Dimensionen bedient sich das kommunale Bildungsmonitoring gleichermaßen. Auf beiden Ebenen – national und kommunal – hat sich als zu diesen Zieldimensionen quer liegende Perspektive jene der „Bildung im Lebenslauf" herausgestellt, mit der insbesondere die Übergänge und Schnittstellen im Bildungswesen in den Blick genommen werden. Auf nationaler wie kommunaler Ebene wird entsprechend versucht, den Entwicklungsstand und die Fortschritte, aber auch sich abzeichnende Probleme des Bildungswesens bereichsübergreifend darzustellen – von der frühkindlichen Bildung, über das allgemeinbildende Schulwesen, die berufliche Ausbildung und die Hochschulbildung bis zur Weiterbildung im Erwachsenenalter.

Klarheit über die eigentlichen Probleme im Bildungsbereich einer Kommune konnte in kreisfreien Städten und Landkreisen erst mit dem politischen Auftrag geschaffen werden. Dieser Auftrag besteht darin, ein kontinuierliches, datenbasiertes Bildungsmonitoring zu entwickeln und er formuliert verbindlich jene Ziele, die in der Kommune als Basis für die Erarbeitung, Zusammenarbeit und Kommunikationsstrategie dienen. Und meist stellen sich in den Kommunen auch erst dann die wesentlichen Fragen „Wie baut man ein Bildungsmonitoring auf?" und „Wie kann man mit einem Bildungsmonitoring steuern?". Denn allein nur Daten zu erheben und zu analysieren, kann den genannten Zielen nicht genügen. Vielmehr ist es inzwischen Standard, dass Bildungspolitik und Bildungsverwaltung eine problemorientierte Aufbereitung bildungsbezogener Daten fordern, aus der letztlich steuerungsrelevantes Wissen zu generieren ist. Auch wenn die Steuerung mit kommunalen Daten aus einem Bildungsmonitoring in Anbetracht der bislang verhältnismäßig geringen Erfahrungen mit kommunalen Bildungsberichten noch in den Anfängen steckt.

Festzustellen ist aber, dass die konkreten Steuerungserwartungen mittel- bis langfristig angelegt sind. Von einem Bildungsmonitoring wird erwartet, dass es Handlungsalternativen aufzeigt, etwa im Hinblick auf die Haushaltsplanung, wenn kommunale Einnahmen und Ausgaben mit den identifizierten Bedarfen in bestimmten Bildungsbereichen und den vielfältigen weiteren kommunalen Aufgaben (außerhalb des Bildungsbereichs) in Einklang zu bringen sind. Vor dem Hintergrund der demografischen Entwicklung ist über Schulneu-, um- und -ausbauten zu entscheiden oder aber über Schulschließungen und -zusammenlegungen, wobei auch zukünftig ein wohnortnahes Bildungsangebot sicherzustellen ist. Derartige Regulierungsfragen im Hinblick auf Angebot und Nachfrage stellen sich neben dem Schulbereich natürlich auch im Bereich der Kindertagestätten und der beruflichen Aus- und Weiterbildung, um nur einige zu nennen. Steuerungsrelevantes Wissen kann auch darin bestehen, Stärken und Schwächen einzelner Bildungsbereiche zu analysieren und besonders dringliche Problemlagen zu identifizieren (z.B. Engpässe in der Betreuung von unter Dreijährigen). Vordringliche Notlagen auf kommunaler Ebene, wie beispielsweise in der Stadt Offenbach mit stark anwachsenden Schülerzahlen und entsprechend kurzfristig neu zu errichtenden Schulgebäuden, führen dazu, dass detaillierteres Datenmaterial (z.B. zur Frequentierung der Schulen) aus dem Bildungsmonitoring angefordert und in der Bildungssteuerung eingesetzt wird (vgl. Offenbach, 2013). Weitere Beispiele für die Handlungswirksamkeit von Daten aus einem Bildungsmonitoring finden sich aber auch in ländlichen Gebieten (beispielsweise Landkreis Elbe-Elster, Vorpommern-Greifswald, Kyffhäuserkreis)[1]. Hier erforderte der Wegzug von Personen im erwerbsfähigen Alter aufgrund rückgängiger und unzureichender Infrastruktur Sofortmaßnahmen bezüglich der Verkehrsanbindung und der Koordinierung von Stellenangeboten.

Kommunale Bildungsberichte ziehen grundsätzlich großes öffentliches und politisches Interesse auf sich. Damit sie auch als politisches Steuerungsinstrument wirksam werden können, bedarf es eines achtsamen Umgangs mit statistisch gesicherten, bildungsrelevanten Daten, der Anwendung anerkannter Methoden bei der Auswertung der Daten sowie einer sachlichen Argumentation und Interpretation der erzielten Ergebnisse. Den Kommunen fehlen aber vielfach noch Konzepte, um den produktorientierten Prozess (Erstellung des Bildungsberichts) in eine Gesamtstrategie und damit in einen kontinuierlichen Monitorings- und Verbesserungsprozess (des Bildungssystems) einzubinden. Des Weiteren stellen sich immer wieder die Fragen: 1) Wie werden die Befunde eines Bildungsberichts steuerungsrelevant und handlungswirksam aufbereitet? 2) Welche Kontextinformationen müssen einfließen, um steuerrelevante Informationen zu erzeugen (z.B. hinsichtlich der demografischen Entwicklung, der wirtschaftlichen Struktur und der Haushaltslage in der Kommune)?

Kommunen, die einen oder mehrere Prozesse der Erstellung von Bildungsberichten durchlaufen haben, differenzieren über entstandene Bildungsberichte hinaus ihre Produkte weiter aus und erstellen z.B. politische Leitlinien (Leipzig) oder Orientierungsrahmen für Bildungsentwicklungen (Offenbach). Hierzu zählen auch vertiefende Analysen zur beruflichen Bildung (München) und kleinräumige Analysen auf Stadtteilebene (u.a. Mannheim, Leipzig). Letztlich kennzeichnet diese Entwicklung einen zunehmenden Transfer der im Rahmen des Bildungsmonitorings generierten Informationen in das kommunale Bildungsmanagement. Dieser Transfer mündet in die konkrete, zum Teil innovative Planung von Maßnahmen, die in die entsprechenden Steuerungskreise, Dezernatskonferenzen, danach in Stadtrats- bzw. Landkreissitzungen eingehen. Derartige Entwicklungen sind in vielen Kommunen in Ansätzen sichtbar, jedoch noch kein Standard. Ein langfristig angelegtes Konzept ist insbesondere in jenen Kommunen Standard, die bereits ein Bildungsmonitoring aufgebaut haben, das sich an der Grundkonzeption der nationalen Bildungsberichterstattung einerseits und an der Konzeption für das Bildungsmonitoring andererseits (vgl. Döbert, 2010) orientiert.

Insgesamt hat sich als sinnvoll erwiesen, den Blick auf die Ziele und beabsichtigten Wirkungen des Bildungsberichts zu richten und so bereits über die Darstellung des Bildungssystems sowie die berichteten Chancen und Herausforderungen hinauszublicken. So sind einzelne Informationen zu Bildung auf kommunaler Ebene nicht nur in

1 Diese und die im Folgenden genannten Beispiele beziehen sich auf das BMBF-Programm „Lernen vor Ort". Es wird damit nicht in Abrede gestellt, dass es auch andernorts solche oder ähnliche Erfahrungen gibt.

ihrer beschreibenden Funktion zu sehen, sondern zueinander so in Bezug zu setzen, dass sich hieraus begründete Schlussfolgerungen für die Steuerung von Bildung auf kommunaler Ebene ableiten lassen. Eine derartige Auswertung des Bildungsberichts ermöglicht es, das kommunale Bildungsmonitoring in einen Prozesszyklus zu überführen, indem etwa Erkenntnisse einer ersten Berichtsphase als neue Themen- oder sogar Schwerpunktfelder einer nächsten Berichtsphase definiert werden. So wurden in Herne nach dem ersten Bildungsbericht Handlungsziele auf der 3. Bildungskonferenz (01.03.2012) herausgestellt, die in einen weiteren Prozesszyklus einbezogen werden. Leipzig entwickelte seine politischen Leitlinien in 2012 erneut weiter, richtet wiederum in einem dritten Zyklus den kommenden Bildungsbericht darauf aus und setzt neue Schwerpunkte. Darüber hinaus nehmen einige Kommunen weitere Themen, wie Kulturelle Bildung und Inklusion (Kreis Borken, Mannheim, München), in ihren Bildungsbericht auf.

Der Diskussionsprozess zu der strategischen Ausrichtung eines kommunalen Bildungsmonitorings soll in einer Kommune Klarheit schaffen im Hinblick auf Zweck, Nutzen und Grenzen eines Monitorings, über die Ziele und Problemlagen in der Kommune, die im Zentrum des Bildungsmonitorings stehen sollten. Es soll Überlegungen und Vorschläge zu den operativen Arbeitsschritten hervorbringen (Themenfindung auf breiter Basis, Sichtung der generellen Datenlage, politische Entscheidung über Konzept des Monitorings).

Inhaltliche Ausrichtung

Im Unterschied zur organisatorischen Konzeption, bei der Planung, Ablauf- und Aufgabenverteilung sowie Organisationsstrukturen eines kommunalen Bildungsmonitorings festzulegen sind, ist bei der inhaltlichen Konzeption die Frage nach einem Leitgedanken des Bildungsmonitorings zu beantworten. Ein solcher Leitgedanke bringt das grundlegende kommunale Verständnis von Bildung und Bildungsprozessen zum Ausdruck.

Mit der Wahl eines Themas – z.B. „Qualität von Bildung" – wird eine entscheidende Steuerungsstrategie angesprochen. Seit etwa 20 Jahren international diskutiert, aber erst in den letzten Jahren im deutschen Bildungswesen eingeführt, sollen mit diesem Thema Anreize gesetzt werden, die Ergebnisse von Bildungsprozessen zu messen (Output-Steuerung). Letztlich soll Bildungspolitik so in die Lage versetzt werden, Qualität, Effektivität und Effizienz der Bildungseinrichtungen zu verbessern. Ob in der Schulentwicklung, der beruflichen Bildung (vgl. Zöller, 2007) oder bei Schwerpunktthemen wie der Studierfähigkeit (vgl. Landwehr, 2004) – eine Qualitätsverbesserung kommt ohne datenbasierte, interne und/oder externe Evaluationsergebnisse, die vor dem Hintergrund klar formulierter Qualifikationsziele bewertet werden, nicht aus. Zöller (2007) weist darauf hin, dass nur so ein Gesamtprozess nachvollziehbar dokumentiert wird, der auf Kontinuität, Wirksamkeit und Nachhaltigkeit angelegt ist. Oftmals regt die Konzipierung eines Bildungsmonitorings die Kommunen erst dazu an, sich mit Fragen der Qualität von Bildung und möglichen kommunalen Zielen im Hinblick auf die Bildungsqualität auseinanderzusetzen.

Ausgehend von ihren unterschiedlichen Erkenntnisinteressen und Unterschieden in den verfügbaren Bildungsdaten können Kommunen im Rahmen des Bildungsmonitorings ihre Indikatoren und die hierin verwendeten Kennzahlen unterschiedlich wählen, definieren und ausdifferenzieren. Als inhaltlicher Konsens haben sich dabei aber die folgenden drei Punkte herausgebildet:

- Lebenslaufperspektive: Bildungsbereiche von der Kleinkindphase bis zum Erwachsenenalter;
- Annäherung an Bildungsprozesse, insbesondere durch die Darstellung von Übergängen zwischen den Bildungsbereichen bzw. -stufen;
- Berücksichtigung von non-formaler Bildung und informellem Lernen.

In Abhängigkeit von den spezifischen kommunalen Rahmenbedingungen, unter denen sich Bildungsprozesse vollziehen, haben die Kommunen in ihrer Bildungsberichterstattung besondere und jeweils regional bedeutsame Perspektiven ausgebildet. Beispiele sind der demografische Wandel, der Fachkräftemangel, Fragen der Integration und des Diversitätsmanagements sowie der Familien- und Elternarbeit. So konzentrieren sich viele Kommunen auf die Problematik des sogenannten Übergangsbereichs im Bildungswesen (Übergang von der Schule in den Beruf), dem wiederum spezielle Problematiken der Integration, des Fachkräftemangels sowie der Familien- und Elternarbeit zugeordnet werden können.

Im Ergebnis sollte der inhaltliche Klärungsprozess darüber informieren, welche Themenfelder für die kommunale Bildungsberichterstattung (Produkt) als vorrangig identifiziert wurden und wie und in welcher zeitlichen Abfolge (Prozess) die thematischen Schwerpunkte bearbeitet werden sollen.

Theoretischer Referenzrahmen

Der Leitgedanke eines Kommunalen Bildungsmonitorings stellt einen inhaltlichen Konsens dar, der jeweils der Gesamtkonzeption eines Bildungsmonitorings in den Kommunen und der kommunalen Bildungsberichterstattung zugrunde liegt und letztlich Ausdruck eines theoretischen Modells ist. Ein solches Modell dient als Ordnungsrahmen für die Auswahl der Indikatoren, anhand derer das Bildungsgeschehen in der Kommune dargestellt werden soll. Das Verständnis von Bildung und Bildungsprozessen auf ein theoretisches Modell zu beziehen, ist Standard in den Kommunen, wobei vorwiegend auf das folgende Modell zurückgegriffen wird.

Die Kommunen in LvO orientieren sich am international geläufigen „Input-Throughput-Output-Modell“[2] (vgl. Hanushek, 1979 und Scheerens et al., 1989 für einen konzeptionellen Überblick). Dieser Ansatz wurde zu einem Modell zur Qualitätssicherung in Schule und Unterricht weiterentwickelt (vgl. Ditton, 2000). Entsprechend wird die Auswahl von Indikatoren in den Kommunen in aller Regel entlang der Dimensionen

2 Ein anderer Ansatz ist der dem Lernreport Bielefeld zugrunde liegende Ansatz der vier Lerndimensionen der UNESCO.

Kontext, Input, Prozess und Output (im Sinne von formalen Bildungsabschlüssen) vorgenommen, teilweise ergänzt um die Dimension des Outcome (im Sinne von im Bildungsprozess erworbenen Kompetenzen; Projektteam KBM, 2011) und sich am Anwendungsleitfaden (vgl. Kapitel 9) orientiert. Für die mittel- bis langfristige Entwicklung in den Dimensionen Output und Outcome vermag kommunales Bildungsmonitoring derzeit nur in jenen Kommunen Aussagen zu treffen, die bereits über ein langjähriges Bildungsmonitoring verfügen.

Eine wesentliche Theoriegrundlage ist das Indikatorenverständnis (vgl. Kapitel 12). Hinsichtlich der konkret und (geplant) fortlaufend berichteten Indikatoren orientieren sich die Kommunen überwiegend an dem auch auf nationaler Ebene zugrunde liegenden Indikatorenverständnis. Indikatoren sind (z.B. Übergänge im Schulwesen) eine theoretisch begründete Kombination aus mehreren statistischen Kennzahlen (Zahl der Übergänge von der Grundschule in den Gymnasialzweig, Anteil der Schüler mit Migrationshintergrund an allen Übergängen in den Gymnasialzweig etc.). Indikatoren sind „Anzeiger“ für komplexe Gefüge im Bildungsgeschehen, die „in dieser Funktion zwar statistische Informationen heranziehen, aber die rein deskriptive Ebene verlassen, indem sie Ansatzpunkte für eine Bewertung bieten und Handlungsbedarf und -möglichkeiten aufzuzeigen helfen“ (Avenarius et al., 2003, S. 100). Gerade für die innerkommunale Akzeptanz des Monitorings, des Bildungsberichts und der erzielten Ergebnisse ist es essenziell, ein kommunal abgestimmtes Verständnis vom Begriff des „Indikators“ zu erlangen (vgl. Projektteam KBM, 2011).

7.2 Problemorientierung und Steuerungsrelevanz von Indikatoren

Ein Indikatorenverständnis, wie es der „Anwendungsleitfaden zum Aufbau eines kommunalen Bildungsmonitorings“ (Statistisches Bundesamt, Statistisches Landesamt Baden-Württemberg & Deutsches Institut für Erwachsenenbildung, 2013) vornimmt, ist eine Möglichkeit, Indikatoren zu definieren und zu differenzieren. Hier wird nach Kernindikatoren (z.B. Schülerzahlen nach Teilbereichen des Berufsbildungssystems), Überblicksindikatoren (z.B. Anzahl der Hochschulstandorte, Anzahl der Studierenden im Kreisgebiet) sowie Ergänzungsindikatoren (z.B. Anteile der Teilbereiche des Berufsbildungssystems an den Schülerzahlen) unterschieden. Die Indikatoren stellen hier keine Stellvertretergrößen für komplexe, mehrdimensionale Gefüge dar, sondern sind als Kennzahlen konzipiert. Der Anwendungsleitfaden ist zwar umfangreich entlang der Bildungsbereiche angelegt; er nimmt Kommunen jedoch nicht die Aufgabe und die Verantwortung ab, die Konzeption des Bildungsberichts kommunal auszurichten, d.h. die kommunalen spezifischen Problemlagen der jeweiligen kreisfreien Städte oder im jeweiligen Landkreis herauszuarbeiten und die Auswahl und Definition von Indikatoren und Kennzahlen an diesen Problemlagen zu orientieren (Näheres in Kapitel 9).

Der Anwendungsleitfaden mit seinem engeren Indikatorenverständnis darf also nicht als ein standardisiertes Vorgehen, als eine Schablone, verstanden werden, die von den Kommunen abgearbeitet werden kann oder soll. Dem Anspruch, ein auf die spezifische

Situation der Kommune zugeschnittenes Konzept zu entwickeln, wird ein solches Vorgehen nicht gerecht. Steuerungsrelevanz kann ein Bildungsmonitoring nur haben, wenn bei der Darstellung und der Analyse des Bildungsgeschehens die kommunal relevanten bildungspolitischen Herausforderungen aufgegriffen werden. Ein standardisiertes Herangehen kann das nur in Ansätzen leisten.

Zentral für die inhaltliche Konzeption ist: Ausgehend von den kommunal situationsbedingten Gegebenheiten, Problemlagen und Schwerpunkten sollten Indikatoren gewählt werden, die für die kommunale Bildungspolitik Schwerpunkte markieren (z.B. Frühförderung, Kindertagesstättenausbau, Inklusion im Schulbereich, Migration) oder einen bestimmten bildungspolitischen Zielkontext abbilden, analysieren und bewerten (z.B. Chancengerechtigkeit, Deckung des regionalen Fachkräftebedarfs). Diese Problemorientierung spiegelt sich auch in der Ausdifferenzierung der Indikatoren wider, d.h. in deren Darstellung nach z.B. Geschlecht, Migrationshintergrund und sozioökonomischem Hintergrund der Bildungsteilnehmerinnen und -teilnehmer. Daneben kann einem regionalen Vergleich (etwa mit den benachbarten Kreisen) und auch kleinräumigen Darstellungen innerhalb der berichtenden Kommune (z.B. nach Stadtteilen in kreisfreien Städten oder nach Städten und Gemeinden in Landkreisen) besondere Bedeutung zukommen, die ebenfalls problemorientiert zu begründen ist (etwa da große sozialräumliche Disparitäten innerhalb der Kommune im Bildungskontext als besonders relevant erscheinen) (vgl. Projektteam KBM, 2011).

Neben der Verdeutlichung übergreifender Problemlagen aus der Systemperspektive liegt der große Vorteil eines Bildungsmonitorings vor allem in der Darstellung wiederkehrender Informationen zum Bildungssystem in einer Zeitreihe. Wenn ein Bildungsmonitoring regelmäßig durchgeführt wird, können Entwicklungen über längere Zeiträume aufgezeigt und damit bekannte Problemlagen über die Zeit beobachtet sowie neue Problemfelder identifiziert werden. Am Übergang von einer einmaligen Analyse im Querschnitt hin zu längsschnittlichen Betrachtungen zeigen sich jedoch auch die Grenzen eines Bildungsmonitorings, die wesentlich der Datengrundlage geschuldet sind:

- Abgebildet wird immer nur ein Ausschnitt aus dem Gesamtgeschehen von Bildung, denn Bildung ist mehr als zurzeit empirisch durch Indikatoren darstellbar ist.
- Die Darstellung erfolgt grundsätzlich retrospektiv, so dass stets Abstriche bei der Aktualität der Aussagen gemacht werden müssen (zeitliche Verfügbarkeit der Daten).
- Ursache- und Wirkungszusammenhänge sowie Aussagen zur konkreten Wirkung bestimmter Maßnahmen sind nur eingeschränkt möglich, da die Daten nicht experimentell gewonnen werden, sondern in aller Regel amtlichen Statistiken entstammen (vgl. Konsortium Bildungsberichterstattung, 2006) .

Besondere Herausforderungen ergeben sich hier regelmäßig an den Übergängen im Bildungssystem, z.B. beim Übergang vom schulischen in den beruflichen Ausbildungsbereich. Auch nach der ersten beruflichen Ausbildung und dem Übertritt in den Arbeitsmarkt ist es oft nicht möglich, Aussagen zum Verbleib von Personen im Weiterbildungsbereich zu treffen. Abgebildet werden daher standardmäßig nur die Angebote und die anbietenden Institutionen. Daten zum Verbleib der Bildungsteilnehmer und zur Wirkung von Weiterbildungsmaßnahmen, die kommunal steuerungsrelevant wären, sind nicht verfügbar. Zudem werden für diesen Bereich viele Angebote gar nicht amtlich oder halbamtlich erfasst (Angebote von privaten Kleinunternehmen, innerbetriebliche Weiterbildungsangebote). In diesen Fällen stellt sich die Frage, inwiefern bestimmte Bildungsbereiche (hier der Weiterbildungsbereich) überhaupt valide indikatorisiert werden können.

7.3 Ressourcenplanung und organisatorische Umsetzung

Soll die Funktion des Bildungsmonitorings über die fortlaufende, rein beschreibende Darstellung von Angeboten und deren Nutzung in den verschiedenen Bildungsbereichen hinausgehen und ein Bildungsbericht Steuerungsrelevanz entwickeln, so sind Kontinuität und Systematik des Monitoringprozesses über einen längeren Zeitraum unverzichtbar. Kontinuität und Systematik werden über eine organisatorische Integration und Verankerung des Bildungsmonitorings in der kommunalen Verwaltung erreicht. Hier haben sich durchaus organisatorische Standards herausgebildet, die sich auf den Ablauf, die Aufgabenverteilung und die organisationale Struktur (Konstellation der Organisation und Bezug der beteiligten Stellen zueinander) eines kommunalen Bildungsmonitorings, aber auch auf die in ihm einzusetzenden Ressourcen beziehen.

Ein kommunales Bildungsmonitoring erfordert zunächst ganz grundlegend die Arbeit in Netzwerken, mit Partnern und Steuerungsgremien, was sich in allen kreisfreien Städten und Landkreisen durchweg als notwendiger Standard erwiesen hat. Schon das zuvor thematisierte Einholen des politischen Auftrags und die Klärung der Erwartungen, aber auch die abgestimmte Präsentation und Diskussion der Ergebnisse ließen sich anders nicht realisieren. Ebenso hat es sich als zielführend erwiesen, dass die mit dem Bildungsmonitoring befassten Personen, die Netzwerkarbeit in der Kommune und darüber hinaus betreiben, sich in einem kontinuierlichen Arbeitsprozess mit den kommunalen Statistikern befinden, die nicht nur bei der Datensicherung und -pflege unterstützen, sondern maßgeblich methodische Expertise zum Bildungsmonitoring beisteuern.

Eine operative Unterstützung des Bildungsmonitorings kann durch gezielte Vernetzung und Kooperation innerhalb der Kommunalverwaltung, mit weiteren (kommunalen) Partnern und – im Falle von Landkreisen – durch die Einbeziehung der kreisangehörigen Städte und Gemeinden in diese Prozesse erreicht werden. In der Konsequenz haben die meisten Kommunen eine Koordinationsstelle (beispielsweise Stabsstelle angesiedelt beim [Ober-]Bürgermeister oder Landrat) geschaffen, in der sämtliche Fäden des Bildungsmanagements zusammenlaufen (vgl. Abb. 7.1 und Kapitel 13 und 14). Dieser koordinierenden Stelle kommt die zentrale Funktion zu, sowohl innerkommunale Anliegen und Rückkopplungen als auch Expertise eines Bildungsbeirates oder einer Bildungskonferenz sowie die regionalen und überregionalen Partnerschaften in Bildungsfragen aufzunehmen und in den Gesamtprozess des Bildungsmanagements zu integrieren.

Abb. 7.1: Kommunale Verortung des KBM

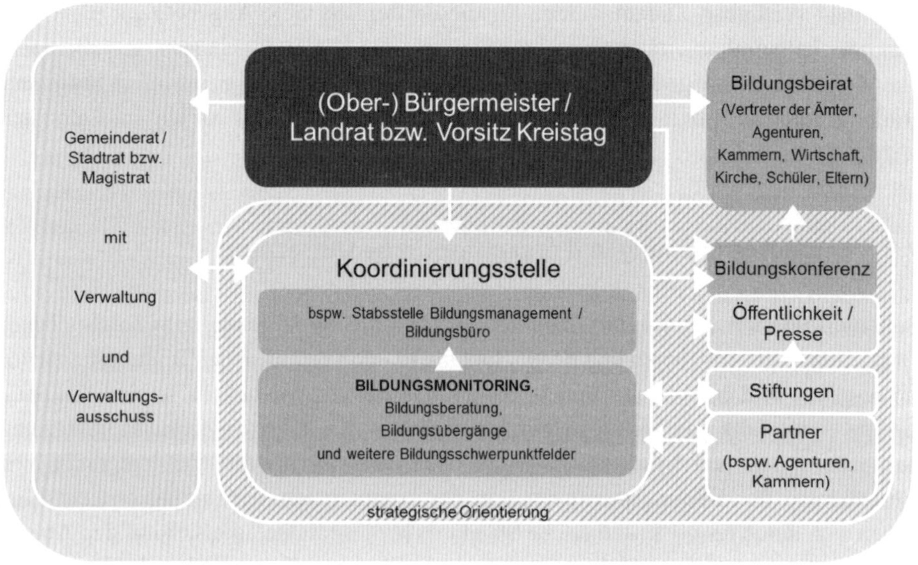

Quelle: Eigene Darstellung

Als vorteilhaft hat es sich erwiesen, das kommunale Bildungsmonitoring als koordinierende Stelle, wie eine Stabsstelle Bildungsmanagement oder Bildungsbüro politisch zentral zu verankern, um Parallelstrukturen in der Kommune zu vermeiden. So kann ein strukturell und kontinuierlich prozessual angelegtes Monitoring die Fachlichkeit aus sowohl der Verwaltung, als auch der Kammern, Agenturen, Stiftungen etc. mit der Aufgabe verbinden, strategische Zielsetzungen und Prioritäten mitzubestimmen und die politisch Verantwortlichen direkt einzubinden. Der Gewinn einer zentralen Verortung in einer verstetigten hierarchischen kommunalen Struktur liegt darin, dass ein Konzept des kommunalen Bildungsmonitoring unmittelbar mit geringerem Aufwand und ohne Wissens- und Zeitverlust dauerhaft fortgesetzt werden kann. Ziel ist es dabei stets, Anregungen aus der Bildungspraxis aufzunehmen und Unterstützung für geplante Maßnahmen einzuholen.

Die konkrete kommunale Ansiedlung variiert dabei durchaus, etwa im Amt für Bildung (Städte Erfurt, Hamburg), im Referat für Bildung und Sport (Stadt München) oder beim Oberbürgermeister der Stadt, Dezernat Kultur, im Amt für Jugend, Familie und Bildung mit der Stabsstelle „Lernen vor Ort" (Leipzig), in der Stabsstelle integrative Bildungsplanung mit dem Bildungsbüro (Stadt Herne), in der landrätlichen Verwaltung (beispielsweise Stabsstelle Bildung im Landkreis Görlitz) oder im dem Dezernat für Öffentliche Ordnung, Bildung und Finanzen unterstellten Bildungsbüro (Landkreis Barnim). Neben einer Verankerung in der kommunalen Verwaltung haben sich auch andere Modelle herausgebildet, etwa die Ansiedlung des kommunalen Bildungsmonitorings in einer anderen Bildungsinstitution, wie z.B. in der Volkshochschule im Fall der Stadt Offenbach. Im Landkreis Barnim etwa ist das Bildungsbüro im Hause des Liegenschaftsamtes verortet. Insgesamt kommt der/den mit dem Bildungsmonitoring operativ beauftragten Stelle/n damit auch eine vermittelnde und je nach institutioneller Ausgestaltung (Bildungsbüros) koordinierende Funktion zu.

Hinsichtlich der Ressourcen, die in einem kommunalen Bildungsmonitoring eingesetzt werden, ist bislang festzustellen, dass ein bis drei Mitarbeiter im kommunalen Bildungsmonitoring beschäftigt sind. Für die Erstellung eines ersten kommunalen Bildungsberichts sind in der Regel zwei bis drei Jahre zu veranschlagen; Folgeberichte und -materialien können häufig in deutlich kürzeren Zeiträumen erstellt werden. Die einzelnen Schritte von der Konzipierung eines kommunalen Bildungsmonitorings über die Realisierung des Bildungsberichts bis hin zu dessen Präsentation und Nutzung sind schematisch in Abbildung 7.2 für einen dreijährigen Berichtszyklus dargestellt. Diese Angaben sind jedoch nicht als konzeptionelle Festlegungen, sondern lediglich als Richtwerte für die zeitliche Planung der einzelnen Schritte zu verstehen. Zentral ist, dass für die in diesem Abschnitt vorgestellten Themen der Konzipierung ein Zeitraum von rund einem Jahr zu veranschlagen ist, in dem die Aktivitäten insbesondere auf die Vernetzung der Akteure und die Bereitstellung der bildungsrelevanten Daten zielen. Auch die Schritte der Realisierung, Präsentation und Nutzung des kommunalen Bildungsberichts sollten von Fachtagungen begleitet werden – gegebenenfalls ergänzt um erste Kurzberichte zu Beispielindikatoren. Im Grunde laufen damit die Realisierungsschritte parallel zu einer kritischen Reflexion der Berichtsinhalte, d. h. die möglichen und sich noch verändernden Berichtsinhalte unterliegen zu festgelegten Zeitpunkten einer Rückkopplung innerhalb des Netzwerks.

Der Aufwand, der für diesen Aufbau eines kommunalen Bildungsmonitorings betrieben wird, ist deutlich höher, wenn bis dahin vergleichsweise wenig Erfahrungen mit Bildungsstatistiken und ihrer nutzergerechten Aufbereitung gesammelt wurden. Zudem ist in (Land-)Kreisen der Koordinierungsaufwand wesentlich höher als in kreisfreien Städten. Häufig müssen hier auch Ressourcen dafür vorgesehen werden, die in den kreisangehörigen Städten und Gemeinden vorliegenden Daten zu konsolidieren und die fortlaufende Erfassung zu vereinheitlichen. In Landkreisen sind aufgrund der strukturellen und soziodemografischen Rahmenbedingungen, der größeren räumlichen Entfernungen und der rechtlichen Zuständigkeiten alle Gemeinden, auch diejenigen, die weniger als 500 Einwohner haben, mit einzubeziehen. Dies stellt das Bildungsmanagement und das Bildungsmonitoring vor besondere Herausforderungen, die nicht zuletzt darin bestehen, eine gemeinde- und fachämterübergreifende Kommunikation, Koordination und Zusammenarbeit zu gewährleisten. Je größer der ländliche Raum und die Anzahl der angehörigen Gemeinden, desto anspruchsvoller und umfangreicher werden die Kooperations- und Koordinationsleistungen, die für die Realisierung von Entscheidungsprozessen notwendig sind (vgl. Tegge & Wagner, 2013).

Abb. 7.2: Aufgaben von Bildungsmonitoring und -management in einem dreijährigen Bildungsberichtzyklus

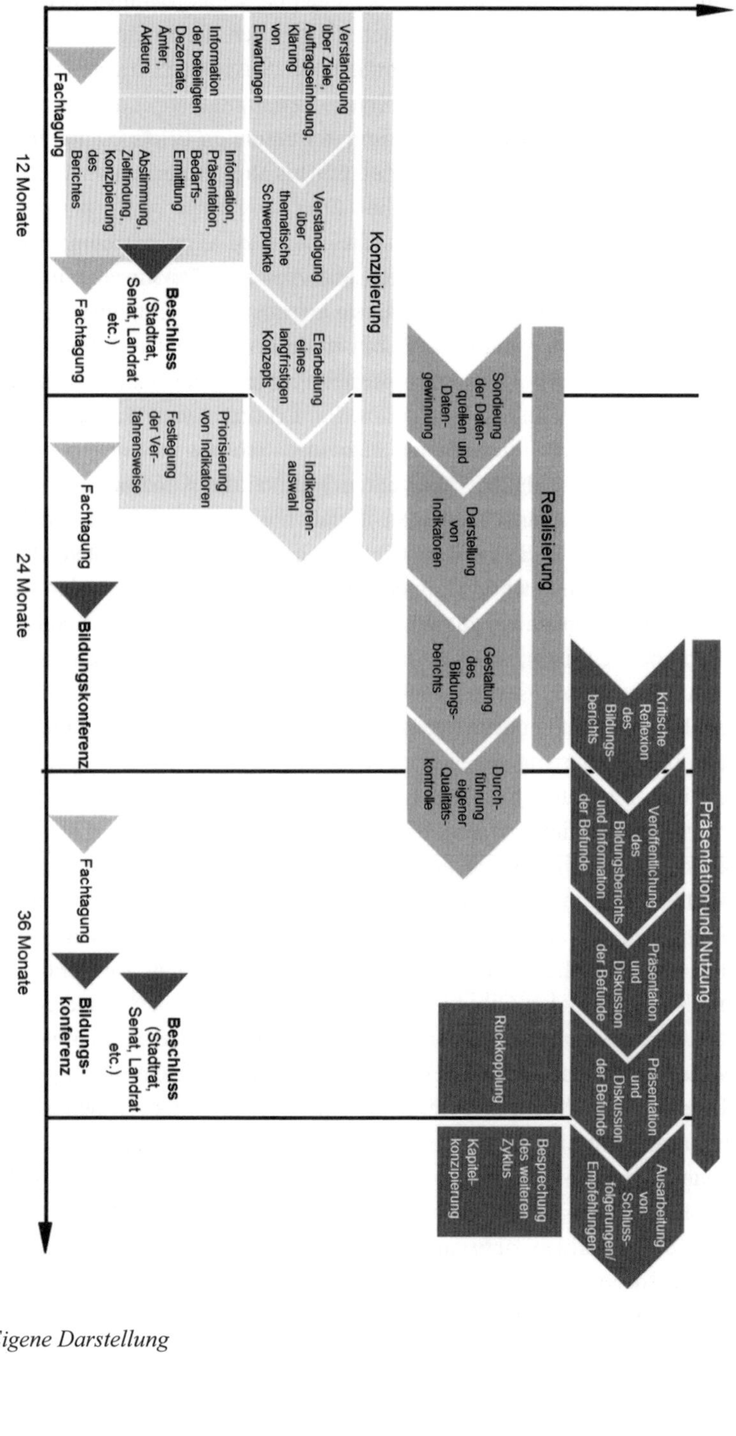

Quelle: Eigene Darstellung

7.4 Qualitätssicherung durch wissenschaftliche Standards

Qualitätsstandards können dazu beitragen, die Qualität des kommunalen Bildungsmonitorings als Prozess sicherzustellen, aber auch die Qualität der in diesem Prozess entstehenden Produkte. So sollten an Bildungsindikatoren wissenschaftliche Maßstäbe angelegt werden, etwa hinsichtlich Repräsentativität, Reliabilität, Validität und Objektivität, um die Qualität des Bildungsmonitorings und des Bildungsberichts sicherzustellen und die Akzeptanz von Prozess und Produkt zu erhöhen. Nur so berechnet sind Indikatoren als Grundlage politischer Entscheidungen belastbar.

Wesentliche Aspekte der Prozessqualität wurden bereits im Zusammenhang mit der Verständigung über inhaltliche und strategische Ziele des Bildungsmonitorings angesprochen. Das kommunale Bildungsmonitoring erfordert eine Konzipierung, die Erstellung von Regeln für seine Planung und Durchführung. Diese Konzipierung wiederum erfordert Offenheit gegenüber den spezifischen Problemlagen in der Kommune, über deren Auswahl und Priorisierung zunächst ein innerkommunaler Konsens herzustellen ist. Damit wird Bildungsmonitoring aber auch zu einem politischen Prozess. Denn die Bildungsträger (öffentliche Hand, Kirchen, private Träger) und weitere Akteure aus Bildungsverwaltung, Bildungsmanagement, Stadtentwicklung, Jugendarbeit und Wirtschaftsverbänden sollten im Sinne einer partizipatorischen Demokratie kooperieren und versuchen, möglichst viele Bürger am politischen Entscheidungsprozess und an der Ausgestaltung der kommunalen Bildungsprozesse teilhaben zu lassen, um eine möglichst umfängliche Legitimation und Unterstützung für die Gesamtstrategie des kommunalen Bildungsmonitorings zu erhalten.

Die Identifikation drängender Herausforderungen im kommunalen Bildungsgeschehen erfordert die Verwendung geeigneter Indikatoren als „Anzeiger" für komplexe Gefüge im Bildungssystem. Der Entwicklung dieser Indikatoren und ihrer Beschreibung – akzentuiert im Hinblick auf relevante Differenzierungsmerkmale – kommt im Rahmen des kommunalen Bildungsmonitorings besondere Bedeutung zu. Mit der Nutzung von Indikatoren und Kennzahlen bedient sich das Bildungsmonitoring wissenschaftlicher Instrumente und Methoden, die bestimmte Gütekriterien erfüllen müssen. Indikatoren und Kennzahlen müssen nachvollziehbar sein, d.h. sie müssen klar und verständlich definiert, analysiert und interpretiert werden. Sie sollen klare Botschaften vermitteln, ihr Zusammenhang zu den strategischen Zielen und den Problemlagen des Bildungssystems sollte nachvollziehbar sein und kein fachwissenschaftliches Expertenwissen erfordern. Das Kriterium der Nachvollziehbarkeit lässt sich auch auf einen Bildungsbericht insgesamt übertragen, da einzelne Berichtsteile bzw. Indikatoren verschiedener Berichtsteile aufeinander bezogen werden sollten, um einen Gesamteindruck vom kommunalen Bildungsgeschehen zu vermitteln (vgl. Projektteam KBM, 2011).

Für einzelne Kennzahlen, aber auch für Indikatoren gilt daneben das Kriterium der Reliabilität, d.h. der Zuverlässigkeit. Da das Bildungsmonitoring in aller Regel auf administrativen Daten beruht und eine kommunale Grundgesamtheit (z.B. der Bildungsteilnehmer) betrachtet wird, steht die Reliabilität einzelner Kennzahlen (z.B. Anteil der Übergänge an Gymnasien an allen Übergängen in die Sekundarstufe I) selten in Frage.

Ungenauigkeiten und mögliche Messfehler (z.B. durch Zu- und Abwanderungen) sollten genau wie die Kennzahl selbst umfassend dokumentiert und der Leser des Berichts darüber informiert werden.[3]

Die Genauigkeit der dargestellten Informationen zum kommunalen Bildungsgeschehen ist keineswegs Garant dafür, dass auch „das Richtige gemessen wird“ (Validität). Eine kritische Auseinandersetzung mit diesem Kriterium der Gültigkeit eines Indikators oder allgemein einer präsentierten Information ist für die öffentliche und politische Akzeptanz des Bildungsmonitorings und des Bildungsberichts von zentraler Bedeutung. Denn letztlich können Indikatoren in einem Bildungsbericht immer nur einen Ausschnitt des Bildungsprozesses und nur Teile der relevanten Einflussfaktoren auf die individuelle Bildungsbiografie darstellen und diskutieren.

Vielmehr betrachtet Bildungsmonitoring den Bildungsprozess von außen und versucht Hinweise zu geben, welche Interventionen auf der kommunalen Ebene Bildungschancen verbessern könnten. Insofern kann die Validität eines Indikators (z.B. Übergänge in die Sekundarstufe I) insbesondere dadurch gewährleistet werden, dass eine geprüfte Datenbasis verwendet wird. Daten müssen immer nach Funktionen, die man dem Indikator zumisst, verwendet werden – je nach Kontext (vgl. Kapitel 10). So würde beispielsweise ein Indikator „Übergänge in die Sekundarstufe I“ sicher als unzureichend valide angesehen, wenn die Übergänge nicht nach dem Migrationshintergrund oder der sozialen Herkunft der Kinder differenziert dargestellt werden, da für diese Gruppen bekannte Disparitäten bei den Übergängen im Bildungssystem bestehen. Die Folge wären unzureichend differenzierte Aussagen zu den Bildungschancen der Kinder und Jugendlichen, die im Hinblick auf die zu beobachtende Realität vor Ort nur eingeschränkt Gültigkeit hätten. Von besonderer Bedeutung ist es daher, Bildungsdaten auf kommunaler und ggf. kleinräumiger Ebene mit Angebotsbedingungen (Verfügbarkeit verschiedener Schulformen der Sekundarstufe I im obigen Beispiel) und sozialen Kontextinformationen in Beziehung zu setzen, wie Migrationshintergrund, Bildungsstand der Eltern, Einkommen und SGB-II-Bezug. Insofern ist auch das Kriterium der Validität in besonderem Maße auf die strategischen, kommunalen Ziele des Bildungsmonitorings und weniger auf die möglichst umfassende Darstellung der Bildungsrealität zu beziehen.

Literatur

Avenarius, H., Ditton, H., Döbert, H., Klemm, K., Klieme, E., Rürup, M., Tenorth, H.-E., Weishaupt, H. & Weiß, M. (2003). *Bildungsberichterstattung für Deutschland.* Frankfurt a.M.: DIPF. Erste Befunde. Opladen: Leske + Budrich.

3 Werden eigene Erhebungen oder Testungen durchgeführt, so sind die Reliabilität dieser Messungen und insbesondere ihre interne Konsistenz durch geeignete Verfahren sicherzustellen und zu prüfen (vgl. Schnell, Hill & Esser, 2011). Für eigene Erhebungen der Kommune ist es außerdem unerlässlich, hinreichend große und ggf. geschichtete Stichproben zu wählen (Repräsentativität).

Baethge-Kinsky, V. (2012). *Lernen ganzheitlich erfassen – Wie lebenslanges Lernen in einem kommunalen Lernreport dargestellt werden kann. Konzeption eines kommunalen Lernreports*. Gütersloh: Bertelsmann.

BMBF & BIBB (2010). *Monitor EU Bildungspolitik. Europäische Umsetzung des Strategischen Rahmens Bildung und Ausbildung* 2020. Bonn. Bildung für Europa. Nationale Agentur beim BIBB.

Böttcher, W., Bos, W., Döbert, H. & Holtappels, H. G. (Hrsg.). (2008). *Bildungsmonitoring und Bildungscontrolling in nationaler und internationaler Perspektive 2008: Dokumentation zur Herbsttagung der Kommission Bildungsorganisation, -planung, -recht*. Münster u.a.: Waxmann.

Ditton, H. (2000). Elemente eines Systems der Qualitätssicherung im schulischen Bereich. In Weishaupt, H. (Hrsg.), *Qualitätssicherung im Bildungswesen* (S. 13–35). Reihe: Erfurter Studien zur Entwicklung des Bildungswesens. Erfurt: Pädagogische Hochschule.

Döbert, H. (2010). Bildungsberichte als Steuerungsinstrument – reichen Daten zur Steuerung aus? In Schaal, B. & Huber, F. (Hrsg.), *Qualitätssicherung im Bildungswesen* (S. 39–54). Münster u.a.: Waxmann.

Döbert, H. & Avenarius, H. (2007). Konzeptionelle Grundlagen der Bildungsberichterstattung in Deutschland. In van Buer, J. et al. (Hrsg.), *Qualität von Schule* (S. 297–314). Frankfurt a.M.: Lang.

Döbert, H. & Klieme, E. (2010). Indikatorengestützte Bildungsberichterstattung. In Tippelt, R. & Schmidt, B. (Hrsg.), *Handbuch Bildungsforschung* (S. 317–338). Wiesbaden: VS Verlag für Sozialwissenschaften.

Hanushek, Eric A. (1979). Conceptual and empirical issues in the estimation of educational production functions. *Journal of Human Resources, 14*, 351–388.

Konsortium Bildungsberichterstattung (2006). *Bildung in Deutschland. Ein indikatorengestützter Bericht mit einer Analyse zu Bildung und Migration*. Bielefeld: W. Bertelsmann.

Landwehr, B. & Brudereck, G. (2004). Naturwissenschaftlich-technische Grundbildung für Lehramtsstudierende. In Esslinger-Hinz, I. & Hahn, H. (Hrsg.), *Kompetenzen entwickeln – Unterrichtsqualität in der Grundschule steigern* (S. 64–72). Baltmannsweiler: Schneider Verlag.

Projektteam „Kommunales Bildungsmonitoring" (KBM) des Deutschen Instituts für Internationale Pädagogische Forschung (DIPF) (2011). *Wie erstellt man einen kommunalen Bildungsbericht.* Handreichung im Programm „Lernen vor Ort". Bonn.

Rürup, M., Fuchs, H.-W. & Weishaupt, H. (2010). Bildungsberichterstattung – Bildungsmonitoring. In Altrichter, H. & Maag Merki, K. (Hrsg.), *Handbuch Neue Steuerung im Schulsystem* (S. 377–401). Wiesbaden: VS Verlag für Sozialwissenschaften.

Scheerens, J., Vermeulen, C. J. A. J., & Pelgrum, W. J. (1989). Generalizability of Instructional and School Effectiveness Indicators across Nations. *International Journal of Educational Research, 13* (7), 789–800.

Scheerens, J. (2002). School self-evaluation: origins, definition, approaches, methods and implementation. In Nevo, D. (Hrsg.), *School-based evaluation: an international perspective* (pp. 35–69). Oxford: Elsevier Science.

Schnell, R., Hill, P. B. & Esser, E. (2011). *Methoden der empirischen Sozialforschung*. 9. akt. Aufl. München: Oldenbourg.

Statistisches Bundesamt, Statistisches Landesamt Baden-Württemberg & Deutsches Institut für Erwachsenenbildung (2013). *Anwendungsleitfaden zum Aufbau eines kommunalen*

Bildungsmonitorings. Wiesbaden, Stuttgart, Bonn. www.bildungsmonitoring.de/bildung [08.04.2014].

Tegge, D. & Wagner, S. (2013). *Kommunales Bildungsmonitoring im ländlichen Raum. Eine exemplarische Betrachtung kommunaler Bildungsberichte als Produkt des kommunalen Bildungsmonitorings*. Sonderheft der DGBV. Im Druck.

Zöller, A. (2007): Wegmarken zu einer systematischen schulischen Qualitätsentwicklung. *Berufsbildung. Zeitschrift für Praxis und Theorie in Betrieb und Schule, 61*, (106/107), 3 ff.

Magnus John und Charlotte Büchner

8. Formen eines kommunalen Bildungsmonitorings

Im Rahmen eines kommunalen Bildungsmonitorings können verschiedenartige Produktformen entstehen. Meist handelt es sich dabei um verschriftlichte Formen der vorangegangenen Beobachtungs- bzw. Analyseprozesse und deren Auswertungen (vgl. Kapitel 6). Vor dem Hintergrund vielfältiger kommunalspezifischer Interessenlagen und Fragestellungen können je nach Zielsetzung und Konzept eines kommunalen Bildungsmonitorings dessen Produkte unterschiedlich ausgestaltet sein. Daher soll an dieser Stelle über bestehende relevante Realisierungsformen und deren Konzeptionen berichtet werden. Das in „Lernen vor Ort" (LvO) entwickelte Konzept eines kommunalen Bildungsmonitorings gehört zu den bisher gebräuchlichsten Konzepten in Kommunen. Seine Entstehung und zentralen Merkmale werden im folgenden Abschnitt 8.1 beschrieben. Abschnitt 8.2 stellt die häufigsten Realisierungsvarianten eines kommunalen Bildungsmonitorings vor, zu denen neben den kommunalen Bildungsberichten die vertiefenden thematischen Analysen gehören. Außerhalb von LvO wurden weitere Konzepte und Produktformen erstellt, auf die in Abschnitt 8.3 eingegangen wird.

8.1 Das Konzept des kommunalen Bildungsmonitorings in „Lernen vor Ort"

Einen wichtigen Schritt für die Etablierung eines kommunalen Bildungsmonitorings stellte die „Machbarkeitsstudie zur Entwicklung und Erprobung eines regionalen Bildungsmonitorings als Serviceleistung für die Kreise und kreisfreien Städte" (Statistisches Bundesamt et al., 2008b) dar, welche vom Statistischen Bundesamt in Zusammenarbeit mit dem Statistischen Landesamt Baden-Württemberg und dem Deutschen Institut für Erwachsenenbildung (DIE) durchgeführt und vom BMBF in Auftrag gegeben wurde. Im Rahmen der Machbarkeitsstudie wurde der „Anwendungsleitfaden zum Aufbau eines kommunalen Bildungsmonitorings" (Statistisches Bundesamt et al., 2008a; vgl. Statistisches Bundesamt et al., 2008b; vertiefend Kapitel 9) entwickelt, um solide Daten für die am Modellvorhaben teilnehmenden Regionen zur Verfügung zu stellen. Der im Ergebnis entstandene Anwendungsleitfaden und das entwickelte Indikatorentableau zur Erstellung von kommunalen Bildungsberichten sind wichtige Orientierungspunkte eines kommunalen Bildungsmonitorings (vgl. Statistisches Bundesamt et al., 2008a).

Das daran anschließende, vom Bundesministerium für Bildung und Forschung (BMBF) ins Leben gerufene Struktur-Programm „Lernen vor Ort" greift die Erfahrungen und Herausforderungen auf und fördert bundesweit seit 2009 insgesamt 40 Kommunen[1] bei der Etablierung eines Bildungsmanagements in ihren jeweiligen Regionen. Eine wesentliche Säule eines solchen Bildungsmanagements ist das kommunale Bildungsmonitoring.

Das Konzept eines kommunalen Bildungsmonitorings in LvO umfasst folgende zentrale Merkmale[2]:

a) Orientierung an den Bildungsinteressen der Bürger sowie den bildungspolitischen Strategien und Zielen der Kommune;
b) Entwicklung eines (Gesamt-)Konzepts;
c) Berücksichtigung der Perspektive „Bildung im Lebenslauf";
d) Kontext-Input-Prozess-Output-Modell als Orientierungsrahmen zur Systematisierung von Kennziffern;
e) Indikatorengestützte Darstellung;
f) Aufbereitung und Nutzung von belastbaren Daten.

Zu a). Als Grundlage für die Entwicklungsfähigkeit des kommunalen Bildungswesens und für die Sicherung der Daseinsvorsorge der Bürger sollte sich ein kommunales Bildungsmonitoring zunächst an den Bildungsinteressen der Bürgerinnen und Bürger orientieren. Diese gehen wiederum mit kommunalspezifischen, bildungspolitischen Strategien und Zielen einher und bilden das Rahmenkonzept eines kommunalen Bildungsmonitorings. Die jeweiligen strategischen Zielsetzungen, Problemlagen und geplanten Weiterentwicklungen im kommunalen Bildungswesen werden in einem kommunalen Bildungsmonitoring aufgenommen, um z.B. bildungsrelevante Aspekte bestehender politischer Leitbilder auf empirischer Grundlage zu reflektieren. Dies schafft zum einen Transparenz, zum anderen werden bildungspolitische Herausforderungen aufgezeigt und bearbeitet und somit nicht zuletzt der Verantwortung der Kommune für die dauerhafte Daseinsvorsorge für alle Bürger Rechnung getragen.

Zu b). Darüber hinaus sollte zu Beginn eines kommunalen Bildungsmonitorings die Entwicklung eines (Gesamt-)Konzepts in der Kommune erfolgen. Darin wird herausgearbeitet, auf welchem Konzept das Bildungsmonitoring beruht, welches Bildungsverständnis zu Grunde gelegt wird, welche Fragestellungen und Bildungsbereiche bearbeitet werden sollen und wie ein KBM in der Verwaltung konzeptionell aufzustellen ist (z.B. organisatorische Verankerung, mögliche Produktformen, Sicherung von Nachhaltigkeit; vgl. vertiefend Kapitel 7 und 13).

Zu c). Ein kommunales Bildungsmonitoring orientiert sich an der Perspektive „Bildung im Lebenslauf", die eine bildungsbereichsübergreifende Gesamtschau von Lernen über die Stufen und administrativen Zuständigkeitsbereiche hinweg ermöglicht. Demnach sollten alle Bildungsbereiche von der frühkindlichen Bildung bis ins hohe Erwachsenenalter sowie die Verknüpfung zwischen den Bildungsbereichen (z.B. Darstellung von Übergängen) in Betracht gezogen werden. Nur so lassen sich eine Koordination der verschiedenen Bildungsinstitutionen und deren Abstimmung untereinander zur Unter-

1 In der zweiten Förderphase nahmen noch 35 Kommunen am Programm teil.
2 Orientiert an Projektteam KBM, 2011.

stützung von individuellen Bildungsprozessen nachvollziehen. Ziel dieser Gesamtschau aus der Systemperspektive ist es, Verbesserungsmaßnahmen zur Entwicklung und Sicherung der Bildungsqualität vor Ort ableiten zu können und Steuerungswissen zu generieren (vgl. Kapitel 6).

Zu d). Um bestehende Kennziffern zu ordnen, die Auswahl von Indikatoren in den Kommunen zu begründen und zentrale Zusammenhänge im Bildungswesen aufzuzeigen, wird das Kontext-Input-Prozess-Output-Modell (vgl. Ditton, 2007) als Orientierungsrahmen im kommunalen Bildungsmonitoring in LvO zu Grunde gelegt (vgl. Kapitel 7 und 9).

Zu e). Der Einsatz von Indikatoren, als theoretisch begründete Kombination mehrerer statistischer Kennzahlen, ermöglicht eine fundierte Darstellung von komplexen Gefügen des kommunalen Bildungsgeschehens in den Kommunen (vgl. Kapitel 7). Eine problemorientierte, indikatorengestützte Darstellung hat sich bereits national als sinnvoller Weg herausgestellt, um Zustände und Entwicklungen im Bildungswesen darzustellen. Zu den Vorteilen der indikatorengestützten Aufbereitung von Kennziffern gehört, dass Indikatoren belastbare Informationen über Bildungsbereiche bereitstellen sowie vergleichende Aussagen zulassen (vgl. Konsortium Bildungsberichterstattung, 2006). Des Weiteren ist eine datenbasierte indikatorengestützte Darstellung für Politik und Öffentlichkeit nützlich, da sie den Blick auf Problemlagen und Handlungsbedarfe richtet und somit eine Grundlage für kommunale Steuerungsmöglichkeiten bietet (vgl. Döbert, 2010).

Zu f). In LvO werden überprüfte und belastbare Daten der amtlichen Statistik im Rahmen des Bildungsmonitorings aufbereitet und genutzt. Darüber hinaus können auch Daten der Fachämter oder zusätzliche Erhebungen in den Monitoringprozess einbezogen werden (vgl. Kapitel 10). Eine solide, kontinuierlich nutzbare Datenbasis ist notwendig, um Entwicklungen in Zeitreihe auf der Grundlage belastbarer Informationen aufzuzeigen. Zudem sollten diese Daten repräsentativ für den jeweiligen Bildungsbereich sein (vgl. Konsortium Bildungsberichterstattung, 2006).

Auf der kommunalen Ebene ergeben sich darüber hinaus weitere Besonderheiten, die ein kommunales Bildungsmonitoring deutlich von einem Bildungsmonitoring auf nationaler oder Bundesländerebene unterscheiden. Folgende Besonderheiten sind dabei angesprochen (vgl. Döbert, 2010):

- die Zuständigkeiten: Einzelne Aspekte von Bildung befinden sich in spezifischer kommunaler Zuständigkeit und direkter kommunaler Beeinflussbarkeit. Dazu gehören u.a. bereichsspezifische Personalfragen (z.B. die Zuständigkeit für den Hausmeister und die Schulsekretärin im Schulbereich), Fragen des Baus und der Unterhaltung von Kitas, Schulen, Volkshochschulen und sonstiger Bildungseinrichtungen in kommunaler Trägerschaft oder Fragen der demografischen Entwicklung und der Steuerung des Finanzmitteleinsatzes,
- die Analysemöglichkeiten und Datengrundlagen: Auf kommunaler Ebene bestehen unmittelbare und spezifische Analyse-, Entscheidungs- und Finanzierungserfordernisse. In diesem Zusammenhang sind u.a. kleinräumi-

ge Analysemöglichkeiten mit entsprechenden kleinräumigen Kontextdaten (z.B. der Anteil versicherungspflichtig Beschäftigter oder ALG-II-Empfänger) von besonderem Interesse.
- die höhere Flexibilität der Konstruktion und der Umsetzung des Monitorings: Je nach Problemlage kann eine spezifische Analyse auf kommunaler Ebene konzipiert werden. In verschiedenen Kommunen gibt es z.B. bereits Erfahrungen mit einem Stadtentwicklungs-, Stadtteil- oder Sozialmonitoring, das unterschiedliche Problemlagen aufnimmt und mit Aspekten eines Bildungsmonitorings in Beziehung gesetzt werden kann.
- die Handlungsempfehlungen: Handlungsempfehlungen können auf kommunaler Ebene konkret ausgesprochen werden und finden, beispielsweise durch die kleinräumige Betrachtung, eher eine unmittelbarere Anwendung als auf nationaler Ebene.

8.2 Verschiedene Produktformen eines kommunalen Bildungsmonitorings in „Lernen vor Ort"

Angesichts der zahlreichen veröffentlichten Produktformen eines Bildungsmonitorings in den letzten Jahren kann das BMBF-Programm „Lernen vor Ort" als entscheidender Impulsgeber für das Bildungsmonitoring auf kommunaler Ebene betrachtet werden. Mehrheitlich sind im Rahmen dieses Programms kommunale Bildungsberichte sowie vertiefende thematische Analysen entstanden, die im Folgenden näher vorgestellt werden. Insgesamt sind als Hauptprodukte in LvO 43 Bildungsberichte und drei umfängliche thematische Analysen veröffentlicht worden (vgl. Kapitel 11). Eine andere Option wählte die Stadt Offenbach, die ihren Bildungsbericht zuletzt mit einem Datenbericht[3] kombinierte und der nun zukünftig in einem regelmäßigen Turnus zwischen den Bildungsberichten erscheinen soll (vgl. Offenbach, 2012).

Kommunaler Bildungsbericht

Bildungsberichte allgemein sind „bildungsbereichsübergreifende, indikatorengestützte, problemorientierte und auf Entwicklungen im Zeitverlauf angelegte Gesamtdarstellungen über die Situation von Bildung auf nationaler Ebene, auf Länderebene oder auf kommunaler Ebene" (Projektteam KBM, 2011, S. 7). Sie bündeln empirische Informationen, auf deren Grundlage Steuerungswissen für politische Entscheidungen generiert werden kann.

Die kommunale Bildungsberichterstattung basiert auf dem beschriebenen Konzept eines kommunalen Bildungsmonitorings in LvO (vgl. Abschnitt 8.1, vertiefend Kapitel

3 Diese Datenberichte sollen einen Überblick über die Bildungslandschaft vor Ort, mittels statistischer Kennziffern geben. Sie können objektive Grundlage für Diskussionen, kommunalpolitische Entscheidungen sowie Ausgangspunkt für weitere Produktformen sein.

6 und 7). Kommunale Bildungsberichte stellen ein wesentliches, nach außen kommuniziertes Ergebnis eines kommunalen Monitoring- und Verwaltungsprozesses dar. Sie bieten somit zugleich Rechenschaftslegung und kritische Reflexion der bisherigen lokalen Bildungsarbeit. Ein kommunaler Bildungsbericht wird auch im Hinblick auf eine interessierte Öffentlichkeit erstellt, um über die Bildungsentwicklungen der Kommune zu informieren. Somit bietet er eine verlässliche Grundlage für eine breite öffentliche Diskussion als auch für bildungspolitische und wirtschaftliche Entscheidungen (vgl. Projektteam KBM, 2011).

Voraussetzung für einen guten Bildungsbericht ist eine zuverlässige, valide Datengrundlage, die es gestattet, aktuelle Zustände aus der Systemperspektive zu beurteilen sowie Entwicklungen im Zeitverlauf aufzuzeigen und empirisch zu beschreiben (vgl. Döbert, 2010). Die kontinuierliche datenbasierte Information sowie die Erstellung von Bildungsberichten in einem Turnus von etwa zwei bis drei Jahren ist wichtig, um Veränderungen im Bildungsgeschehen regelmäßig zu dokumentieren und somit die Nachhaltigkeit von Steuerungsinformationen zu gewährleisten. Eine Besonderheit kommunaler Bildungsberichte besteht zudem in der Möglichkeit, kleinräumige Analysen darzustellen. Mittels kleinräumiger Daten auf Stadtteil- oder Quartiersebene werden wichtige Informationen, z.B. zum Angebot und zur Nutzung von Kitaplätzen, bereitgestellt, die direkte, regionale Interventionen und Steuerungsprozesse ermöglichen. Die Befunde des Bildungsberichts sollen dabei generell kommunalen Entwicklungschancen dienen und weder intra- noch interkommunal als ein „naming and blaming" verstanden werden.

Abb. 8.1: Bildungsbereiche im Bildungsbericht des Rems-Murr-Kreises

	Glossar	6
	Zentrale Ergebnisse und Herausforderungen	8
	Einleitung	10
A	**RAHMENBEDINGUNGEN VON BILDUNG IM REMS-MURR-KREIS**	**13**
A 1	Bevölkerung im Rems-Murr-Kreis	14
A 1.1	Bevölkerungsstand	15
A 1.2	Bevölkerungszusammensetzung	15
A 1.3	Bevölkerungsvorausrechnung	19
A 2	Wirtschaftsstruktur und Arbeitsmarkt	21
A 2.1	Erwerbspotenzial (Zahl der Personen im erwerbsfähigen Alter)	22
A 2.2	Beschäftigungsstruktur	23
A 3	Soziale Lage	27
A 3.1	SGB II-Quote	27
A 4	Zusammenfassung und Ausblick	30
B	**FRÜHKINDLICHE BILDUNG, BETREUUNG UND ERZIEHUNG**	**31**
B 1	Die Situation der unter 6-Jährigen im Rems-Murr-Kreis	32
B 2	Tageseinrichtungen für Kinder und Kindertagespflege	33
B 2.1	Anzahl, Art und Trägerschaft der Kinderbetreuungseinrichtungen sowie Kinder in der Tagesbetreuung	33
B 2.2	Betreuungsquoten	38
B 2.3	Personalausstattung	39
B 2.4	Betreuungsschlüssel	40
B 3	Übergang in die Grundschule	42
B 3.1	Vorzeitig und verspätet eingeschulte Kinder	43
B 3.2	Sprachförderbedarf bei Einschulungsuntersuchungen	44
B 3.3	Befragung zum Übergang von der Kindertageseinrichtung in die Grundschule	47
B 4	Zusammenfassung und Ausblick	53
C	**ALLGEMEINBILDENDE SCHULEN**	**55**
C 1	Anzahl, Art und Trägerschaft der allgemeinbildenden Schulen	56
C 2	Schülerzahlen an allgemeinbildenden Schulen	61
C 2.1	Schülerinnen und Schüler nach Geschlecht und Staatsangehörigkeit	64
C 3	Übergänge im Schulwesen	66
C 3.1	Übergangsquoten in die Sekundarstufe I	66
C 3.2	Schulartwechsel in den Klassenstufen 7 bis 9	71
C 3.3	Übergangsquoten in die Sekundarstufe II	71
C 4	Schulabgangsquote	75
C 4.1	Abgängerinnen und Abgänger ohne Abschluss der Sekundarstufe I	79
C 5	Zusammenfassung und Ausblick	80
Exkurs:	Allgemeinbildende Schulabschlüsse	81
D	**BERUFLICHE BILDUNG**	**83**
D 1	Berufliche Schulen	83
D 1.1	Anzahl, Art und Trägerschaft der beruflichen Schulen sowie Schülerinnen und Schüler an beruflichen Schulen	85
D 1.2	Erfolgsquote	97
D 1.3	Allgemeinbildende Abschlüsse an beruflichen Schulen	98
D 2	Duale Berufsausbildung	99
D 2.1	Ausbildungs- und Ausbildungsbetriebsquote	99
D 2.2	Neu abgeschlossene Ausbildungsverträge	100
D 2.3	Angebots-Nachfrage-Relation bei Ausbildungsstellen	102
D 2.4	Vertragsauflösungsquote	103
D 3	Zusammenfassung und Ausblick	104
Exkurs:	Studierende aus dem Rems-Murr-Kreis	105
E	**WEITERBILDUNG**	**109**
E 1	Berufliche Weiterbildung	109
E 1.1	Zweiter Bildungsweg	111
E 1.2	Berufliche Weiterbildung der Bundesagentur für Arbeit	112
E 1.3	Situation und Bedarf im Kontext der beruflichen Weiterbildung	116
E 2	Erwachsenenbildung	118
E 2.1	Anbieter und Teilnahmequoten	118
E 2.2	Angebotsstruktur	120
E 2.3	Teilnehmende an Angeboten der Volkshochschulen	124
E 2.4	Expertengespräche	128
E 3	Zusammenfassung und Ausblick	130
F	**NON-FORMALE UND INFORMELLE BILDUNG**	**131**
F 1	Jugendarbeit	132
F 1.1	Jugendverbandsarbeit	132
F 1.2	Offene Jugendarbeit	134
F 1.3	Mobile Jugendarbeit	135
F 1.4	Schulbezogene Jugendarbeit	136
F 1.5	Personalausstattung in der Kinder- und Jugendarbeit	137
F 1.6	Öffentlich geförderte Maßnahmen der Jugendarbeit	138
F 2	Musik- und Kunstschulen	142
F 3	Vereine	143
F 3.1	Sportvereine	143
F 4	Öffentliche Bibliotheken	145
F 5	Zusammenfassung und Ausblick	148
	Literatur	149
	Abbildungs- und Tabellenverzeichnis	152
	Impressum	159

Quelle: Rems-Murr-Kreis, 2012, S. 4f

Kommunale Bildungsberichte orientieren sich idealerweise an einer Perspektive „Bildung im Lebenslauf", d.h. sie analysieren Bildungsbereiche von der frühkindlichen Bildung bis hin zur Bildung im Erwachsenenalter, um bildungsbereichsübergreifende Analysen zu ermöglichen und auf verfügbare Bildungsangebote und mögliche Brüche in der Bildungsbiografie hinzuweisen.[4] Die einzelnen Bildungsbereiche werden im Bildungsbericht indikatorengestützt dargestellt. Abbildung 8.1 veranschaulicht die indikatorengestützte Darstellung nach Bildungsbereichen am Beispiel der Inhaltsübersicht des Bildungsberichts 2012 des Rems-Murr-Kreises.

Vertiefende thematische Analyse

Besteht in einer Kommune ein besonderes Erkenntnisinteresse über die Bildungsberichterstattung hinaus, können vertiefende thematische Analysen dazu beitragen, sich detailliert mit einer spezifischen Problemlage auseinanderzusetzen. Als Vorlage für die Erstellung eines solchen Produktes und Verfolgung eines solchen Anliegens dienen häufig, jedoch nicht notwendigerweise, die Erkenntnisse der vorher erschienenen kommunalen Bildungsberichte, welche auf spezifische Problemlagen hinweisen. Im Unterschied zu einem Bildungsbericht verfolgt eine vertiefende thematische Analyse keine systematische, indikatorengestützte und auf Entwicklungen im Zeitverlauf angelegte Darstellung von zentralen Themen über mehrere Bildungsbereiche hinweg. Vielmehr soll durch die Schwerpunktsetzung in einem Themenbereich eine spezifische Frage- oder Problemstellung anhand komplexerer Erhebungs- und Analysemethoden untersucht und dadurch differenzierteres Steuerungswissen für diesen Bereich generiert werden.

Ebenso wie Bildungsberichte ermöglichen vertiefende thematische Analysen kleinräumige Darstellungen, indem Daten auf Stadtteil-, Planungsraum- bzw. Quartiersebene erhoben und analysiert werden. Zusätzlich zu verfügbaren Kennzahlen, z.B. aus Bürgerbefragungen, werden auch Informationen aus qualitativen Studien für die Analyse genutzt und zeigen mögliche Zusammenhänge oder Bedarfe auf. Die Nutzung qualitativer Informationen, ergänzend zu den quantitativen Informationen, kann somit zusätzlichen Erkenntnisgewinn bedeuten.

Im Rahmen des BMBF-Projektes „Lernen vor Ort" haben die folgenden Städte vertiefende thematische Analysen als Produkt im Rahmen des Bildungsmonitoringprozesses veröffentlicht: Kaufbeuren (2012), Freiburg im Breisgau (2012) und Osnabrück (2012). Die Stadt Kaufbeuren erstellte beispielsweise eine thematische Analyse zum Thema „Bildung als Standortfaktor". Ziel dieser thematischen Analyse war es zu untersuchen, welchen Einfluss Bildung als Standortfaktor auf Wanderungen und Umzüge hat

4 Um statistisch bedeutsame Zusammenhänge über den Lebenslauf hinweg aufzeigen zu können, sind auch Daten im Längsschnitt und auf Individualebene notwendig, die jedoch in seltenen Fällen auf kommunaler Ebene verfügbar sind. Bildungsberichte stützen sich in der Regel auf Querschnittsinformationen amtlicher und halbamtlicher Daten auf Systemebene.

(vgl. Kaufbeuren, 2012). Da die Datenlage zunächst unzureichend war – Daten beispielsweise zu den Haushalten und Familien nur teilweise vorlagen oder aus datenschutzrechtlichen Gründen nicht abgerufen werden konnten – wurde ein Eltern- bzw. Familienfragebogen zur Bedeutung von Bildung als Standortfaktor in Kaufbeuren entwickelt. Die Datenerhebung sowie die Auswertung der Ergebnisse fanden im Rahmen der thematisch vertiefenden Analyse statt und wurden mit Daten der kommunalen Fachämter und der amtlichen Statistik unterfüttert (vgl. ebd.).

Ein weiteres Beispiel für eine thematisch vertiefende Analyse ist der Werkstattbericht der Stadt Freiburg (vgl. Freiburg im Breisgau, 2012), der auf Grundlage eines Drei-Säulen-Modells das Thema „Bildung und Migration“ methodisch und konzeptionell aus unterschiedlichen Blickwinkeln eingehender untersuchte (vgl. Abb. 8.2).

Im Werkstattbericht der Stadt Freiburg kamen unterschiedliche Erhebungsmethoden (Befragung, biografische Interviews und Expertenrunden) zum Einsatz, die einer oder mehreren der drei Säulen thematisch zugeordnet wurden. Die daraus gewonnenen Dateninformationen wurden zusammengefasst und ausgewertet, um einzelne Handlungsbedarfe zu identifizieren und entsprechende Maßnahmen abzuleiten. Eine zusätzlich erstellte Stärken-Schwächen-Analyse des untersuchten Feldes half zudem, die gewonnenen Ergebnisse in konkrete Handlungsempfehlungen übersetzen zu können (vgl. Freiburg im Breisgau, 2012).

Zusammenfassend lässt sich festhalten, dass die Nutzung zusätzlicher Datenerhebungen sowie aufwendiger statistischer Methoden in dieser Produktform es ermöglichen, einer thematisch zugespitzten Fragestellung und somit einem differenzierteren Erkenntnisinteresse nachzugehen, welchem in einer indikatorengestützten Berichterstattung auf Grundlage amtlicher Daten oftmals nicht in dieser Tiefe Rechnung getragen werden kann.

Abb. 8.2: Das Drei-Säulen-Modell als Grundlage für eine vertiefende Analyse in Freiburg

Quelle: Freiburg im Breisgau, 2012, S. 12

8.3 Andere Formen eines kommunalen Bildungsmonitorings

Neben den bereits vorgestellten Produktformen, welche überwiegend den konzeptionellen Grundlagen der nationalen Bildungsberichterstattung folgen und an denen sich das Konsortium „Kommunales Bildungsmonitoring“ orientiert, gibt es andere konzeptionelle Ansätze und Realisierungsformen eines Bildungsmonitorings. Bisher sind im Wesentlichen zwei Produktformen entstanden, die sich am Konzept der vier Lerndimensionen der UNESCO ausrichten. Hierzu gehören der „Deutsche Lernatlas“ und der „kommunale Lernreport“, die im Folgenden vorgestellt werden.

Deutscher Lernatlas

Der Deutsche Lernatlas, der von der Bertelsmann Stiftung 2011 entwickelt wurde und nur ein einziges Mal erschienen ist, verfolgte das Ziel, das Bildungsgeschehen in Deutschland auf der kommunalen Ebene darzustellen und zu vergleichen. Auf der Grundlage des Lernmodells der UNESCO sollten Bedingungen für lebenslanges Lernen in allen 412 deutschen Kreisen und kreisfreien Städten sichtbar und vergleichbar gemacht werden.

Der Deutsche Lernatlas orientierte sich am Ansatz der vier Lerndimensionen der UNESCO und übersetzte diese in für seine empirischen Auswertungen zweckdienliche Begriffe[5]. Mithilfe dieser Systematik sollte datenbasiert dargestellt werden, „[...] inwieweit eine Kommune über die Lernvoraussetzungen verfügt, um wirtschaftlich und sozial erfolgreich zu sein“ (Schoof et al., 2011, S. 6). Diesbezüglich sollten auch Lerngelegenheiten außerhalb der formalen Bildungsinstitutionen stärkere Berücksichtigung finden und vor allem in den Dimensionen „Soziales Lernen“ und „Persönliches Lernen“ abgebildet werden.

Nach der Veröffentlichung des Deutschen Lernatlas war nicht nur die Resonanz in den Medien (vgl. Der Spiegel, 2011), sondern auch die kritische Auseinandersetzung mit den Ergebnissen in den Kommunen und in der Wissenschaft, hoch. Die Kritik bezog sich vor allem auf die Datenqualität, die Auswahl der Kennzahlen, deren Gewichtung, und die Eingruppierung von Kreisen in Rangreihen. Beispielhaft seien hier einige Kritikpunkte näher genannt: Neben der scheinbar willkürlichen Auswahl der Kennzahlen wurde u.a. die nicht nachvollziehbare, weitere Selektion von Kennzahlen für das methodische Vorgehen kritisiert (vgl. Konsortium „Kommunales Bildungsmonitoring“, 2011). Kennzahlen, welche beispielsweise die Rahmenbedingungen und Anstrengungen von Bildungsregionen angemessen abbilden, sowie Kennzahlen in Zeitreihe zu den Entwicklungen in den einzelnen Lerndimensionen, blieben unberücksichtigt. Dagegen erhielten diskussionsbedürftige Kennzahlen wie „Wahlbeteiligung“, „Bereitschaft zur Knochenmarkspende“ (soziales Lernen) und „Breitband-Internetzugang“ (persönliches

---

5 Die vier Lerndimensionen wurden im Deutschen Lernatlas wie folgt übersetzt: Learning to Know – Schulisches Lernen, Learning to Do – Berufliches Lernen, Learning to Live together – Soziales Lernen, Learning to Be – Persönliches Lernen.

Lernen) innerhalb der Subindizes bzw. Lerndimensionen ein relativ großes Gewicht. Zudem führte die Tatsache, dass weniger als die Hälfte der verwendeten Kennziffern überhaupt auf Kreisebene vorlagen, von wissenschaftlicher Seite zu dem Schluss, dass auf der gewählten Datenbasis eine Rangreihe von Kreisen nicht vertretbar ist (vgl. ebd.).

Kommunaler Lernreport

Anliegen eines kommunalen Lernreports ist es, der Kommune eine fundierte Datenbasis bereitzustellen, die lokale Entwicklungen, Problemlagen und Handlungsbedarfe im Bildungsbereich aufzeigt. Dazu sollen relevante Informationen aufbereitet und Entwicklungen im Bildungsbereich systematisch aufgezeigt werden (vgl. Baethge-Kinsky, 2012). Der erste und bisher einzige Lernreport, der nach diesen Maßgaben realisiert wurde, ist der „Kommunale Lernreport der Stadt Bielefeld 2012", der von der Bertelsmann Stiftung in Auftrag gegeben und mit der Stadt Bielefeld als Pilotkommune erprobt wurde. Ebenso wie beim Deutschen Lernatlas leitet sich die Struktur eines kommunalen Lernreports aus dem von der UNESCO konzipierten Lernverständnis mit seinen vier Säulen des Lernens ab (vgl. Abb. 8.3).[6]

Abb. 8.3: Lerndimensionen und Indikatoren eines kommunalen Lernreports

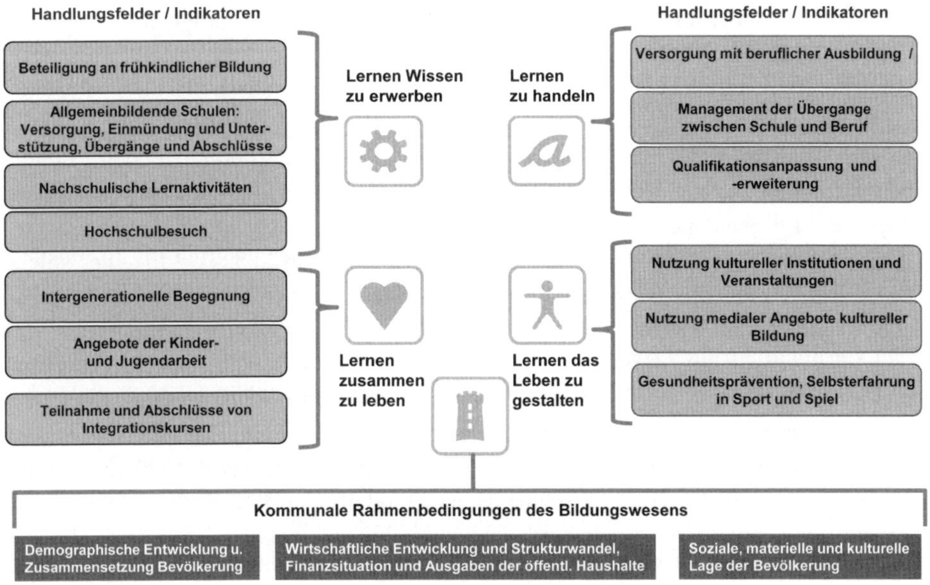

Quelle: Bertelsmann Stiftung

6 *Learning to Know* – Lernen, Wissen zu erwerben, *Learning to Do* – Lernen zu handeln, *Learning to Live together* – Lernen zusammenzuleben, *Learning to Be* – Lernen, das Leben zu gestalten.

Nach diesem konzeptionellen Ansatz wird Lernen vor allem als individueller Prozess verstanden. Ausgangspunkt ist somit das lernende Individuum und dessen wesentlichen Lerngelegenheiten. Die Kommune selbst wird als Bildungsraum und Lernumfeld betrachtet, in dem sowohl formalisierte als auch nicht-formalisierte Bildungsprozesse ablaufen. Bezugnehmend auf die vier Lerndimensionen versucht ein Lernreport daher neben der formalen Bildung die non-formalen und informellen Lerngelegenheiten in einer Region in den Blick zu nehmen und entsprechende Angebote und Zugänge darzustellen (vgl. Bielefeld, 2012). Somit zielt der Lernreport zwar auf politische Akteure und eine bildungsinteressierte Öffentlichkeit; er ist jedoch aufgrund der Fokussierung auf das lernende Individuum als Steuerungsinstrument nur bedingt geeignet (vgl. Weishaupt & Döbert, 2012).

Der kommunale Lernreport greift im Sinne einer Selbstberichterstattung vor allem auf kommunal verfügbare Daten der Fachämter zurück, die ohne weitere Überprüfung durch offizielle statistische Ämter den Kommunen unmittelbar zur Verfügung gestellt werden sollen. Vorteil dieses Verfahrens sollen durch den schnelleren Datenzugriff zeitlich aktuellere Analysemöglichkeiten in einer Kommune sein. Fraglich ist jedoch, ob eine Auswertung der Daten ohne eine vorhergehende externe Überprüfung die Qualität und Reliabilität der statistischen Kennzahlen gewährleisten kann und ob alle Fachämter sich als kooperative Akteure bei der Datenbereitstellung erweisen.

Im kommunalen Lernreport werden Kennzahlen von der „Beteiligung an frühkindlicher Bildung“ bis hin zu „intergenerationellen Begegnungen“ dargestellt. Die diesbezügliche Indikatorenentwicklung folgt dabei nicht systematisch der Leitperspektive „Bildung im Lebenslauf“, sondern ist vor allem an den vier Lerndimensionen ausgerichtet (vgl. Weishaupt & Döbert, 2012). Auf die Indikatorik des dominierenden Bildungsberichtsmodells Kontext-Input-Prozess-Outcome (K-I-P-O) und lebensperspektivische Aspekte wird zwar nicht völlig verzichtet, „[…] sie sind aber in eine andere Darstellungssystematik eingebunden.“ (Döbert & Weishaupt, 2012, S. 3). Mit einer solchen Darstellungssystematik nach Lerndimensionen, wie z.B. „Lernen, Wissen zu erwerben“ oder „Lernen, das Leben zu gestalten“, sind jedoch komplexere Lernprozesse bzw. -ergebnisse assoziiert, die Schwierigkeiten in der Verfügbarkeit, Operationalisierung und Systematisierung empirischer Informationen mit sich bringen können. Gleichwohl sind viele der verwendeten Indikatoren der nationalen Bildungsberichterstattung entnommen und dienen im großen Maße der Indikatorik im Lernreport. Kritisch zu hinterfragen ist, ob gemäß des 4-Lerndimensionen-Modells der UNESCO nicht vor allem eigens entwickelte Indikatoren notwendig wären, um Lerngelegenheiten in einem so umfassenden Maße abzubilden, wie es das Konzept und die Ziele des Lernreports vorsehen. Dies würde auch die Erschließung von Daten auf Individualebene und im Längsschnitt notwendig machen, um Gelegenheiten für die Verwirklichung individueller Lerninteressen darzustellen (vgl. Weishaupt & Döbert, 2012). Die Herausforderung für den Lernreport besteht also einerseits in der kontinuierlichen Verfügbarkeit entsprechender valider Daten sowie andererseits in der Operationalisierung von Informationen (nicht-)formalisierter Lerngelegenheiten, die der Generierung steuerungsrelevanten Wissens dienen.

Literatur

Baethge-Kinsky, V. (2012). *Lernen ganzheitlich erfassen. Wie lebenslanges und lebensweites Lernen in einem kommunalen Lernreport dargestellt werden kann. Konzeption eines kommunalen Lernreports*. Gütersloh. www.bertelsmann-stiftung.de [09.04.14].

Bertelsmann Stiftung: *Kommunaler Lernreport: Lerndimensionen und Indikatoren*. www.deutscher-lernatlas.de/fileadmin/user_upload/Projekt/Kommunaler_Lernreport.

Bielefeld (2012). *Kommunaler Lernreport der Stadt Bielefeld 2012*.

Der Spiegel (Hrsg.). (2011): *Wo die klugen Deutschen leben. Die Bildungsstudie 2011*. Der Spiegel Nr. 47/2011.

Ditton, H. (2007). Schulqualität – Modelle zwischen Konstruktion, empirischen Befunden und Implementierung. In van Buer, J. & Wagner, C. (Hrsg.), *Qualität von Schule. Ein kritisches Handbuch* (S. 83–92). Frankfurt a. M. u.a.: Lang.

Döbert, H. (2010). Regionale Bildungsberichterstattung in Deutschland. Konzept, Ziele und Anforderungen. *Recht der Jugend und des Bildungswesens, 58*(2), 158–175.

Freiburg im Breisgau (2010). *Bildung in Freiburg 2010. 2. Bildungsbericht der Stadt Freiburg im Breisgau.*

Freiburg im Breisgau (2012). *Werkstattbericht: Bildung und Migration in Freiburg 2012. Sozialräumliche Betrachtung und weitere Analysen.*

Kaufbeuren (2012). *Thematische Analyse. Bildung als Standortfaktor.*

Konsortium „Kommunales Bildungsmonitoring“ (2011). *Stellungnahme des Konsortiums „Kommunales Bildungsmonitoring“ im BMBF-Programm „Lernen vor Ort“ zum aktuell veröffentlichten Lernatlas der Bertelsmann Stiftung*. Berlin: DIPF.

Konsortium Bildungsberichterstattung (Hrsg.). (2006). *Bildung in Deutschland. Ein indikatorengestützter Bericht mit einer Analyse zu Bildung und Migration*. Bielefeld: W. Bertelsmann Verlag.

Leipzig (2010). *Bildungsreport Leipzig 2010.*

Projektteam „Kommunales Bildungsmonitoring“ (KBM) des Deutschen Instituts für Internationale Pädagogische Forschung (DIPF) (2011). *Wie erstellt man einen kommunalen Bildungsbericht?* Handreichung im Programm „Lernen vor Ort“. Bonn.

Rems-Murr-Kreis (2012). *Bildung im Rems-Murr-Kreis. Erster Bildungsbericht 2012.*

Schoof, U., Blinn, M., Schleiter, A., Ribbe, E. & Wiek, J. (2001). *Deutscher Lernatlas – Ergebnisbericht 2011*. www.deutscher-lernatlas.de

Stadt Offenbach (2012). *Datenerbericht Bildung 2012.*

Stadt Osnabrück (2012). *Soziale Ungleichheit in Osnabrück – Ein kleinräumiger Ansatz mit besonderer Berücksichtigung von Kindern und Jugendlichen.*

Statistisches Bundesamt, Statistisches Landesamt Baden-Württemberg & Deutsches Institut für Erwachsenenbildung (2008a). *Anwendungsleitfaden zum Aufbau eines Kommunalen Bildungsmonitorings*. Wiesbaden, Stuttgart, Bonn.

Statistisches Bundesamt, Statistisches Landesamt Baden-Württemberg & Deutsches Institut für Erwachsenenbildung (2008b). *Machbarkeitsstudie zur Entwicklung und Erprobung eines regionalen Bildungsmonitorings als Serviceleistung für die Kreise und kreisfreien Städte*. Wiesbaden, Stuttgart, Bonn.

Weishaupt, H. & Döbert, H. (2012). *Stellungnahme zum Lernreport als mögliches Steuerungsinstrument in „Lernen vor Ort“ (LvO)*. Internes Manuskript.

Christoph Schneider und Tobias Klostermann

9. Der Anwendungsleitfaden zum Aufbau eines kommunalen Bildungsmonitorings

Die Etablierung eines Bildungsmonitorings auf kommunaler Ebene ist in den letzten Jahren zunehmend in das öffentliche Blickfeld gerückt. Gleichzeitig stellen die Anforderungen, die sich bei der Konzipierung und Umsetzung eines kommunalen Bildungsmonitorings ergeben, die Kommunen vor eine Reihe von Herausforderungen (vgl. Kapitel 7). Neben der Abklärung der in jeder Kommune unterschiedlichen Ausgangslage ist dabei hervorzuheben, dass die allgemeinen konzeptionellen Grundlagen für ein kommunales Bildungsmonitoring nicht kommunalspezifisch zu erarbeiten sind. Hier kann vielmehr auf theoretische Grundlagen und Konzepte zurückgegriffen werden, die sich einerseits auf der nationalen Ebene und auf der Ebene der Bundesländer etabliert haben, und die andererseits bereits in Kommunen für den Aufbau eines kommunalen Bildungsmonitorings erprobt wurden.

Die Nutzung solcher, bereits etablierter Konzepte ermöglicht es den Kommunen darüber hinaus, den Fokus stärker auf die Frage nach einer adäquaten Analyse der kommunalspezifischen Situation vor Ort zu legen, bei der ja in der Regel in der Tat oftmals Neuland betreten wird.

Das Statistische Bundesamt und die Statistischen Landesämter haben in Zusammenarbeit mit dem Deutschen Institut für Erwachsenenbildung (DIE) einen Anwendungsleitfaden zum Aufbau eines kommunalen Bildungsmonitorings (im Folgenden: Anwendungsleitfaden) entwickelt, mit dem genau diese Zielsetzung einer konzeptionellen Hilfestellung verfolgt wird. Der Anwendungsleitfaden stellt ein Grundgerüst dar, das Kommunen die eigenständige Etablierung eines – auf kommunale Handlungsfelder und Problemlagen zugeschnittenes – indikatorengestützten kommunalen Bildungsmonitorings ermöglicht.

Das folgende Kapitel, das den Anwendungsleitfaden[1] vorstellt, ist dabei in zwei Abschnitte untergliedert. Zunächst wird in einem ersten Schritt ein Überblick über den Anwendungsleitfaden gegeben. Dabei werden in einem ersten Teilabschnitt die Hintergründe und die Entstehungsgeschichte des Anwendungsleitfadens skizziert. In einem zweiten Teilabschnitt werden die konzeptionellen Grundlagen vorgestellt. Im Anschluss erfolgt eine Darstellung des Aufbaus des Anwendungsleitfadens. Neben einer Gesamtübersicht werden an einer Kennzahl exemplarisch die Möglichkeiten des Anwendungs-

1 Vgl. www.bildungsmonitoring.de

leitfadens verdeutlicht. Schließlich zeigt der letzte Abschnitt die Notwendigkeit der kontinuierlichen Weiterentwicklung des Anwendungsleitfadens.

Im zweiten Abschnitt steht die praktische Arbeit mit dem Anwendungsleitfaden im Fokus. Außer auf die Operationalisierung kommunaler Fragestellungen wird hierbei auch auf Fragen der Datenverfügbarkeit und der Darstellung eingegangen.

9.1 Der Anwendungsleitfaden im Überblick

Hintergründe und Entstehungsgeschichte des Anwendungsleitfadens

Nach dem Erscheinen des ersten Bildungsberichts auf nationaler Ebene „Bildung in Deutschland" im Jahr 2006 und der Veröffentlichung mehrerer Bildungsberichte für einzelne Bundesländer rückten Bildungsberichte als ein wesentlicher Bestandteil eines Bildungsmonitorings auch auf der kommunalen Ebene in den Fokus.

In diesem Zusammenhang erteilte das Bundesministerium für Bildung und Forschung der amtlichen Statistik den Auftrag, im Rahmen einer Machbarkeitsstudie die Möglichkeiten für ein kommunales Bildungsmonitoring auf der Ebene der Landkreise und kreisfreien Städte durchzuführen. In Kooperation zwischen dem Statistischen Bundesamt, dem Statistischen Landesamt Baden-Württemberg und dem Deutschen Institut für Erwachsenenbildung (DIE) wurde dieser Auftrag durchgeführt.

Zentrale Zielsetzung der Machbarkeitsstudie war dabei die Erstellung einer Arbeitsgrundlage, die den an einem kommunalen Bildungsmonitoring interessierten Landkreisen oder kreisfreien Städten die selbstständige Durchführung eines kommunalen Bildungsmonitorings ermöglicht.

Das Ergebnis der Machbarkeitsstudie bildete die Entstehung der ersten Version des Anwendungsleitfadens, der diese Zielsetzung erfüllen sollte (vgl. Statistisches Bundesamt, Statistisches Landesamt Baden-Württemberg & Deutsches Institut für Erwachsenenbildung, 2013). Zugleich war dieser Anwendungsleitfaden in seinem theoretischen Rahmen an die Praxis der Bildungsberichterstattung auf Landes-, nationaler und internationaler Ebene anschlussfähig.

Um dieses Ergebnis erreichen zu können, waren bei der Erarbeitung des Anwendungsleitfadens zwei zentrale Aspekte zu berücksichtigen, die sich in der Untergliederung in zwei übergeordnete Hauptteile widerspiegeln. Einerseits stellt der Anwendungsleitfaden Informationen über den Aufbau und die mögliche Strukturierung eines kommunalen Bildungsberichts bereit, um die Gesamtkonzeption eines kommunalen Bildungsmonitorings in den Blick zu nehmen. Andererseits bietet er detaillierte Beschreibungen einer größeren Anzahl von Kennzahlen, die für ein kommunales Bildungsmonitoring herangezogen werden können.

Konzeptionelle Fundierung des Anwendungsleitfadens

Kommunales Bildungsmonitoring, dies wurde im vorangegangenen Abschnitt bereits skizziert, rückte insbesondere im Anschluss an die Etablierung einer Bildungsberichterstattung auf nationaler und auf Landesebene in den Mittelpunkt des Interesses. Für ein kommunales Bildungsmonitoring bietet es sich daher an, auf die hierbei verwendeten theoretischen Konzepte und Grundlagen zurückzugreifen und somit eine entsprechende Anschlussfähigkeit herzustellen.

Diese Zielsetzung wird im Anwendungsleitfaden entsprechend berücksichtigt. Zum Ersten knüpft er an der auf nationaler und internationaler Ebene üblichen Vorgehensweise an, dass sich ein kommunales Bildungsmonitoring zentral auf die Verwendung von Indikatoren stützen muss (vgl. DIPF, 2007; Projektteam KBM, 2011). Auf die Grenzen eines indikatorengestützten Konzepts bei der Erfassung qualitativer Aspekte verweist die Aufnahme ergänzender überwiegend qualitativer Elemente.

Zum Zweiten wird im Anwendungsleitfaden – in Anlehnung an die Bildungsberichterstattung auf nationaler Ebene – eine Gliederung der einzelnen Indikatoren in verschiedene Bildungsbereiche vorgenommen. Diese Unterteilung ist insbesondere unter dem Fokus des für ein kommunales Bildungsmonitoring notwendigen Aspekts der Steuerungsrelevanz von Bedeutung. Da von den jeweiligen Ergebnissen teilweise sehr unterschiedliche Adressaten angesprochen werden, sollten spezifische Informationen für einen bestimmten Adressatenkreis gebündelt in einem entsprechenden Abschnitt eines Bildungsberichts oder einer auf diesen Adressatenkreis zugeschnittenen vertiefenden Analyse zu finden sein.

Die im Anwendungsleitfaden aufgeführten Indikatoren sind dabei nicht auf bestimmte Lebensphasen beschränkt. Vielmehr wird davon ausgegangen, dass ein kommunales Bildungsmonitoring in einer durch lebenslanges Lernen geprägten Wissensgesellschaft Bildung im Lebenslauf in den Blick nimmt (vgl. hierzu Europäische Gemeinschaft, 2001). Diese Annahme setzt zugleich voraus, den Fokus nicht allein auf formalisiert ablaufende Lernprozesse zu lenken, sondern Aspekte sowohl des formalen als auch des non-formalen und des informellen Lernens in den Blick zu nehmen.

Schließlich lassen sich die aufgeführten Indikatoren im Rahmen eines Kontext-Input-Prozess-Output-Modells einordnen. Dieses Modell kann als Orientierungsrahmen für ein Indikatorenmodell eines kommunalen Bildungsmonitorings dienen und verdeutlicht dabei zugleich die zentralen Zusammenhänge im Bildungswesen. Dies gelingt durch eine Zuordnung der einzelnen Indikatoren in einen der vier Bereiche Kontext, Input, Prozess und Output. Dabei umfasst der Bereich Kontext die politischen, gesellschaftlichen und ökonomischen Rahmenbedingungen, in denen Bildungsprozesse stattfinden. Spezifisch bildungspolitische Rahmensetzungen für den Ablauf der jeweiligen Bildungsprozesse werden im Bereich Input verortet (z.B. Bildungsausgaben, Bildungspersonal). Neben Indikatoren, die den Bildungsprozess selbst in den Blick nehmen, werden unter den Wirkungen von Bildung schließlich Indikatoren eingeordnet, mit denen sich die unmittelbaren bzw. mittel- oder langfristigen Folgen des Bildungsprozesses analysieren lassen.

Aufbau des Anwendungsleitfadens

Einleitend wurde bereits skizziert, dass der Anwendungsleitfaden in zwei größere Teile gegliedert ist. Ein erster Hauptteil stellt aus einer Gesamtperspektive Grundinformationen für den möglichen Aufbau und eine entsprechende Strukturierung eines kommunalen Bildungsmonitorings bereit. Dabei erfolgt erstens eine Unterscheidung zwischen Kern- bzw. Überblicksindikatoren, die zentrale Informationen über den jeweiligen Bildungsbereich bereitstellen sollen, und Ergänzungsindikatoren, die darüber hinaus Informationen beinhalten, welche bei entsprechenden kommunalen Schwerpunktsetzungen zusätzlich berücksichtigt werden können. Zu beachten ist in diesem Zusammenhang, dass sich Indikatoren in der Regel aus mehreren Kennzahlen zusammensetzen.

Zweitens wird ein Überblick über die Datenlage für die Etablierung eines kommunalen Bildungsmonitorings gegeben. Dabei kann sich ein kommunaler Bildungsbericht auf zahlreiche amtliche und nichtamtliche Datenquellen stützen (vgl. Kapitel 10). Hierbei wird im Anwendungsleitfaden explizit darauf hingewiesen, dass neben einer großen Bandbreite an Daten aus dem Bildungsbereich, die von den Statistischen Landesämtern und dem Statistischen Bundesamt bereitgestellt werden können, auch auf zahlreiche weitere Daten, die in der Kommunalverwaltung vorliegen oder auf weitere nichtamtliche Daten zurückgegriffen werden sollte. Dies ist insbesondere deswegen von Bedeutung, weil ein kommunales Bildungsmonitoring die kommunalspezifische Situation in den Mittelpunkt der Betrachtung stellen sollte und sich somit nicht nur auf landes- oder bundesweit einheitlich vorliegende Daten stützten kann.

Drittens wird im Anwendungsleitfaden vor dem Hintergrund der Handlungsfelder der Bildungspolitik auf kommunaler Ebene und in Anlehnung an die Bildungsberichterstattung auf nationaler Ebene eine Gliederung einer kommunalen Bildungsberichterstattung in die folgenden Kapitel vorgeschlagen:

- Kapitel A Rahmenbedingungen;
- Kapitel B Grundinformationen zur Bildung;
- Kapitel C Tageseinrichtungen für Kinder;
- Kapitel D Allgemeinbildende Schulen;
- Kapitel E Berufliche Bildung;
- Kapitel F Hochschulen;
- Kapitel G Weiterbildung (Volkshochschulen und sonstige Weiterbildungsträger);
- Kapitel H Non-formale und informelle Lebenswelten (Bibliotheken, Jugendarbeit, Musikschulen);
- Kapitel I Bildungsnetzwerke/Bildungsberatung.

Für jedes dieser Kapitel wird anschließend ein Überblick im Sinne einer ersten Einführung in die Problemstellungen des jeweiligen Bildungsbereichs und seine Bedeutung für die kommunale Bildungsberichterstattung gegeben. Hieraus leiten sich mögliche Indikatorisierungen für ein kommunales Bildungsmonitoring ab, wobei jeweils die Kernindikatoren herausgearbeitet werden. In einer abschließenden Übersicht über den jeweiligen Bildungsbereich werden zusätzlich auch mögliche Ergänzungsindikatoren aufgeführt.

Insbesondere für die Ergänzungsindikatoren ist im Rahmen eines kommunalen Bildungsmonitorings das kommunalspezifische Interesse an der entsprechenden Schwerpunktsetzung herauszuarbeiten.

Der zweite Hauptteil des Anwendungsleitfadens umfasst eine detaillierte Beschreibung aller Kennzahlen, auf denen die Überblicks-, Kern- und Ergänzungsindikatoren basieren. Abbildung 9.1 zeigt exemplarisch die Darstellung einer solchen Kennzahl.

Abb. 9.1: Kernkennzahl D11.1

D11 Einschulungen

Bereich: Allgemeinbildende Schulen **Beschreibung der Kennzahl**	Indikator: D11 – Einschulungen **▶Kern**
▶ *D11.1: Anteil der früh bzw. spät eingeschulten Kinder*	
Zweck und Aussagefähigkeit der Kennzahl	Für die kommunale Ebene ist der Anteil der frühzeitig oder verspätet eingeschulten Kinder wichtig in Hinsicht auf den Übergang von Kindertageseinrichtungen (in Trägerschaft der oder mit Förderung durch die Gemeinden) in die Grundschule. Das Einschulungsalter hat Auswirkungen auf die Verweildauer in Kindertageseinrichtungen und damit auf deren Auslastung.
Berechnungsformel	$\text{Anteil der früh bzw. spät eingeschulten Kinder in \%} = \frac{\text{Anzahl der früh bzw. spät eingeschulten Kinder}}{\text{Anzahl aller eingeschulten Kinder}} \times 100$
Exakte Definition der Bezugsgrößen	*Früh eingeschulte Kinder:* Kinder, die eingeschult wurden und erst nach dem gesetzlich festgelegten Stichtag das sechste Lebensjahr vollendet haben. *Spät eingeschulte Kinder:* Kinder, die bereits im Vorjahr schulpflichtig waren, aber erst im laufenden Schuljahr (evtl. nach späterer Rückstellung im vorangegangenen Schuljahr erneut) eingeschult wurden. *Anzahl der eingeschulten Kinder:* Anzahl der Kinder, die in der betrachteten Gebietseinheit im betrachteten Zeitraum eingeschult wurden.
Datenquellen	I. Amtliche Schulstatistik II. Kommunale Bildungsdatenbank
Gliederung der Kennzahl	Geschlecht Trägerschaft
Regionale Bezugsebene	Land – Regierungsbezirk – Kreis
Periodizität der Verfügbarkeit der Daten	Jährliche Erhebung der amtlichen Schulstatistik, in der Regel zu Beginn des Schuljahres
Bezug zu anderen Kennzahlen	Die Kennzahl „Anteil der früh bzw. spät eingeschulten Kinder“ ergänzt die Kennzahl „Durchschnittliches Einschulungsalter“ hinsichtlich der Information über das Einschulungsverhalten.
Bezug zu anderen Berichtssystemen	Schulentwicklungsplan – Schulbericht

Quelle: Statistisches Bundesamt, Statistisches Landesamt Baden-Württemberg & Deutsches Institut für Erwachsenenbildung, 2013, S. 101

Die Kennzahl D11.1. (Anteil der früh bzw. spät eingeschulten Kinder) ist dem Bildungsbereich D (Allgemeinbildende Schulen) zugeordnet. Beschrieben wird zunächst ihr „Zweck und ihre Aussagefähigkeit“. Dabei werden sowohl die Möglichkeiten aufgezeigt, die sich bei einer Darstellung der Kennzahl ergeben, als auch Grenzen der Aussagekraft der Kennzahl problematisiert.

Für die Arbeit mit Kennzahlen ist es von großer Bedeutung, einerseits die „Berechnungsgrundlagen“ zu kennen, aufgrund derer die Kennzahl gebildet wird, und sich andererseits in einem präzisen begrifflichen Rahmen zu bewegen. Letzteres wird unter der Kategorie „Exakte Definition der Bezugsgrößen" berücksichtigt. Von Relevanz ist auch die Kenntnis der für die Berechnung der Kennzahl herangezogenen „Datenquellen". Darüber hinaus wird unter dem Aspekt der „Gliederung der Kennzahl" verdeutlicht, in welcher Ausdifferenzierung die jeweilige Kennzahl dargestellt werden kann. Weiterhin wird unter der Rubrik „Regionale Bezugsebene" aufgeschlüsselt, für welche Gebietseinheiten Daten verfügbar sind. Die „Periodizität und Verfügbarkeit der Daten" verweist darauf, wie häufig die entsprechenden Daten erhoben werden.

Die Kategorie „Bezug zu anderen Kennzahlen" ordnet die Kennzahl in einen Gesamtzusammenhang ein, indem einerseits auf Basiszahlen, aus denen sie sich zusammensetzt und andererseits auf thematisch eng anknüpfende Kennzahlen verwiesen wird. Schließlich erschließt die Kategorie „Bezug zu anderen Berichtssystemen", in welchen Berichtssystemen auf kommunaler, Landes- oder Bundesebene die Kennzahl ebenfalls verwendet wird.

Weiterentwicklung des Anwendungsleitfadens

Bereits bei der Konzeption des Anwendungsleitfadens im Jahr 2008 stand der Leitgedanke im Vordergrund, eine Publikation vorzulegen, die sich in einem fortlaufenden Evaluierungsprozess bewegen sollte. Dies ist zum einen darauf zurückzuführen, dass, wie bereits dargestellt, das kommunale Bildungsmonitoring noch nicht auf eine etablierte Tradition zurückblicken kann. Erfahrungen aus der kommunalen Arbeit mit dem Anwendungsleitfaden, um ein kommunales Bildungsmonitoring zu etablieren, sind daher bereits in zwei überarbeitete Versionen eingeflossen und werden auch zukünftig weiter berücksichtigt werden.

Darüber hinaus ist zu bedenken, dass Weiterentwicklungen der amtlichen Bildungsstatistik oder – teilweise damit zusammenhängend – aktuelle bildungspolitische Fragestellungen immer von Interesse für die Bildungsberichterstattung und damit auch für ein kommunales Bildungsmonitoring sind. In diesem Kontext muss daher analysiert werden, ob und in welcher Form entsprechende Weiterentwicklungen und Fragestellungen mittels Kennzahlen und Indikatoren in den Anwendungsleitfaden aufgenommen werden können. Für bereits bestehende Kennzahlen können sich darüber hinaus Veränderungen hinsichtlich der Differenzierungsmöglichkeiten in der Gliederung der Kennzahl ergeben.

Für die Aufnahme weiterer Kennzahlen und Indikatoren sind dabei einerseits Bereiche des Anwendungsleitfadens, die sich weitgehend auf amtliche Statistiken stützen, im Fokus. Dies gilt insbesondere für die Kinder- und Jugendhilfestatistik, die Schulstatistik, die Berufsbildungsstatistik und die Hochschulstatistik.

Darüber hinaus ist es aber auch von zentraler Bedeutung, die Bereiche der Weiterbildung, der non-formalen und der informellen Lernwelten stärker im Anwendungsleitfaden zu verankern. Diese Bereiche können durch die Statistischen Ämter des Bundes und der Länder nur in Ansätzen durch eigene Daten gefüllt werden. Gerade vor dem Hintergrund der Perspektive eines lebenslangen Lernens wird der Erschließung und

Nutzbarmachung weiterer Datenquellen in diesem Bereich für ein kommunales Bildungsmonitoring und der sich daran anschließenden Indikatorisierung große Bedeutung beigemessen. Dabei ist hervorzuheben, dass hier neben quantitativen Kennzahlen auch weitere überwiegend qualitative Elemente berücksichtigt werden sollten.

9.2 Grundlegendes zur praktischen Arbeit mit dem Anwendungsleitfaden

Grundgedanken zum Einstieg in die Arbeit mit dem Anwendungsleitfaden

Wie im vorangegangenen Unterkapitel dargelegt, kann der Anwendungsleitfaden hinsichtlich der theoretischen Fundierung und der damit verbundenen Anschlussfähigkeit zur Bildungsberichterstattung auf anderen regionalen Ebenen einen Beitrag leisten. Die im Anwendungsleitfaden vorgeschlagenen Kern- und Überblicksindikatoren wurden unter Aspekten der Steuerungsrelevanz bestimmt und sind aus Sicht der amtlichen Statistik grundlegend zur Darstellung der Bildungslandschaft auf kommunaler Ebene. Durch sie ist sowohl ein Einstieg in die Thematik, als auch gleichzeitig ein breit angelegtes Monitoring in ausgewählten Bildungsbereichen möglich. Vor der praktischen Arbeit mit dem Anwendungsleitfaden müssen innerhalb der Kommune allerdings zentrale Fragen geklärt werden, auf die der Anwendungsleitfaden selbst keine Antwort gibt und geben will.

Die grundlegendsten Fragen sind dabei sicherlich die des Ziels und des Umfangs eines kommunalen Bildungsmonitorings. Was genau soll gesteuert werden und auf der Grundlage welcher Indikatoren? Welche Bildungsbereiche und Problemlagen sind in der Kommune von besonderem Interesse und wo liegen auf Grundlage der Ergebnisse des Monitorings die Handlungs- und Steuerungsmöglichkeiten für die Kommunalpolitik? Neben weiteren Fragen zu Organisationstrukturen und Ressourceneinsatz bei der Planung und Etablierung eines kommunalen Bildungsmonitorings sind dies die Fragen, die nicht vom Anwendungsleitfaden beantwortet werden können (vgl. dazu Kapitel 1, 4, 6 und 7). Es kann mit dem Anwendungsleitfaden also kein fest definierter Handlungsplan zum Aufbau eines kommunalen Bildungsmonitorings insgesamt, sondern vielmehr ein Orientierungsrahmen und eine theoretische Fundierung geliefert werden.

Operationalisierung kommunaler Fragestellungen

Einen Orientierungsrahmen liefert der Anwendungsleitfaden dabei insbesondere im Hinblick auf die zentrale Frage der Operationalisierung von kommunalen Fragestellungen im Bildungsbereich und damit verbundenen Erkenntnisinteressen in Indikatoren. Nur durch eine erfolgreiche Operationalisierung ist es möglich, eine empirisch fundierte Darstellung von Input, Prozessen und Ergebnissen zu ermöglichen und Handlungsempfehlungen und kommunale Maßnahmen abzuleiten.

Ein zentraler Aspekt der Arbeit mit dem Anwendungsleitfaden innerhalb eines kommunalen Bildungsmonitorings liegt also in der Auswahl von für die jeweilige Kommune relevanten Kennzahlen und Indikatoren, wobei diese neben den kommunalen

Schwerpunktinteressen vor allem auf Basis der Steuerungsrelevanz und des Informationsgewinns hinsichtlich der für die Kommune relevanten Fragestellungen erfolgen. Das kommunale Bildungsmonitoring soll im Rahmen eines datenbasierten Bildungsmanagements die relevanten Informationen aus dem Bildungswesen als Entscheidungsgrundlagen liefern. Die Erfassung von Daten aus dem Bildungsbereich und die Darstellung dieser in Indikatoren im Rahmen einer kommunalen Bildungsberichterstattung allein trägt in der Regel noch nichts zur Verbesserung der kommunalen Bildungslandschaft bei. Vielmehr ist die Aufarbeitung und Diskussion der Ergebnisse in der Kommune im Rahmen des Bildungsmanagements unter Einbeziehung der relevanten Akteure anzustreben.

Zur Beschreibung und tieferen Analyse von örtlich relevanten Problemstellungen bieten sich den Kommunen darüber hinaus weitere Möglichkeiten im Rahmen des theoretischen Modells des Anwendungsleitfadens, etwa durch die Auswahl einiger vorgeschlagener Ergänzungsindikatoren, vor allem aber auch durch die Konzeption und Darstellung eigener Indikatoren. Insbesondere bei eigenen Indikatoren sollte darauf geachtet werden, diese in den theoretischen Rahmen des Kontext-Input-Prozess-Output-Modells einzubetten. Bei der Operationalisierung neuer Erkenntnisinteressen in eigene Indikatoren sollte stets geprüft werden, ob zur Beurteilung eines bestimmten Sachverhalts schon andere geeignete Indikatoren und Kennzahlen vorhanden sind. Darüber hinaus kann ein kommunales Bildungsmonitoring auch weitere Aspekte der Informationsgewinnung und Darstellung neben dem regelmäßigen und indikatorengestützten Bereich umfassen. Dazu zählen Darstellungen von Evaluationsergebnissen und Maßnahmen zur Qualitätsentwicklung, qualitative und narrative Darstellungen besonderer Projekte und Anstrengungen in den Kommunen sowie vertiefende thematische Analysen.

Datenverfügbarkeit und Datenzugang

Nach der Identifizierung von kommunal relevanten Kennzahlen und Indikatoren ist eine weitere grundlegende Frage bei der Arbeit mit Kennzahlen und Indikatoren die der Datenverfügbarkeit und des Datenzugangs. Ohne entsprechende Rohdaten kann keine Kennzahl oder Indikator erstellt werden. Zur Vereinfachung dieser Problematik sollte daher – soweit möglich – auf Daten aus verfügbaren statistischen Quellen zurückgegriffen werden. Diese Daten sind dabei nicht eigens für den Zweck der Erstellung des jeweiligen Indikators erhoben worden, sondern wurden bereits im Vorfeld im Rahmen anderer Fragestellungen ermittelt. Der Anwendungsleitfaden kann auch für Arbeitsschritte im Zusammenhang mit Fragen der Datenverfügbarkeit und des Datenzugangs herangezogen werden. Für die in ihm enthaltenen Kennzahlen und Indikatoren werden jeweils Datenquellen genannt, wobei sich zudem fast alle aufgeführten Kennzahlen des Anwendungsleitfadens, insbesondere die Kern- und Überblicksindikatoren, aus statistischen Quellen speisen. Auch weitere Kennzahlen, die aus kommunalspezifischer Perspektive von Bedeutung sind, und die nicht im Anwendungsleitfaden aufgeführt sind, greifen ggf. auf eine dort genannte Datenquelle zurück (vgl. auch Kapitel 10).

Im Rahmen der Arbeit im Programm „Lernen vor Ort“ stellt die amtliche Statistik seit Juni des Jahres 2013 als Serviceleistung für interessierte Kommunen die Kern- und Überblicksindikatoren des Anwendungsleitfadens kostenlos und öffentlich zugänglich über eine Internetdatenbank für alle Kreise und kreisfreien Städte zur Verfügung.

Bei neuen kommunalspezifischen Indikatoren lässt sich oft nicht vermeiden, die Daten über primärstatistische Erhebungen eigens für den betreffenden Indikator zu beschaffen. Es sollte im Rahmen des kommunalen Bildungsmonitorings jedoch darauf geachtet werden, die Zahl der Indikatoren aus primärstatistischen Erhebungen so gering wie möglich zu halten, um den Aufwand und die Kosten zu minimieren und die Handhabbarkeit zu erhöhen.

Darstellung und Interpretation der Daten

Die Darstellung der Indikatoren darf sich, sei es nun in der öffentlichen Berichterstattung oder in kommunalinternen Präsentationen, nicht allein auf die Präsentation von Wertetabellen, Grafiken oder Diagramme beschränken, sondern ist stets von einer Dateninterpretation und Erklärung zu begleiten. Dabei sollten die dargestellten Werte in Zusammenhang mit kommunalen oder auch landesweiten Entwicklungen gestellt, lokale Beispiele – oder aber auch Gegenbeispiele – angeführt, Erklärungsmuster für Werteentwicklungen angeboten und gegebenenfalls Maßnahmen zur Steuerung der künftigen Entwicklung vorgeschlagen werden. Auch Verweise zwischen den Ergebnissen aus unterschiedlichen Bereichen, insbesondere ein Bezug zu den Rahmenbedingungen, sind für eine umfassende Argumentation und Interpretation unerlässlich. Auch für diesen Abschnitt des Arbeitsprozesses kann der Anwendungsleitfaden für die praktische Arbeit in der Kommune herangezogen werden. Für alle Kennzahlen und Indikatoren werden Bezüge zu anderen, verwandten Kennzahlen aufgezeigt, die auch im jeweiligen kommunalspezifischen Zusammenhang von Bedeutung sein könnten.

Eine stichhaltige und sachlich richtige Interpretation lässt sich darüber hinaus nur vornehmen, wenn Kenntnisse über die Datengrundlage hinsichtlich des Erhebungsumfangs und der Erhebungsmethodik bekannt sind. Diese können im Bereich der Bildungsstatistiken aufgrund des Bildungsföderalismus, insbesondere im Bereich der Schulstatistik, von Bundesland zu Bundesland verschieden sein. Es ist daher zu empfehlen, sich bei den jeweiligen erhebenden Stellen (in der Regel das zuständige Statistische Landesamt) eingehend über die Erhebungsgrundlagen und Methoden der entsprechenden Daten zu informieren. Eventuell damit verbundene Einschränkungen hinsichtlich der Aussagekraft sollten sowohl bei der Interpretation der Ergebnisse bedacht, als auch bei der Darstellung für Außenstehende kenntlich gemacht werden. Der räumliche Kontext der Ergebnisse, sei es nun auf nationaler oder regionaler Ebene, muss auf jeden Fall beachtet werden. Im Bildungswesen sind bei einigen Fragestellungen Vergleiche mit Kreisen anderer Bundesländer schwierig. Im Rahmen der kommunalen Berichterstattung sollten daher in erster Linie Bezüge zur jeweiligen Bildungsberichterstattung des betreffenden Bundeslandes hergestellt werden.

Kleinräumige Analysen

Ein weiterer wichtiger Aspekt bei der Arbeit mit dem Anwendungsleitfaden betrifft die Darstellung kleinräumiger Ergebnisse unterhalb der Kreisebene. Zunächst ist festzustellen, dass die im Anwendungsleitfaden vorgeschlagenen Kennzahlen für Aussagen auf der Kreisebene konzipiert wurden. Bei vielen Kennzahlen im Bildungsbereich lassen sich die gewählten Methoden und Berechnungsformeln nicht ohne Anpassung auf kleinere Raumeinheiten, wie etwa die Gemeindeebene, übertragen. Aufgrund der jeweiligen Erhebungsmethode sind Aussagen unterhalb der Kreisebene teilweise schlichtweg nicht mehr möglich. Darüber hinaus sollte insbesondere bei kleinräumigen Darstellungen der Datenschutz beachtet und eingehend geprüft werden. Es bietet sich hier ebenfalls an, mit den entsprechenden erhebenden Stellen oder den zuständigen Landesministerien und Behörden in Kontakt zu treten, um Fragen der Möglichkeiten der Darstellung und Interpretation von kleinräumigen Ergebnissen des kommunalen Bildungsmonitorings gemeinsam zu erörtern.

Literatur

Deutsches Institut für Internationale Pädagogische Forschung in Kooperation mit: Deutsches Jugendinstitut, Hochschul-Informations-System GmbH, Soziologisches Forschungsinstitut an der Universität Göttingen & Statistische Ämter des Bundes und der Länder (2007). *Das weiterentwickelte Indikatorenkonzept der Bildungsberichterstattung*. Berlin, Frankfurt. Verfügbar unter: http://www.bildungsbericht.de/daten2008/indikatorenkonzept.pdf. [17.03.2014].

Europäische Gemeinschaft (Hrsg.). (2001). *Mitteilung der Kommission der Europäischen Gemeinschaft: „Einen europäischen Raum des Lebenslangen Lernens schaffen" vom 21.11.2001.*

Projektteam „Kommunales Bildungsmonitoring" (KBM) des Deutschen Instituts für Internationale Pädagogische Forschung (DIPF) (2011). *Wie erstellt man einen kommunalen Bildungsbericht*. Handreichung im Programm „Lernen vor Ort". Bonn.

Statistisches Bundesamt, Statistisches Landesamt Baden-Württemberg & Deutsches Institut für Erwachsenenbildung (2013). *Anwendungsleitfaden zum Aufbau eines kommunalen Bildungsmonitoring*. Version Juni 2013. Wiesbaden, Stuttgart, Bonn. Verfügbar unter: https://www.bildungsmonitoring.de/bildung/misc/Anwendungsleitfaden.pdf. [17.03.2014].

Tim Siepke

10. Datengrundlagen eines kommunalen Bildungsmonitorings

Die Berücksichtigung verschiedener Datenquellen ist eine zentrale Grundlage für die Konzeption und Umsetzung eines kommunalen Bildungsmonitorings, doch sollte die Verwendung verfügbarer statistischer und sonstiger Daten den strategischen Zielsetzungen eines Bildungsmonitorings als Steuerungsinstrument, den mit den angestrebten Produktformen verbundenen Erkenntnisinteressen und einem theoretisch begründeten Verständnis des Bildungssystems und seiner Teilbereiche untergeordnet werden. Diese Aspekte stellen die Bezugspunkte der darstellbaren Themen dar. Die Auswahl, Generierung, Kombination und Transformation relevanter Daten (vgl. Döbert, 2007) ist konzeptionell geleitet durch die Informationsbedarfe, die ein Bildungsmonitoring bedienen soll. Auf dieser Grundlage bestimmen die Verfügbarkeit verschiedener fortschreibbarer und valider Daten und der Zugang zu ihnen die Gestalt eines kommunalen Bildungsmonitorings, die Vielfalt der operationalisierbaren Themen und die analytische Tiefe ihrer Betrachtung.

In einem ersten Abschnitt (10.1) werden daher, ausgehend von den übergeordneten Funktionserwartungen an ein kommunales Bildungsmonitoring (vgl. Kapitel 6), Kriterien an die Datenbasis formuliert, die sowohl den Gegenstand als auch die Art der Erhebung verfügbarer Statistiken betreffen. Eine Vielzahl der Kriterien wird von der amtlichen Statistik erfüllt. Daher wird sie als zentrale Grundlage eines kommunalen Bildungsmonitorings angesehen. Ihr Erhebungsspektrum, aber auch ihre Defizite werden im Abschnitt 10.2 aufgegriffen und ergänzend (Abschnitt 10.3) nicht-amtliche Statistiken vorgestellt und hinsichtlich ihrer zusätzlichen Informationen betrachtet. Der Abschnitt 10.4 widmet sich der Operationalisierung der non-formalen Bildung und des informellen Lernens und gibt einen Überblick über die dafür geeigneten verfügbaren Datenbestände und zeigt Desiderata auf.

10.1 Kriterien für die Datenbasis eines kommunalen Bildungsmonitorings

Die an ein kommunales Bildungsmonitoring herangetragenen Erwartungen lassen sich nur durch eine geeignete Datenbasis einlösen, die eine Vielzahl von Merkmalskombinationen auch auf einer kleinräumigen Aggregationsebene zulässt. Diese Bedingung schließt eine Reihe von Panels und Surveys, wie etwa das sozioökonomische Panel (SOEP), das Betriebspanel des Instituts für Arbeitsmarkt- und Berufsforschung (IAB), aber auch die Mehrheit der nationalen Schulleistungsuntersuchungen, die für die nationale Bildungsberichterstattung basale Informationsquellen darstellen, für eine Ableitung von belastbaren Aussagen auf kommunaler Ebene aus. Es gilt: Je mehr Differenzierungen in die Berechnungen von Kennziffern einbezogen werden und je niedriger die berichtete räumliche Ebene aggregiert sein soll, desto eher ist auf Vollerhebungen, etwa der amtlichen Statistik, zurückzugreifen.

Ein kommunales Bildungsmonitoring strebt u.a. die systematische Information über das Erreichen und Verfehlen politisch gesetzter und gesellschaftlich getragener Ziele von Bildung an. Es gibt Aufschluss über die spezifischen kommunalen Voraussetzungen und Bedingungen des Bildungswesens zur selbstbestimmten Gestaltung der individuellen Lernbiografien, zur Abdeckung des regionalen Arbeitskräftebedarfs und zur Sicherung gesellschaftlicher Teilhabe. Es soll darüber hinaus die darauf ausgerichteten Steuerungsabsichten offenlegen und eine Bewertung von Steuerungsstrategien unterstützen. Um diese Ziele zu erreichen, muss es im Rahmen des Monitorings gelingen, das Bildungswesen ausschnitthaft in Form von Indikatoren zu fassen, die als komplexe, theoretisch fundierte Konstrukte aus mehreren konkreten Kennziffern in ihrer Zusammenschau eine bestimmte Qualität des Bildungsgeschehens zum Ausdruck bringen (vgl. Projektteam KBM, 2011). Indikatoren basieren zum einen auf theoretischen Annahmen, die den gewählten Ausschnitt des Bildungswesens definieren, als auch auf normativen bzw. bildungspolitischen Setzungen, die einen Maßstab zur Beurteilung von Bildungsqualität beinhalten. Der analytische Zugewinn eines indikatorengestützten Bildungsmonitorings liegt in dem Zielbezug und der theoretischen Herleitung der ausgewählten Daten. Die Auswahl von Themen für ein kommunales Bildungsmonitoring und damit auch der Daten orientiert sich folglich an strategischen Zielen der Kommune, an aktuellen Problemen und Fragestellungen des Bildungswesens und an der Relevanz für bildungspolitische Steuerungsfragen (vgl. Kapitel 6 und 7).

Die innerhalb der Indikatoren argumentativ verknüpften Kennziffern besitzen per se keine Aussagekraft über die Qualität eines kommunalen Bildungswesens. Erst die Berücksichtigung von Bewertungsmaßstäben, die man zu ihrer Beurteilung und Bewertung heranzieht, ermöglicht eine qualitative Einordnung der dargestellten Informationen. Döbert (2007) unterscheidet zwischen kriterialen, sozialen und ipsativen Bewertungsmaßstäben (vgl. Avenarius et al., 2003).

Bei der ipsativen bzw. selbstreferenziellen Gegenüberstellung werden dieselben Merkmale zu mindestens zwei Zeitpunkten erhoben und hinsichtlich ihrer Veränderung bewertet. Diese Beobachtung von Entwicklungen im Zeitverlauf stellt einen zentralen Anspruch des Bildungsmonitorings dar. Um ihm gerecht zu werden, ist es unabdingbar, dass ein Großteil der Datenbasis auf regelmäßigen Erhebungen der gleichen Gegenstände basiert, denn die Fortschreibbarkeit der Datenbasis begründet entscheidend das analytische Potenzial des Bildungsmonitorings.

Die sozialen Bewertungsmaßstäbe zielen auf die Gegenüberstellung der Merkmalsausprägungen von zwei verschiedenen Beobachtungseinheiten ab, die sich sowohl nach soziostrukturellen Merkmalen wie auch nach räumlichen Merkmalen unterscheiden können[1] (vgl. Deutsches Institut für Internationale Pädagogische Forschung, 2007). Dazu zählt eine Beschreibung der Angebotsstrukturen und Nutzungsmodalitäten sämtlicher institutionalisierter Bildungsbereiche und damit der regional variierenden Gelegenheitsstrukturen für Bildung. Hinzu kommt ein Bedarf an Daten, die differenzierte Aussagen über Bildungszugänge und Bildungserfolge verschiedener Bevölkerungsgruppen über die Kombination von Hintergrundmerkmalen ermöglichen; so etwa über den Zusammenhang von institutionellen Gegebenheiten, wie etwa der Schulart oder der Trägerschaft von Einrichtungen und der Bildungsbeteiligung von Kindern und Jugendlichen nach sozialen Merkmalen. Im Überblick lassen sich folgende zentrale Aspekte aufführen, nach denen Kennziffern und Indikatoren differenziert werden können:

- Trägerschaft der Institution (z.B. privat bzw. öffentlich);
- Art der Institution (z.B. Schulart);
- Geschlecht (männlich/weiblich);
- Alter (Altersgruppen);
- Migrationshintergrund bzw. Zuwanderungshintergrund;
- Sozioökonomischer Hintergrund.

In diesem Sinne ergibt sich die Konstruktion der benannten Vergleiche aus der Verknüpfung von Kennziffern auf individueller Ebene bzw. Personenmerkmale wie z.B. sozioökonomischer Hintergrund und Migrationshintergrund, mit der Ebene der Institution, so etwa zur Art der besuchten Schule oder zur Trägerschaft der Kindertageseinrichtung aber auch zu räumlichen Ebenen. Aber nicht jedwede Kombination von Differenzierungsmerkmalen ist für alle Bereiche eines Bildungsmonitorings relevant und darüber hinaus umsetzbar. So etwa werden in den relevanten amtlichen Bildungsstatistiken keine Merkmale zum sozioökonomischen Status der erfassten Personen erhoben.

Räumliche Referenzwerte für einen auf kommunaler Ebene erfassten Aspekt der Bildungsqualität können auf demselben räumlichen Aggregationsniveau oder einem höheren liegen. Die Gegenüberstellung einer auf kommunaler Ebene aggregierten Kennzahl mit Landeswerten erscheint sinnvoll, da hier insbesondere von ähnlichen rechtlichen und wirtschaftlichen Rahmenbedingungen von Bildung ausgegangen und Differenzen in den Merkmalausprägungen vor diesem Hintergrund sinnvoll interpretiert werden können. Bezüge zur nationalen Ebene im Rahmen eines kommunalen Bildungsmonitorings erscheinen dementsprechend wenig zielführend. Bildungspolitische Diskussionen verlangen jedoch häufig einen unmittelbaren Vergleich mit umliegenden Kreisen bzw. Städten. Die Einordnung und Bewertung der zueinander in Beziehung gesetzten Objekte und ihrer Eigenschaften setzt allerdings ihre begründete Auswahl voraus. Herangezogene Vergleichskommunen sollten möglichst ähnliche Rahmenbedingungen aufweisen, ein ähnliches demografisches wie wirtschaftsstrukturelles Profil

---

1 Ein Beispiel für die Gegenüberstellung nach soziostrukturellen Merkmalen der Beobachtungseinheiten ist der Vergleich der Anteile der weiblichen und männlichen Abgänger von allgemeinbildenden Schulen ohne einen Hauptschulabschluss. Eine Gegenüberstellung nach räumlichen Merkmalen entspräche z.B. dem Vergleich der Abgänger von allgemeinbildenden Schulen ohne einen Hauptschulabschluss im Bundesland A und im Bundesland B.

und eine ähnliche Beschäftigungsstruktur vorweisen sowie nicht zuletzt über vergleichbare Gegebenheiten der Bildungsinfrastruktur verfügen.

Ein spezifischer Ansatz des kommunalen Bildungsmonitorings ist die differenzierte vergleichende Betrachtung von Bildungsangeboten, Bildungswegen und erworbenen Qualifikationen zwischen räumlichen Bezugseinheiten unterhalb der Kreisebene, also definierten statistischen Raumeinheiten bzw. Verwaltungseinheiten wie etwa Gemeinden, Stadtbezirken, Stadtteilen, Ortsteilen, statistischen Bezirken, Quartieren bis hin zu Baublöcken. Die Bezeichnungen variieren zwischen den Kommunen und den sie definierenden Verwaltungsressorts. Mehrheitlich aber lassen sich ihnen die Standorte von Bildungseinrichtungen zuordnen, jedoch daraus keine Rückschlüsse auf die tatsächlichen Einzugsgebiete ziehen (vgl. Abschnitt 10.2). Eine detaillierte Analyse räumlich differenter Lebensbedingungen und ihres Niederschlags auf Bildungsstrukturen kann auf Handlungsnotwendigkeiten verweisen, indem Effekte der Verteilung von Bildungsangeboten in der Region auf die Bildungsteilhabe unterschiedlicher Bevölkerungsgruppen deutlich werden (vgl. Weishaupt, 2010).

Ein kriterialer Vergleich bezieht sich auf zu erreichende Zielwerte oder sonstige Referenzgrößen. Ein Beispiel dafür ist der gesetzlich vorgegebene Ausbau des Angebots an Betreuungsplätzen für Kinder bis zum 3. Lebensjahr oder die vom Dresdner Bildungsgipfel beschlossene Halbierung des Anteils der Schulabgänger ohne Schulabschluss auf vier Prozent bis 2015. Für die Bemühungen der EU, im Bereich der Bildungspolitik Einfluss zu gewinnen, haben Benchmarks eine zentrale Bedeutung (vgl. European Commission, 2012). Aber auch für ein kommunales Bildungsmonitoring können spezifische kommunale Zielvorgaben wichtige Orientierungspunkte darstellen. Der kriteriale Vergleich betont besonders den Aspekt der Rechenschaftslegung bezogen auf politische und rechtliche Vorgaben und hat insofern im Rahmen eines Monitorings eine besondere Relevanz.

Bei der Entwicklung eines Indikatorenkonzepts kann es nicht darum gehen, jeweils alle Problemdimensionen nach allen drei Vergleichsmaßstäben zu analysieren, sondern darum, für jeden Bericht eine Auswahl zu treffen. Da ein Monitoring periodisch angelegt ist, bietet es sich an, jeweils wechselnde Schwerpunkte zu setzen, damit die Berichte immer wieder durch neue Akzente und andere Schwerpunkte Aufmerksamkeit gewinnen. Dies wird dadurch erleichtert, dass manche Daten nur in größeren zeitlichen Abständen verfügbar sind und nur ein begrenzter Datenbestand fortlaufend berichtet werden kann.

Da ein Bildungsmonitoring eher in Ausnahmefällen auf eigenen Erhebungen beruht, gilt es, die verschiedenen Statistiken, Analysen und Fachplanungen, die als Datenbasis dienen, auf ihre Validität, Reliabilität und Objektivität hin zu prüfen (vgl. DIPF, 2007; Oakes, 1986). Insbesondere die Validität der den Statistiken zu Grunde liegenden Erhebungen ist von besonderer Bedeutung, denn erst sie gestattet die Betrachtung und Gegenüberstellung von operationalisierten Konstrukten in der Zeit. Eine verlässliche Identifizierung gleicher Gruppen in verschiedenen Bildungsphasen und Bereichen setzt die Vergleichbarkeit der Statistiken und die Einheitlichkeit der hinter den Erhebungsmerkmalen stehenden Begriffskonzepte voraus. Oftmals aber werden Konstrukte wie etwa der Migrationshintergrund sehr unterschiedlich operationalisiert (vgl. Abschnitt 10.2). Eine exakte Nachzeichnung von Bildungsverläufen ist aber nur durch die Erhebung von retrospektiven Merkmalen der Bildungsbiografie auf Individualebene oder die Kennzeichnung der erhobenen Merkmale mit einem personalisierten Identifikations-Code möglich (vgl. Konsortium Bildungsberichterstattung, 2006; Kühne, 2010).

Von dem Anspruch periodischer Vollerhebungen bleibt die vereinzelte punktuelle Untersuchung und Analyse von Schwerpunktthemen unbenommen. Hier können aktuelle Themen und Entwicklungen im Bildungssystem aufgegriffen und vom Kriterium der Wiederholbarkeit der Datenerhebung abgewichen werden. Auf diese Weise können auch einmalige Erhebungen, die wichtige Informationen über die Leistungsfähigkeit des Bildungssystems liefern, in das Bildungsmonitoring eingehen.

Jedoch muss betont werden, dass auch unter Berücksichtigung ergänzender Datengrundlagen (vgl. Abschnitt 10.3) ein kommunales Bildungsmonitoring einer umfassenden Information über Kontextbedingungen, Inputmerkmale, Bildungsverläufe, Bildungseffekte und -erträge und der Zusammenhänge zwischen diesen Analysedimensionen nicht gerecht werden kann. Insbesondere der Informationsstand zum Zusammenhang der Modalitäten des Kompetenzerwerbs und der erlangten Kompetenzniveaus ist als mangelhaft einzuschätzen. Verfügbare Erhebungen rekurrieren auf Qualitätsmerkmale der Organisation von Bildungsinstitutionen. Die unmittelbaren Einflussfaktoren auf den individuellen Kompetenzerwerbs, insbesondere Aspekte der Gestaltung der Lehr-Lern-Interaktion innerhalb der Bildungsinstitutionen, werden allenfalls mittels retrospektiver Einschätzungen von Bildungsteilnehmern und des Lehrpersonals erfasst. Gleichwohl aber lassen sich Informationsgrundlagen benennen, die Ansätze für eine indikatorengestützte Darstellung von bislang im kommunalen Bildungsmonitoring eher randständig betrachteten Themenfeldern tragen können.

10.2 Allgemein verfügbare Datenbasis

Ausgehend von den Themenfeldern, für die ein kommunales Bildungsmonitoring belastbare Informationen bereitstellen soll, umreißt der folgende Abschnitt die Erhebungen der amtlichen Statistik und die Aspekte, die bundesweit für alle Kreise und kreisfreien Städte auf ihrer Grundlage darstellbar sind. Die amtliche Statistik bildet auch auf kommunaler Ebene das Fundament an validen und fortschreibbaren Daten, offenbart aber gleichermaßen Datenlücken und Fortentwicklungsbedarfe, die ebenfalls aufgegriffen werden.

Die amtliche Statistik als Sammelbegriff für die Statistiken, „die von den für die Statistik zuständigen Behörden und Ämtern [gemäß rechtlicher Regelungen] erhoben, aufbereitet und veröffentlicht werden“ (Köhler, 1980, S. 1217; vgl. Rinne, 1996), stellt auf Grundlage regelmäßiger Vollerhebungen für alle Bildungsbereiche (bis auf den Weiterbildungsbereich) sowie sozial- und infrastrukturelle Rahmenbedingungen verlässliche Basisdaten in regionaler Gliederung zur Verfügung, was ihre Eignung zur

Analyse bestimmter erfasster Gruppen in bestimmten erfassten Regionen überhaupt erst ermöglicht (vgl. Bayer, 2010). Folgende Statistiken werden regelmäßig veröffentlicht:

- Kinder- und Jugendhilfestatistik;
- Schulstatistik (allgemeinbildende und berufsbildende Schulen);
- Berufsbildungsstatistik;
- Hochschulstatistik.

Die Prozessschritte, in die sich die Erstellung amtlicher Statistiken – von der Ermittlung des Datenbedarfs bis zur Verbreitung und Veröffentlichung – untergliedert, unterliegen klar definierten Qualitätsstandards (vgl. Statistische Ämter des Bundes und der Länder, 2006; Rinne, 1996). „Im Rahmen der Aufbereitung werden in allen statistischen Ämtern die Daten in weitgehend einheitlicher Weise auf ihre Plausibilität, d.h. auf ihre Widerspruchsfreiheit, formale Richtigkeit, inhaltliche Konsistenz, Vollzähligkeit und Vollständigkeit geprüft. Dabei hat es sich als Prinzip durchgesetzt, dass grundsätzlich alle durch formale Vorschriften, logische Schlüsse oder Erfahrung feststellbaren Kontrollmöglichkeiten – sofern sie ergebnisrelevant sind – genutzt werden, um eine höchstmögliche Datenqualität zu sichern.“ (Statistische Ämter des Bundes und der Länder, 2006, S. 37)

Die amtlichen Statistiken für die Kinder- und Jugendhilfe, die berufliche Bildung und die Hochschulen werden nach Art. 73 Abs. 1 Satz 11 GG als Bundesstatistik geführt, deren Erhebung bundeseinheitlich geregelten gesetzlichen Bestimmungen folgt. Das Erhebungsprogramm der amtlichen Schulstatistik wird hingegen vorrangig durch den Datenbedarf der jeweiligen Kultusministerien definiert. Sowohl die Kinder- und Jugendhilfestatistik (seit 2006) als auch die Berufsbildungsstatistik (seit 2007) und die Hochschulstatistik (seit 1994) beruhen bereits auf pseudonymisierten personenbezogenen Daten[2] (Individualdaten). Auf Initiative der Kultusministerkonferenz wird die Umstellung der Schulstatistik auf Individualdaten unter Berücksichtigung eines bundeseinheitlichen Kerndatensatzes angestrebt, dessen Ausgestaltung jedoch den Ländern obliegt (vgl. KMK, 2008). Die Erhebung der Daten ist grundsätzlich Aufgabe der einzelnen Einrichtungen. Deshalb liegen die Bildungsstatistiken prinzipiell für jede Einrichtung vor.

Die erhobenen Daten werden i.d.R. vom Statistischen Bundesamt und von den Statistischen Landesämtern vorgehalten. Eine Ausnahme bildet hier wiederum die Schulstatistik, die eine Behördenstatistik der Kultusministerien ist und deren Datenhaltung in Abhängigkeit vom Bundesland und Erhebungsgegenstand durch die Statistischen Landesämter oder die Kultusministerien übernommen wird. Die Aufbereitungen können entsprechend angefordert werden. Einzelaspekte der Erhebungen (Rohdaten) können den für die Durchführung statistischer Aufgaben zuständigen Stellen der Gemeinden und Gemeindeverbände für ausschließlich statistische Zwecke übermittelt werden und auf Gemeinde- bzw. Jugendamtsbezirksebene veröffentlicht werden (für die Kinder-

2 Bei der Pseudonymisierung wird der Name oder ein anderes Identifikationsmerkmal durch ein Pseudonym ersetzt, um die Identifizierung des Betroffenen aus datenschutzrechtlichen Gründen auszuschließen oder wesentlich zu erschweren.

und Jugendhilfestatistik § 103 SGB VIII), sofern „durch Landesgesetz eine Trennung dieser Stellen von anderen kommunalen Verwaltungsstellen sichergestellt und das Statistikgeheimnis durch Organisation und Verfahren gewährleistet ist“ (§ 16 Abs. 5 des Bundesstatistikgesetzes). Existiert im Kreis keine vom Verwaltungsvollzug getrennte Statistikstelle, können nur die nach Ermessen der Statistischen Landesämter und des Statistischen Bundesamtes aggregierten Datenzusammenstellungen genutzt werden. Jedoch ist zu betonen, dass auch Städte, die die formalen Voraussetzungen des Bundesstatistikgesetzes erfüllen, auf die Bereitschaft zur Herausgabe detaillierter Datenlieferungen der datenhaltenden Landesbehörden angewiesen sind. Die Praktiken der Zusammenarbeit zwischen den Ländern und Kommunen variieren in diesem Zusammenhang zwischen den Bundesländern. Die Problematik des Datenzugangs im kommunalen Bildungsmonitoring wird zunehmend auch im Lichte der „Informationsfreiheitsgesetze, die der Bund und die Mehrzahl der Länder[3] in den vergangenen Jahren verabschiedet haben [diskutiert]. Danach hat grundsätzlich jeder, ob natürliche oder juristische Person, gegenüber Behörden und anderen öffentlichen Stellen Anspruch auf Zugang zu amtlichen Informationen, soweit es sich nicht um personenbezogene Daten handelt.“ (Avenarius, 2011, S. 3)

Das Statistische Bundesamt und die Statistischen Landesämter verfügen zum Teil über umfangreiche Online-Angebote, Daten auf der Ebene der Kreise und kreisfreien Städte abzurufen. Darüber hinaus wird im Zuge der Veröffentlichung und Anpassung des Anwendungsleitfadens zum Aufbau eines kommunalen Bildungsmonitorings (vgl. Kapitel 9) eine umfassende und nutzerfreundliche Bereitstellung von Basisdaten für alle Bildungsbereiche durch die Statistischen Landesämter und das Statistische Bundesamt realisiert.

Mit dem 18. Juni 2013 wurde in diesem Zusammenhang die gemeinsame „Kommunale Bildungsdatenbank“ der Statistischen Landesämter und des Statistischen Bundesamtes freigegeben. Diese stellt auf der Grundlage der Erhebungen der Kinder- und Jugendhilfestatistik, der Schulstatistik, der Berufsbildungsstatistik und der Hochschulstatistik sowie der amtlichen Regionalstatistik berechneten Kennzahlen zum Abruf zur Verfügung.

Das Erhebungsspektrum der amtlichen Statistik

Die *amtliche Statistik* hält für die Bildungsbereiche in erster Linie Angaben zu Inputgrößen bereit. Informationen zur Inputdimension geben im Rahmen eines kommunalen Bildungsmonitorings Hinweise zur Versorgung der Region und der Bevölkerung mit Bildungsangeboten, ihrer finanziellen und personellen Ausstattung und zur Varianz ihrer Nutzung. Sie sind der zentrale Gegenstand einer umfassenden kommunalen Bildungsplanung, die die Fragen einer effizienten, bedarfs- und chancengerechten Bildungsinfrastruktur zu beantworten hat.

3 „Außer Baden-Württemberg, Bayern, Hessen, Niedersachsen und Sachsen.“ (Avenarius, 2011, S. 3)

Informationen über die Einrichtungen der frühkindlichen Bildung, Betreuung und Erziehung und ihren Platzangeboten, zu Schularten und Bildungsgängen des allgemeinen und beruflichen Schulwesens, zu Kindern in Kindertageseinrichtungen und Tagespflege, zu Schülerinnen und Schülern, zu Auszubildenden und Lehrenden des gesamten Schul- und berufsbildenden Bereichs sowie des Hochschulwesens lassen sich auf der Grundlage der regelmäßigen Veröffentlichungen relativ exakt darstellen.

Auf der Grundlage der amtlichen Statistiken lassen sich nicht unmittelbar die tatsächlichen Übergänge der Individuen zwischen den Institutionen nachzeichnen, sondern vielmehr Schätzgrößen finden. Die amtlichen Schulstatistiken erfassen für den Übertritt in die weiterführenden Schulen die jeweiligen Bildungsbeteiligungen in den Schularten bzw. Bildungsgängen. Für das Berufsbildungssystem werden die Neuanfänger in den drei Sektoren mit ihrem höchsten Schulabschluss ausgewiesen. Auch über die Absolventen (Output) der Schulen und des dualen Systems liegen umfassende Angaben vor. Die Schulstatistik erhebt die Absolventen nach erworbenem Abschluss, die Abgänger aus dem Schulwesen nach vollendeter Schulpflicht sowie die an Beruflichen Schulen nachträglich erworbenen allgemeinbildenden Abschlüsse. Die Hochschulstatistik weist die erlangten akademischen Grade nach Fachgebieten aus.

Die *Schulstatistik* umfasst neben den Zahlen der Schülerinnen und Schüler mit einem Förderbedarf an Förderschulen auch diejenigen, die an allgemeinbildenden Schulen und an beruflichen Schulen beschult werden. Ebenso werden Absolventen und Abgänger von allgemeinbildenden Schulen mit einem Förderbedarf erfasst wie auch die von Lehrkräften mit sonderpädagogischen Lehrämtern erteilten Unterrichtsstunden nach Schularten an allgemeinbildenden und beruflichen Schulen.

Im Rahmen der Statistik der Kultusministerien werden die Entwicklungen der Ganztagsangebote in den Ländern nach Schularten differenziert nachgezeichnet. Eine Orientierung über das Erhebungsspektrum gibt die regelmäßige Veröffentlichung der KMK, die auf Befragungen der jeweiligen Kultusministerien beruht. Die *KMK-Statistik* folgt den länderübergreifenden Definitionen der KMK und unterscheidet auf der Angebotsseite zwischen voll gebundenen, teilweise gebundenen und offenen Formen, gleichwohl die Unterteilung den vielfältigen Organisationsformen der ganztagsschulischen Betreuung nicht gerecht wird (vgl. Fischer, 2012). Berücksichtigt werden die Angebote privater und öffentlicher Schulen des Primarbereichs und des Sekundarbereichs I. „Gezählt werden neben der Anzahl der Ganztagsschulen die am Ganztagsunterricht teilnehmenden Schülerinnen und Schüler, nicht aber die an der jeweiligen Schule zur Verfügung stehenden Plätze“ (KMK, 2014, S. 5), so dass keine Rückschlüsse auf die Kapazitätsauslastung getroffen werden können.

Die *Kinder- und Jugendhilfestatistik* erfasst neben institutionellen Bildungsangeboten im Bereich der frühkindlichen Bildung, Betreuung und Erziehung auch wesentliche Strukturdaten zum kommunal verfügbaren Leistungsspektrum der Kinder- und Jugendarbeit – zu den Einrichtungen, zu den geförderten Maßnahmen, zu den teilnehmenden Mädchen und Jungen sowie zu Einnahmen und Ausgaben und dem tätigen Personal, differenziert u.a. nach Geschlecht, Alter, Arbeitsumfang und Berufsausbildungsabschluss (vgl. §§ 98–103 SGB VIII; vgl. Statistische Ämter des Bundes und der Länder,

2008, 2010a, 2010b).[4] Sie stellt die einzige amtliche Statistik dar, die Aussagen zum kommunalen non-formalen Bildungsangebot liefert. Obschon es sich um eine bundesweit unter denselben Regularien erhobene amtliche Statistik handelt, ist die Datenlage aufgrund verschiedener Trägerschaften und Organisationsformen, bundesweit betrachtet, nicht einheitlich und lückenhaft (vgl. Rauschenbach et al., 2004; Schilling & Kolvenbach, 2011; Rauschenbach & Schilling, 2011). Darüber hinaus „wird die vierjährliche Erhebung [lediglich] zu den öffentlich geförderten Maßnahmen der Kinder- und Jugendarbeit durchgeführt. Diese bildet aber nur einen kleinen Teil der Kinder- und Jugendarbeit ab. Unberücksichtigt bleiben alle Aktivitäten, die entweder durch eine Grundfinanzierung ermöglicht werden, z.B. offene Angebote in einem Jugendzentrum, oder die von den Jugendverbänden selbst finanziert bzw. durch Eigenleistung erbracht werden, etwa durch konfessionelle oder politische Jugendgruppen. Auch die Jugendberatung (gemäß § 11 SGB VIII) wird nicht einbezogen. Statistisch überhaupt nicht erfasst werden bislang Maßnahmen gemäß § 13 SGB VIII, also alle Formen der Jugendsozialarbeit (Schulsozialarbeit, berufsbezogene Jugendsozialarbeit, unterbringungsbezogene Jugendsozialarbeit)“ (Schilling & Kolvenbach, 2011, S. 196).

Die Berufsbildungsstatistik gestattet es, das Geschlecht, die Nationalität und die schulischen Abschlüsse der Auszubildenden nach Ausbildungsfachrichtungen und Ausbildungsstätten zu erfassen. Auch Ausbildungsverläufe können differenziert nachgezeichnet werden (vgl. Autorengruppe Bildungsberichterstattung, 2014). Dadurch stehen den Kommunen differenzierte Informationen zur regionalen Berufsausbildungssituation zur Verfügung. Nicht erfasst werden die Wohnorte der Auszubildenden und folglich ist es nicht möglich, die Ausbildungsbeteiligung der Jugendlichen der interessierenden Region zu erfassen. Entsprechende Analysen gestattet aber die Statistik der sozialversicherungspflichtig Beschäftigten der Bundesagentur für Arbeit, die Angaben zum Ausbildungs- und Wohnort der Auszubildenden enthält. Leider sind dort die Angaben zur schulischen Vorbildung und der Nationalität sehr lückenhaft. Dennoch gestatten es diese Informationen den Kommunen, die Passung von Ausbildungsbeteiligung und Ausbildungsstättenangebot zu analysieren (vgl. Bogai et al., 2008).

Die Hochschulstatistik ist für ein kommunales Bildungsmonitoring im Hinblick auf die Situation der Hochschuleinrichtungen meist von geringerem Interesse, weil viele Landkreise und Städte über keine Hochschuleinrichtungen verfügen oder es sich um kleine Spezialeinrichtungen handelt, die ihre Studierenden überregional rekrutieren und für die Bildungsversorgung der Regionen wenig Relevanz besitzen. Da die Hochschulstatistik die Studierenden aber auch am Ort des Erwerbs der Hochschulzugangsberechtigung erfasst, informiert sie über den Verbleib der Hochschulzugangsberechtigten in den Regionen. So kann erfasst werden, in welchem Umfang überhaupt ein Studium aufgenommen wird, ob wohnortnahe oder weiter entfernte Studienorte gewählt und ob spezifische Einrichtungen und fachliche Schwerpunkte bevorzugt werden.

4 Einen Überblick über den Niederschlag der gesetzlichen Bestimmungen des SGB VIII in der Kinder- und Jugendhilfestatistik bietet der Beitrag von Schilling & Kolvenbach (2011).

Des Weiteren können Großstädte mit mehr als 500.000 Einwohnern repräsentative Daten – etwa zum Bildungsstand der Bevölkerung – aus den Haushaltsbefragungen des *Mikrozensus* entnehmen. Die Stichprobe des Mikrozensus ist jedoch nicht groß genug, um Aussagen für kleine Städte und Kreise abzuleiten (vgl. Statistisches Bundesamt, Statistisches Landesamt Baden-Württemberg & Deutsches Institut für Erwachsenenbildung, 2013).

Beschränkungen der amtlichen Statistik

Zentrale Aspekte, die für ein kommunales Bildungsmonitoring von besonderer Bedeutung und in der amtlichen Statistik nicht hinreichend dargestellt sind, sollen nachfolgend aufgegriffen werden.

Erhebung von Individualdaten im Rahmen der amtlichen Schulstatistiken

Bislang lassen sich die Bildungswege und -verläufe der Bildungsteilnehmer bildungsbereichsspezifisch aber auch zwischen den Bildungsbereichen nicht exakt darstellen. Dies ist eine zentrale Einschränkung für die Darstellung von Übergängen, die sich in der Regel auf eine Annäherung über die Bildungsbeteiligung in bestimmten Institutionen beschränkt und so die Aussagekraft von Indikatoren hinsichtlich der Chancengerechtigkeit und Durchlässigkeit schmälern. Das Nationale Bildungspanel gleicht im Ansatz das Fehlen von Verlaufsstatistiken aus, ist aber aufgrund des Stichprobenumfangs nur für die nationale Ebene relevant. Einen analytischen Zugewinn für das kommunale Bildungsmonitoring dürfte die durch die Kultusministerkonferenz beschlossene Einführung des Kerndatensatzes und der damit verbundenen Umstellung der amtlichen Schulstatistiken der Länder auf die Erhebung von Individualdaten darstellen. Diese gestatten insbesondere die Verknüpfung bislang getrennter Merkmalsbereiche der Schulstatistik (etwa personenbezogene Merkmale mit einzelschulischen Organisationsmerkmalen) und erlauben so eine vertiefende Betrachtung bzw. Identifizierung verschiedenartiger Problemkonstellationen.

Darüber hinaus wird seit einiger Zeit diskutiert – im Bundesland Hessen z.B. bereits praktiziert –, die Individualdaten zusätzlich mit einer Personenkennung zu erheben, so dass die Datensätze über die Jahre nachverfolgt, die Personen aber nicht identifiziert werden können. Dies würde die Erfassung von für bestimmte Personengruppen typischen Bildungsverläufen und die Klärung möglicher Ursachen für nicht erfolgreiche Bildungskarrieren ermöglichen.

Erfassung des Zuwanderungs- bzw. Migrationshintergrundes

Zuwanderung als erklärungsmächtige Einflussgröße auf Bildungsbeteiligung und Bildungserfolg rückte mit den Leistungsvergleichsuntersuchungen zu Beginn der 2000er Jahre verstärkt in den Fokus der empirischen Bildungsforschung und in Folge dessen auch zunehmend in den Blickpunkt der amtlichen Statistiken[5] (vgl. Kemper & Weis-

5 Erstmalig ab 2005 im Mikrozensus.

haupt, 2011). Dabei unterscheiden sich die Definitionen wie auch die Erfassung und Kombination verschiedener Merkmale, zu denen zählen: „Staatsangehörigkeit, Geburtsort/-land der Befragten, Geburtsland der Eltern, ggf. auch der Großeltern, Zuwanderungsalter / Datum der Zuwanderung bzw. der Generationenstatus. [...] Doch die Tatsache, dass je nach politisch-administrativem Steuerungsinteresse oder nach dem jeweiligen Forschungsinteresse die Merkmalskombinationen anders gewählt werden, erschwert den Umgang mit den jeweiligen Daten. Inzwischen zeigt sich, dass schon die amtlich erhobenen Daten nicht oder nur schwer aufeinander beziehbar sind und dass Statistiken nicht zusammengeführt werden können“ (Kemper, 2010, S. 316). Die Hochschulstatistik und die Mehrheit der Schulstatistiken erfassen zudem nach wie vor ausschließlich die Staatsangehhörigkeit, die als Indiz für einen Migrationshintergrund im Zuge des seit 2000 geänderten Staatsangehörigkeitsgesetzes (StAG) zunehmend an Aussagegehalt einbüßt.[6] Mit dem Beschluss zum Kerndatensatz der Kultusministerkonferenz der Länder sollten zum Schuljahr 2008/09 die Merkmale „1. keine deutsche Staatsangehörigkeit, 2. nichtdeutsches Geburtsland, 3. nichtdeutsche Verkehrssprache in der Familie bzw. im häuslichen Umfeld (auch wenn der Schüler / die Schülerin die deutsche Sprache beherrscht)“ (KMK, 2008, S. 30) erhoben werden. Die Umsetzung dieser Einigung gestaltet sich aber in den Schulstatistiken der Länder bis heute schwierig.

Mit den unterschiedlichen Operationalisierungen des Konstrukts Migrationshintergrund in den amtlichen Statistiken, aber auch in Verwaltungsdaten und in wissenschaftlichen Erhebungen[7] gehen Interpretationseinschränkungen hinsichtlich der Bewertung und Einordnung der Bildungsteilhabe und -erfolge von Migranten im Lebenslauf einher.

Verfügbarkeit von Daten für kleinräumige Analysen

Da Bildungsdaten zumeist nicht mit sozioökonomischen Differenzierungsmerkmalen im Rahmen der amtlichen Statistik erhoben werden, müssen Schätzgrößen aus anderen Statistiken entnommen werden, die mit demselben Raumbezug wie entsprechende Bildungsdaten erhoben wurden. Im kommunalen Bildungsmonitoring wird hier auf Daten der amtlichen bzw. halb-amtlichen Statistiken[8] zurückgegriffen, die in der Regel auf den Ebenen definierter statistischer Raumeinheiten bzw. Verwaltungseinheiten aggregiert

6 Mit dem § 4 StaG wird das Territorialprinzip zur Regelung der Staatsangehörigkeit angewandt. „In Deutschland geborene Kinder nichtdeutscher Eltern können zusätzlich zur Staatsangehörigkeit ihrer Eltern die deutsche Staatsangehörigkeit erwerben, sofern mindestens ein Elternteil seit acht Jahren rechtmäßig in Deutschland lebt und eine Aufenthaltsberechtigung oder seit drei Jahren eine unbefristete Aufenthaltserlaubnis besitzt.“ (Kemper, 2010, S. 317)

7 Eine Übersicht zu den in verschiedenen Statistiken und Erhebungen erfassten und kombinierten Merkmalen zum Migrationshintergrund findet sich in Autorengruppe Regionale Bildungsberichterstattung Berlin und Brandenburg, 2013, S. 24.

8 Widany (2009) subsumiert unter „amtliche Statistik prozedurale Daten, die direkt sozusagen als Nebenprodukt der administrativen Verwaltung anfallen [...]. Halbamtliche Statistiken dagegen, wie der Mikrozensus oder auch das SOEP stehen durch ihre institutionelle Einbindung oder auch Finanzierung amtlichen Stellen sehr nahe, haben aber einen mehr oder weniger ausgeprägten intentionalen Charakter, der sich außerhalb rein administrativer Interessen bewegt.“ (Widany, 2009, S. 102 f.)

vorliegen bzw. abrufbar sind, aber nicht zwangsläufig den Einzugsgebieten der Bildungseinrichtungen entsprechen (vgl. Makles & Weishaupt, 2010). In der Schulstatistik, diese sei hier als Beispiel erwähnt, werden zumeist nicht der Wohnort der Schülerinnen und Schüler erfasst, sondern der Ort der besuchten Schule. Informationen zum die Schule umgebenden Sozialraum lassen folglich keine Aussage zur Zusammensetzung der Schülerschaft nach sozioökonomischen Merkmalen zu. Selbst wenn die Schülerinnen und Schüler verpflichtende Schuleinzugsbereiche (Schulsprengel) bei der Schulwahl beachten müssen, gibt es über Gestattungen, die nicht zuständige Schule zu besuchen, teilweise erhebliche Abweichungen zwischen der Zusammensetzung der Schülerschaft und der Bevölkerung im Einzugsbereich der Schule.

Die Statistiken zu den allgemeinbildenden und zu den beruflichen Schulen werden in „föderaler Uneinheitlichkeit zusammengetragen" (Bayer, 2010, S. 185). Es obliegt den Ländern bzw. ihren statistischen Landesämtern, über die regionale Tiefe der aufbereiteten Daten zu entscheiden. Grundsätzlich aber handelt es sich bei amtlichen Statistiken zumindest um einrichtungsscharfe Erhebungen, so dass vielfältige räumliche Aggregationen denkbar wären. Eine zentrale Herausforderung bei der Erstellung von zur Veröffentlichung angedachten Statistiken ist jedoch die Vereinbarkeit von möglichst niedrig aggregierten Merkmalen und der Wahrung der Anonymität der erhobenen Daten, was aufgrund geringer Fallzahlen bei bestimmten Kombinationen von Differenzierungsmerkmalen kaum mehr gegeben ist (vgl. Bayer, 2010). Zudem sind in der Regel nur gewisse Aggregationen gemeinhin zugänglich. Die Veröffentlichungen (Public Use Files) der amtlichen Statistik zu zahlreichen Themengebieten liegen zumeist auf Kreisebene, in Einzelfällen auf Gemeindeebene aggregiert vor (vgl. Bayer, 2010). Sie eignen sich daher nicht zwangsläufig zur Identifizierung sozial-ökonomisch homogener Räume, sondern eher zur Zuweisung von definierten Räumen zu sozial-ökonomischen Profilen. Dies ist auch in den bereits vorliegenden kommunalen Bildungsberichten die gängige Praxis.[9]

Die Datenbestände der kommunalen statistischen Ämter sind begrenzt, sofern sie nicht über eigene Erhebungen z.B. im Rahmen von eigenen Zensen oder Sozialberichterstattungen verfügen, denn „die statistischen Ämter der Kommunen sind im Rahmen der Bundes- und Landesstatistik nur in die Datenerhebung und die Datenanalyse eingeschaltet, nicht jedoch in die Datenaufbereitung. Vom jeweiligen Landesamt erhalten die statistischen Ämter der Kommunen nur ein grob gegliedertes Datenmaterial, das tiefgegliederte Strukturanalysen kaum zulässt." (Bayer, 2010, S. 179)

9 In den bereits vorliegenden kommunalen Bildungsberichten der ersten Förderphase des Bundesprogramms „Lernen vor Ort" wurden häufig folgende Kennzahlen zur Beschreibung von Sozialräumen genutzt: Anteil der SGB-II-Empfänger, Anteil der Personen mit Migrationshintergrund, Arbeitslosenquote, Anteil der Alleinerziehenden, Anteil der Personen mit Hilfen zur Erziehung.

10.3 Ergänzende Datenquellen

Die amtliche Statistik stellt für ein kommunales Bildungsmonitoring aufgrund ihres breiten thematischen Spektrums und ihres auch für relativ niedrige Aggregationsebenen verlässlichen Datenmaterials eine wesentliche Säule dar. Dennoch deckt sie nicht sämtliche relevante Themenfelder im Rahmen institutioneller Bildung ab. Über die amtliche Statistik hinaus können weitere Quellen, die nicht für einen breiten Nutzerkreis vorgesehen sind, sondern in erster Linie institutionellen Planungs- und Evaluationsprozessen dienen, die Datenbasis für Darstellungen formaler Bildung innerhalb eines kommunalen Bildungsmonitorings ergänzen. Einschlägige Materialien werden z. B. von nachgeordneten Behörden einzelner Ministerien aber auch kommunalen Verwaltungsressorts oder von Verbänden und Forschungsinstitutionen (z.B. vom Bundesinstitut für Bau-, Stadt- und Raumforschung – BBSR) erstellt (vgl. Bayer, 2010).[10] Unbenommen der z.T. regional unterschiedlichen Ausgestaltung der Erhebungen, bieten folgende Quellen relevante und verfügbare Informationen für ein kommunales Bildungsmonitoring:

- Schuleingangsuntersuchungen;
- Sprachstandsfeststellungsverfahren;
- kommunale Fachplanungen, z.B. Schulentwicklungs- und Jugendhilfeplanung;
- externe Schulevaluationen;
- interne Schulevaluationen, gegebenenfalls Schulprofile;
- das Datenangebot der Bundesagentur für Arbeit (auf das schon hingewiesen wurde);
- Volkshochschulstatistik, Weiterbildungsstatistik der Kirchen und Daten der Handwerkskammern bzw. der Industrie- und Handelskammern.

Eine wesentliche Säule stellen die Datenbestände aus kommunalen Fachplanungen oder bereits etablierten ressortspezifischen Berichtssystemen dar. Zahlreiche Kreise und kreisfreie Städte und z.T. kreisangehörige Gemeinden verfügen über obligatorische Planungsinstrumente, wie etwa die Schulentwicklungs- bzw. Schulnetzplanungen und Jugendhilfeplanungen. Darüber hinaus sind insbesondere in den Großstädten weitere Berichtssysteme, die sich mit anderen kommunalen Handlungsfeldern vorrangig befassen, üblich; so etwa die Gesundheits-, Sozial- oder Migrationsberichterstattung. Für ein effizientes kommunales Systemmonitoring empfiehlt sich die detaillierte Prüfung der Schnittmengen zwischen den einzelnen Berichtssystemen und in Bezug auf die verwen-

10 Die Bestrebungen zur Optimierung und Abstimmung der aus den Verwaltungsprozessen generierten Daten (z.B. aus dem Einwohnermeldewesen) werden durch zahlreiche Verbünde und Initiativen im Rahmen der Stadt- und Raumbeobachtung befördert, als solche sind zu erwähnen: die Arbeitsgemeinschaft Kommunalstatistik (KOSTAT), die Innerstädtische Raumbeobachtung des Bundesinstituts für Bau-, Stadt- und Raumforschung (BBSR) im Bundesamt für Bauwesen und Raumordnung (BBR), der europäische Städtevergleich Urban Audit und das Projekt Interkommunalstatistische Informationen (Icostat) des Deutschen Städtetags.

deten Datenquellen die Abstimmung von kommunalen Erhebungs- und Datenhaltungsstrategien.

Die Datenhaltung, Aufbereitung und Veröffentlichung kommunaler Grund- und Strukturdaten wird vornehmlich durch kommunale Statistikstellen gewährleistet. Kreisfreie Städte verfügen in der Regel über eigene statistische Ämter, die für ihr Gebiet meist kleinräumig ein umfangreiches Datenangebot bereitstellen und teilweise auch regelmäßig veröffentlichen. Auch zu allen Bereichen des Bildungswesens liegen Grunddaten vor. Einige Kreise und kreisfreie Städte halten bereits ein umfangreiches Datenangebot in Form einer Online-Datenbank vor (z.B. FRITZ Online-Datenbank der Stadt Freiburg). Diese ermöglichen einen Zugriff auf relevante Daten in kleinräumiger Gliederung und verfügen damit über wesentliches Analysepotenzial für ein kommunales Bildungsmonitoring.[11] Landkreisen und kreisangehörigen Städten fehlen zumeist eigene Statistikstellen, was den Zugang zu Daten für ein kreisweites Bildungsmonitoring erschwert.

Neben den landesspezifischen Verfahren der Sprachstandserhebung, über die bundesweite Übersichten vorliegen (Autorengruppe Bildungsberichterstattung, 2012, S. 62) bieten *Schuleingangsuntersuchungen* im Ansatz Indizien zur Abschätzung der in Kindertageseinrichtungen und Tagespflege erworbenen Sprachfähigkeiten, die aber aufgrund der in der Forschung diskutierten Validität der eingesetzten Instrumente und Verfahren wie auch der komplexen Wege der Sprachaneignung von Kindern mit Sorgfalt interpretiert werden sollten (vgl. Lisker, 2010; Rauschenbach, 2011; Redder et al., 2011).

Zur Durchführung der für alle Kinder obligatorischen Schuleingangsuntersuchungen als Bestandteil des Schulaufnahmeverfahrens der Grundschulen sind in allen Bundesländern die Gesundheitsämter verpflichtet. Dabei wird nicht die Schulfähigkeit diagnostiziert, sondern die schulrelevanten Beeinträchtigungen der kindlichen Entwicklung und der Gesundheit des Kindes festgestellt. Die anschließende Diagnose hat den Charakter einer Empfehlung (vgl. Lisker, 2010).

Die Regularien der Durchführung und der zu untersuchenden Aspekte werden in den landesspezifischen Gesetzgebungen zum öffentlichen Gesundheitsdienst definiert, ferner unterscheiden sich auch die Erhebungsmethoden und die Bemühungen zur Qualitätssicherung der schulärztlichen Untersuchungen zwischen den Ländern und z.T. auch zwischen den durchführenden öffentlichen Stellen (vgl. Bertelsmann Stiftung, 2008). Im Bundesland Nordrhein-Westfalen, dies sei hier exemplarisch betrachtet, ist die untere Gesundheitsbehörde mit der Durchführung der Schuleingangsuntersuchung betraut. Zudem erstellt sie „zur Erfüllung ihrer Aufgaben nach § 6 regelmäßig Gesundheitsbe-

11 Eine bemerkenswerte Lösung hat auch die Berliner Senatsverwaltung für Stadtentwicklung und Umwelt mit dem „FIS-Broker" einem breiten Nutzerkreis zur Verfügung gestellt. Über ein Online-Portal (http://fbinter.stadt-berlin.de/fb/index.jsp) können zahlreiche Kennziffern zu verschiedensten Sachthemen auf kleinräumiger Ebene ausgewählt und kartographisch illustriert werden. Grundidee dieses Angebotes war es, die in verschiedenen Fachressorts erfassten und vorgehaltenen Daten fachübergreifend nutzbar zu machen. Ein ähnliches Angebot bietet Hamburg.

richte auf der Grundlage eigener und der in der Gesundheitskonferenz beratenen Erkenntnisse. Dabei sind soziale und geschlechtsspezifische Gegebenheiten regelmäßig einzubeziehen. Die untere Gesundheitsbehörde macht die Berichte der Öffentlichkeit zugänglich.“ (§ 21 ÖGDG NRW)[12] Eine Kommunale Gesundheitsberichterstattung kann differenzierte Aussagen zu den Entwicklungsständen der Vorschulkinder auf kleinräumiger Ebene liefern und so eine wesentliche Quelle für ein kommunales Bildungsmonitoring bieten. Schuleingangsuntersuchungen werden im Rahmen einer umfänglichen kommunalen Gesundheitsberichterstattung[13] verstärkt auch als Informationsinstrument über Lebensformen und Bildungsnähe der Kindsfamilien genutzt und bieten daher Informationen an, die über die Erfassung des kognitiven und motorischen Entwicklungsstandes der untersuchten Kinder hinausgehen.

Mit den Ergebnissen der externen Schulevaluationen verfahren die Länder sehr unterschiedlich. Teilweise liegen landesweite Auswertungsberichte (z.B. von Hamburg, Sachsen) oder Ergebnisdarstellungen in Landesbildungsberichten vor, teilweise werden diese Materialien nur intern verwendet. Deshalb sind zur Zugänglichkeit dieser Berichte keine allgemeinen Informationen möglich. Noch mehr trifft dies auf die Ergebnisse schulinterner Evaluationen zu. Doch gibt es in vielen Ländern gesetzliche Verpflichtungen zur Erstellung eines Schulprogramms. Dieses Material kann im Rahmen eines Bildungsmonitorings herangezogen werden, wenn die unterschiedlichen Profile von Schulen herausgearbeitet werden sollen.

Für den Weiterbildungsbereich gibt es nur in wenigen Ländern amtliche Statistiken (am differenziertesten für Bayern). Deshalb muss für die Darstellung der Weiterbildungssituation auf Trägerstatistiken zurückgegriffen werden, die für die Volkshochschulen für alle Kreise und kreisfreien Städte, für die Kirchen nach kirchlichen Untergliederungen (Dekanate, Landeskirchen, Bistümer etc.) und für die Kammern nach Handwerks- und Industrie- und Handelskammerbezirken jährlich vorliegen (vgl. Weishaupt & Böhm-Kasper, 2011). Ein Problem dieser Daten beruht auf der Zählung von Teilnehmerfällen, weshalb über die Weiterbildungsbeteiligung keine verlässlichen Aussagen möglich sind.[14] Insgesamt wird aber nur ein Bruchteil der allgemeinen und beruflichen Weiterbildung kleinräumig statistisch erfasst. Dies begrenzt die Möglichkeiten eines kommunalen Bildungsmonitorings der Weiterbildung.

---

12 Gesetz über den öffentlichen Gesundheitsdienst des Landes Nordrhein-Westfalen (ÖGDG NRW).

13 Das ZEFIR in Bochum konnte auf Grundlage einer Dokumentenanalyse 11 Städte identifizieren, die im Rahmen einer Gesundheitsberichterstattung kleinräumige Ergebnisse der Schuleingangsuntersuchungen veröffentlichen. Benannt werden die Städte Essen, Köln, Münster, Düsseldorf, Berlin, Hamburg, Bremen, Lübeck, Nürnberg, Leipzig sowie der Kreis Recklinghausen (vgl. Bertelsmann Stiftung, 2008).

14 Fünf Teilnehmerfälle können sowohl auf fünf verschiedene Personen als auch auf eine Person, die fünf Veranstaltungen besucht, zurückzuführen sein.

Datenbestand zur Darstellung institutioneller Qualitätssicherung und -entwicklung

Bislang zielt ein Bildungsmonitoring auf nationaler wie auch auf kommunaler Ebene v.a. auf die Veränderung von empirischen Zustandsdeskriptionen im Zeitverlauf ab. Die amtliche Statistik und auch die zuvor benannten gemeinhin auf regionaler Ebene bzw. für einzelne Einrichtungen verfügbaren Datenquellen liefern keine Informationen zur Umsetzung von Rahmenbedingungen, Ressourcen und Versorgungsstrukturen in Wirkungen und Erträge von Bildung. Die Arbeit der Bildungseinrichtungen und die Qualität der Lehr-Lern-Interaktion stellen den Kern des Bildungsgeschehens dar. Nur das Wissen über die Modalitäten des Zustandekommens der Varianzen bei Wirkungen und Erträgen von Bildung gestatten die Beurteilung der Leistungsfähigkeit des Bildungswesens und die Ableitung zielführender Handlungsstrategien. Daher sind die innerinstitutionellen Routinen und Arbeitsformen auch im Rahmen des kommunalen Bildungsmonitorings von besonderem Interesse. Dem gegenüber stehen bisweilen eingeschränkte Informationsgrundlagen und methodologische Herausforderungen der Indikatorisierung (vgl. Seeber, Jähnig & Knigge, 2011). Messinstrumente zur Überprüfung der Prozessqualität von Lehr-Lern-Situationen werden nur in begrenztem Maße und bundesweit mit höchst verschiedenen Verfahren eingesetzt.

Döbert (2011) benennt als thematische Dimensionen, „die dem Prozesscharakter von Bildung Rechnung tragen“ (ebd. S. 13), neben der Operationalisierung von Bildungsverläufen, die bereits Gegenstand der amtlichen Statistiken sind, und der Gestaltung der Lehr-Lern-Interaktionen, für die es derzeit für ein indikatorengestütztes kommunales Bildungsmonitoring keine fundierte Datenbasis gibt, auch die Konzepte der institutionellen Qualitätssicherung und -entwicklung. Für die letztbenannte Dimension lassen sich kommunalspezifisch Informationsgrundlagen finden. Exemplarisch sei daher im Folgenden auf Instrumente zur Bewertung der Qualität von Kindertageseinrichtungen und Qualitätsfaktoren schulischer Arbeit (vgl. Thiel, 2009) hingewiesen.

Daten zur Einrichtungsqualität von Kindertageseinrichtungen

Neben den Informationen der Kinder- und Jugendhilfestatistik zu den Angeboten und Beteiligungen, den Erzieher-Kind-Relationen sowie zur formalen Qualifikation des Personals in den Kindertageseinrichtungen und der Kindertagespflege fehlen verlässliche und bundes- bzw. zumindest landesweit vergleichbare Informationsgrundlagen, die eine Innensicht dessen, was Kindertagesbetreuung ausmacht, gestatten. Die Operationalisierung bzw. Messung der Qualität frühkindlicher Bildung stellt gegenwärtig eine Herausforderung dar. Dabei ist anzumerken, dass insbesondere der Bereich der Kindertagesbetreuung ein großes Gefälle der Einrichtungsqualität aufweist (vgl. Spieß & Tietze, 2002; Deutscher Bundestag, 2005).

Durch die Einführung von Bildungs- und Erziehungsplänen auf der Ebene der Länder wurden Zielmargen pädagogischer Arbeit gesetzt (vgl. Deutscher Bundestag, 2005). Das SGB VIII sieht im Zuge des qualitätsorientierten und bedarfsgerechten Ausbaus der Tagesbetreuung für Kinder (TAG) im § 22 a Abs. 1 lediglich vor, dass „die Träger der öffentlichen Jugendhilfe die Qualität der Förderung in ihren Einrichtungen durch geeignete Maßnahmen sicherstellen und weiterentwickeln [sollen]. Dazu gehören die Entwicklung und der Einsatz einer pädagogischen Konzeption als Grundlage für die Erfüllung des Förderungsauftrages sowie der Einsatz von Instrumenten und Verfahren zur Evaluation der Arbeit in den Einrichtungen." Im Zuge dessen haben Träger der Kindertagesbetreuung diverse Qualitätsmanagementverfahren eingeführt. „Einheitliche und vereinbarte Grundlagen mit methodisch gesicherten Messstandards für eine flächendeckende Überprüfung der Prozess- und Ergebnisqualität von Kindertageseinrichtungen liegen in den QM-Verfahren bislang nicht vor. Sie würden die Voraussetzung für eine unabhängige Qualitätsüberprüfung und die Aufrechterhaltung eines hohen Qualitätsstandards darstellen." (Deutscher Bundestag, 2005, S. 229) Bisweilen aber, so führt Braun (2009) an, gäbe es keine Abstimmung zwischen Trägern und zwischen Kommunen über Qualitätsgrundätze von Kindertageseinrichtungen und geeignete Verfahren ihrer Überprüfung.

An eine Vielzahl verfügbarer Qualitätsmanagementinstrumente[15] (vgl. Reichert-Garschhammer, 2011) sind auch Verfahren der Evaluation gekoppelt. Dies stellt perspektivisch eine mögliche Grundlage für eine Indikatorisierung der Einrichtungsqualität der vorschulischen Angebote dar. Da es aber den Trägern und Einrichtungen obliegt, ein geeignetes Verfahren zu wählen, bleibt vorerst nicht zu erwarten, dass die Evaluationsdaten verallgemeinerbare Aussagen auf kommunaler Ebene liefern dürften. Auch in den bisher vorliegenden kommunalen Bildungsberichten blieb dieser Aspekt des Bildungsgeschehens weitgehend ausgeklammert.

Daten zur Erfassung von Schulqualität

Auch im Schulbereich bilden die Interaktionen in den Bildungseinrichtungen und die Effekte, die diese zeitigen, den Kern der Bildungsqualität (vgl. Ditton, 2007; Seeber, Jähnig & Knigge, 2011). Gut darstellbare strukturelle Impulse, wie die Gestaltung von Angeboten und Zugängen zu diesen haben nur einen sehr vermittelten Einfluss auf die Bildungsergebnisse der Teilnehmer. So liegt es auf der Hand, dass sich auch ein kommunales Bildungsmonitoring Fragen der Generierung von Schülerleistungen durch Aspekte der schulischen bzw. unterrichtlichen Prozessqualität annehmen sollte, um sich einem Gesamtbild über die Wechselwirkungen im kommunalen Bildungswesen anzunähern. Dabei ist die eigenverantwortete einrichtungsspezifische Ausgestaltung des Unterrichts und der Schulorganisation und die Rechenschaftspflicht über die jeweilige Umsetzung als Kernprinzip der Bemühungen zur Qualitätssicherung schulischer Bildung zu werten (vgl. Böttcher & Kotthoff, 2007; van Buer & Wagner, 2007). Verbindliche Instrumente zur Umsetzung sind die jeweiligen Verfahren zur externen und internen Evaluation von Schule, die in ihrer rechtlichen und institutionellen Verankerung den Ländern obliegen. Die externe Evaluation von Schule dient der Rechenschaftslegung gegenüber der Schulaufsicht als auch der Schulentwicklung (vgl. Böttcher & Kotthoff,

15 Eine ausführliche Synopse der Ansätze ist zu finden unter www.artset-lqk.de/cms/fileadmin/user_upload/Service/Synopse_QM-Konzepte_in_Kitas__2010_08_.pdf.

2007), während die schulinterne Evaluation im Kern die Unterstützung der schulischen Programmentwicklung vorsieht. Das Verfahren ist i.d.R. nicht vorgegeben und die Auswahl eines geeigneten Instrumentariums der Schule überlassen. Gleichwohl werden von einigen Ländern geeignete Evaluationsverfahren erarbeitet und zur Verfügung gestellt (vgl. Thiel, 2009; Thillmann, Winkler & Thiel, 2009). Das SEIS-Instrument (Selbstevaluation in Schulen), das nach mehreren Überarbeitungen aktuell an zahlreichen deutschen Schulen als Selbstevaluationsinstrument genutzt wird, soll an dieser Stelle exemplarisch als Instrument schulinterner Evaluation vorgestellt werden. SEIS basiert auf standardisierten Fragebögen für die am Schulgeschehen beteiligten Gruppen Schülerinnen und Schüler, Lehrkräfte, Eltern, Ausbilderinnen und Ausbilder sowie Mitarbeiterinnen und Mitarbeiter. Die Befragungsergebnisse werden den Schulen in Form von Schulgruppenberichten zur Verfügung gestellt. Die Grundlage der SEIS-Befragungen bildet ein Kategorienraster (vgl. Abb. 10.1), das auch in der internationalen Schuleffektivitätsforschung identifizierte zentrale Elemente von Unterrichts- und Schulqualität umfasst (vgl. Scheerens et al., 2005).

Abb. 10.1: SEIS-Qualitätsverständnis

Ergebnisse	Lernen und Lehren	Schulkultur	Führung und Schulmanagement	Professionalität der Lehrkräfte	Ziele und Strategien der Qualitätsentwicklung
Personale Kompetenz	Schulinternes Curriculum	Gestaltung der Schule als Lebensraum	Führungsverantwortung der Schulleitung	Zielgerichtete Personalentwicklung und Qualifizierung	Schulprogramm
Fachkompetenz	Schülerunterstützung und -förderung	Wertschätzung und soziales Klima in der Schule und in den Klassen	Schulleitung und Qualitätsmanagement	Personaleinsatz	Evaluation
Lern- und Methodenkompetenz	Fachliche und didaktische Gestaltung von Lernen im Unterricht	Schülerberatung und -betreuung	Verwaltung und Ressourcenmanagement	Kooperation	Planung, Umsetzung und Dokumentation
Praktische Handlungskompetenz	Selbstbestimmtes und selbstgesteuertes Lernen	Beteiligung von Schülern und Eltern	Unterrichtsorganisation		Eigenverantwortung und Innovation
Schullaufbahn und weiterer Bildungsweg	Gestaltung von Beziehungen, Lernzeit und Lernumgebung	Kooperation mit gesellschaftlichen Partnern	Arbeitsbedingungen		
Zufriedenheit mit der Schule als Ganzem	Leistungsanforderungen und Leistungsbewertung				

Quelle: SEIS Deutschland 2011

Für ein kommunales Bildungsmonitoring erlauben die Schulgruppenberichte fundierte Einblicke in die Realisierungspraxis schulischer Arbeit und, sofern von der Mehrheit der Schulen einer Region eingesetzt, auch aussagefähige Information auf Stadt- und Kreisebene. Zudem lassen sich Entwicklungen im Zeitverlauf darstellen, da die SEIS-Befragung regelmäßig unter Berücksichtigung eines konstanten Item-Sets durchgeführt werden kann.

Das Interesse des kommunalen Bildungsmonitorings an der Verbesserung der Schulqualität und dafür notwendiger Informationsgrundlagen ist offenkundig und vor dem Hintergrund der Handlungserfordernisse im Bildungsbereich auch begründbar. Der Zugang zu den Ergebnisberichten der schulinternen Evaluationen muss von den kommunalen Schulverwaltungen mit den Schulen ausgehandelt werden. Er wird dann erleichtert, wenn die Kommune in Absprache mit den Schulen die Finanzierung der Erhebungen übernimmt.

Daten zur Darstellung erworbener Kompetenzen

Über Absolventen institutioneller Bildung steht durch die Erhebungen der amtlichen Schul- und Hochschulstatistik relativ umfassendes Datenmaterial zur Verfügung. Jedoch bietet dieses allenfalls Schätzgrößen zu den Wirkungen institutioneller Bildung. Exaktere Beurteilungen der individuellen Aneignung von bereichsspezifischen Fertigkeiten und Kenntnissen lassen sich lediglich auf der Grundlage von Kompetenzmessungen treffen, obgleich der Begriff „Kompetenz" variabel aufgefasst wird. Nicht zuletzt durch die output-orientierte Überprüfung der Leistungsfähigkeit des deutschen Bildungswesens im Rahmen der einschlägigen Schulleistungsuntersuchungen verzeichnet der Kompetenzbegriff eine hohe Relevanz, was dazu führt, „dass sich die Versuche, den Begriff zu fassen immer mehr aufgefächert haben. Dabei überschneiden sich Fachrichtungen, Abstraktion und Analyserichtungen" (Reißig, 2006, S. 4). Jude, Hartig & Klieme (2008) verweisen auf ein in der empirischen Bildungsforschung auch unter pragmatischen Gesichtspunkten zum Zwecke der Messbarkeit (vgl. Hartig, 2008) etabliertes Kompetenzverständnis. Hierunter gilt Kompetenz als „erlernbare und vermittelbare" in Abgrenzung zum Begriff der Intelligenz „kontextspezifische kognitive" (Klieme & Leutner, 2006, S. 879) „Befähigung (Disposition) zur Bewältigung unterschiedlicher Anforderungssituationen" (Jude, Hartig & Klieme, 2008, S. 9). Demgegenüber wird u.a. in der Berufspädagogik ein eher breiteres Kompetenzverständnis diskutiert, das motivationale Aspekte mit einschließt und eine umfassende Handlungskompetenz als normative Zielgröße pädagogischer Prozesse ausgibt. Die Operationalisierung und empirische Überprüfung von mit diesem Konzept verbundenen Schlüsselkompetenzen wie Sach-, Selbst- und Sozialkompetenzen bleibt aber bislang nicht zufriedenstellend (vgl. Jude, Hartig & Klieme, 2008; Hartig, 2008).

Dem Anspruch an eine Datenbasis (vgl. Abschnitt 10.1) für eine umfassende Betrachtung der Kompetenzentwicklung entlang der Lernbiografie kann derzeit nicht nachgekommen werden. Jedoch liegen zumindest verwertbare Informationen über spezifische Fähigkeitsstufen für das Vorschulalter und den Schulbereich vor. Durch die NEPS-Studie wird sich die bundesweit verfügbare Datenbasis in den nächsten Jahren verbreitern und die PIAAC-Studie – finanziert von der OECD – wird künftig regelmäßig Daten zum Kompetenzniveau von Erwachsenen im internationalen Vergleich liefern (vgl. Autorengruppe Bildungsberichterstattung, 2014).

Sprachstandserhebungsverfahren

Als zentrales Handlungsfeld bildungspolitischer Bemühungen und Gegenstand der empirischen Bildungsforschung ist im Zuge der Reflexion des deutschen Abschneidens in den einschlägigen Schulleistungsstudien die Verbesserung der Sprachkompetenz insbesondere im Vorschulalter benannt worden (vgl. Redder et al., 2011). Sprachkompetenzen gelten als zentrale Bedingungen zur erfolgreichen Gestaltung der individuellen

Bildungsbiografie und als essentielle Voraussetzung der selbständigen Lebensgestaltung (vgl. Grgic & Eckhardt, 2011). Sprachförderung als elementarer Bestandteil der frühpädagogischen Arbeit in Kindertageseinrichtungen lässt sich in ihren Effekten aber nur bedingt über die seit 2001 in 14 Bundesländern eingeführten Sprachstandserhebungsverfahren für Kinder im Vorschulalter überprüfen (vgl. Redder et al., 2011), da diese selbst zur Diagnostik des Sprachförderbedarfs dienen und nicht der Evaluierung der pädagogischen Arbeit in Kindertageseinrichtungen (vgl. Grgic & Eckhardt, 2011). Die Qualität eingesetzter Sprachstandserhebungsverfahren differiert stark. Zudem wird die z.T. fehlende wissenschaftliche Fundierung der Verfahren kritisiert (vgl. Redder et al., 2011), was in der Konsequenz auch die Eignung der diagnostischen Verfahren zur Begründung von Fördermaßnahmen in Frage stellt (vgl. ebd.). So konnten Grgic und Eckhardt (2011) zeigen, dass die Anteile der als sprachförderbedürftig diagnostizierten Kinder zwischen den Ländern stark variieren, was weniger das unterschiedliche Sprachniveau in der Bundesrepublik als vielmehr die Vielfalt der eingesetzten Tests, Screenings und Beobachtungsverfahren zur Erfassung des Sprachstandes illustriert.

Die Verfahren zur Feststellung des Sprachstandes konzentrieren sich in erster Linie auf den Elementarbereich.[16] Nur wenige Länder sehen im Primar- und Sekundarbereich noch analoge Verfahren vor und dies i.d.R. auch nur für bereits auffällige Kinder- und Jugendliche bzw. Schülerinnen und Schüler, deren Muttersprache nicht Deutsch ist (vgl. ebd.). Aufgrund der verschiedenen Aspekte, die die einzelnen Verfahren unter dem Oberbegriff „Sprachstand" erfassen, ist eine Vergleichbarkeit nicht gegeben.[17]

Die Daten der Sprachstandserhebungsverfahren können nichtsdestotrotz für ein kommunales Bildungsmonitoring von Nutzen sein und eine Orientierung über bestimmte Aspekte sprachlicher Fertigkeiten von Kindern in einem Kreis oder einer kreisfreien Stadt geben. Eine Grundvoraussetzung aber ist die flächendeckende Erfassung des Sprachstandes in den Bundesländern, um eine grundsätzliche Darstellung der Merkmalsausprägungen auf kleinräumiger Ebene zu ermöglichen. Die Ergebnisse der Sprachstandserhebungsverfahren können, wie z.B. in Baden-Württemberg und in Niedersachsen, Gegenstand der Berichte über die Schuleingangsuntersuchungen sein.

Vergleichsarbeiten

Vergleichsarbeiten dienen vorrangig einer kompetenzorientierten Unterrichts- und Schulentwicklung und der Unterstützung der diagnostischen Fähigkeiten der Lehrkräfte und – anders als die anderen Instrumente des Bildungsmonitorings – nicht der Evaluation auf Systemebene, sondern zur Diagnostik und Fortentwicklung der Lehrer-Schüler-Interaktion (vgl. Watermann & Stanat, 2004). Unabhängig vom methodologischen Zuschnitt und der erfassten Gegenstände sind die den Schulen und Klassen zurückgemel-

16 Eine Aufstellung der jeweiligen Verfahren in den Bundesländern im Übergang vom Elementar- zum Primarbereich findet sich bei Redder et al., 2011, S. 24 f. und Lisker 2010, S. 46 ff.

17 Zum Gegenstand der Erhebungen siehe weiterführend: Ehlich, K., Bredel, U. & Reich, H. H. (Hrsg.). (2008). Referenzrahmen zur altersspezifischen Sprachaneignung. Bildungsforschung: Bd. 29 I + II. Bonn, Berlin: BMBF.

deten Ergebnisse für ein kommunales Bildungsmonitoring relevant, liefern sie doch als einzige Quelle flächendeckende und relativ valide Aussagen zur Kompetenzaneignung im Schulalter.

Jedoch stehen dem Informationsanspruch der kommunalen Schulträger auf Schülerleistungsdaten für eine bedarfsgerechte und qualitative Schulentwicklungsplanung eingeschränkte Zugangsmöglichkeiten entgegen. Zwar konstatiert Avenarius im Hinblick auf die Auskunftspflicht der datenhaltenden Kultusministerien, dass diese „den Kommunen auf Antrag die für ihr Bildungsmonitoring benötigten Schulleistungsdaten im Wege der Amtshilfe zu überlassen [habe]“ (Avenarius 2011, S. 11), jedoch bleibt die Zusammenarbeit zwischen Ländern und Kommunen im Bildungsbereich auch in der gegenseitigen Verfügbarmachung der jeweilig erhobenen Informationen bislang punktuell. Daher empfiehlt sich auch hier, an die Schulen heranzutreten und gegebenenfalls Vereinbarungen zur Nutzung der an die Schulen zurückgemeldeten Ergebnisberichte zu treffen.

10.4 Daten zur Darstellung non-formaler Bildung und informellen Lernens

Angebote non-formaler Bildung und insbesondere die schwer zu identifizierenden Gelegenheiten des informellen Lernens werden in der bildungspolitischen Debatte spätestens seit dem Memorandum der Europäischen Kommission (2000) zum Lebenslangen Lernen nicht mehr als kompensatorische Nebenschauplätze von Kindertageseinrichtungen, Schulen oder Hochschulen betrachtet (vgl. Rauschenbach & Krüger, 2007), sondern erfahren im Zuge einer verstärkt subjektzentrierten Betrachtung der Pfade der Kompetenzaneignung zunehmende Bedeutung (vgl. Baethge et al., 2010). Jugendfreizeiteinrichtungen, Vereine, Museen, Theater prägen eine kommunale Bildungslandschaft mit ihren entsprechenden Angeboten, gleichermaßen verfügt hier die Kommunalpolitik und -verwaltung über unmittelbare Einflussmöglichkeiten (vgl. Baethge-Kinsky, 2012).

Der Fokus eines kommunalen Bildungsmonitorings richtet sich damit nicht nur auf die institutionalisierten und auf Abschlüsse und zertifizierte Qualifikationen gerichteten Angebote der formalen Bildung (vgl. Europäische Kommission, 2001), sondern auch auf die Erfassung der non-formalen Bildung, die von der Europäischen Kommission als „Lernen, das nicht in Bildungs- oder Berufsbildungseinrichtungen stattfindet und üblicherweise nicht zur Zertifizierung führt“ jedoch gleichermaßen „systematisch (in Bezug auf Lernziele, Lerndauer und Lernmittel)“ organisiert ist, definiert wurde. (Europäische Kommission, 2001, S. 35). Aber auch die Gelegenheiten des informellen Lernens, die im Verlauf der Bildungsbiografie unterschiedlich stark in Anspruch genommen werden (vgl. Projektteam KBM, 2012), können in einem kommunalen Bildungsmonitoring ergänzend dargestellt werden. Hierunter wird das „Lernen, das im Alltag, am Arbeitsplatz, im Familienkreis oder in der Freizeit stattfindet“ gefasst. „Es ist (in Bezug auf Lernziele, Lernzeit oder Lernförderung) nicht strukturiert und führt üblicherweise nicht zur Zertifizierung“ (Europäische Kommission, 2001, S. 33).

Dem Informationsinteresse steht eine unübersichtliche und nicht zwangsläufig den Anforderungen eines Bildungsmonitorings genügende Informationsbasis gegenüber. Kommunale Lerngelegenheiten und ihre Nutzung im Bereich der non-formalen Bildung und des informellen Lernens sind nur vereinzelt Gegenstand der amtlichen Statistik (vgl. Abschnitt 10.2), so dass eine Vielzahl von Datenquellen unterschiedlicher Qualität berücksichtigt werden muss. Diese geben nur sehr begrenzt einen Überblick über die tatsächlichen Anlässe, den Umfang und die Art ihrer Nutzung sowie über die Bevölkerungsgruppen, die kommunale Angebote etwa der kulturellen Bildung oder der Jugendarbeit in Anspruch nehmen. Neben der Angebotsperspektive, welche die vorgestellten Datenquellen recht gut erfassen, fehlen statistikübergreifend Angaben zur differenzierten Betrachtung der Bildungsbeteiligung, so etwa Angaben zu den Nutzern nach Altersgruppen, Geschlecht, sozioökonomischem und Migrationshintergrund, im Idealfall auch zur besuchten Schulart bzw. zum höchsten schulischen, beruflichen oder akademischen Abschluss. Wesentlich wären auch Informationen zum Wohnort der Nutzerinnen und Nutzer von kommunalen Einrichtungen, um zum einen Aussagen zur Erreichbarkeit von Angeboten und Einrichtungen zu treffen und zum anderen Rückschlüsse auf sozialräumliche Lebenslagen und deren Einfluss auf das Nutzungsverhalten zu ziehen. Keine Informationen lassen sich auf der Grundlage der verfügbaren Datenbasis über die Effekte der genutzten Angebote und Lerngelegenheiten generieren, so etwa zu ihrem Beitrag zur Aneignung sozialer oder sprachlicher Kompetenzen.

Die nachfolgende Auswahl (vgl. Tab. 10.1) verfügbarer Datenquellen orientiert sich an den für kommunale Bildungsgestaltung relevanten Handlungsfeldern und erhebt keinen Anspruch auf Vollständigkeit. Demzufolge werden in erster Linie exemplarisch Statistiken von Verbänden und Trägern benannt, die kommunal finanzierte Einrichtungen und, für Bildungsprozesse außerhalb institutioneller Bildung, Angebote für alle Lebensphasen vorhalten.

Tab. 10.1: Mögliche Datenquellen zur Darstellung non-formaler Bildung und informellen Lernens

Mögliche Datenquellen zur Darstellung non-formaler Bildung	Mögliche Datenquellen zur Darstellung informellen Lernens
• Kinder- und Jugendhilfestatistik • Datenbank des Bundesjugendrings zur Vergabe der Jugendleitercard (Juleica) • Verbandsstatistiken zur Aktivität in Sportvereinen • Erhebungen des Verbands deutscher Musikschulen (VdM) • Förderstatistik der Bundesagentur für Arbeit	• Deutsche Bibliotheksstatistik • Erhebungen des Instituts für Museumsforschung der Staatlichen Museen zu Berlin Preußischer Kulturbesitz • Nutzerstatistiken kultureller Einrichtungen

Quelle: Eigene Darstellung

Gegenüber den Angeboten der non-formalen Bildung und bedingt durch die spezifischen Nutzungsformen ist das informelle Lernen aufgrund seiner individuellen und alltäglichen Realisierung nicht hinreichend empirisch zu fassen. Die Abbildung kommunal verfügbarer Lerngelegenheiten wie etwa Bibliotheken, Theater und Museen stellen eine Annäherung dar, die die tatsächlichen Pfade der Aneignung beispielsweise kultureller Güter keinesfalls abbilden.

So erscheint es notwendig, will man differenzierte Aussagen treffen, alternative Wege der Datengewinnung zu finden. In zahlreichen kreisfreien Städten werden regelmäßige Bürger- bzw. Haushaltsbefragungen, zumeist unter Federführung der kommunalen Statistikämter bzw. Statistikstellen, durchgeführt. Sie bieten die Möglichkeit einer kommunalspezifischen Gestaltung des Erhebungsprogramms und so Gelegenheit, auf spezifische Interessenlagen des kommunalen Bildungsmonitorings einzugehen. Einige Kommunen sind alternativ bzw. darüber hinaus dazu übergegangen, auch Aspekte der Freizeitgestaltung, die auf Gelegenheiten zum informellen Lernen hinweisen, im Rahmen regelmäßiger Befragungen zu erfassen.[18] In Kombination mit ebenfalls erhobenen soziodemografischen Merkmalen der Befragten lassen sich so wichtige Informationen zum selbstgesteuerten Bildungsverhalten der Bürgerinnen und Bürger generieren.

Literatur

Arbeitsstelle Kinder- und Jugendhilfestatistik (2013). *Bedeutung einer statistischen Dauerbeobachtung für die Kinder- und Jugendarbeit.* Verfügbar unter: http://www.akjstat.uni-dortmund.de/index.php?id=447 [26.03.2014].

Autorengruppe Bildungsberichterstattung (2008). *Bildung in Deutschland 2008. Ein indikatorengestützter Bericht mit einer Analyse zu Übergängen im Anschluss an den Sekundarbereich I.* Bielefeld: Bertelsmann.

Autorengruppe Bildungsberichterstattung (2012). *Bildung in Deutschland 2012. Ein indikatorengestützter Bericht mit einer Analyse zur kulturellen Bildung im Lebenslauf.* Bielefeld: Bertelsmann.

Autorengruppe Bildungsberichterstattung (2014). *Bildung in Deutschland 2014. Ein indikatorengestützter Bericht mit einer Analyse zur Bildung von Menschen mit Behinderungen.* Bielefeld: Bertelsmann.

Autorengruppe Regionale Bildungsberichterstattung Berlin-Brandenburg (2013). *Bildung in Berlin und Brandenburg. Ein indikatorengestützter Bericht zur Bildung im Lebenslauf.* Berlin. Verfügbar unter: https://www.bildungsbericht-berlin-brandenburg.de/pdfs2013/bildungsbericht_2013.pdf [27.03.2014].

Avenarius, H., Ditton, H., Döbert, H., Klemm, K., Klieme, E., Rürup, M., Tenorth, H.-E., Weishaupt, H. & Weiß, M. (2003). *Bildungsberichterstattung für Deutschland: Konzeption.* Frankfurt a. M.: DIPF.

Avenarius, H. (2011). *Bedarf an Schulleistungsdaten für ein kommunales Bildungsmonitoring – Rechtliche Aspekte.* Vortrag auf der Fachtagung „Informationsbedarf des Schul-

18 Als Beispiele seien hier die flächendeckende Online-Befragung von Schülern der 5., 9. und 11. Klassen im Rahmen der Kinder- und Jugendbildungsberichterstattung des Landkreises Vorpommern-Greifswald sowie der Jugendsurvey des Rems-Murr-Kreises benannt.

trägers versus Datenhoheit des Staates. Anspruch der Kommunen auf Zugang zu Schulleistungsdaten?" im Aktionsfeld „Kommunales Bildungsmonitoring" im Rahmen des BMBF-Programms „Lernen vor Ort". Überarbeitete und um Anmerkungen ergänzte Fassung. Deutsches Institut für Internationale Pädagogische Forschung. Frankfurt a. M., 23.09.2011.

Baethge-Kinsky, V. (2012). *Lernen ganzheitlich erfassen. Wie lebenslanges und lebensweites Lernen in einem kommunalen Lernreport dargestellt werden kann. Konzeption eines kommunalen Lernreports*. Gütersloh. http://www.bertelsmann-stiftung.de/cps/rde/xbcr/bst/xcms_bst_dms_36136_36140_2.pdf [09.04.14].

Baethge, M., Brunke, J. & Wieck, M. (2010). Die Quadratur des Kreises – oder die Mühsal der Suche nach Indikatoren für informelles Lernen: am Beispiel beruflichen Lernens im Erwachsenenalter. In Baethge, M., Döbert, H., Füssel, H.-P. & Hetmeier, H.-W. (Hrsg.), *Bildungsforschung. Bd. 33: Indikatorenentwicklung für den nationalen Bildungsbericht „Bildung in Deutschland"*. Grundlagen, Ergebnisse, Perspektiven (S. 157–190). Bonn: BMBF.

Bayer, H. (2010). Regional tief gegliederte Daten im Bereich Bildung, Familie, Kinder und Jugendliche. *Recht der Jugend und des Bildungswesens, 58* (2), 176–195.

Bertelsmann Stiftung (Hrsg.). (2008). *Möglichkeiten einer Adaption des „Atlas of Child Developement" aus Kanada (B.C.) für Deutschland.* Auszug aus der Machbarkeitsstudie. Vgl. http://www.bertelsmann-stiftung.de/cps/rde/xbcr/SID-399D0D64-4FA41791/bst/Auszug_Machbarkeitsstudie-KECK.pdf [27.10.2013].

Böttcher, W. & Kotthoff, H.-G. (Hrsg.). (2007). *Schulinspektion: Evaluation, Rechenschaftslegung und Qualitätsentwicklung*. Münster: Waxmann.

Bogai, D., Seibert, H. & Wiethölter, D. (2008). *Duale Ausbildung in Deutschland. Die Suche nach Lehrstellen macht junge Menschen mobil.* IAB Kurzberichte (9), 1–8.

Braun, U. (2009). Qualität von Kindertageseinrichtungen – beliebig oder verbindlich? Überlegungen aus kommunaler Perspektive. In Altgeld, K. & Stöbe-Blossey, S. (Hrsg.), *Qualitätsmanagement in der frühkindlichen Bildung, Erziehung und Betreuung. Perspektiven für eine öffentliche Qualitätspolitik* (S. 77–94). Wiesbaden: VS Verlag für Sozialwissenschaften / GWV Fachverlage GmbH, Wiesbaden.

Buer, van, J. & Wagner, C. (Hrsg.). (2007). *Qualität von Schule. Ein kritisches Handbuch.* Frankfurt a. M.: Peter Lang.

Bundesagentur für Arbeit (2011). *Die Statistik über die Arbeitsförderung nach der Neuausrichtung der arbeitsmarktpolitischen Instrumente*. Methodenbericht. Nürnberg.

Deutscher Bundestag (2005). *Bericht über die Lebenssituation junger Menschen und die Leistungen der Kinder- und Jugendhilfe in Deutschland.* Zwölfter Kinder- und Jugendbericht und Stellungnahme der Bundesregierung; Unterrichtung durch die Bundesregierung. Zugeleitet mit Schreiben des Bundesministeriums für Familie, Senioren, Frauen und Jugend vom 7. Oktober 2005. Berlin.

Deutsches Institut für Internationale Pädagogische Forschung in Kooperation mit: Deutsches Jugendinstitut, Hochschul-Informations-System GmbH, Soziologisches Forschungsinstitut an der Universität Göttingen, Statistische Ämter des Bundes und der Länder (2007). *Das weiterentwickelte Indikatorenkonzept der Bildungsberichterstattung*. Berlin/Frankfurt. Vgl. http://www.bildungsbericht.de/daten2008/indikatorenkonzept.pdf.

Ditton, H. (2007). Schulqualität – Modelle zwischen Konstruktion, empirischen Befunden und Implementierung. In Buer, van, J. & Wagner, C. (Hrsg.): *Qualität von Schule. Ein kritisches Handbuch* (S. 83–92). Frankfurt a. M.: Peter Lang.

Ditton, H. & Maaz, K. (2011). Sozioökonomischer Status und soziale Ungleichheit. In Reinders, H., Ditton, H., Gräsel, C. & Gniewosz, B. (Hrsg.), *Empirische Bildungsforschung. Gegenstandsbereiche* (S. 193–208). 1. Aufl. Wiesbaden: VS Verlag für Sozialwissenschaften.

Döbert, H. (2004). *Anforderungen an einen wissenschaftlich fundierten Vergleich in der Bildungsforschung.* Arbeitsmaterial für Studierende. Unveröffentlichtes Manuskript.

Döbert, H. (2007). *Indikatorenkonzept und Beschreibung von Beispielindikatoren für eine regionale Bildungsberichterstattung. Ein Beitrag zur Entwicklung von Indikatoren für einen regionalen Bildungsbericht.* Gütersloh: Bertelsmann Stiftung.

Döbert, H. (2011). Konzeptionelle Grundlagen der Untersuchungen zur Indikatorenentwicklung 2009–2010. In Baethge, M. et al. (Hrsg.), *Vertiefende Studien zu ausgewählten Aspekten der Indikatorenentwicklung für den nationalen Bildungsbericht* (S. 17–56). Bildungsforschung Band 35. Berlin, Bonn: BMBF.

Döbert, H., Rürup, M. & Dedering, K. (2008). Externe Evaluation von Schulen in Deutschland – die Konzepte der Bundesländer, ihre Gemeinsamkeiten und Unterschiede. In Döbert, H. & Dedering, K. (Hrsg.), *Externe Evaluation von Schulen. Historische, rechtliche und vergleichende Aspekte* (S. 63–151). Münster: Waxmann.

Europäische Kommission (2001). *Einen Europäischen Raum des Lebenslangen Lernens schaffen.* Brüssel: Europäische Kommission. Verfügbar unter: http://www.bologna-berlin 2003.de/pdf/MitteilungDe.pdf [01.05.2014].

European Commission (2012). *Education and Training Monitor 2012.* Brüssel: European Commission.

Fischer, N. (2012). Individuelle Wirkungen von Ganztagsschule – zum Forschungsstand. In Deutsches Institut für Internationale Pädagogische Forschung (Hrsg.), *DIPF informiert. Nr. 17* (S. 7–9).

Gesetz über den öffentlichen Gesundheitsdienst des Landes Nordrhein-Westfalen (ÖGDG NRW) in der Fassung der Bekanntmachung vom 10.04.2014.

Gesetz über die Statistik für Bundeszwecke (BstatG) in der Fassung der Bekanntmachung vom 25.07.2013.

Grgic, M. & Eckhardt, A. G. (2011). Landesweite Sprachstandserhebung und Sprachförderung vor der Einschulung – Kann die Vielfalt vergleichbar gemacht werden? In Baethge, M. et al. (Hrsg.), *Vertiefende Studien zu ausgewählten Aspekten der Indikatorenentwicklung für den nationalen Bildungsbericht* (S. 159–185). Bildungsforschung Band 35. Berlin, Bonn: BMBF.

Hartig, J. (2008). Kompetenzen als Ergebnisse von Bildungsprozessen. In *Kompetenzerfassung in pädagogischen Handlungsfeldern* (S. 15–25). Bildungsforschung Band 26. Berlin, Bonn: BMBF.

Jude, N., Hartig, J. & Klieme, E. (Hrsg.). (2008). *Kompetenzerfassung in pädagogischen Handlungsfeldern. Theorien, Konzepte und Methoden.* Bildungsforschung Band 26. Berlin: BMBF.

Kemper, T. (2010). Migrationshintergrund – eine Frage der Definition! *Die deutsche Schule 102* (4), 315–326.

Kemper, T. & Weishaupt, H. (2011). Zur Bildungsbeteiligung ausländischer Schüler an Förderschulen. Unter besonderer Berücksichtigung der spezifischen Staatsangehörigkeit. *Zeitschrift für Heilpädagogik, 62* (10), 419–431.

Klieme, E. & Leutner, D. (2006). Kompetenzmodelle zur Erfassung individueller Lernergebnisse und zur Bilanzierung von Bildungsprozessen. Beschreibung eines neu eingerichteten Schwerpunktprogramms der DFG. *Zeitschrift für Pädagogik, 52*(6), 876–903.

Koehler, H. (1980). Amtliche Bildungsstatistik im Wandel. In *Bildung in der Bundesrepublik Deutschland* (S. 1215–1285). 2. Reinbek bei Hamburg: Rowohlt.

Konsortium Bildungsberichterstattung (Hrsg.). (2006). *Bildung in Deutschland. Ein indikatorengestützter Bericht mit einer Analyse zu Bildung und Migration.* Bielefeld: Bertelsmann.

Kühne, S. (2010). Datenfriedhof oder Goldgrube? Zum Potenzial schulstatistischer Individualdaten für Abschlussindikatoren. In BMBF (Hrsg.), *Indikatorenentwicklung für den nationalen Bildungsbericht „Bildung in Deutschland“.* Bildungsforschung Band 33 (S. 80–94). Bonn: BMBF.

Kultusministerkonferenz (KMK) (2008). *Kerndatensatz der Länder für schulstatistische Individualdaten Version 3.0.* Beschluss der Kultusministerkonferenz vom 13.11.2008.

Kultusministerkonferenz (KMK) (2014). *Allgemein bildende Schulen in Ganztagsform in den Ländern in der Bundesrepublik Deutschland.* Statistik 2008 bis 2012. Berlin.

Lisker, A. (2010). *Sprachstandsfeststellung und Sprachförderung im Kindergarten sowie beim Übergang in die Schule.* Expertise im Auftrag des Deutschen Jugendinstituts. München.

Makles, A. & Weishaupt, H. (2010). Sozialindex für Schulen. Möglichkeiten und Probleme der Konstruktion am Beispiel einer Untersuchung in Nordrhein-Westfalen. *Recht der Jugend und des Bildungswesens 58(2),* 196–211.

Oakes, J. (1986). *Educational indicators. A guide for policymakers.* Santa Monica, Calif: Rand = OPE / Rand Corporation Center for Policy Research in Education, CPRE, 1.

Pothmann, J. & Sass, E. (2011). *Lebenslagen und Engagement von Jugendleiterinnen und Jugendleitern. Juleica-Report 2011.* Berlin: Dt. Bundesjugendring.

Projektteam „Kommunales Bildungsmonitoring“ (KBM) des Deutschen Instituts für Internationale Pädagogische Forschung (DIPF) (2011). *Wie erstellt man einen kommunalen Bildungsbericht.* Handreichung im Programm „Lernen vor Ort“. Bonn.

Projektteam „Kommunales Bildungsmonitoring“ (KBM) des Deutschen Instituts für Internationale Pädagogische Forschung (DIPF) (2012). *Die Erfassung des lebenslangen Lernens in einem kommunalen Bildungsmonitoring.* Handreichung im Programm „Lernen vor Ort“. Bonn.

Projektträger im Deutschen Zentrum für Luft- und Raumfahrt (DLR) (Hrsg.). (2011). *Der Weiterbildungsbereich im kommunalen Bildungsmonitoring.* Werkstattbericht. Bonn.

Rauschenbach, T. (2011). *Zur Indikatorisierung frühkindlicher Bildung, Betreuung und Erziehung.* Vortrag im Rahmen der DIPF-Fortbildungsveranstaltung im Aktionsfeld „Kommunales Bildungsmonitoring“ im Rahmen des BMBF-Programms „Lernen vor Ort“ am 14. Juni 2011 in Berlin. Unveröffentlichtes Manuskript.

Rauschenbach, T. & Krüger, H.-H. (2007). Im Schatten der formalen Bildung. Alltagsbildung als Schlüsselfrage der Zukunft. *Diskurs Kindheits- und Jugendforschung, 2* (4), 439–453. Vgl.: http://nbn-resolving.de/urn:nbn:de:0111-opus-10240 [27.10.2013].

Rauschenbach, T., Leu, H. R., Lingenbauber, S., Mack, W., Schilling, M., Schneider, K. & Züchner, I. (2004). *Non-formale und informelle Bildung im Kindes- und Jugendalter, Konzeptionelle Grundlagen für einen Nationalen Bildungsbericht.* Berlin: BMBF. Vgl. http://www.bmbf.de/pub/nonformale_und_informelle_bildung_kindes_u_jugendalter.pdf [27.10.2013].

Rauschenbach, T. & Schilling, M. (Hrsg.). (2011). *Kinder- und Jugendhilfereport. 3. Bilanz der empirischen Wende.* Beiträge zur Kinder- und Jugendhilfeforschung. Weinheim: Juventa.

Redder, A., Schwippert, K., Zech, C., Hasselhorn, M., Forschner, S., Fickermann, D. & Ehlich, K. (2011). *Bilanz und Konzeptualisierung von strukturierter Forschung zu „Sprachdiagnostik und Sprachförderung".* ZUSE-Berichte, 2. Hamburg: Hamburger Zentrum zur Unterstützung der Wiss. Begleitung und Erforschung Schulischer Entwicklungsprozesse (ZUSE).

Reichert-Garschhammer, E. (2011): *Qualität frühkindlicher Bildung.* Einführungsvortrag zum Workshop im Rahmen der achten Fortbildungsveranstaltung des Aktionsfeldes Kommunales Bildungsmonitoring im Bundesprogramm „Lernen vor Ort" am 14. Juni 2011 im Deutschen Institut für Internationale Pädagogische Forschung. Berlin.

Reißig. B. (2006): *Soziale Kompetenzen.* München, Halle. Vgl. http://www.dji.de/bibs/225_7015_WT_2_2007_reissig.pdf [27.03.2014].

Rinne, H. (1996). *Wirtschafts- und Bevölkerungsstatistik. Erläuterungen – Erhebungen – Ergebnisse.* Lehr- und Handbücher der Statistik. München, Wien: Oldenbourg.

Scheerens, J., Seidel, T., Witziers, B., Hendriks, M. & Doornekamp, G. (2005). *Positioning the Supervision Framework for Primary and Secondary Education of the Dutch Educational Inspectorate in Current Educational Discourse and Validating Core Indicators against the Knowledge Base of Educational Effectiveness Research.* Enschede. Verfügbar unter: http://www.utwente.nl/gw/owk/employees/Emeriti/scheerens/pvsf-rapport.pdf [27.03.2014].

Schilling, M. & Kolvenbach, F.-J. (2011). Dynamische Stabilität. Zur Systematik der KJH-Statistik und ihrer Weiterentwicklung. In Rauschenbach, T. & Schilling, M. (Hrsg.), *Kinder- und Jugendhilfereport. 3. Bilanz der empirischen Wende* (S. 191–210). Weinheim: Juventa.

Seeber, S., Jähnig, C. & Knigge, M. (2011). Validierung eines Indikators zur Prozessqualität von Schule und Unterricht. In Baethge, M. et al. (Hrsg.). *Vertiefende Studien zu ausgewählten Aspekten der Indikatorenentwicklung für den nationalen Bildungsbericht* (S. 17–56). Bildungsforschung Band 35. Berlin, Bonn: BMBF.

SEIS Deutschland (2011). Das SEIS-Qualitätsverständnis. Verfügbar unter: http://www.seis-deutschland.de/fileadmin/user_upload/raw_material/documents/SEIS_Qualitaetsverstaendnis.pdf [27.03.2014].

Spieß, C. Katharina & Tietze, W. (2002). Qualitätssicherung in Kindertageseinrichtungen. Gründe, Anforderungen und Umsetzungsüberlegungen für ein Gütesiegel. *Zeitschrift für Erziehungswissenschaft, 5* (1), 139–162. Verfügbar: http://dx.doi.org/10.1007/s11618-002-0008-8.

Sozialgesetzbuch (SGB) VIII: Kinder- und Jugendhilfe.

Staatliche Museen zu Berlin – Preußischer Kulturbesitz Institut für Museumsforschung (2011). *Statistische Gesamterhebung an den Museen der Bundesrepublik Deutschland für das Jahr 2010.* Heft 65. Berlin. Verfügbar unter: http://www.smb.museum/ifm/dokumente/materialien/mat65.pdf [27.03.2014].

Statistische Ämter des Bundes und der Länder (Hrsg.). (2006). *Qualitätsstandards in der amtlichen Statistik.* Wiesbaden.

Statistische Ämter des Bundes und der Länder (2008). *Statistik der Kinder- und Jugendhilfe Teil II. Maßnahmen der Kinder- und Jugendarbeit.* Erhebungsbogen. Verfügbar unter:

http://www.it.nrw.de/statistik/e/erhebung/kjh/fragebogen_informationsblatt_2008.pdf [27.10.2013].

Statistische Ämter des Bundes und der Länder (2010a). *Statistik der Kinder- und Jugendhilfe. Teil III. 2: Einrichtungen und tätige Personen in der Kinder- und Jugendhilfe (ohne Tageseinrichtungen für Kinder)*. Erhebungsbogen. Vgl. http://www.it.nrw.de/statistik/e/erhebung/kjh/erhebungsbogen_teil_III_2.pdf [27.10.2013].

Statistische Ämter des Bundes und der Länder (2010b). *Statistik der Kinder- und Jugendhilfe. Teil IV. Ausgaben (Auszahlungen) und Einnahmen (Einzahlungen) für die Kinder- und Jugendhilfe.* Erhebungsbogen. Verfügbar unter: http://www.it.nrw.de/statistik/e/erhebung/kjh/Ausgaben_Einnahmen.pdf [27.10.2013].

Statistisches Bundesamt, Statistisches Landesamt Baden-Württemberg & Deutsches Institut für Erwachsenenbildung (2013). *Anwendungsleitfaden zum Aufbau eines kommunalen Bildungsmonitorings.* Wiesbaden, Stuttgart, Bonn. Vgl. https://www.bildungsmonitoring.de/bildung/misc/Anwendungsleitfaden.pdf.

Thiel, F. (2009). *Faktoren und Modelle der Schulqualität.* Expertise zur Konstruktion eines Fragebogens zu Schulmanagement und Schulentwicklung für ein Selbstevaluationsportal im Auftrag des Instituts für Schulqualität der Länder Berlin und Brandenburg. Unveröffentlichte Expertise.

Thillmann, K., Winkler, C. & Thiel, F. (2009). *Instrumente zur Erfassung relevanter Konstrukte der Schulqualität. Synopse vorliegender Instrumente und deren Bewertung im Hinblick auf den Einsatz im Rahmen eines Selbstevaluationsportals für Schulen.* Unveröffentlichte Expertise im Auftrag des Instituts für Schulqualität der Länder Berlin und Brandenburg.

Watermann, R. & Stanat, P. (2004). Schulrückmeldungen in PISA 2000. Sozialnorm- und kriteriumsorientierte Rückmeldeverfahren. *Empirische Pädagogik, 18(1)*, 40–61.

Weishaupt, H. (2010). Bildung und Region. In R. Tippelt & B. Schmidt (Hrsg.), *Handbuch Bildungsforschung* (S. 217–231). Wiesbaden: VS Verlag für Sozialwissenschaften.

Weishaupt, H. & Böhm-Kasper, O. (2011). Weiterbildung in regionaler Differenzierung. In R. Tippelt & A. v. Hippel (Hrsg.), *Handbuch Erwachsenenbildung/Weiterbildung* (5. Aufl., S. 789–799). Wiesbaden: VS Verlag für Sozialwissenschaften.

Widany, S. (2009). *Lernen Erwachsener im Bildungsmonitoring.* Operationalisierung der Weiterbildungsbeteiligung in empirischen Studien. Wiesbaden: VS Verlag für Sozialwissenschaften.

Marina Egger

11. Kommunale Bildungsberichterstattung

Die derzeitige Situation der kommunalen Bildungsberichterstattung wird in zwei Schritten dargestellt, nachdem eingangs auf die Entwicklung der Bildungsberichterstattung auf nationaler Ebene unter Berücksichtigung internationaler Erfahrungen eingegangen wird. Diese wird aus historischer Perspektive umrissen und soll den Kontext für bildungspolitische Entwicklungen verdeutlichen. Vor diesem Hintergrund wird in einem ersten Schritt (Abschnitt 11.2) auf die Entwicklung kommunaler Bildungsberichterstattung eingegangen. In einem zweiten Schritt (Abschnitt 11.3) wird die aktuelle Situation der kommunalen Bildungsberichterstattung in Deutschland nachgezeichnet.

11.1 Die Entwicklung der Bildungsberichterstattung auf nationaler Ebene

Bildungsberichte stellen eines der Steuerungsinstrumente im Ensemble der Maßnahmen zur Qualitätssicherung im Bildungswesen dar. Sie haben sich inzwischen als Form der Politikberatung mit Hinweisen auf Problemlagen und Handlungsbedarf auf verschiedenen Ebenen des deutschen Bildungswesens etabliert. Auch international entwickelt sich die Bildungsberichterstattung als Instrument der Qualitätssicherung im Bildungswesen. Insbesondere der nationale Bildungsbericht stützt sich auf internationale Erfahrungen (vgl. Cortina et al., 2003; Avenarius et al., 2003a). Sowohl die Bildungsberichterstattung auf inter- und supranationaler Ebene (Bildungsberichte der Organisation for Economic Cooperation and Development – OECD, der Europäischen Kommission, der United Nations Educational, Scientific and Cultural Organization – UNESCO) als auch nationale Bildungsberichte anderer Länder wurden bei der Konzipierung des nationalen Bildungsberichts in Deutschland „als Marksteine für inhaltliche Konzepte und Trends der Indikatorenauswahl und -definition“ berücksichtigt (vgl. Avenarius et al., 2003a), um beispielsweise eine internationale Anschlussfähigkeit der zu berichtenden Indikatoren sicherzustellen (vgl. Arbeitsgruppe Internationale Vergleichsstudie, 2003). Des Weiteren ermöglichte die Öffnung zu international vergleichender Bildungsforschung eine Fortentwicklung international vergleichbarer Standards für bildungsstatistische Daten und die Sicherstellung internationaler Vergleiche.

In den letzten zwanzig Jahren zeigte sich v.a. die Bildungsberichterstattung der OECD als impulsgebend für die Umgestaltung und Institutionalisierung nationaler Bildungsberichte in einigen OECD-Ländern (vgl. Rürup, 2003). Der erstmalig 1992 vorgelegte und inzwischen jährlich erscheinende OECD-Bericht „Education at a Glance“ ist das ‚prominente‘ Beispiel regelmäßiger, evaluativer Bildungsbericht-erstattung, die sich schwerpunktmäßig dem Vergleich der Bildungssysteme der OECD-Länder widmet (vgl. Avenarius et al., 2003a). Der Anfang für die Entwicklung des Indikatorensystems für diesen Bericht wurde im Rahmen des 1987 im 1968 gegründeten Centre for Educational Research and Innovation (CERI) angesiedelten Projektes „Indicators of Education Systems“ (INES) gesetzt, in dem ein theoretisches Konzept für den OECD-Bericht erarbeitet wurde (vgl. ebd.; Lehmann, 2008). Das Indikatorensystem des OECD-Berichts wird kontinuierlich weiterentwickelt. Damit liefert die OECD einen wesentlichen Baustein zur Entwicklung einer wissensbasierten Bildungspolitik und einer indikatorengestützten Bildungsberichterstattung, an der die OECD-Länder durch die systematische Zulieferung bildungsstatistischer Daten mitwirken. Internationale Organisationen wie OECD oder UNESCO nutzen bereits seit Beginn der 1960-Jahre die international vergleichend aufbereiteten Informationen über Bildung als indirektes politisches Steuerungsinstrument zur Verbesserung der Bildungssysteme und forcieren die Wissensbasierung der Bildungspolitik transnational. Die Bildungsberichterstattung der UNESCO erfolgt regelmäßig seit 1991. Der Weltbildungsbericht der UNESCO „Education for all. Global Monitoring Report“ wird seit 2002 jährlich von einem internationalen Expertenteam erstellt. Die UNESCO überprüft auf diese Weise, ob die für 2015 auf dem Weltbildungsforum in Dakar im Jahr 2000 gesetzten sechs Bildungsziele, zu denen sich die beteiligten Länder selbstverpflichtet haben, erreicht wurden bzw. werden (vgl. Deutsche UNESCO-Kommission e.V., o.J.). Zudem wurde in den letzten Jahren von der UNESCO ein Informationssystem[1] für Bildungsmanagement (Education Management Information System – EMIS) entwickelt, welches vor allem eine Hilfe für solche Länder darstellen will, die noch nach einem System der Datensammlung und -organisation im Bildungsbereich suchen und eine Bericht-erstattung auf dieser Grundlage anstreben. Dies kann vermutlich zu mehr nationalen Bildungsberichten weltweit führen. Ob diese, ausschließlich einem Trend folgend, bei einer einmaligen Bestandsaufnahme bleiben oder kontinuierlich erstellt werden, hängt sicherlich von Kontextbedingungen und politischen Interessen der jeweiligen Länder ab. Zunächst lässt sich festhalten, dass sich inzwischen drei Typen nationaler Bildungsberichte herausgebildet haben: (1) „Eher bildungsstatistisch fundierte und entsprechend verfasste Berichte (Kanada, Frankreich, Japan), (2) eher inspektions-basierte Berichte (Niederlande, England, Schweden) sowie (3) überwiegend von Wissenschaftlern verfasste Bildungsberichte auf der Grundlage kommentierter Daten und Forschungsbefunde (Schweiz, Deutschland und z.T. USA)“ (Döbert et al., 2009, S. 9f.).

In Deutschland etabliert sich inzwischen ein differenziertes Berichtssystem auf der Ebene des Bundes, der Länder, der Kommunen und einzelner Bildungseinrichtungen (vgl. Kapitel 6). Drei folgende Etappen in der Entwicklung der Bildungsforschung in Deutschland verdeutlichen nicht nur die Entwicklung der Steuerungsphilosophie im

---

1 Das Konzept und die Software von OpenEMIS wurden von der UNESCO-Abteilung für Planung und Entwicklung der Bildungssysteme entwickelt (vgl. OpenEMIS. Better data. Better outcomes, o.J.). Deren Version wurde 2011 nach einem Release verbessert und soll in den Ländern mit einer schwach entwickelten statistischen Datenbasis unter Berücksichtigung nationaler Kontexte eingesetzt werden (ebd.).

Bildungswesen Deutschlands, sondern auch die der Bildungsberichterstattung: die Phase der realistischen Wendung und der pädagogischen Reformbewegung (1965–1985), die Phase der inneren Schulreform (1985–1995) mit der Abkehr von empirischen Bildungsstudien und die Phase der Systemsteuerung (1995–heute) mit der erneuten Konzentration auf Systemebene und Instrumente der Systemsteuerung (vgl. Fend, 2010). Erste Ansätze einer Systembeobachtung des Bildungswesens sind in der sogenannten Phase der realistischen Wendung zu erkennen (zur Entwicklung der Bildungsberichterstattung in Deutschland vgl. Döbert, 2008). Eine zunehmende Zuwendung zur Bildungsberichterstattung lässt sich in der Phase der Systemsteuerung seit den 1990er-Jahren bis heute beobachten.

Die Erkenntnis der Notwendigkeit einer wissensbasierten Bildungspolitik ist dabei nicht neu. 1964 leitete Georg Picht aus einer von den Kultusministern der elf Länder der Bundesrepublik am 14. März 1963 vorgelegten Lehrerbedarfsfeststellung 1961 bis 1970, die zum ersten Mal ein auf amtliche Zahlen gestütztes Bild vom Stand des Schulwesens lieferte, ab, dass „eine rasche, eine zielbewusste und entschiedene Therapie“ erforderlich sei (Picht, 1964, S. 17). „Eine gute Therapie muss aber mit der Diagnose beginnen; diese wird deshalb unsere erste Aufgabe sein“ (ebd.).

1968 wurden vom Bundesminister für Bildung und Wissenschaft vier Berichte für einzelne Bildungsbereiche vorgelegt: „Kinder von 3 bis 10 Jahren: Begabung wecken noch vor dem Abc: Grundschule und Kindergartenerziehung“ (Bundesminister für Bildung und Wissenschaft, 1968a), „Junge Leute von 10 bis 19 Jahren: eine neue Schule für alle: Sekundarbereich“ (Bundesminister für Bildung und Wissenschaft, 1968b), „Junge Leute ab 19 Jahren: Studieren für das 21. Jahrhundert: Hochschulbereich“ (Bundesminister für Bildung und Wissenschaft, 1968c) und „Ein Leben lang: mehr Wissen macht unabhängig: Weiterbildung“ (Bundesminister für Bildung und Wissenschaft, 1968d). Ein erster bildungsbereichsübergreifender Bericht zur Lage des Bildungswesens, dem an dieser Stelle deswegen besondere Aufmerksamkeit gebührt, wurde von der Bundesregierung des Bundeskanzlers Willy Brandt in der Regierungserklärung vom 28. Oktober 1969 zugesagt und 1970 vom Bundesminister für Bildung und Wissenschaft in Bonn vorgelegt. Im Bildungsbericht ’70 wurden wesentliche Entwicklungen im Schul- und im Hochschulbereich seit 1945 auf der Grundlage statistischen Materials vergleichend mit den Verhältnissen in anderen Staaten dargestellt (vgl. Bundesminister für Bildung und Wissenschaft, 1970). Der 156 Seiten starke Bildungsbericht wurde als Wegbereiter der Bildungsreformen in Zusammenarbeit der Regierung mit den Ländern gesehen und folgte auf den im selben Jahr vom Deutschen Bildungsrat vorgelegten Strukturplan für das Bildungswesen (vgl. Deutscher Bildungsrat, 1970). In den Zeiten der ‚Weltbildungskrise‘ hieß es im Vorwort des Bildungsberichts ’70, dass Bildung und Wissenschaft in der Entwicklung des Landes Priorität haben sollen, denn Deutschland nehme nicht mehr den internationalen Platz ein, den es einmal innehatte (vgl. Bundesminister für Bildung und Wissenschaft, 1970). Vermutlich sind damit die Ergebnisse der „First International Mathematics Study“ von 1964 gemeint, in der den deutschen Gymnasien in den teilgenommenen Bundesländern eine internationale Konkurrenzfähigkeit, dem Bildungswesen jedoch wegen der geringen Bildungsbeteiligung keineswegs eine Spitzenleistung im internationalen Vergleich bescheinigt wurde (vgl. Lehmann, 2008). Es wurde kein Folgebericht vorgelegt, denn die Bundesregierung von Willy Brandt scheiterte mit den im Bildungsbericht beschriebenen Zielsetzungen aufgrund parteipolitischer Differenzen und Polarisierungen (vgl. Ertel & Weber, 1982).

Die Dauerbeobachtung des Bildungswesens erfuhr in den 2000er-Jahren eine qualitative Wende. Der Feststellung gravierender Mängel im Bildungswesen – in diesem Fall dem PISA-Schock – folgten nicht nur intensive Bildungsdebatten, sondern auch weitere Reformschritte, die u.a. zur Etablierung einer indikatorengestützten Bildungsberichterstattung zunächst auf Bundes- und Landesebene führten. Im Beschluss der KMK vom Februar 2002 wurde festgeschrieben, die Öffentlichkeit künftig systematisch, umfassend und kontinuierlich über wichtige Daten und Entwicklungen im Bildungswesen zu informieren. Im Juli 2002 beauftragte der Bundestag die Bundes-regierung, „mit den Ländern eine Verständigung über die Erarbeitung eines nationalen Bildungsberichts und die mögliche Einrichtung eines nationalen Sachverständigenrates zur Berichterstattung und Begutachtung über die Entwicklung des Bildungswesens in Deutschland herbeizuführen" (BT-Drucksache 14/9665, S. 2). In der Folge wurden im Auftrag des BMBF die konzeptionellen Grundlagen für einen nationalen Bildungsbericht erstellt und gleichzeitig im Auftrag der KMK vom DIPF bis Ende August 2003 erste Befunde zur Situationsanalyse des deutschen Bildungswesens präsentiert (vgl. Avenarius et al., 2003b).

Nach der Vereinbarung der Länder und des Bundes im Frühjahr 2004 über die gemeinsame Bildungsberichterstattung im Zwei-Jahres-Rhythmus wurde im August 2005 von einem unabhängigen interdisziplinären Konsortium eine Gesamtkonzeption der Bildungsberichterstattung vorgelegt. Darin wurden konzeptionelle Bausteine für die Arbeit an einem Gesamtsystem der Bildungsberichterstattung für Deutschland dargestellt. Auf dieser Grundlage wird seit 2006 der nationale Bericht „Bildung in Deutschland" (vgl. Konsortium Bildungsberichterstattung, 2006) alle zwei Jahre als eine umfassende empirische Bestandsaufnahme des Bildungswesens als Ganzes vorgelegt. Die Entwicklung der Bildungsberichterstattung hat dadurch bundesweit einen neuen wichtigen Stellenwert eingenommen. Anschließend veröffentlichte 2006 Bayern den ersten Bildungsbericht. Inzwischen wurden Bildungsberichte in einer Reihe von Bundesländern[2] vorgelegt. Außerdem wurde die Bildungsberichterstattung als Steuerungsinstrument von Kommunen aufgegriffen. Zahlreiche Kommunen sind dazu übergegangen, ein spezifisches System des kommunalen Bildungsmonitorings zu etablieren und kommunale Bildungsberichte zu erstellen (vgl. Kapitel 6).

---

2 Folgende Bundesländer erstellten bisher Bildungsberichte: Baden-Württemberg (2007, 2011), Bayern (2006, 2009, 2012), Berlin und Brandenburg (2008, 2010, 2013), Mecklenburg-Vorpommern (2011), Sachsen (2008), Sachsen-Anhalt (2010), Schleswig-Holstein (2004, 2006, 2008). In Baden-Württemberg werden auch sogenannte Themenhefte erstellt.

11.2 Die Entwicklung kommunaler Bildungsberichterstattung in Deutschland

Viele Kommunen verfügen inzwischen über zahlreiche Erfahrungen mit der datengestützten Planung bzw. Berichterstattung im Zusammenhang mit kommunaler Schulentwicklungsplanung sowie mit der seit dem Kinder- und Jugendhilfegesetz (KJHG) vom 26. Juni 1990 für alle Jugendhilfeträger gesetzlich vorgeschriebenen Jugendhilfeplanung (vgl. Döbert et al., 2010). Die ersten Erfahrungen reichen zurück in die 1960er-Jahre bzw. in die Zeiten der Planungseuphorie. Dabei wurden die ersten Jugendpläne – zumeist von kreisfreien Städten – vorgelegt, die auf Neuordnungen der sozialen Dienste zielten (vgl. Krum, 1996). Diese gingen noch kaum über einfache Maßnahmenplanungen hinaus. Erst im 3. (1972) und differenzierter im 8. Bundesjugendbericht (1990) wurden fachliche Forderungen nach Jugendhilfeplanung dargestellt, die mit der Verabschiedung des KJHG festgeschrieben wurden (vgl. ebd.). Trotz vieler Kritik an der öffentlichen Planung in den 1980er-Jahren entwickelte sich die Jugendhilfeplanung zu einer verbindlichen Aufgabe für die Kinder- und Jugend-hilfeträger und stellt einen kontinuierlichen Prozess der Bestands- und Bedarfsermittlung sowie einer Maßnahmenplanung im Jugendbereich dar.

Allgemein fand in den 1960er-Jahren der Begriff Bildungsplanung Eingang in die Bildungspolitik. Dabei wurde die Bildungsplanung in drei folgende Bereiche aufgeteilt: bildungsökonomische Bildungsplanung, Strukturplanung und Schulentwicklungsplanung (vgl. Zedler, 1979). Im Vordergrund der Bildungsplanung standen Auswirkungen von Bildung bzw. Bildungsproduktion auf die Wirtschaft, den Arbeitsmarkt und die Sozialstruktur sowie die zu schaffenden Voraussetzungen für die Weiterentwicklung des Bildungswesens (vgl. ebd.). Durch die Verankerung des Planungsgebotes in den Schulgesetzen entwickelte sich die Schulentwicklungsplanung zu einer verbindlichen Aufgabe für Schulträger – d.h. kreisfreie Städte und Landkreise – in einigen Bundesländern, während sie in den anderen Bundesländern (noch) keine vorgeschriebene kommunale Aufgabe darstellt (vgl. Rösner, 2000). In den letzten Jahrzehnten verändern sich auch die Vorstellungen von kommunaler Schulentwicklungsplanung. Inzwischen soll sie über ihre zentrale Aufgabe – die Analyse und Prognose des Schulangebots und des Schüleraufkommens, die Ermittlung des Raumbestands und Raumbedarfs sowie mögliche Planungsschritte – hinausgehen. Um isolierte kommunale Planungsansätze zu vermeiden und Synergien zu entwickeln, werden die Schulträger zur Abstimmung ihrer Planung mit der Jugendhilfe aufgefordert (vgl. Bundes-ministerium für Familie, Senioren, Frauen und Jugend 2013). In NRW ist diese abgestimmte Fachplanung mit Rücksicht auf Bildungs- und Erziehungsbedürfnisse sowie Interessen junger Menschen und ihrer Familien inzwischen gesetzlich vorgeschrieben.

Schon 1970 – ebenfalls in den Zeiten der Planungseuphorie – erschien ein erster regionaler Bildungsbericht. Den Bildungsbericht legte der Senat der Freien und Hansestadt Hamburg vor. Seine Aufgabe war es, die gegenwärtige Situation des Bildungswesens und seinen zukünftigen Bedarf darzulegen (vgl. Senat der Freien und Hansestadt Hamburg, 1970). Berichtet wurde über die Lage des Bildungswesens in Hamburg, wobei sich der erste Teil dem Schulbereich und der zweite Teil dem Hochschulbereich widmete (vgl. ebd.). Vergleichbare Berichte hat es danach bis in die 2000er-Jahre nicht mehr gegeben. Die inhaltliche Ausrichtung des ersten regionalen Bildungsberichts wies Parallelen zum ersten nationalen Bildungsbericht ’70 auf, wobei dem Hamburger Bildungsbericht nicht die Rolle eines Wegbereiters der Bildungs-reformen zugeschrieben werden kann. An dieser Stelle ist gleichwohl darauf hinzuweisen, dass die Intention des ersten regionalen Bildungsberichtes und der damaligen Planungsberichte eine andere war, als die der heutigen evaluativen Bildungsberichte. Sie waren vor dem Hintergrund eines auf Grund der geburtenstarken Jahrgänge starken Handlungsdrucks entstanden.

Auch der 2002 vorgelegte Mannheimer Bildungsbericht unterscheidet sich stark von nachfolgenden kommunalen Bildungsberichten. Er wurde komplementär zum Schulentwicklungsbericht der Stadt Mannheim erstellt und bot in einer deskriptiven Darstellung eine Momentaufnahme im Hinblick auf die Entwicklung des damals neugegründeten Fachbereichs Bildung. In dieser Momentaufnahme wurden – nur ansatzweise datengestützt – folgende Themen aufgegriffen: bildungspolitische Steuerung, klassische Aufgaben vom Schulbau bis zur Schulsanierung und -renovierung, neue Entwicklungen pädagogischer Arbeit in Schulen (z.B. Ganztagsschulen und Schulsozialarbeit), Städtische Musikschule, Stadtbibliothek, Pädagogisches Medienzentrum und das Netzwerk LEARN – Lernen und Arbeiten Rhein-Neckar (vgl. Stadt Mannheim, 2002). Neu war dabei eine Verknüpfung verschiedener Felder kommunaler Bildungspolitik.

Bemerkenswert ist ferner – insbesondere mit Blick auf die kommunale Ebene – die Modernisierung der Verwaltung im öffentlichen Sektor. Seit Mitte der 1990er-Jahre wird diese mit dem New Public Management (vgl. Kapitel 1) vorangetrieben. Dabei werden auch solche Managementinstrumente, wie z.B. Kosten- und Leistungsrechnung, Zielvereinbarungen, Leitbild, Bürgerbefragungen, Controlling, Evaluationen, Berichterstattungen usw. eingeführt, die von Kommunen unterschiedlich aufgegriffen werden. Im Hinblick auf die Reformierung des Bildungswesens fungiert diese kommunale Verwaltungsreform „doppelt als politischer Kontext und als Impulsgeber“ (Höhne & Schreck, 2009, S. 32). Mit dem damit verbundenen Wechsel von der Input- zur Outputsteuerung (vgl. Kapitel 1) – insbesondere im Rahmen der Effizienzorientierung im Bildungswesen – wird für mehr Gestaltungsmöglichkeiten und mehr Verantwortung der Kommunen für die Entwicklung des Bildungsgeschehens vor Ort plädiert. Mit der zunehmenden Stärkung der Rolle der Kommunen wird die Hoffnung verbunden, „einen wirksamen Beitrag für mehr Qualität sowie erfolgreiche Bildungsbiografien zu leisten“ (Hebborn, 2009, S. 5). Dabei sollen sich die Kommunen auf belastbare Informationen stützen, um auf dieser Grundlage ihren Steuerungsaufgaben im Bildungswesen nachzugehen. Als eine Entwicklung zur Umsetzung dieser Intentionen etabliert sich in Deutschland seit Mitte der 2000er-Jahre zunehmend ein kommunales Bildungsmonitoring mit dem Bildungsbericht als seinem Ergebnis und einem neuen Managementinstrument der Kommunen. Der kommunale Bildungsbericht soll als Instrument zur Generierung und Analyse von Steuerungswissen für Politik und Verwaltung, zur Verbesserung der Qualität von Bildung und des Zusammenwirkens von Bildungsakteuren, zur Versachlichung bildungspolitischer Debatten und zur Legitimation der Leistungsfähigkeit einer Kommune oder einer Region eingesetzt werden. Als modernes

Steuerungsinstrument soll er den Kommunen vor allem dabei Abhilfe schaffen, das vor Ort verfügbare bzw. erfahrbare Wissen qualitätsorientiert aufzuarbeiten und für passgenaue Bildungsleistungen bildungspolitisch nutzbar zu machen.

Der Anspruch der kommunalen Bildungsberichterstattung ist eine systembezogene evaluative Gesamtdarstellung des Bildungsgeschehens vor Ort mit dem Ziel einer wissensbasierten Weiterentwicklung des Bildungswesens und einer systematischen Qualitätsentwicklung von Bildungsangeboten. Kommunale Bildungsberichte sollen bei ihrer Themenwahl kommunale Handlungsnotwendigkeiten berücksichtigen und sich auf Kernthemen (z.B. Angebote und Nutzung von Kindergärten, Schulen, Ausbildungsplätzen, aber auch Übergänge, Qualität von Bildung, Kompetenzen und Bildungsabschlüsse, pädagogisches Personal und seine Professionalisierung) konzentrieren. Ein idealtypischer kommunaler Bildungsbericht orientiert sich an verbindlichen Zielen für die Bildung einer Kommune, stützt sich auf ein systemisch ausgerichtetes und problemorientiertes Konzept und wird über wesentliche Bildungsbereiche hinweg in daten- bzw. indikatorengestützter Form erstellt (vgl. Döbert & Rauschenbach, 2008).

Vom Bildungsbericht eines Bundeslandes unterscheidet sich der kommunale Bildungsbericht „durch die Verbindung von Fachbericht und Bericht zur Daseinsvorsorge im Bildungsbereich", im Gegensatz zum nationalen Bildungsbericht ist er an rechtliche Rahmenbedingungen gebunden und muss mit Blick auf die Steuerungsrelevanz die Kompetenzverteilungen im Bildungswesen berücksichtigen (vgl. Weishaupt, 2009). Im Vergleich zur verbindlichen Jugendhilfeplanung und zum verfassungsrechtlich verankerten nationalen Bildungsbericht stellt die kommunale Bildungsberichterstattung gegenwärtig eine freiwillige Leistung einer Kommune bzw. einer Region dar, die durch entsprechende Beschlüsse des Stadtrats (des Gemeinderats, des Magistrats etc.) oder des Schulausschusses legitimiert wird. In einigen Kommunen wird die Berechtigung für deren Realisierung nur durch den Beschluss eines Steuerkreises bzw. eines Lenkungsgremiums erteilt. In vielen Kommunen ist die Einbindung der kommunalen Bildungsberichte in die Entwicklung der Gesamtstrategie, des Leitbildes oder eines kommunalen Handlungskonzepts angestrebt.

Gleichwohl fordern die Interessenvertreter der Kommunen – wie der Deutsche Städtetag – eine gemeinsame Verantwortung für Bildung von Bund, Ländern und Kommunen, die Ausweitung kommunaler Gestaltungsrechte im Bildungswesen und die Etablierung eines dauerhaften Bildungsmanagements auf Grundlage eines Bildungsmonitorings vor Ort (vgl. Deutscher Städtetag, 2007; 2012). In NRW vereinbaren neuerdings Landkreise und kreisfreie Städte mit dem Land im Rahmen eines Kooperationsvertrags die „Mitarbeit bei der Erarbeitung der regionalen Bildungsberichterstattung" (Regionale Bildungsnetzwerke NRW, 2014, S. 9) als eine der Aufgaben von Bildungsbüros und die Ausarbeitung von Empfehlungen zur Schulentwicklungsplanung und zur Bildungsberichterstattung als eine der Aufgaben der Bildungskonferenz (vgl. ebd.). In Baden-Württemberg wird die Entwicklung der regionalen Bildungsberichterstattung seit 2009 z.B. durch das Landesprogramm Bildungsregionen unterstützt. Ebenfalls seit 2009 wird die kommunale Bildungsberichterstattung durch das BMBF-Programm „Lernen vor Ort" – somit insbesondere durch den Bund und durch Stiftungen als treibende Kraft der Regionalisierung im Bildungsbereich – bundesweit popularisiert und forciert. Durch die Teilnahme am BMBF-Programm und die programmbegleitende Unterstützung erfährt die Entwicklung der kommunalen Bildungsberichterstattung als Steuerungsgrundlage einen qualitativen Anschub.

In einigen Großstädten folgte die kommunale Bildungsberichterstattung den existierenden Berichtssystemen (der Schulentwicklungsplanung, den Jugendhilfeplänen etc.), in anderen eher den gesellschaftlichen Bereichen (z.B. Inklusionsmonitoring in der Stadt Köln u.a.). Bei der Wahl entsprechender Instrumente ist das Wissen darüber von Bedeutung, welche Funktionen diese Instrumente erfüllen sollen, welche Ziele die Kommunen mit welchem Instrument verfolgen und welche Probleme sie damit lösen können. Im Hinblick auf die Planungsansätze wurde bereits in den 1980er-Jahren die Zuverlässigkeit der Planung, in einigen Fällen auch die ‚reine' Alibifunktion der Pläne, eine fehlende problemlösende Wirkung, der hohe Aufwand der Planungsprozesse, eine fehlende Einbindung in übergreifende Planungszusammenhänge und die Umsetzbarkeit der Pläne – insbesondere vor dem Hintergrund wechselnder politischer Mehrheiten – kritisiert (vgl. Krum, 1996). Diese Kritikpunkte werden an dieser Stelle nicht deswegen genannt, um den kommunalen Bildungsbericht von den Planungsansätzen abzuheben, sondern um die Bedeutung der Einbindung des kommunalen Bildungsberichts in die Entwicklung der Gesamtstrategie im Bildungswesen und in die bestehenden Fachplanungen bzw. das bestehende kommunale Berichtswesen und seine Nutzung in Entscheidungsprozessen hervorzuheben.

In Anbetracht der Zunahme von Verantwortung und Wirkungsmöglichkeiten der Kommunen im Bildungswesen können sie es sich nicht mehr leisten, auf das Steuerungswissen zu verzichten. Welche Instrumente die Kommunen dabei aufgreifen, entscheiden sie selbst. Während die einen Kommunen in der kommunalen Bildungsberichterstattung Entscheidungshilfen sehen und sich mit den im Bildungsbericht aufgezeigten Herausforderungen auseinandersetzen, daraus konkrete Maßnahmen ableiten und eine kontinuierliche Bildungsberichterstattung aufbauen, verhalten sich die anderen Kommunen eher vorsichtig und bleiben zunächst bei den schon bestehenden Steuerungsansätzen im Bildungsbereich. Es bleibt abzuwarten, wie sich die kommunale Bildungsberichterstattung – insbesondere nach dem Ende des Programms „Lernen vor Ort" und den darüber hinaus geförderten Transferprozessen – weiterentwickelt und ob bzw. wie sie auf kommunaler Ebene kontinuierlich ausgebaut und genutzt wird.

11.3 Zum Stand der kommunalen Bildungsberichterstattung[3]

In der letzten Dekade wird die kommunale Bildungsberichterstattung in immer mehr Kreisen und in kreisfreien Städten Deutschlands praktiziert. Zumeist ist der kommunale Bildungsbericht in einem Fachbereich bzw. in einem Amt oder in einem Bildungsbüro verortet und wird überwiegend partizipativ konzipiert. In der Regel wird er ämterübergreifend und unter Kontrolle der Verwaltung und Politik erstellt. Nur selten wird er von einem unabhängigen Expertengremium erarbeitet. Bildungsberichte auf kommunaler Ebene werden inzwischen im Turnus von zwei Jahren (z.B. Bildungsreport in Leipzig) oder alle drei Jahre (z.B. Bildungsberichte in Herne, Freiburg im Breisgau) erstellt. Im Folgenden wird der aktuelle Stand der kommunalen Bildungs-berichterstattung skizziert, den die Tabelle 11.1 im Überblick dokumentiert (Stand: März 2014).

Auf die Frage, wie die kommunalen Bildungsberichte rezipiert und genutzt werden, wird bewusst nicht eingegangen, weil dazu eine gesonderte Analyse erforderlich ist. Erfasst wurden hauptsächlich online veröffentlichte Bildungsberichte, die von den jeweiligen Kommunen als solche bezeichnet wurden. Um den Stand der kommunalen Bildungsberichterstattung möglichst vollständig abzubilden, wurden in die folgende Übersicht nicht nur die Bildungsberichte der Freien und Hansestadt Bremen und der Stadt Bremerhaven sowie der Freien und Hansestadt Hamburg, die kommunale Bildungsberichte darstellen, sondern auch der 1. Duisburger Teilbericht für den Elementar- und Primarbereich aufgenommen.

Nicht berücksichtigt in dieser Übersicht wurden hingegen die thematischen Analysen der Stadt Kaufbeuren und der Stadt Osnabrück, der 2012 erstmalig erschienene Datenbericht der Stadt Offenbach, die vertiefende Analyse zum Übergang Schule – Beruf für den Rheingau-Taunus-Kreis u.ä., da diese sich bereits durch die eigene Bezeichnung von den Bildungsberichten abheben. Auf eine „enge" Definition des Bildungsberichtes, wie sie sich beispielsweise in „Lernen vor Ort" herausgebildet hat und bei der Analyse der in „Lernen vor Ort" erschienenen Bildungsberichte (vgl. Kapitel 12) berücksichtigt wurde, wird in der folgenden Darstellung verzichtet, weil die erfassten Bildungsberichte nicht im Einzelnen daraufhin überprüft werden, ob sie bestimmte vorgegebene Anforderungen an einen Bildungsbericht erfüllen würden.

3 Die nachfolgenden Ausführungen sind in Auszügen Gegenstand des Tagungsbeitrages von Siepke, T., Tegge, D. & Egger, M. (2013). *Kommunale Bildungsberichterstattung – Standards und Varianzen.* Symposium „Kommunales Bildungsmonitoring als Beitrag zur Bildungssteuerung auf kommunaler Ebene" im Rahmen der 78. Tagung der DGfE-Sektion Empirische Bildungsforschung AEPF / KBBB 2013. Empirische Bildungsforschung und evidenzbasierte Reformen im Bildungswesen, Dortmund, 25.–27. September 2013.

Tab. 11.1: Übersicht über die kommunale Bildungsberichterstattung in Deutschland im Zeitraum von 2002 bis März 2014

Bundesland / Kommune	Bildungsbericht	Erscheinungsjahr										
		2002	2005	2006	2007	2008	2009	2010	2011	2012	2013	2014
Baden-Württemberg												
Böblingen, Landkreis	Bildung im Landkreis Böblingen 2012									X		
Freiburg im Breisgau, Stadt	Bildung in Freiburg					X		X			X	
Heidelberg, Stadt	Bericht Schule und Bildung Heidelberg 2011/2012									X		
Heilbronn, Stadt	Bildungsbericht der Stadt Heilbronn							X		X		
Mannheim, Stadt	Mannheimer Bildungsbericht	X						X			X	
Ostalbkreis	Bildung im Ostalbkreis 2011								X			
Ravensburg, Landkreis	Bildung im Landkreis Ravensburg					X				X		
Ravensburg, Stadt	Bildungsbericht der Stadt Ravensburg 2009						X					
Rems-Murr-Kreis	Bildung im Rems-Murr-Kreis. Erster Bildungsbericht 2012									X		
Schwäbisch Gmünd, Stadt	Bildung in Schwäbisch Gmünd. Erster indikatorengestützter Bericht. Bildung im Lebenslauf 2010							X				
Sigmaringen, Landkreis	Bildung im Landkreis Sigmaringen. Erster kommunaler Bildungsbericht 2012									X		
Tübingen, Stadt	Bildungsbericht 2002 bis 2006, 2007 bis 2011			X					X			
Zollernalbkreis	Bildungslandschaft Zollernalbkreis. Bildungsbericht 2011								X			
Bayern												
Augsburg, Stadt	Augsburger Bildungsbericht					X				X		

Fortsetzung Tab. 11.1

Bundesland / Kommune	Bildungsbericht	Erscheinungsjahr										
		20 02	20 05	20 06	20 07	20 08	20 09	20 10	20 11	20 12	20 13	20 14
Erlangen, Stadt	Erlanger Bildungsbericht 2010							X				
Ingolstadt, Stadt	Bildungsbericht						X				X	
Lindau, Landkreis	Bildungsbericht 2012 für den Landkreis Lindau (Bodensee)									X		
Mühldorf am Inn, Landkreis	1. Bildungsbericht 2012									X		
München, Landeshauptstadt	Münchner Bildungsbericht			X				X			X	
Nürnberg, Stadt	Bildung in Nürnberg 2011. Erster Bildungsbericht der Stadt Nürnberg								X		X	
Weißenburg-Gunzenhausen, Landkreis	Bildung in Altmühlfranken 2012/2013. Bildungsbericht für den Kreis Weißenburg-Gunzenhausen										X	
Brandenburg												
Elbe-Elster, Landkreis	Bildungsbericht 2012									X		
Bremen												
Bremen, Freie Hansestadt & Bremerhaven, Stadt	Bildungsbericht 2012 (Band 1)									X		
Hamburg												
Hamburg, Freie und Hansestadt	Bildungsbericht Hamburg						X		X			
Hessen												
Frankfurt am Main, Stadt	Bildung in Frankfurt am Main									X		
Lich, Stadt	Bildungsbericht der Stadt Lich					X				X		
Offenbach, Stadt	Erziehung und Bildung in Offenbach		X	X	X	X	X	X	X			
Rheingau-Taunus-Kreis	Bildung im Rheingau-Taunus-Kreis 2010							X				
Rodgau, Stadt	Bildung in Rodgau 2010							X				

Fortsetzung Tab. 11.1

Bundesland / Kommune	Bildungsbericht	Erscheinungsjahr										
		2002	2005	2006	2007	2008	2009	2010	2011	2012	2013	2014
Mecklenburg Vorpommern												
Müritz, Landkreis	Bildung im Landkreis Müritz. 1. Bildungsbericht 2011								X			
Nordwestmecklenburg, Landkreis	1. Bildungsbericht 2013										X	
Vorpommern-Greifswald, Landkreis	Bildungsbericht Vorpommern-Greifswald 2012									X		
Niedersachsen												
Emsland, Landkreis	Regionaler Bildungsbericht für den Landkreis Emsland					X				X		
Hannover, Landeshauptstadt	Bildung, Betreuung und Erziehung. Kommunale Bildungsplanung in der Landeshauptstadt Hannover 2009						X					
Heidekreis, Landkreis	Bildung im Heidekreis 2012									X		
Nienburg/Weser, Landkreis	Bildung im Landkreis Nienburg/Weser 2013. Erster kommunaler Bildungsbericht für den Landkreis Nienburg/Weser.										X	
Osnabrück, Landkreis	Bildungsbericht für den Landkreis Osnabrück 2010							X			X	
Stade, Landkreis	Bildung im Landkreis Stade									X		
Wolfsburg, Stadt	Bildung in Wolfsburg 2011. 1. Bildungsbericht der Stadt Wolfsburg									X		
Nordrhein-Westfalen												
Aachen, StädteRegion	Erster Bildungsbericht der StädteRegion Aachen									X		
Arnsberg, Stadt	Bildung in Arnsberg 2010							X				

Fortsetzung Tab. 11.1

Bundesland / Kommune	**Bildungsbericht**	**Erscheinungsjahr**										
		20 02	20 05	20 06	20 07	20 08	20 09	20 10	20 11	20 12	20 13	20 14
Bad Salzuflen, Stadt	Bildungsbericht Bad Salzuflen 2010, Grunddaten der allgemeinbildenden Schulen							X				
Bielefeld, Stadt	Kommunaler Lernreport 2012									X		
Borken, Kreis	Bildungsbericht 2011 für den Kreis Borken								X			
Dortmund, Stadt	Erster kommunaler Bildungsbericht für die Schulstadt Dortmund – 2007					X						X
Duisburg, Stadt	Bildung in Duisburg: 1. Teilbericht Elementar- / Primarbereich (2011)								X			
Essen, Stadt	Der Bildungsbericht 2011								X			
Gelsenkirchen, Stadt	Erster Bildungsbericht Gelsenkirchen 2011								X			
Gütersloh, Kreis	Bildungsbericht für den Kreis Gütersloh								X		X	
Herne, Stadt	Bildung in Herne					X			X			
Hochsauerlandkreis	Bildungsregion Hochsauerlandkreis, Bildungsbericht 2010/2011								X			
Köln, Stadt	Kölner Bildungsbericht – Bildungsmonitoring 2012									X		
Lippe, Kreis	Bildung im Kreis Lippe							X			X	
Oberhausen, Stadt	Erster indikatorengestützter Bildungsbericht für Oberhausen 2011								X			
Recklinghausen, Kreis	Bildungsbericht Recklinghausen 2011								X			
Rheinland-Pfalz												
Trier, Stadt	1. Trierer Bildungsbericht 2010							X			X	

Fortsetzung Tab. 11.1

Bundesland / Kommune	Bildungsbericht	Erscheinungsjahr										
		2002	2005	2006	2007	2008	2009	2010	2011	2012	2013	2014
Saarland												
Saarbrücken, Regionalverband	1. Bildungsbericht für den Regionalverband Saarbrücken									X		
Sachsen												
Dresden, Landeshauptstadt	1. Dresdner Bildungs-bericht 2012									X		
Leipzig, Stadt	Bildungsreport Leipzig							X		X		
Görlitz, Landkreis	1. Bildungsbericht 2012									X		
Sachsen-Anhalt												
Dessau-Roßlau, Stadt	Bildungsbericht Des-sau-Roßlau 2011									X		
Halle (Saale), Stadt	Bildungsbericht 2009						X					
Schleswig-Holstein												
Lübeck, Hansestadt	Erster Bildungsbericht der Hansestadt Lübeck									X		
Neumünster, Stadt	Erster kommunaler Bildungsbericht Neu-münster 2012									X		
Thüringen												
Erfurt, Landeshauptstadt	Bildung in Erfurt 2012. Erste Befunde									X		
Kyffhäuserkreis	Bildung im Kyffhäu-serkreis 2011								X			

Hellgrau unterlegte Kommunen gehören zum BMBF-Programm „Lernen vor Ort". Stand: März 2014
Quelle: Eigene Online-Schlagwortrecherche

Auf den vom Fachbereich Bildung erstellten Bildungsbericht Mannheim (Stadt Mannheim, 2002) und die ersten, ansatzweise mit wissenschaftlicher Unterstützung erstellten Bildungsberichte der Städte Offenbach (2005), München (2006) und Tübingen (2006) (vgl. Döbert, 2008) folgen Bildungsberichte[4] weiterer Kommunen, die im kommunalen Auftrag von wissenschaftlichen Experten erstellt wurden. Allein im Jahr 2008 wurden bereits acht kommunale Bildungsberichte vorgelegt: die Bildungsberichte für die Stadt

4 In der Zusammenstellung der Bildungsberichte in der Tabelle 11.1 wurden die von einzelnen Kommunen erstellten Analysen und Studien zur Betrachtung des Bildungssystems nicht berücksichtigt, weil diese ‚Vorarbeiten' der Kommunen als solche von den Kommunen nicht bezeichnet wurden (z.B. Bildungsstudien für den Kreis Borken).

Augsburg, die Stadt Dortmund, die Stadt Herne, die Stadt Lich und die Stadt Offenbach, aber auch die nach dem Konzept regionaler Bildungsberichterstattung der Bertelsmann Stiftung (vgl. Döbert, 2007) erstellten ‚Pilotstudien' bzw. die ersten Bildungsberichte für den Landkreis Emsland, die Stadt Freiburg im Breisgau und den Landkreis Ravensburg. Im Zeitraum von 2002 bis März 2014 wurden insgesamt von mindestens 66 kreisfreien Städten und Landkreisen einer bzw. mehrere Bildungsberichte bzw. insgesamt 94 Bildungsberichte erarbeitet. Das bedeutet, dass ca. 16 Prozent aller Kommunen[5] in Deutschland (66 von 402) über Erfahrungen mit der kommunalen Bildungsberichterstattung verfügen. Insgesamt handelt es sich um 40 Städte und 26 (Land-)Kreise. Diese Zahlen zeigen, dass derzeit 37 Prozent der Städte (40 von 107) mindestens einen Bildungsbericht erstellt haben, während nur ca. neun Prozent aller (Land-)Kreise (26 von 295) über Erfahrungen mit der kommunalen Bildungsberichterstattung verfügen. 35 von diesen 66 Kommunen sind die am Programm „Lernen vor Ort" beteiligten Kommunen, von denen einer bzw. mehrere Bildungsberichte, aber auch ein Teilbericht für den Elementar- und Primarbereich erstellt wurde. Nur in der Stadt Offenbach wurden bis zum 01. März 2014 sieben Bildungsberichte und ein Datenbericht Bildung vorgelegt. 44 Bildungsberichte wurden im Zeitraum der Förderung vom September 2009 bis März 2014 von „Lernen vor Ort"-Kommunen vorgelegt.

Abb. 11.2: Veröffentlichte kommunale Bildungsberichte in den Jahren 2002–2014 (Anzahl, n=94, Stand: März 2014)

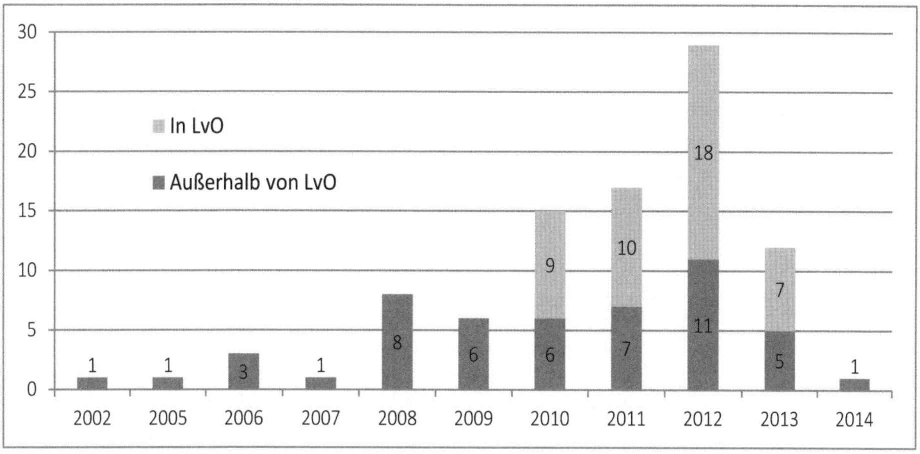

Quelle: Eigene Darstellung

Der Blick auf die Kommunen je nach Zugehörigkeit zu einem Bundesland zeigt, dass in Nordrhein-Westfalen mit 16 Kommunen (und 20 Bildungsberichten) und Baden-Württemberg mit 13 Kommunen (und ebenfalls 20 Bildungsberichten) die meisten

5 Nach Angaben des Statistischen Bundesamtes zur Verwaltungsgliederung existieren in Deutschland 402 Kommunen, davon 107 kreisfreie Städte und 295 Landkreise (Statistisches Bundesamt 2014, Stand: 31.12.2013).

Bildungsberichte vorgelegt wurden, wobei die Hälfte der in Nordrhein-Westfalen erarbeiteten Bildungsberichte im Rahmen des Programms „Lernen vor Ort" erstellt wurde (10 von 20), während 13 von 20 Berichten in Baden-Württemberg außerhalb des Programms „Lernen vor Ort" entstanden sind. Deutlich mehr Ansätze einer kontinuierlichen Bildungsberichterstattung finden sich ebenfalls in Baden-Württemberg: Fünf von 13 Kommunen verfügen über die Erfahrungen einer kontinuierlichen kommunalen Bildungsberichterstattung. Im Verhältnis zur Gesamtzahl der Kommunen in den Bundesländern heißt es, dass 13 von 44 Kommunen in Baden-Württemberg und 16 von insgesamt 96 Kommunen in Nordrhein-Westfalen sich auf die kommunale Bildungsberichterstattung stützen. In Bayern (96 Kommunen) und in Niedersachen (46 Kommunen) wurde der kommunale Bildungsbericht von jeweils acht und sieben Kommunen vorgelegt (zur Verwaltungsgliederung vgl. Statistisches Bundesamt, 2014, Stand vom 31.12.2013). Insgesamt haben 20 Kommunen bis heute mindestens zwei Bildungsberichte erstellt.

Dieser knappe Überblick über den Stand der kommunalen Bildungsberichterstattung macht deutlich, dass immer mehr Kommunen ihr bildungspolitisches Engagement durch die kommunale Bildungsberichterstattung verstärken, um Erkenntnisse daraus für die Steuerung zu nutzen. Einen erheblichen Beitrag leistet hierzu das Programm „Lernen vor Ort". Deutlich mehr kreisfreie Städte als Landkreise haben einen Bildungsbericht erstellt. Es bleibt abzuwarten, wie sich die kommunale Bildungsberichterstattung in Deutschland nach der Forderung des Deutschen Städtetags in der Münchener Erklärung vom 08. bis 09. November 2012, kommunale Bildungslandschaften auf Grundlage eines dauerhaften Bildungsmanagements sowie eines vor Ort etablierten Bildungsmonitorings und unter der vom Städtetag geforderten Beteiligung der Länder – „durch eine entsprechend organisierte Schulaufsicht, die Förderung des interkommunalen Austausches und eine adäquate finanzielle Unterstützung" – weiterzuentwickeln, gestalten wird (Deutscher Städtetag, 2012, S. 2).

Literatur

Arbeitsgruppe Internationale Vergleichsstudie (2003). *Vertiefender Vergleich der Schulsysteme ausgewählter PISA-Teilnehmerstaaten.* Bildungsforschungsband 2. Bonn: BMBF.

Avenarius, H., Ditton, H., Döbert, H., Klemm, K., Klieme, E., Rürup, M., Tenorth, H.-E., Weishaupt, H. & Weiß, M. (Hrsg.). (2003a). *Bildungsberichterstattung für Deutschland: Konzeption.* Frankfurt am Main: DIPF. Vgl. http://www.pedocs.de/volltexte/2010/1678/pdf/Bildungsberichterstattung_fuer_Deutschland_2003_Konzeption_D_A.pdf [21.05.2014].

Avenarius, H., Ditton, H., Döbert, H., Klemm, K., Klieme, E., Rürup, M., Tenorth, H.-E., Weishaupt, H. & Weiß, M. (2003b). *Bildungsbericht für Deutschland. Erste Befunde.* Opladen: Leske+Budrich.

BT-Drucksache 14/9665 vom 02.07.2002. *Beschlussempfehlung und Bericht des Ausschusses für Bildung, Forschung und Technikfolgenabschätzung* (19. Ausschuss).

Bundesminister für Bildung und Wissenschaft (Hrsg.). (1968a). *Kinder von 3 bis 10 Jahren: Begabung wecken noch vor dem Abc: Grundschule und Kindergartenerziehung.* Bonn.

Bundesminister für Bildung und Wissenschaft (Hrsg.). (1968b). *Junge Leute von 10 bis 19 Jahren: eine neue Schule für alle: Sekundarbereich.* Bonn.

Bundesminister für Bildung und Wissenschaft (Hrsg.). (1968c). *Junge Leute ab 19 Jahren: Studieren für's 21. Jahrhundert: Hochschulbereich.* Bonn.

Bundesminister für Bildung und Wissenschaft (Hrsg.). (1968d). *Ein Leben lang: mehr Wissen macht unabhängig: Weiterbildung.* Bonn.

Bundesminister für Bildung und Wissenschaft (Hrsg.). (1970). *Bildungsbericht '70. Bericht der Bundesregierung zur Bildungspolitik.* Bonn.

Bundesministerium für Familie, Senioren, Frauen und Jugend (Hrsg.). (2013). *14. Kinder- und Jugendbericht. Bericht über die Lebenssituation junger Menschen und die Leistungen der Kinder- und Jugendhilfe in Deutschland.* Stellungnahme der Bundesregierung zum Bericht der Sachverständigenkommission. Bericht der Sachverständigenkommission. Verfügbar unter: http://www.bmfsfj.de/RedaktionBMFSFJ/Broschuerenstelle/Pdf-Anlagen/14-Kinder-und-Jugendbericht,property=pdf,bereich=bmfsfj,sprache=de,rwb=true.pdf [21.05.2014].

Cortina, K. S., Baumert, J., Leschinsky, A., Mayer, K. U. & Trommer, L. (Hrsg.). (2003). *Das Bildungswesen in der Bundesrepublik Deutschland. Strukturen und Entwicklungen im Überblick.* Ein Bericht des Max-Planck-Instituts für Bildungsforschung. Reinbek bei Hamburg: Rowohlt.

Deutscher Bildungsrat (1970). *Strukturplan für das Bildungswesen: verabschiedet auf der 27. Sitzung der Bildungskommission am 13. Februar 1970. Empfehlungen der Bildungskommission.* Stuttgart: Ernst Klett Verlag.

Deutscher Städtetag (2007). *Aachener Erklärung des Städtetages anlässlich des Kongresses „Bildung in der Stadt" am 22. und 23. November 2007.* Vgl. http://ec.europa.eu/education/migration/germany9_de.pdf [19.03.2013].

Deutscher Städtetag (2012). *Bildung gemeinsam verantworten. Münchener Erklärung des Deutschen Städtetages anlässlich des Kongresses „Bildung gemeinsam verantworten" am 08. bis 09. November* 2012. Verfügbar unter: http://www.staedtetag.de/imperia/md/content/dst/muenchner_erklaerung_2012_final.pdf [21.05.2014].

Deutsche UNESCO-Kommission e.V. (o.J.). *Bildung für alle.* Verfügbar unter: http://www.unesco.de/ bildung_fuer_alle.html?&L=0 [21.11.2012].

Döbert, H. (2007). *Indikatorenkonzept und Beschreibung von Beispielindikatoren für eine regionale Bildungsberichterstattung. Ein Beitrag zur Entwicklung von Indikatoren für einen regionalen Bildungsbericht.* Gütersloh. Verfügbar unter: http://www.wegweiser-kommune.de/themenkonzepte/bildung/download/pdf/Indikatoren_Regionale_Bildungsberichterstattung.pdf [01.03.2014].

Döbert, H. (2008). Die Bildungsberichterstattung in Deutschland – Oder: Wie können Indikatoren zu Innovationen im Bildungswesen beitragen? In Landesinstitut für Schule und Medien Berlin-Brandenburg (LISUM, Deutschland), Bundesministerium für Unterricht, Kunst und Kultur (bm:ukk, Österreich), Schweizerische Konferenz der kantonalen Erziehungsdirektoren (EDK, Schweiz) (Hrsg.), *Bildungsmonitoring, Vergleichsstudien und Innovationen. Von evidenzbasierter Steuerung zur Praxis* (S. 71–91). Berlin: BWV.

Döbert, H., Rauschenbach, T. (2008). Bildungsberichterstattung. In Coelen, T. & Otto, H.-U. (Hrsg.), *Grundbegriffe Ganztagsbildung* (S. 938–946). Wiesbaden: VS Verlag für Sozialwissenschaften.

Döbert, H., Baethge, M., Hetmeier, H.-W., Seeber, S., Füssel, H.-P., Klieme, E., Rauschenbach, T., Rockmann, U. & Wolter, A. (2009). Das Indikatorenkonzept der nationalen

Bildungsberichterstattung in Deutschland. In Tippelt, H. (Hrsg.), *Steuerung und Indikatoren* (S. 207–272). Opladen: Budrich.

Döbert, H., Weishaupt, H., Brauckmann, S., Kann, C., Laag, N., Linde, A. & Rentl, M. (2010). *Bericht über die 2009/10 durchgeführten „Strategiegespräche" zum kommunalen Bildungsmonitoring in den Kommunen des BMBF-Programms „Lernen vor Ort"*. Unveröffentlichtes Manuskript, DIPF Berlin.

Ertel, M., Weber, M., (1982). Dreizehn Jahre geliehene Macht. Bilanz der sozialliberalen Koalition. *Spiegel,* 44. Verfügbar unter: http://www.spiegel.de/spiegel/print/d-14353078.html [07.11.2012].

Fend, H. (2010). Bildungsforschung von 1965 bis 2008 – ein Zeitzeugenbericht zu Fortschritten, Rückschlägen und Höhepunkten. In Ritzi, C. & Wiegmann, U. (Hrsg.), *Beobachten, Messen, Experimentieren* (S. 275–303). Bad Heilbrunn: Klinkhardt.

Hebborn, K. (2009). Bildung in kommunaler Verantwortung. Interview mit Klaus Hebborn, Beigeordneter für Bildung, Kultur und Sport des Deutschen Städtetages. *Berufsbildung in Wissenschaft und Praxis – BWP, 2,* 5–9.

Höhne, T. & Schreck, B. (2008). *Private Akteure im Bildungsbereich.* Eine Fallstudie zum schulpolitischen Einfluss der Bertelsmann Stiftung am Beispiel von SEIS (Selbstevaluation in Schulen). Weinheim und München: Juventa.

Konsortium Bildungsberichterstattung (Hrsg.). (2006). *Bildung in Deutschland. Ein indikatorengestützter Bericht mit einer Analyse zu Bildung und Migration.* Bielefeld: Bertelsmann Verlag.

Krum, R. (1996). *Institutionelle Reaktion auf die Situation der Jugend heute. Jugendhilfepläne und die hiermit verknüpften Intentionen. Entwicklungen – Erfahrungen – Perspektiven.* Frankfurt am Main: Peter Lang.

Lehmann, R. H. (2008). Internationale Ansätze zu einer Strategie des Bildungsmonitorings – aktuelle Diskussion und mögliche Konsequenzen für Deutschland. In Böttcher, W., Bos, W., Döbert, H., Holtappels, H. G. (Hrsg.), *Bildungsmonitoring und Bildungscontrolling in nationaler und internationaler Perspektive* (S. 19–33). Münster: Waxmann.

OpenEMIS. Better data. Better outcomes (o. J.). *OpenEMIS Server.* Verfügbar unter: http://www.openemis.org/products/OpenEMIS_Product_Server_en.pdf [23.10.2013].

Picht, G. (1964). *Die deutsche Bildungskatastrophe, Analyse und Dokumentation.* Freiburg im Breisgau: Walter-Verlag.

Regionale Bildungsnetzwerke NRW (2014). *Beispiel für einen Basisvertrag zwischen dem Land Nordrhein-Westfalen und einem Kreis.* Vgl. http://www.regionale.bildungsnetzwerke.nrw.de/rbnkooperationsvertragkreis.pdf [27.05.2014].

Rösner, E. (2000). *Ratgeber Schulentwicklungsplanung.* Band 1: Allgemeinbildendes Schulwesen. Dortmund: IFS-Verlag.

Rürup, M. (2003). Ausländische und internationale Bildungsberichte als Orientierung für die nationale Bildungsberichterstattung in Deutschland. In *Trends in Bildung international, 7,* 1–18. Verfügbar unter: http://www.pedocs.de/volltexte/2012/5097/pdf/tibi_2003_7_Ruerup_Auslaendische_und_internationale_Bildungsberichte_D_A.pdf [21.08.2013].

Senat der Freien und Hansestadt Hamburg (Hrsg.). (1970). *Bildungsbericht. Hamburg.*

Stadt Mannheim. Fachbereich Bildung (Hrsg.). (2002). *Bildungsbericht 2002.* Mannheim: Druckerei des Amts für Rats- und Öffentlichkeitsarbeit.

Statistisches Bundesamt (2014). *Daten aus dem Gemeindeverzeichnis. Verwaltungsgliederung in Deutschland am 31.12.2013* (4. Quartal). Vgl. https://www.destatis.de/DE/Zahlen

Fakten/LaenderRegionen/Regionales/Gemeindeverzeichnis/Administrativ/Archiv/GVAuszugQ/AuszugGV4QAktuell.xls?__blob=publicationFile [21.05.2014].

UNESCO (Hrsg.). (2012). Education for All Global Monitoring Report 2012. Youth and skills: Putting education to work. Verfügbar unter: http://www.unesco.org/new/en/education/themes/leading-the-international-agenda/efareport/reports/2012-skills/.

Weishaupt, H. (2009): *Regionale Bildungsberichterstattung – Ergänzung oder Konkurrenz für die nationale Bildungsberichterstattung?* Vortrag auf der Fachtagung der AG „Qualitätssicherung“ der DGBV „Vom Bildungsbericht zum Bildungsmonitoring – Konsequenzen systemischer Berichterstattung“ am 6. und 7. März 2009 in Esslingen. Unveröffentlichtes Manuskript.

Zedler, P. (1979). *Einführung in die Bildungsplanung*. Stuttgart: Klett-Cotta.

Hans Döbert, Marina Egger, Katrin Isermann, Magnus John, Caroline Kann, Urte Pohl, Björn Schneider, Tim Siepke und Dana Tegge

12. Analyse kommunaler Bildungsberichte

In diesem Kapitel werden die im BMBF-Programm „Lernen vor Ort" (LvO) entstandenen Bildungsberichte anhand ausgewählter Kriterien einer Analyse unterzogen. Dies geschieht mit dem Zweck, Standards, Anforderungen und Realisierungsoptionen bei der Erstellung kommunaler Bildungsberichte zu identifizieren. Dieses Kapitel weicht insofern von der bisherigen Darstellung von Themen oder Themenkomplexen in den anderen Kapiteln ab, als es ausschließlich auf analytischem Wege versucht, Anforderungen an und Kriterien für eine kommunale Bildungsberichterstattung aufzuzeigen.

Die Berichte sind in der Regel auf der Grundlage des Konzepts eines kommunalen Bildungsmonitorings, das weitgehend vom DIPF erarbeitet wurde, sowie unter wissenschaftlicher Anleitung durch das Konsortium „Kommunales Bildungsmonitoring" (Statistisches Bundesamt, Statistisches Landesamt Baden-Württemberg, Deutsches Institut für Erwachsenenbildung (DIE), DIPF, Syncwork AG/Robotron Datenbank-Software GmbH) entstanden. Dieser Unterstützungsprozess enthielt die folgenden zentralen Elemente: a) prozessbegleitende Beratung und Unterstützung der Kommunen bei der Realisierung, Weiterführung und Vertiefung eines kommunalen Bildungsmonitorings und zur Erstellung von Bildungsberichten und anderen Produkten, b) Durchführung von Fortbildungsveranstaltungen und c) Erstellung von Unterstützungsmaterialien. Er wurde fast vier Jahre lang praktiziert.

In diesem Kapitel soll der Frage nachgegangen werden, was der Prozess der Erarbeitung der Bildungsberichte und die Berichte selbst an generalisierbaren und übertragbaren Erkenntnissen für die Konzipierung und Realisierung einer kommunalen Bildungsberichterstattung gebracht haben. Zu welchen Entwicklungen und verallgemeinerungsfähigen Erfahrungen hat das Spannungsverhältnis zwischen den (normativen) konzeptionellen Vorgaben des Konsortiums und den spezifischen kommunalen Bedingungen und Zielen in den beteiligten Kommunen geführt? Zur Beantwortung der Fragen (vgl. insbesondere die Synthese in Abschnitt 12.11) wurden die von 2009 bis 2012 entstandenen Bildungsberichte der Kommunen in LvO anhand verschiedener Kriterien analysiert. Das Ziel war vor allem

- zu analysieren, welche strukturellen und inhaltlichen Schwerpunkte von den jeweiligen Kommunen gesetzt wurden;
- zu betrachten, welche Gemeinsamkeiten und Unterschiede sich in den Bildungsberichten zeigen;
- zu erfassen, welche weiterführenden oder gar innovativen Ansätze sich in den Berichten finden lassen;

- zu bilanzieren, was sich verallgemeinernd für kommunale Bildungsberichterstattung ableiten lässt.

Gegenstand der Analyse waren 33 in der I. Förderphase (2009–2012)[1] vorgelegte Bildungsberichte der am Programm „Lernen vor Ort“ beteiligten Kommunen. Von 39 Programmkommunen wurden 34 kommunale Bildungsberichte, ein Teilbericht über die Bildungsentwicklungen der Altersgruppe der 0- bis 9-Jährigen (Duisburg) und zwei thematische Analysen (Stadt Osnabrück und Landkreis Kaufbeuren) vorgelegt. Die drei erstgenannten Produktformen sowie der Bildungsbericht der Freien und Hansestadt Hamburg, der in einem anderen Kontext entstanden ist, wurden bei der Analyse nicht berücksichtigt. Analysiert wurden die Bildungsberichte von 33 Kommunen[2].

Die Analyse wurde kriteriengeleitetet durchgeführt. In Anlehnung an die in der Handreichung „Wie erstellt man einen kommunalen Bildungsbericht“ (vgl. Projektteam KBM, 2011) festgehaltenen Orientierungen und Empfehlungen für die kommunale Bildungsberichterstattung, die sich auch auf die Auswertung der ersten kommunalen Bildungsberichte stützten, wurde induktiv durch eine sukzessive Sichtung aller entstandenen kommunalen Bildungsberichte ein eigenes Analyseraster entwickelt, das in einem iterativen Prozess mit den beteiligten Kommunen modifiziert und verifiziert wurde. So wurden z.B. im Kontext mehrerer Fortbildungsveranstaltungen die Kriterien mit den Vertretern der Kommunen diskutiert. Auf der Grundlage dieses Vorgehens wurden insgesamt neun voneinander abgrenzbare Analysekriterien entwickelt (vgl. Tab. 12.1).

Tab. 12.1: Kriterien für die Analyse der kommunalen Bildungsberichte

Kriterium 1	Aufbau und Struktur
Kriterium 2	Organisation und Realisierung
Kriterium 3	Konzepte und deren Verwirklichung
Kriterium 4	Verständnis und Umgang mit Indikatoren
Kriterium 5	Auswahl der Indikatoren
Kriterium 6	Verwendung verfügbarer Datenquellen
Kriterium 7	Vorgenommene Differenzierung der Indikatoren und Kennziffern
Kriterium 8	Umgang mit Forschungsbefunden
Kriterium 9	Kleinräumige Analyse

Quelle: Eigene Darstellung

1 Die nach 2012 entstandenen Bildungsberichte wurden hier nicht berücksichtigt.

2 Bremen und Bremerhaven (2012), Dessau-Roßlau (2011), Dresden (2012), Elbe-Elster (2012), Erfurt (2012), Essen (2011), Frankfurt am Main (2012), Freiburg im Breisgau (2010), Heidekreis (2012), Herne (2011), Köln (2012), Kreis Borken (2011), Kreis Lippe (2010), Kreis Recklinghausen (2011), Kyffhäuserkreis (2011), Landkreis Görlitz (2012), Landkreis Lindau (2012), Landkreis Mühldorf am Inn (2012), Landkreis Osnabrück (2011), Landkreis Stade (2012), Leipzig (2010), Lübeck (2012), Mannheim (2010), München (2010), Müritz (2011), Nürnberg (2011), Offenbach (2011), Rems-Murr-Kreis (2012), Regionalverband Saarbrücken (2012), Rheingau-Taunus-Kreis (2010), StädteRegion Aachen (2012), Trier (2011) und Vorpommern-Greifswald (2012).

Die Charakterisierung des jeweiligen Kriteriums sowie die entsprechenden Analyseergebnisse werden nun in den folgenden Abschnitten 12.1 bis 12.9 dargestellt. Die wichtigsten Befunde dieser Analysen werden in Abschnitt 12.10 zusammengefasst. Im abschließenden Abschnitt 12.11 werden auf dieser Grundlage sodann Kriterien für steuerungsrelevante kommunale Bildungsberichte abgeleitet.

12.1 Aufbau und Struktur der Bildungsberichte (Magnus John)

Die Definition von kommunalen Bildungsberichten als bildungsbereichsübergreifende, indikatorengestützte, problemorientierte und auf Entwicklungen im Zeitverlauf angelegte (Gesamt-)Darstellung über die Situation von Bildung auf kommunaler Ebene gibt bereits eine grobe Rahmung für die Gestaltung von Bildungsberichten vor (vgl. Projektteam KBM, 2011). Zudem sollte darin eine klare Fundierung und Strukturierung durch Rückbezug auf konzeptionelle Modelle erkennbar sein, sowie Bildungsbereiche dargestellt werden, die Bildung im Lebenslauf berücksichtigen (vgl. Konsortium Bildungsberichterstattung, 2006). Normativen Gesichtspunkten zur Gestaltung von kommunalen Bildungsberichten stehen regionale Spezifitäten gegenüber, die sich auf die kommunale Bildungsberichterstattung auswirken und somit die inhaltliche Ausgestaltung beeinflussen. So verfolgen beispielsweise Kommunen unterschiedliche (Bildungs-)Ziele, was sich in aufgegriffenen Themenbereichen der Bildungsberichte wiederspiegelt. Zudem ist die Datenverfügbarkeit von Kommune zu Kommune unterschiedlich, weshalb nicht immer alle Bildungsbereiche oder Prozessdimensionen abgebildet werden können. Aufgrund der beschriebenen Aspekte ist von einer hohen Heterogenität von kommunalen Bildungsberichten in Bezug auf beispielsweise deren Ausgestaltung und inhaltliche Schwerpunktsetzung auszugehen. Bisher erfolgte noch keine Analyse, die der Frage nachging, welche Inhalte und Strukturen sich in kommunalen Bildungsberichten zeigen. Zum Aufzeigen von Spezifika beim Aufbau, bei den Inhalten und Strukturen, der im Rahmen von „Lernen vor Ort" erschienenen kommunalen Bildungsberichte, wurden folgende Aspekte analysiert:

- dargestellte Bildungsbereiche und zusätzliche Schwerpunktkapitel;
- Verknüpfung der Rahmenbedingungen mit anderen bildungsrelevanten Textteilen;
- Herstellung von Querverweisen zwischen den Kapiteln;
- Ergebnisdarstellung in den Bildungsberichten.

Als Analyseeinheiten wurden die Inhaltverzeichnisse, die Einstiegskapitel und die Kapitelebenen sowie Einzelverweise (Querverbindungen zu anderen Kapiteln) berücksichtigt, welche im nächsten Schritt codiert und deren Ergebnisse zusammengefasst wurden. Ergänzende Kapitel waren zu berücksichtigen, sofern sie ansatzweise aus Kennzahlen, beispielsweise aus zusätzlichen Erhebungen, bestanden und in einem gesonderten Kapitel dargestellt wurden.

31 von 33 analysierten Bildungsberichten orientierten sich an der Perspektive „Bildung im Lebenslauf", was im Vorwort oder in der Einleitung formuliert wurde und sich in der

Abbildung von mindestens drei aufeinander folgend dargestellten Bildungsbereichen niederschlägt (vgl. Tab. 12.1.1).

Auf die Relevanz der kommunalen Rahmenbedingungen für das Bildungsgeschehen vor Ort wird in 33 Berichten, durch die Darstellung von demografischen, wirtschaftlichen oder sozialen Rahmenbedingungen, eingegangen. Beispielhaft ist dafür das folgende Zitat: „Bildung kann nicht ohne das Umfeld beschrieben werden, in dem sie stattfindet: Bildung wirkt auf die gesellschaftlichen und wirtschaftlichen Rahmenbedingungen und ist gleichzeitig auch von ihnen bestimmt. Zu diesen Rahmenbedingungen zählen u.a. die Bevölkerungssituation, vor allem die demografische Entwicklung, die Einwohner mit Migrationshintergrund, die Lebenslagen der Kinder und Jugendlichen, die wirtschaftliche Infrastruktur sowie die historisch gewachsene Bildungslandschaft in Freiburg" (Freiburg im Breisgau, 2010, S. 25).

Um Zusammenhänge sichtbar zu machen, Rückschlüsse ziehen und differenzierte Analysen gewährleisten zu können, ist es wichtig, dass die Informationen aus den Rahmenbedingungen an relevanten Stellen des Bildungsberichtes in einen Zusammenhang mit den Kennzahlen der dargestellten Bildungsbereiche gesetzt werden. Es gibt keinen Bildungsbericht, der dies systematisch nutzt. An einigen wenigen Stellen werden Verweise zu den Rahmenbedingungen aufgezeigt, aber eine analytische Verknüpfung und übergreifende Interpretation blieb bisher aus.

Tab. 12.1.1: Aufbau und Struktur der Bildungsberichte

Kommune	Rahmen-bedingungen*			Dargestellte Bildungsbereiche**						Ergänzende Kapitel
	D	W / AB	SL	FBBE	AS	BB	WB	HS	NFB & IL	
Aachen, StädteRegion	X	-	X	X	X	X	-	X	-	Sonderpädagogischer Förderbedarf, Schulsozialarbeit
Borken, Kreis	X	X	X	X	X	X	-	X	-	
Bremen, Freie Hansestadt & Bremerhaven, Stadt	X	X	X	X	X	X	-	-	-	Migration und soziale Lage
Dessau-Roßlau, Stadt	X	-	X	X	X	X	X	X	X	
Dresden, Landeshauptstadt	X	X	X	X	X	X	X	X	X	Bildungsberatung; Bildungsnetzwerke
Elbe-Elster, Landkreis	X	X	X	X	X	X	-	-	-	
Erfurt, Landeshauptstadt	X	X	X	X	X	X	-	-	X	Bildungsübergänge
Essen, Stadt	X	-	X	X	X	-	-	-	-	Kompetenzen bei den Übergängen
Frankfurt a. M., Stadt	X	X	X	X	X	X	X	X	X	
Freiburg i. B., Stadt	X	X	X	X	X	X	-	-	-	
Görlitz, Landkreis	X	X	X	X	X	X	X	X	X	Bildungsberatung; Energiebildung; Nachbarsprachige Bildung
Heidekreis, Landkreis	X	X	X	X	X	X	-	-	-	

Fortsetzung Tab. 12.1.1

Kommune	Rahmen-bedingungen*			Dargestellte Bildungsbereiche**						Ergänzende Kapitel
	D	W / AB	SL	FBBE	AS	BB	WB	HS	NFB & IL	
Herne, Stadt	X	-	X	X	X	X	-	-	-	
Köln, Stadt	X	X	X	X	X	X	X	X	X	Bildungsberatung
Kyffhäuserkreis	X	X	X	X	X	X	-	-	X	Aktivitäten in der Region
Leipzig, Stadt	X	X	X	X	X	X	X	X	X	Bildungsnetzwerke & Bildungsberatung
Lindau, Landkreis	X	X	X	X	X	X	-	-	-	Lebenslanges Lernen
Lippe, Kreis	X	X	X	X	X	X	X	-	-	
Lübeck, Hansestadt	X	X	X	X	X	X	-	-	-	
Mannheim, Stadt	X	X	X	X	X	-	-	-	-	Erziehungshilfe und Jugendarbeit
Mühldorf a. Inn, Landkreis	X	X	X	X	X	X	-	-	-	Familienbildung, Bildungsberatung
München, Landeshauptstadt	X	-	-	X	X	X	X	X	-	
Müritz, Landkreis	X	X	X	X	X	X	-	-	-	
Nürnberg, Stadt	X	X	X	X	X	X	-	-	-	Non-formale Lernwelten im Schulalter
Offenbach, Stadt	X	X	X	X	X	X	X	X	X	
Osnabrück, Landkreis	X	X	X	X	X	X	-	-	-	Familiäre Lebenslagen
Recklinghausen, Kreis	X	-	X	X	X	X	-	-	-	
Rems-Murr-Kreis	X	X	X	X	X	X	X	-	X	
Rheingau-Taunus-Kreis	X	-	X	X	X	X	X	X	-	
Saarbrücken, Regionalverband	X	X	-	X	X	X	X	X	-	Intergenerationales Lernen
Stade, Landkreis	X	X	X	X	X	X	-	X	-	
Trier, Stadt	X	X	X	X	X	X	X	X	X	Datendefizite
Vorpommern-Greifswald, Landkreis	X	X	X	X	X	X	-	-	X	
33 Bildungsberichte	*33*	*26*	*31*	*33*	*33*	*31*	*13*	*14*	*12*	*16 von 33*

** D – demografische Entwicklung; W – Wirtschaftsstruktur; AB – Arbeitsmarkt und Beschäftigung; SL – soziale Lebenslagen.*

*** FBBE – frühkindliche Bildung, Betreuung und Erziehung; AS – allgemeinbildende Schulen; BB – berufliche Bildung; WB – Weiterbildung; HS – Hochschule; NFB & IL – non-formale Bildung und informelles Lernen.*

Quelle: Eigene Darstellung

Alle Bildungsberichte beschreiben das regionale Bildungswesen in differenzierter Weise, indem sie die lokalen Rahmenbedingungen unter demografischen, ökonomischen und sozialen Gesichtspunkten darstellen und mehrere Bildungsbereiche analysieren. Zudem wird in der Hälfte der Bildungsberichte die Möglichkeit genutzt, mittels eines zusätzlichen Kapitels ein Thema vertiefend aufzugreifen und somit unabhängig von der Aneinanderreihung von Bildungsbereichen ein Thema oder eine Problematik auch bildungsbereichsübergreifend zu verdeutlichen. Besonders häufig wurden die frühkindliche Bildung, Betreuung und Erziehung, die allgemeinbildenden Schulen sowie die berufliche Bildung in den Bildungsberichten abgebildet. Non-formale Bildung und informelles Lernen stellen bisher nur elf der 33 Bildungsberichte dar, weil zum einen die Operationalisierung und die Datenzugänge sowohl die Aufbereitung als auch die Analyse erschweren und zum anderen in vielen Berichten der Fokus erst in den nächsten Bildungsberichten über die formalen Bildungsbereiche hinaus erweitert werden soll. Das gleiche gilt für das stark parzellierte Feld der Weiterbildung (vgl. Forneck & Wrana, 2005), welches in 13 Bildungsberichten dargestellt wird. Zudem beschäftigen sich vor allem Kommunen (in 14 Bildungsberichten) mit dem Bildungsbereich Hochschule, sofern überhaupt eine Hochschullandschaft vor Ort besteht.

Betrachtet man die analysierten Aspekte differenzierter, lassen sich unterschiedliche Ausarbeitungen bei den Inhalten und Strukturen der kommunalen Bildungsberichte feststellen, auf die nun im Folgenden genauer eingegangen werden soll.

Rahmenbedingungen

Bildung hängt von allgemeinen Rahmenbedingungen ab, die in den Bildungsberichten analysiert und dargestellt wurden: Allgemeine demografische Daten zur Altersstruktur oder Prognosen zur Bevölkerungsentwicklung werden in allen Berichten dargestellt. Zudem wird in 31 Bildungsberichten die soziale Situation vor Ort beschrieben, indem z.B. SGB-II-Quoten oder Kennzahlen zur Jugendarbeitslosigkeit dargelegt werden. Dargestellt wird auch die wirtschaftliche Infrastruktur in Kommunen. Eine Region und auch deren Bildungssystem können stark von dem Wirtschaftsstandort geprägt werden. „Die wirtschaftliche Situation in einer Region steht in einem komplexen Wechselverhältnis zum Bildungssystem. Die wirtschaftliche Entwicklung und die Struktur des Arbeitsmarktes sind grundlegende Bedingungen, um eine hohe Beschäftigungsfähigkeit zu erreichen. Dabei muss das Bildungswesen selbst den Qualifikationsanforderungen der Wirtschaft gerecht werden" (Kreis Lippe, 2010, S. 47). Das Zitat zeigt auf, dass auch Wirtschaftsdaten, beispielsweise zum Bruttoinlandsprodukt, öffentliche Finanzen, die Verteilung der Beschäftigten und Erwerbstätigen auf die Wirtschaftssektoren, Beschäftigungsquoten, Arbeitsmarktstruktur und Qualifikationsniveau der Beschäftigten, erkenntnisleitend sind. Mehr als Dreiviertel aller Berichte bilden Kennziffern ab, die stärkere wirtschaftspolitische Brisanz besitzen. Zudem werden Wanderungen (beispielsweise Kreis Lippe, 2010), Beschäftigungsverhältnisse nach Sektoren (z.B. Müritz, 2011; Landkreis Lindau (Bodensee), 2012), Einkaufszentralität (Nürnberg, 2011), die Situation des städtischen Haushalts (Offenbach, 2011) oder der Bildungsstand der Bevölkerung (Leipzig, 2010) und Familienformen (Kyffhäuserkreis, 2011) aufgezeigt.

Ergänzende Kapitel

Vergleichbar mit der nationalen Bildungsberichterstattung nutzt fast die Hälfte der untersuchten Bildungsberichte die Möglichkeit, sich vertiefend mit einem Thema oder mit Herausforderung in einem separaten Kapitel, (meist) am Ende des Bildungsberichtes, zu beschäftigen. Die dargestellten Inhalte beziehen sich vorwiegend auf Querschnittsthemen wie lebenslanges Lernen, Bildungsberatung oder Jugendhilfe. Häufig werden Informationen aus zusätzlichen Erhebungen (vgl. Nürnberg, 2011) dargestellt oder Aktivitäten und Angebote in der Bildungsregion (vgl. Kyffhäuserkreis, 2011) illustriert.

Querverbindungen

Bildungsberichte sollten Zusammenhänge zwischen den dargestellten Bildungsbereichen aufzeigen, indem z.B. Querverbindungen durch Verweise in einem Kapitel auf andere Kapitelteile dargestellt werden, um komplexe Probleme zu beschreiben. Die 19 Bildungsberichte, welche Querverweise herstellen, unterscheiden sich vor allem in der Häufigkeit der Verknüpfung. So zeigen die meisten Bildungsberichte nur an wenigen Stellen Bezüge zu anderen – meist nachfolgenden – Kapiteln auf. Einige wenige kommunale Bildungsberichte stellen durch zahlreiche Verweise die Komplexität der bestehenden Problemlagen umfassender dar.

Zentrale zusammengefasste Ergebnisse

Alle Bildungsberichte fassen die zentralen Ergebnisse kompakt an hervorgehobener Stelle zusammen. Es lassen sich drei unterschiedliche Formen der Ergebnisdarstellung identifizieren. 29 der 33 analysierten Bildungsberichte stellen die zentralen Ergebnisse am Ende oder am Anfang des Bildungsberichts dar. Bei einer kapitelweisen Ergebnisdarstellung werden die Ergebnisse am Ende jedes einzelnen Kapitels resümiert. Fast die Hälfte (15 Fälle) der Bildungsberichte nutzt diese Darstellungsform. Stärken und Schwächen werden zudem in 16 Bildungsberichten gegenübergestellt, was meist am Anfang des Bildungsberichtes erfolgt, wobei hinsichtlich der Differenziertheit der Gegenüberstellungen wesentliche Unterschiede bei den Stärken-Schwächen-Analysen festzustellen sind. Konkrete Empfehlungen werden in Bildungsberichten bisher nur vereinzelt und eher indirekt formuliert. Das liegt häufig daran, dass die Ergebnisse meist erst nach der Veröffentlichung in kommunalen Gremien oder Bildungskonferenzen besprochen, differenzierter ausgewertet und auf Grundlage dieses nachgeordneten partizipativen Prozesses dann Empfehlungen abgeleitet werden.

Fazit

In den analysierten Bildungsberichten zeigt sich, dass zumeist Kennziffern und Indikatoren von den Phasen der frühkindlichen bis zur beruflichen Bildung berichtet wurden. Darstellungen von Bildungsbereichen, die an die Berufsbildung anschließen, sind meist für nachfolgende Bildungsberichte geplant. In einem kommunalen Bildungsbericht kann ein besonders steuerungsrelevanter, in der Regel jedoch kaum indikatorengestützt darstellbarer Problembereich als Schwerpunktthema in einem eigenständigen Kapitel behandelt werden (vgl. Autorengruppe Bildungsberichterstattung, 2008). Die Hälfte der Bildungsberichte macht von dieser Darstellungsform Gebrauch und es werden dabei zusätzliche erhobene Daten berichtet. Gleichwohl muss darauf geachtet werden, dass steuerungsrelevante Daten aufbereitet werden sollten und ein Schwerpunktkapitel nicht mit einer Selbstdarstellung von Bildungsangeboten und Bildungsanbietern vor Ort zu verwechseln ist.

Die Verknüpfung der Berichtsteile ist wichtig, um demografische, soziale und ökonomische Faktoren in ihrem Zusammenhang mit dem Bildungsgeschehen darstellen zu können. Zwar wurde in Kapiteln auf die Relevanz der Rahmenbedingungen für das Bildungssystem in nahezu allen Bildungsberichten hingewiesen, jedoch fehlen häufig Querverbindungen und Bezügen zu den anderen Kapiteln der Berichte.

Hervorzuheben ist die Ergebnisdarstellung in den kommunalen Bildungsberichten mit einer meist leser- und nutzerfreundlichen kompakten Darstellung der zentralen Ergebnisse, was zur Akzeptanz und Nutzbarkeit der Bildungsberichte beitragen kann. Es ist aber nötig und sinnvoll, die Ergebnisse noch stärker mit den Zielen und Problemlagen der Kommune zu verknüpfen (vgl. Projektteam KBM, 2011), um die Steuerungsrelevanz und Akzeptanz der Bildungsberichterstattung weiter auszubauen. Auch die Herausforderungen für das künftige Handeln der Kommunen könnten des Weiteren einen wichtigen Entwicklungsschritt für die kommunale Bildungsberichterstattung darstellen, um die Qualitätssicherung und -entwicklung des kommunalen Bildungswesens datengestützt voranzubringen.

12.2 Organisation und Realisierung eines kommunalen Bildungsmonitorings (Urte Pohl)

Um die Organisation und Realisierung von Berichten in einem kommunalen Bildungsmonitoring zu analysieren, wurden alle genannten Berichte vom Impressum, über Grußworte und Einleitung sowie Rahmenbedingungen bis zum Fazit dahingehend analysiert, ob ein Beschluss oder eine Bekundung des politischen Willens betont und eine Befürwortung des Berichts mit Erscheinen deutlich gemacht wurde. Des Weiteren wurde untersucht, ob im Bericht die Verfasser näher benannt wurden. Darüber hinaus standen die Zusammenarbeit und die Arbeitsformen der Zusammenarbeit mit Stiftungen, Ämtern, Gremien, Netzwerken und Hochschulen im Fokus der Untersuchung.

Auftragserteilung / Beschluss

Auf den ersten Seiten der Berichte wird bereits im Grußwort und der Einleitung deutlich, welche Wertigkeit ein kommunaler Bildungsbericht für eine kreisfreie Stadt bzw. für einen Landkreis einnimmt.

Alle Berichte werden mit einem Vorwort durch die kommunalen Herausgeber eingeleitet. Bei 22 Berichten sind es mit den (Ober-)Bürgermeistern (13) bzw. den Landräten die Spitze der Verwaltungen. Bei den restlichen 11 Berichten sind es die zuständigen Dezernenten/Beigeordneten bzw. die Bildungsbüros (4), die das Vorwort verantworten.

Tab. 12.2.1: Beschluss, Erstellung des Bildungsberichts und Zusammenarbeit

	Beschluss		Ersteller der Bildungs-berichte			Zusammenarbeit mit...			
Kommunen	Vorhanden	Beteiligte	Bildungsbüro	Schulamt oder sonstiges Amt	Team aus div. Institutionen	...Ämtern	...Stiftungen	...Gremien, Netzwerke, etc.	...Hochschulen
Aachen, StädteRegion	X	Lenkungskreis		X	X	X	X		
Borken, Kreis			X		X	X	X		
Bremen, Stadt					X	X	X		X
Dessau-Roßlau, Stadt					X	X	X	X	X
Dresden, Landeshauptstadt			X				X		X
Elbe-Elster, Landkreis			X		X		X	X	
Erfurt, Landeshauptstadt				X	X		X		
Essen, Stadt	X	Rat der Stadt Essen	X			X	X		
Frankfurt a. M., Stadt				X			X		
Freiburg i. B., Stadt			X				X		X
Görlitz, Landkreis					X	X	X	X	X
Heidekreis, Landkreis			X			X	X		X
Herne, Stadt			X				X		
Köln, Stadt					X		X	X	
Kyffhäuserkreis				X			X	X	
Leipzig, Stadt	X	Stadtrat		X	X		X	X	
Lindau, Landkreis				X			X	X	
Lippe, Kreis				X	X	X	X		
Lübeck, Hansestadt	X	Bürgerschaft			X	X	X	X	
Mannheim, Stadt					X	X	X	X	X
Mühldorf a. Inn, Landkreis				X	X	X	X	X	
München, Landeshauptstadt	X	Schul- und Sportaus-schuss, Kinder- und Jugendhilfeausschuss, Kulturausschuss		X		X	X		
Müritz, Landkreis					X	X	X	X	X
Nürnberg, Stadt			X			X	X	X	
Offenbach, Stadt	X	Magistrat und Stadtrat		X	X	X	X	X	
Osnabrück, Landkreis					X	X	X		
Recklinghausen, Kreis			X		X		X	X	
Rems-Murr-Kreis					X	X	X	X	
Rheingau-Taunus-Kreis					X	X	X	X	
Saarbrücken, Regionalver-band					X		X		
Stade, Landkreis			X			X	X	X	
Trier, Stadt					X		X	X	
Vorpommern-Greifswald, Landkreis					X	X	X	X	
33	6		10	10	22	20	33	19	8

Quelle: Eigene Darstellung

Vereinzelt entschied man sich, die politische Willenserklärung zur Erstellung des Bildungsberichts im Bericht öffentlich zu machen und belegte dies mit einer Abbildung des Beschlusses (beispielsweise Magistrats- und Stadtratsbeschluss; vgl. Offenbach, 2011). Insgesamt sind in fünf Bildungsberichten Ausführungen über politische Beschlüsse zu finden, welche von der Erstellung eines Bildungsberichtes oder der Initiierung eines kommunalen Bildungsmonitorings berichten.

Form der Veröffentlichung

Teil des politischen Auftrages ist auch die Form des Erscheinens der Berichte. Alle erschienenen Berichte entstanden als Printversionen und sind öffentlich in der Kommune erhältlich, wobei die Anzahl der Exemplare stark variiert.

Über die Printversionen hinaus sind alle Berichte als Onlineversionen auf den Homepages der kreisfreien Städte und Landkreise erschienen. Zum Teil wurden dafür Websites im Bildungsbereich neu gestaltet und das Projekt „Lernen vor Ort“ als ein bedeutendes Projekt für die Kommunen herausgestellt.

Erstellung des Bildungsberichts

Generell fällt auf, dass zumeist ein Bildungsbüro oder ein Schulverwaltungsamt bzw. ein Amt für Bildung und Schule maßgeblich an der Erstellung der Berichte beteiligt sind. Diesen Aspekt belegen auch die folgenden Beispiele. In kreisfreien Städten erstellen Bildungsbüros sowie Ämter/Fachbereiche die Berichte, wie beispielsweise das regionale Bildungsbüro in einem Amt für Schule und Bildung (vgl. Freiburg im Breisgau, 2010). Auch in einem Referat für Statistik und Bildungsmonitoring bei der Senatorin für Bildung und Wissenschaft (vgl. Bremen & Bremerhaven, 2012), unter der Stabsstelle „Lernen vor Ort“ beim Oberbürgermeister (vgl. Leipzig, 2010) oder am Fachbereich Gesundheit, Bildung und Erziehung wurde die Berichterstattung realisiert (vgl. Kreis Recklinghausen, 2011). Aber auch das Amt für Jugend in Kooperation mit der Bildungsholding, Geschäftsbereich Jugend, Bildung und Soziales – Bildungsbüro mit dem Amt für Statistik Stadtforschung und Wahlen, unter Mitarbeit von Fachbereich Schule, Gesundheitsamt, Jugendamt (vgl. Essen, 2011) sind mögliche Verfasser von Bildungsberichten. In Mannheim erfolgte die Erstellung durch den Fachbereich Bildung der Stadt Mannheim. Dagegen bestimmte Köln das Dezernat für Bildung, Jugend und Sport, Stabsstelle Bildungssekretariat für die Erstellung aus. München baute im Jahr 2011 die Organisationsstruktur um und siedelte die Erstellung im Referat Bildung und Sport mit dem Kommunalen Bildungsmanagement und Bildungsmonitoring an. In Offenbach ist das Bildungsbüro mit den Verfassern der Bildungsberichte an die Volkshochschule angeschlossen.

Zusätzlich wurden zahlreiche Fachbehörden, Dienststellen und Ämter sowie freie Mitarbeitende an der Erstellung von Berichten beteiligt. Das wird durch die Danksagungen auf den ersten Seiten der Berichte an Einzelne und Autorinnen/Autoren der beteiligten Einrichtungen und zahlreiche Mitwirkende der verschiedenen Fachbehörden, Dienststellen und Ämter deutlich.

Im Landkreis Osnabrück wurde die Erstellung von der Koordination Bildungsmonitoring, der regionalen Steuerungsgruppe „Lernen vor Ort“, dem Projektbeirat und dem regionalen Stiftungsverbund realisiert (vgl. Landkreis Osnabrück, 2010) und im Rheingau-Taunus-Kreis erfolgte die Erstellung an der Fachstelle Bildung unter Mitarbeit der Lernenden-Netzwerk-Region.

In den kreisfreien Städten realisieren den Bildungsbericht vorrangig Dezernate/Fachbereiche unterhalb des Oberbürgermeisters wie beispielsweise ein Kommunales Bildungsbüro im Fachbereich Schule und Weiterbildung. In wenigen Fällen ist ein Monitoring dezentral verortet, wie beispielsweise in Offenbach (Volkshochschule).

Realisierung durch Kooperationen und Vernetzungen

In den Berichten werden themenbezogene Arbeiten in verschiedenen Arbeitsformen und mit unterschiedlichen Gremien deutlich. So sind in mehr als der Hälfte aller Berichte neben den erstellenden Bildungsbüros, Gremien wie Lenkungsgremien sowie Steuerungs- und Arbeitsgruppen die genannten Formen, in denen bereichsbezogen agiert wird.

Barrieren und Problematiken für Kooperationen werden von Kreisen durch Abbildungen veranschaulicht. So werden zum Beispiel zuständige Institutionen und Behörden sowie Regierungsbereiche, Arbeitsagenturen, Kammern, Schulträger, -verwaltung und Schulentwicklungsplanung, die sich als wertvolle Kooperationspartner im und teils außerhalb des Kreises befinden, anschaulich dargestellt (z.B. gehören zuständige Institutionen Recklinghausens, wie IHK und HWK nicht zum Kreis selbst, sondern zur Region Münster; vgl. Kreis Recklinghausen, 2011, S. 17, Abb. 2).

Darüber hinaus werden sowohl Handlungsfelder als auch Verbundpartner aufgeführt, die gemeinsame Ziele etwa im Rahmen einer Bildungskonferenz verfolgen (vgl. Kreis Borken, 2011).

In die hier beispielhaft genannte Organisation eines Landkreises sind ein „kommunal-staatlich besetzter Lenkungskreis und eine Steuerungsgruppe mit Verantwortlichen des Kreises, der Bezirksregierung, allen Städten/Gemeinden, den Schulleitungen sowie einer Bildungsgesellschaft eingebunden“ (Kreis Lippe, 2010, S. 15). Hinzu kommen Gremien, die vorbereitende Arbeiten für den Bildungsbeirat leisten, dessen gewählte Vertreterinnen und Vertreter in Stadträten über ein weiteres Handeln und ihr finanzielles Engagement entscheiden. Sie alle geben vielfältige Anstöße und kontinuierliche Impulse. Politische, administrativ tätige und wissenschaftlich-beratende Akteure geben „angesichts gestufter politischer Zuständigkeiten“ und „Pluralität von Trägern“ mit unterschiedlichen fachlichen Konzepten Impulse für eine Weiterentwicklung des Erziehungs- und Bildungssystems (Nürnberg, 2011, S. 41).

Kommunen schätzen im Bericht die Gremienarbeit und Ausprägung der Arbeitsgruppen ein und zeigen die Integrationsleistung beispielsweise eines Stadtrates auf, der mit Beschluss der Einrichtung eines Bildungsbeirats und eines Bildungsbüros ein vielschichtiges und reflexives Steuerungsinstrument geschaffen hatte. Der Bildungsrat besteht aus Bildungskonferenz und Bildungsbeirat. Letzterer hat die Aufgabe, Agierende in der Bildung und deren Organisationen auf kommunaler Ebene in Abstimmungs- und Zielfindungsprozesse einzubinden. Darüber hinaus spricht er Empfehlungen für die kommunale Bildungsarbeit aus, die vom Stadtrat oder den Ausschüssen behandelt bzw. an die Landesregierung weiterzuleiten sind.

Wie der Nürnberger Bildungsbericht zeigt (Nürnberg, 2011, S. 41, Abb. B-2), setzt sich der Bildungsbeirat[3] aus rund fünfzig Fachleuten zusammen, die vom Oberbürgermeister berufen werden.

Wenige Kommunen zeigen die inhaltliche Ausrichtung von Arbeitsgruppen auf. Regelmäßige (monatliche) Tagungen von Arbeitsgruppen zur Bildungsberichterstattung werden von Bildungsfachbereichen geleitet und von zahlreichen städtischen Fachstellen sowie externen Partnern und weiteren Fachbereichen und Ämtern unterstützt, z.B. Kinder, Jugend und Familie, Jugendamt, Staatliches Schulamt, (Stadt-)Schulamt Gesundheit, Soziale Sicherung, Volkshochschule, Stadtbibliothek, Arbeitsförderung, Arbeitshilfen und Senioren, Wirtschafts- und Strukturförderung, Strategische Steuerung, Integration und Migration sowie die Amtliche Statistikstelle. Arbeitsgruppen sind themenbezogen tätig, so beispielsweise mit Mitgliedern der Fachgruppen Bildungsmonitoring sowie Gremien und anderen Projekten der Kommune zum entsprechenden Thema (beispielsweise Nürnberg, Mannheim, Köln und Offenbach; vgl. Mannheim, 2010; vgl. Offenbach, 2011).

In Netzwerktreffen werden eigens dafür themenbezogen Kooperationskalender zur Festlegung gemeinsamer Aktivitäten aufgestellt, in denen Daten und Termine für die Kooperation sowie Eckdaten der Kooperationsvereinbarung festgehalten sind.

Städte wie Köln, Leipzig und Offenbach berichten über beispielsweise themenbezogene Orientierungshilfen oder bieten Positionspapiere beispielsweise des Deutschen Städtetags zum „Übergangsmanagement Kindertageseinrichtung – Grundschule". Kommunal relevant entstehen themenbezogene Konkretisierungen beispielsweise in der Arbeitsgruppe „Wegweiser Übergangsmanagement Kita – Grundschule Köln". (Köln, 2012, S. 93 f.) Ist ein bestimmtes Ziel und ein konkretes Vorgehen mit Partnern herausgearbeitet, werden gezielt Kooperationsvereinbarungen avisiert (z.B. zur Verbesserung des Übergangsmanagement Schule – Beruf, entstanden zwischen der Agentur für Arbeit, der Bezirksregierung und der Stadt Köln). Unterstützt wird diese Kooperation, deren Vorsitz die drei Kooperationspartner innehaben, von einer Steuerungsgruppe, der alle relevanten Akteure im Übergangsgeschehen angehören (vgl. Köln, 2012). Leipzig berichtet über themenbezogen vorhandene Netzwerke der Stadt, so beispielsweise von Netzwerken zur Berufsorientierung und Ausbildungsvermittlung mit ca. 45 Institutionen, Trägern und Privatpersonen, welche wiederum in einzelnen Arbeitsgruppen organsiert sind. Deren Arbeitsthemen und Schwerpunkte sind „Ausbildung und Arbeit", „Sprache und Sprachausbildung", „Entwicklungspolitik und Migration" und „Öffentlichkeitsarbeit" (Leipzig, 2010, S. 335 f.). Die Verfasser der Berichterstattung benennen jedoch lediglich die Netzwerke, ohne eine Kooperation mit diesen zu erwähnen. The-

3 Vertreter der wichtigsten Bildungsinstitutionen der Stadtgesellschaft, Angehörige der Stadtratsfraktionen sowie die Regierung von Mittelfranken und das Kultusministerium (Ministerialbeauftragte).

menbezogen ergeben sich auch Synergien wie beispielsweise in der Stadt Offenbach. Hier wurden Präventionsgremien und Arbeitskreise eingerichtet, die mit anderen Projekten der Stadt Offenbach zum Thema Gewalt kooperieren (vgl. Offenbach, 2011).

Landkreise wie der Kyffhäuserkreis oder der Kreis Lippe beziehen sich auf räumliche Netzwerkaktivitäten. Eine Zusammenarbeit in Arbeitsgruppen ist aufgrund der räumlichen Nähe in kreisfreien Städten eher möglich als in Landkreisen. Der Kyffhäuserkreis bahnt Kooperationen themenorientiert an – hier Kooperation der Institutionen am Übergang Kindertagesstätte – Grundschule (vgl. Kyffhäuserkreis, 2011). Der Landkreis Lindau berichtet über die Zusammenarbeit mit allen Bildungsberatungsstellen im Landkreis, die gewährleistet ist durch den Arbeitskreis „Bildungsberatung" (Landkreis Lindau, 2012, S. 102). Ein Beratungsthema ist hierbei Kooperationsklassen an Grund- und Hauptschulen, insbesondere um die Zusammenarbeit zwischen allgemeinbildenden Schulen und Förderschulen im Unterricht und Schulleben zu fördern. Seit dem Schuljahr 2008/2009 wurden an Grund- und Hauptschulen Kooperationsklassen mit besonderen pädagogischen Aufgaben gebildet (vgl. ebd.).

Die ausführliche Gremien- und Netzwerkarbeit wird vor allem durch die Zusammenarbeit mit Ämtern ergänzt. Diese Tatsache dürfte sich daraus erklären, dass die jeweiligen Ämter die benötigten Statistiken bereitstellen, welche für einen Bildungsbericht notwendig sind. Somit ist diese Zusammenarbeit mehr oder weniger unumgänglich, wenn der Bericht aktuelle Daten enthalten soll.

Unterstützung durch Stiftungen

Stiftungen stellen ihre Kenntnisse und Erfahrungen den beteiligten Standorten als „Paten" zur Verfügung und arbeiten in „lokaler Grundpatenschaft" sowie einzelnen Themenbereichen mit und übernehmen hier „Themenpatenschaften" (vertraglich jeweils individuell zwischen Standorten und Stiftungen vereinbart). Stiftungen sind insbesondere an ihren Standorten bestens vernetzt und haben eine gute Kenntnis der örtlichen Bildungslandschaft. Sie unterstützen durch ihre Expertise den Standort und bieten innovative Ansätze im Rahmen des Projekts. Im Programm „Lernen vor Ort" begleiten und unterstützen Stiftungen, die im Bildungsbereich aktiv sind, gemeinsam mit dem BMBF die ausgewählten Kommunen bei ihrem Entwicklungsprozess. Stiftungen agieren als organisierte Akteure der Bürgergesellschaft und verstehen sich als Impulsgeber für Bildungsinnovationen.

In allen Bildungsberichten wird die Kooperation mit Stiftungen mehr oder weniger explizit benannt. In jeder Kommune sind Stiftungen aktiv. Ob als Grundpaten oder Themenpaten, als Einzel- oder im Stiftungsverbund, regional oder überregional ansässig, leisten sie den Kommunen insgesamt eine Unterstützung, die sehr differenziert finanziell, organisatorisch oder inhaltlich geprägt ist.

Es wird in den Bildungsberichten deutlich, dass Stiftungen den Kommunen Anregungen, Motivation und Moderation der notwendigen Kooperation in unterschiedlicher Intensität und Ausprägung geben. Sie bemühen sich um innerkommunale Kooperation und die Kooperation mit externen Bildungsakteuren. Mehr als 180 Stiftungen aller Größenordnungen wirken mit. Dies wird in allen Bildungsberichten bekundet. Neun Stiftungen sind als Grundpaten im Vorwort benannt und an zwei Stiftungen richten die Kommunen einen besonderen Dank im Vorwort. Darüber hinaus wurden drei Stiftungen im Impressum benannt oder ihr Logo abgebildet.

Da dem Stiftungsverbund große, mittlere und kleine Stiftungen angehören, ist es nicht verwunderlich, dass in mehreren Bildungsberichten die gleichen Stiftungen benannt werden, die im jeweiligen Bildungsbereich mit ihren weitreichenden Erfahrungen und Innovationsfähigkeiten mitwirkend benannt sind.

Fazit

Die Zusammenarbeit von Experten des Bildungsmonitorings und weiterer Verfasser eines Berichts (Behörden, Ämter) stellt sich sehr differenziert dar. In den meisten Kommunen sind die Verfasser in Ämtern und Fachbereichen, oft direkt unter dem Bürgermeister bzw. Landrat oder auch in einem Bildungsbüro angesiedelt. Hier werden die Fachbereiche, Fachstellen, Dezernate, Geschäftsbereiche, Ämter, die für Bildung zuständig sind, oft in Verbindung mit Gesundheit und Sport, Jugend, Soziales oder Familien und Kultur kombiniert. Eine Volkshochschule, wie im Beispiel der Stadt Offenbach, als Trägerinstitution ist eher ein Einzelfall. Auch wird das Bildungsbüro als eigenständige Organisationseinheit, unterhalb der Auftraggeber verortet, benannt.

Zur Realisierung einer professionellen und den Erwartungen der Politik entsprechenden Erstellung der Bildungsberichte wurden nur selten externe Expertisen akquiriert, da es innerhalb des Gesamtprogramms zahlreichen Experten ermöglicht wurde, an der inhaltlichen Ausrichtung, Beratung und Unterstützung der Kommunen mitzuwirken.

Die meisten Kommunen haben Lenkungsgremien bzw. -kreise, -ausschüsse, Steuerungsgruppen und Arbeitsgruppen eingerichtet. Eine Zusammenarbeit in Arbeitsgruppen ist aufgrund der räumlichen Bedingungen in kreisfreien Städten eher ermöglicht als in Landkreisen. Landkreise wie beispielsweise der Kyffhäuserkreis bahnen Kooperationen themenorientiert an – beispielsweise eine Kooperation zum Übergang Kindertagesstätte – Grundschule.

Die Zusammenarbeit mit und Unterstützung durch Stiftungen wird nur in wenigen Berichten ausführlich erwähnt. Jedoch werden in allen Bildungsberichten zahlreiche Stiftungen benannt. In den meisten Bildungsberichten wird auf die inhaltliche Zusammenarbeit im jeweiligen Bildungsbereich Bezug genommen.

12.3 Darstellung der konzeptionellen Grundlagen in den Bildungsberichten (Magnus John)

Kommunen können bei der Berichterstellung zur Orientierung und Strukturierung auf verschiedene konzeptionelle Unterstützungsangebote zurückgreifen. Diese Konzeptionen und Empfehlungen sollten eine systemische Auseinandersetzung mit dem Beobachtungsgegenstand ermöglichen und theoretisch fundieren. Zur Analyse der konzeptionellen Grundlagen der veröffentlichten Bildungsberichte wurden folgende Aspekte berücksichtigt:

- Perspektive „Bildung im Lebenslauf";
- Benennung von Zielen, die aufgegriffen oder entwickelt wurden;
- Referenz-/Ordnungsrahmen.

Zur Analyse dieser drei Aspekte wurden die Einleitungen der vorliegenden Bildungsberichte sowie entsprechende Textstellen untersucht und diese den jeweiligen Kategorien zugeordnet (vgl. Tab. 12.3.1). Die Chronologie, inhaltliche Aufbereitung der Indikatoren und die Indikatorenbezeichnungen in den Bildungsberichten wurden berücksichtigt, um auf den jeweiligen Referenz- bzw. Ordnungsrahmen zu schlussfolgern.

Perspektive „Bildung im Lebenslauf"

Die Perspektive „Bildung im Lebenslauf" gilt als umgesetzt, wenn mindestens drei zusammenhängende Bildungsbereiche, optimalerweise das gesamte Spektrum von der frühkindlichen Bildung bis zur Erwachsenenbildung, in einem kommunalen Bildungsbericht dargestellt werden.

Bei der Darstellung der Perspektive „Bildung im Lebenslauf" lassen sich zwei Gruppen von Kommunen identifizieren. Ein bestehendes Leitbild kann einen Einfluss auf die vorgenommene Perspektive „Bildung im Lebenslauf" in Bildungsberichten haben. Dem Mannheimer Leitbild entsprechend soll beispielsweise jeder Jugendliche einen qualifizierenden Schulabschluss erreichen. Dies wird im Mannheimer Bildungsbericht aufgegriffen und führt dazu, dass die Darstellung der Bildungsbereiche im Mannheimer Bildungsbericht (zunächst) bis zum Jugendalter begrenzt bleibt: „Die Systematik des Berichts folgt weitgehend der Chronologie der formalen Entwicklungsstufen in der Bildungsbiografie von Kindern und Jugendlichen bis zum 16. Lebensjahr bzw. bis zum Erreichen des allgemeinbildenden Schulabschlusses" (Mannheim, 2010, S. 4). Ähnlich diesem Beispiel beschränkt sich in der ersten Gruppe (vierzehn von analysierten 33 Bildungsberichten) die Realisierung der Perspektive der „Bildung im Lebenslauf" auf drei Bildungsbereiche. Zumeist ist bei dieser Gruppe geplant, in den folgenden Berichten die Lebenslaufperspektive durch die Analyse zusätzlicher Bildungsbereiche zu erweitern.

Eine zweite Gruppe, circa ein Drittel der betrachteten Bildungsberichte, stellt fünf bis sechs Bildungsbereiche dar. Diese Bildungsberichte bieten einen breiteren Überblick über die Bildungslandschaft. Häufig nicht dargestellt wird der Bereich der non-formalen Bildung und des informellen Lernens, vor allem wegen der schwierigen Datenlage. Oft ist diese Gesamtschau die Grundlage für künftige Vertiefungen: „Die Ausrichtung des ersten Bildungsberichts auf eine Gesamtschau der Bildungslandschaft im Rems-Murr-Kreis bildet die Ausgangsbasis für zukünftige vertiefende Analysen" (Rems-Murr-Kreis, 2012, S. 11).

Benennung von Zielen, die aufgegriffen oder entwickelt wurden

In einem kommunalen Bildungsbericht dargestellte Inhalte sollten sich an den kommunalspezifischen bildungspolitischen Zielen und Strategien ausrichten. So wird die inhaltliche Schwerpunktsetzung der Berichterstattung nachvollziehbar und es wird sichergestellt, dass der Bericht die lokalen (politischen) Entwicklungen aufnimmt. Einen solchen Bezug gilt es am Anfang in den Vorworten oder den Einleitungen der Bildungsberichte klar herauszustellen. Zudem ist es sinnvoll, dass in der Einleitung eines Bildungsberichts (politische) Beschlüsse oder relevante strategische Prozesse der inhaltlichen (Neu-)Ausrichtung der Bildungsregion Erwähnung finden, um die Einbettung in aktuelle Entwicklungen nachvollziehen zu können.

Tab. 12.3.1: Benennung von Zielen in der konzeptionellen Grundlegung von Bildungsberichten

	Ziele im Monitoring-prozess entwickelt	*Ziele in Kommune bestehend*
Aachen, StädteRegion	X	
Borken, Kreis	X	X
Bremen, Freie Hansestadt & Bremerhaven, Stadt	X	X
Dessau-Roßlau, Stadt		X
Dresden, Landeshauptstadt	X	
Elbe-Elster, Landkreis		X
Erfurt, Landeshauptstadt		X
Essen, Stadt		X
Frankfurt a. M., Stadt	X	
Freiburg i. B., Stadt	X	X
Görlitz, Landkreis		X
Heidekreis, Landkreis	X	
Herne, Stadt		X
Köln, Stadt		X
Kyffhäuserkreis	X	
Leipzig, Stadt	X	X
Lindau, Landkreis	X	
Lippe, Kreis	X	
Lübeck, Hansestadt		X
Mannheim, Stadt	X	X
Mühldorf a. Inn, Landkreis	X	
München, Landeshauptstadt		X
Müritz, Landkreis	X	
Nürnberg, Stadt	X	
Offenbach, Stadt	X	
Osnabrück, Landkreis	X	X

Fortsetzung Tab. 12.3.1

	Ziele im Monitoringprozess entwickelt	*Ziele in Kommune bestehend*
Recklinghausen, Kreis	X	X
Rems-Murr-Kreis	X	
Rheingau-Taunus-Kreis	X	
Saarbrücken, Regionalverband		
Stade, Landkreis	X	
Trier, Stadt	X	
Vorpommern-Greifswald, Landkreis	X	
33 Kommunen	23 von 33	16 von 33

Quelle: Eigene Darstellung

Aus der Analyse der Berichte wird ersichtlich, dass alle Ziele benannt haben. Die Beschreibung, Einordnung oder Anknüpfung der regionalen politischen Ziele und der im Monitoringprozess selbstentwickelten Ziele bleiben jedoch in den Bildungsberichten vage und ungenau. So ist an vielen Stellen nicht genau zu erkennen, ob die benannten Ziele lokale Strategien, Leitbilder oder Programme aufgreifen und in welchem Sinnzusammenhang die beschriebenen Ziele genau stehen. In einigen Berichten war nicht genau ersichtlich, ob für die inhaltliche Ausgestaltung des Berichtes eher die eigene Zielsetzung, eine Adaption bestehender allgemeiner Ziele für Bildung, z.B. die der nationalen Bildungsberichterstattung[4], oder die vorhandene kommunalpolitische Zielsetzung (Leitbild, Leitprogramm etc.) handlungsleitend waren.

Insgesamt zeigt sich, dass in allen veröffentlichen Bildungsberichten in unterschiedlicher Form und Ausführlichkeit Ziele benannt wurden, auf deren Grundlage der Bildungsbericht – mehr oder minder stark ausgeprägt – seine Schwerpunkte und inhaltliche Ausrichtung aufbaute (vgl. Tab. 12.3.1).

In zwei Dritteln der Berichte (23 von 33) diente der Monitoringprozess selbst als Grundlage für eine differenzierte Zielfindung im Sinne eines Leitzieles, Leitprogrammes oder einer strategischen Ausrichtung der Region. In den meisten Berichten, in denen die Ziele selbstentwickelt wurden, werden vor allem Zielsetzungen beschrieben, welche die Verbesserung von Bildungsangeboten, Bildungsübergängen oder den chancengerechteren Zugang zu Bildung fokussieren. In 16 von 33 Bildungsberichten wird explizit beschrieben, dass der Bildungsbericht in einen Masterplan Bildung (z.B. Heidekreis, 2012) eingebunden ist und als Grundlage für zukünftige Bildungsstrategien dienen soll (vgl. Tab. 12.3.1).

Aus 17 der 33 analysierten Bildungsberichte wird ersichtlich, dass Leitziele der Kommune explizit in der Bildungsberichterstattung berücksichtigt wurden. Als Beispiel ein Zitat aus dem Görlitzer Bildungsbericht: „Unter dem Titel Zukunft durch Bildung im Landkreis Görlitz: Mit Energie und ohne Grenzen! laufen seit September 2009 inten-

4 Individuelle Regulationsfähigkeit, Humanressourcen sowie gesellschaftliche Teilhabe und Chancengerechtigkeit.

sive Bemühungen mit dem Ziel allen Bürgerinnen und Bürgern im Landkreis Görlitz erfolgreiche Bildungswege durch ein abgestimmtes Bildungssystem vor Ort zu ermöglichen. [...] Der Bericht ist ein wichtiger Meilenstein bei der Etablierung eines kommunalen Bildungsmonitorings in enger Verzahnung mit der Strategieentwicklung unseres Landkreises“ (Landkreis Görlitz, 2012, S. 4). Auffällig ist, dass der überwiegende Teil dieser Berichte von Städten verfasst wurde, während lediglich vier Landkreise in ihrem Bildungsbericht bestehende regionale Entwicklungsziele aufgreifen (vgl. Tab. 12.3.1).

Ordnungsmodelle

Neben den dargestellten kommunalen Zielen und Leitbildern wird oft auch auf ein verwendetes Ordnungsmodell eingegangen. Durch die wissenschaftliche Beratung seitens des DIPF wurde das sogenannte Kontext-Input-Prozess-Output-Modell (KIPO-Modell) favorisiert. Wie beschrieben liegt es auch dem Anwendungsleitfaden zugrunde. Tabelle 12.3.2 zeigt die starke Orientierung an diesem Ordnungsmodell.

Tab. 12.3.2: Ordnungsmodelle

		Modell
Aachen, StädteRegion	X	KIPO-Modell (Anwendungsleitfaden)
Borken, Kreis	X	KIPO-Modell (Anwendungsleitfaden)
Bremen, Freie Hansestadt & Bremerhaven, Stadt	X	KIPO-Modell
Dessau-Roßlau, Stadt	-	
Dresden, Landeshauptstadt	X	KIPO-Modell
Elbe-Elster, Landkreis	-	
Erfurt, Landeshauptstadt	-	
Essen, Stadt	X	KIPO-Modell
Frankfurt a. M., Stadt	X	KIPO-Modell (Anwendungsleitfaden)
Freiburg i. B., Stadt	X	KIPO-Modell
Görlitz, Landkreis	X	KIPO-Modell (Anwendungsleitfaden)
Heidekreis, Landkreis	-	
Herne, Stadt	X	KIPO-Modell
Köln, Stadt	-	
Kyffhäuserkreis	X	KIPO-Modell (Anwendungsleitfaden)
Leipzig, Stadt	X	KIPO-Modell (Anwendungsleitfaden)
Lindau, Landkreis	X	KIPO-Modell (Anwendungsleitfaden)
Lippe, Kreis	X	KIPO-Modell (Anwendungsleitfaden)
Lübeck, Hansestadt	-	
Mannheim, Stadt	X	KIPO-Modell
Mühldorf a. Inn, Landkreis	X	KIPO-Modell (Anwendungsleitfaden)

Fortsetzung Tab. 12.3.2

		Modell
München, Landeshauptstadt	X	KIPO-Modell (Anwendungsleitfaden)
Müritz, Landkreis	X	KIPO-Modell (Anwendungsleitfaden)
Nürnberg, Stadt	X	KIPO-Modell
Offenbach, Stadt	X	KIPO-Modell
Osnabrück, Landkreis	X	KIPO-Modell
Recklinghausen, Kreis	-	
Rems-Murr-Kreis	X	KIPO-Modell
Rheingau-Taunus-Kreis	-	
Saarbrücken, Regionalverband	X	KIPO-Modell (Anwendungsleitfaden)
Stade, Landkreis	X	KIPO-Modell (Anwendungsleitfaden)
Trier, Stadt	X	KIPO-Modell (Anwendungsleitfaden)
Vorpommern-Greifswald, Landkreis	X	KIPO-Modell (Anwendungsleitfaden)
33 Kommunen	25 von 33	25 KIPO-Modell 8 ohne Nennung

KIPO-Modell (Anwendungsleitfaden) = Bildungsberichte, welche sich zwar am Kontext-Input-Prozess-Output-Modell orientieren, aber den Anwendungsleitfaden als Orientierungsgröße angeben.

Quelle: Eigene Darstellung

Unterschiedlich ausführliche Aussagen zur konzeptionellen Ausrichtung der Bildungsberichte fanden sich vor allem in den Einführungsteilen wieder. Wenige Berichte stellten differenziert in einem separaten Kapitel die konzeptionellen Grundlagen des Bildungsberichts dar. Es zeigt sich, dass der überwiegende Teil aller Bildungsberichte dem KIPO-Modell folgt. In 10 von 34 Bildungsberichten wurde explizit beschrieben, dass das KIPO-Modell zur Anordnung der Informationen und Kennziffern diente. In 15 Bildungsberichten wurde zusätzlich auf die Nutzung des Anwendungsleitfadens verwiesen. Acht Bildungsberichte enthielten keine expliziten Angaben zu einem Konzept der strukturierten Datenpräsentation. Dies muss nicht bedeuten, dass nicht dem KIPO-Modell gefolgt wurde, sondern dies lediglich nicht explizit im Bildungsbericht genannt wurde. Der Blick in die Berichte zeigt, dass auch in diesen Berichten häufig das KIPO-Modell verwendet, aber nicht benannt wurde.

Eine Folgeerscheinung dieser starken Orientierung der Bildungsberichte am KIPO-Modell ist, dass die Berichte häufig eine ähnliche Darstellungsstruktur aufweisen. Gleichwohl gibt es auch Ausnahmen, wie das folgende Beispiel zeigt: „Zwar wurden auch für diesen Bericht etliche der üblichen Kennzahlen verwendet, anhand derer üblicherweise eine Einschätzung von Kontext-, Input-, Prozess-, Output- und Outcome-Merkmalen des Bildungssystems vorgenommen werden kann. Jedoch ist in dem Bericht das zentrale Kriterium für die Auswahl der zu präsentierenden Kennzahlen die leitende

Analyseperspektive: Migration und soziale Lage“ (Bremen und Bremerhaven, 2012, S. 12).

Fazit

Die bisher veröffentlichten Bildungsberichte folgen einem breiten Bildungsverständnis, welches die Perspektive „Bildung im Lebenslauf“ berücksichtigt. Das impliziert jedoch nicht, dass alle Bildungsberichte auch alle Bildungsbereiche darstellen. Vielmehr bestimmen regionale Spezifika, wie z.B. politische Interessen und Leitbilder oder die Datenverfügbarkeit, welche Bildungsbereiche dargestellt werden und welche nicht.

Für die Akzeptanz und Nutzung von kommunalen Bildungsberichten durch kommunale Entscheidungsträger sowie für die Anschlussfähigkeit der dargestellten Bildungsbereiche und Themen ist es wichtig, dass die Berichte an die bestehenden kommunalen Leitbilder und Ziele anknüpfen. Bisher orientiert sich die Hälfte der Bildungsberichte an bestehenden Zielen und versucht diese aufzugreifen, um anschlussfähig zu sein. Viele Kommunen sind erst im oder vor dem Stadium der bildungsspezifischen Leitbildentwicklung. In diesem Fall können Bildungsberichte dabei helfen, datenbasiert Problemlagen aufzuzeigen und somit einen zusätzlichen Anstoß für die Entwicklung von politischen Zielstellungen zu ermöglichen.

Fast alle kommunalen Bildungsberichte nutzen als Ordnungsmodell das KIPO-Modell. Die Folgeerscheinung ist, dass die betrachteten kommunalen Bildungsberichte eine weitgehend analoge Darstellungsstruktur aufweisen.

12.4 Verständnis und Umgang mit Indikatoren in den Bildungsberichten (Caroline Kann und Dana Tegge)

Analyse unterschiedlicher Indikatorenverständnisse in den Berichten

Um Aussagen zum Indikatorenverständnis machen zu können, wurden zum einen die den Bildungsberichten vorausgehenden Hinweise zu konzeptionellen Grundlagen betrachtet sowie der Aufbau und die Systematik der einzelnen Indikatoren in den Bildungsberichten geprüft. Dabei wurde zwischen Indikatoren im Sinne der Darstellung komplexer Sachverhalte mithilfe mehrerer Kennzahlen und einer Quasi-Gleichsetzung von Indikatoren und Kennzahlen unterschieden. Im weiterentwickelten Indikatorenkonzept für die Bildungsberichterstattung in Deutschland wird folgendes wissenschaftliches Indikatorenverständnis beschrieben: „Unter Indikatoren werden nach gängigen Begriffsbestimmungen[5] quantitativ erfassbare Größen (wörtlich: „Anzeiger“ für einen bestimmten Zustand) verstanden, die als Stellvertretergrößen für komplexe, in der Regel mehrdimensionale Gefüge einen möglichst einfachen und verständlichen Statusbericht über die Qualität eines Zustandes liefern, etwa wichtige Aspekte des Zustandes eines zu betrachtenden Gesamt- oder auch Teilsystems“ (DIPF, DJI, HIS, SOFI, Statistische

5 Vgl. unter anderem Fitz-Gibbon, 1996; Oakes, 1989; Ogawa & Collom, 1998.

Ämter des Bundes und der Länder, 2007, S. 36). Dieses von der nationalen Bildungsberichterstattung definierte Konzept unterscheidet sich somit von einem Indikatorenverständnis, welches sich überwiegend in statistischen Berichten findet. Hier werden Indikatoren mit statistischen Kennziffern gleichgesetzt, bei denen es um das Anzeigen bestimmter Quantitäten, wie Häufigkeiten und Quoten geht (vgl. Dedering, 2010).

Gruppierung unterschiedlicher Herangehensweisen an Indikatoren

Aufgrund ungleicher Erkenntnisinteressen und Zielsetzungen, voneinander abweichender Rahmenbedingungen sowie unterschiedlicher Datenlagen sind in den einzelnen Kommunen eigenständige und zum Teil stark voneinander abweichende Bildungsberichte entstanden. Nicht immer lassen sich dabei die einzelnen Indikatoren bzw. deren Struktur klar identifizieren. Im Wesentlichen lassen sich jedoch drei Gruppen von Kommunen unterscheiden: Neben Kommunen, die entweder ein Indikatorenverständnis im Sinne der nationalen Bildungsberichterstattung oder aber im Sinne der Gleichsetzung von Indikatoren und Kennziffern für ihre Bildungsberichte heranziehen, gibt es auch Kommunen, die als Mischform beide Verständnisse nutzen. Letztere werden in Tabelle 12.4.1 unter „Herangehensweise ohne eindeutig zuordenbares Indikatorenverständnis" gefasst.

Tab. 12.4.1: Indikatorenverständnis in den Kommunen

	Indikator zur Beschreibung steuerungsrelevanter Problemlagen	Herangehensweise ohne eindeutig zuordenbares Indikatorenverständnis	Verwendung von Kennziffern als Indikator
Aachen, StädteRegion	X		
Borken, Kreis		X	
Bremen, Freie Hansestadt & Bremerhaven, Stadt		X	
Dessau-Roßlau, Stadt		X	
Dresden, Landeshauptstadt	X		
Elbe-Elster, Landkreis	X		
Erfurt, Landeshauptstadt		X	
Essen, Stadt	X		
Frankfurt am Main, Stadt			X
Freiburg im Breisgau, Stadt	X		
Görlitz, Landkreis	X		
Heidekreis, Landkreis	X		
Herne, Stadt	X		
Köln, Stadt		X	

Fortsetzung Tab. 12.4.1

	Indikator zur Beschreibung steuerungsrelevanter Problemlagen	Herangehensweise ohne eindeutig zuordenbares Indikatorenverständnis	Verwendung von Kennziffern als Indikator
Kyffhäuserkreis		X	
Leipzig, Stadt		X	
Lindau, Landkreis	X		
Lippe, Kreis	X		
Lübeck, Hansestadt		X	
Mannheim, Stadt	X		
Mühldorf am Inn, Landkreis			X
München, Landeshauptstadt			X
Müritz, Landkreis			X
Nürnberg, Stadt	X		
Offenbach, Stadt			X
Osnabrück, Landkreis	X		
Recklinghausen, Kreis		X	
Rems-Murr-Kreis	X		
Rheingau-Taunus-Kreis			X
Saarbrücken, Regionalverband			X
Stade, Landkreis		X	
Trier, Stadt		X	
Vorpommern-Greifswald, Landkreis		X	
Gesamt	14	12	7

Quelle: Eigene Darstellung

Gruppe 1: Indikatoren zur Beschreibung steuerungsrelevanter Problemlagen, überwiegend theoriegeleiteter Ansatz

In der Regel folgen die Kommunen, die einen theoriegeleiteten Ansatz[6] gewählt haben, dem Indikatorenverständnis der nationalen Bildungsberichterstattung. Entsprechend bestehen die Indikatoren aus einer Kombination statistischer Kennziffern und werden überwiegend nicht mit einzelnen Kennziffern gleichgesetzt. Diese erste Gruppe bildet mit fünfzehn Kommunen den größten Teil der analysierten Berichte. Ausgehend vom Input-Prozess-Output-Modell und unter Berücksichtigung von gegebenenfalls gesetzten Schwerpunkten, wie Migration und Behinderung (Freiburg im Breisgau, 2010), Zusammenhang von sozialer Herkunft und Bildungserfolg (Essen, 2011) oder eine Analy-

6 Orientierung am Kontext-Input-Prozess-Output-Modell.

se besonders benachteiligter Gruppen (Landkreis Osnabrück, 2010), haben die Kommunen durch die Wahl der Indikatoren die für sie relevanten Themenbereiche operationalisiert. Die Indikatoren lassen sich dabei in erster Linie der Input- sowie der Outputdimension zuordnen.

Unterschiede hinsichtlich des Indikatorenverständnisses innerhalb der ersten Gruppe bestehen bei der Begründung für die Auswahl der Indikatoren sowie mit Blick auf die konzeptionelle Basis. Festgehalten werden kann jedoch, dass die überwiegende Zahl der Kommunen der ersten Gruppe die Indikatoren sowohl begründen, als auch konzeptionell verankern. Nur eine Minderheit der kommunalen Bildungsberichte weist in diesem Zusammenhang eher schwache Begründungen und geringe konzeptionelle Einbettungen der Indikatoren auf. Zur theoretischen Einbettung können Erläuterungen zum Forschungsstand, dem rechtlichen Hintergrund oder auch zu aktuellen politischen Diskussionen gemacht werden. Die Begründung für die Auswahl eines bestimmten Indikators hängt von der spezifischen Situation der Kommune ab und kann beispielsweise in Zusammenhang mit einer bildungspolitischen Zielsetzung oder einer besonderen Problemlage vor Ort stehen.

Darüber hinaus nutzen die Kommunen – aufgrund unterschiedlicher Erkenntnis- und Steuerungsinteressen sowie der z.T. ungleichen Datenlage – verschiedene Differenzierungsmöglichkeiten der einzelnen Indikatoren und Kennziffern. Hierzu gehört beispielsweise eine Ausdifferenzierung nach Geschlecht, Nationalität bzw. Migrationshintergrund, sozioökonomischem Hintergrund, Zeitreihen sowie Vergleiche zwischen Regionen oder auch kleinräumigen Einheiten. Die Möglichkeit zur Differenzierung nach kleinräumigen Aspekten haben dabei in erster Linie größere Städte, da Landkreisen die hierfür notwendigen Daten meist nicht zur Verfügung stehen.

Gruppe 2: Herangehensweise ohne eindeutig zuordenbares Indikatorenverständnis

Nicht immer liegt den Berichten eine explizite Aussage zur Auswahl der Indikatoren und Kennzahlen bzw. zum Indikatorenverständnis zugrunde. In der Zusammenschau von Einleitung und der tatsächlichen Auswahl der Indikatoren lässt sich für etwa ein Drittel der analysierten kommunalen Bildungsberichte eine nicht direkt zuordenbare Herangehensweise ausmachen. Dabei orientieren sich die Kommunen bei der Auswahl ihrer Indikatoren an langfristig bedeutsamen Problemen des Bildungswesens in ihrer Region. Die Schwerpunkte liegen beispielsweise auf den Themen Kita-Ausbau, Sonderpädagogik und Frühförderung oder dem demografischen Wandel.

Einige Kommunen haben sich aufgrund ihrer spezifischen Situation dafür entschieden, sich bei der Auswahl der Indikatoren und Kennzahlen in erster Linie von einer bestimmten Schwerpunktsetzung leiten zu lassen.

Die dargestellten Indikatoren der 2. Gruppe folgen dabei nicht immer dem Anspruch der Erfassung komplexer Problemlagen mithilfe verschiedener statistischer Kennzahlen. Die Ausführungen zur konzeptionellen Basis gehen dabei unterschiedlich weit und sind teilweise eher schwach. Eine Begründung für die gewählten Indikatoren liegt in der

Regel vor. Die Indikatorenauswahl ist an den besonderen Problematiken vor Ort orientiert, die im Bericht erläutert werden.

Gruppe 3: Pragmatisches Vorgehen mit einer Quasi-Gleichsetzung von Indikatoren und Kennzahlen

Eine letzte Gruppe von lediglich sieben Kommunen folgt dem Indikatorenverständnis, das durch eine Quasi-Gleichsetzung von Indikatoren und Kennziffern gekennzeichnet ist, wie sie auch der „Anwendungsleitfaden zum Aufbau eines kommunalen Bildungsmonitorings“ (Statistisches Bundesamt, Statistisches Landesamt Baden-Württemberg & Deutsches Institut für Erwachsenenbildung, 2011) vornimmt. Zu den im Anwendungsleitfaden genannten Kernindikatoren gehören beispielsweise „Anteil der Teilnehmer an Ganztagsangeboten“ oder „Quote der Übergänge von und an Förderschulen“. Die Indikatoren stellen also keine Stellvertretergrößen für komplexe, mehrdimensionale Zusammenhänge dar, sondern sind wie Kennziffern, im Sinne von „Anzahl von“, „Anteil von“, Quote, etc. zu verstehen.

Kommunen, die bei ihrer Bildungsberichterstattung dieses Vorgehen gewählt haben, orientieren sich in erster Linie am hier genannten Anwendungsleitfaden. Insgesamt stellen sie bei der vorliegenden Analyse jedoch eine Minderheit dar. Auffallend ist, dass im Vergleich zur ersten Gruppe beim hier beschriebenen eher pragmatischen Vorgehen überwiegend keine Begründungen für die Auswahl der Indikatoren bzw. Kennzahlen vorliegen. Auch weisen die Kennzahlen – mit wenigen Ausnahmen – keine theoretische Einbettung auf. Grund hierfür könnte die teilweise fehlende Konzeption sein, die in der Regel zu einer bestimmten kriteriengeleiteten Indikatorenauswahl führt. Die stark am Anwendungsleitfaden orientierten Bildungsberichte mit ihrer sehr technisch erscheinenden Darstellung der Kennzahlen haben deshalb insgesamt einen stärker deskriptiven als analytischen Charakter. Welche Bedeutung das für die Steuerungsrelevanz der Bildungsberichte in den einzelnen Kommunen hat, kann hier nicht geprüft werden.

Fazit

Im Ergebnis kann festgehalten werden, dass das auf nationaler Ebene verwendete Indikatorenverständnis auch überwiegend die Grundlage für die Berichterstattung auf kommunaler Ebene darstellt. Ein Großteil der Kommunen folgt dem KIPO-Modell, welches als ein mögliches Systematisierungsschema für die Indikatorenauswahl in den Bildungsberichten genutzt werden kann. Die ausschließliche Orientierung am Anwendungsleitfaden findet sich bei etwa einem Viertel der analysierten Berichte. Häufiger lässt sich eine pragmatische Mischform aus beiden Ansätzen (Indikatoren und Kennzahlen fast gleichgewichtig nebeneinander) feststellen.

12.5 Auswahl der Indikatoren in den Bildungsberichten (Dana Tegge)[7]

Im Folgenden sollen die Bildungsberichte im Hinblick auf die getroffene Indikatorenauswahl analysiert werden. Dabei geht es einerseits darum, die zur Darstellung der kommunalspezifischen Besonderheiten verwendeten Indikatoren quantitativ zu erfassen, andererseits gilt es, die Perspektive zu erweitern und neben einer Überblicksdarstellung jene Indikatoren näher zu betrachten, die der Bereitstellung steuerungsrelevanten Wissens dienen, sich bisher jedoch nur vereinzelt in den analysierten Berichten wiederfinden.

Wie in 12.4 dargestellt, liegt den Berichten kein einheitliches Indikatorenverständnis zugrunde. Um dennoch vergleichende Aussagen über die Häufigkeit der verwendeten Indikatoren innerhalb der Bildungsbereiche treffen zu können, wurden Indikatoren als solche auch dann erfasst, wenn sie nicht allen Anforderungen der Gesamtkonzeption des kommunalen Bildungsmonitorings in „Lernen vor Ort" entsprechen. Die vorliegende Analyse bezieht alle Indikatoren ein, die einem der sechs Bildungsbereiche (frühkindliche Bildung, Betreuung und Erziehung, allgemeinbildende Schule, berufliche Bildung, Weiterbildung, Hochschule, non-formale Bildung und informelles Lernen) zugeordnet sind.

Den Ausgangspunkt für die Analyse bilden folgende Perspektiven/Leitfragen:

1. Welche Besonderheiten gibt es hinsichtlich der Auswahl und des Umfangs der dargestellten Indikatoren (im Vergleich der Berichte einzelner Kommunen, aber auch zwischen den Bildungsbereichen)?
2. Inwieweit finden kommunalspezifische Besonderheiten Berücksichtigung, bzw. lassen sich innovative Ansätze von Indikatoren identifizieren?

Tab. 12.5.1: Anzahl der Indikatoren nach Bildungsbereichen und den Bildungsberichten

Bildungsbereiche / Kommune	FBBE	AS	BB	HS	WB	NFB & IL
Aachen, StädteRegion	8	13	7	5	0	0
Borken, Kreis	1	6	4	1	0	0
Bremen, Freie Hansestadt & Bremerhaven, Stadt	7	15	2	0	0	0
Dessau-Roßlau, Stadt	3	8	6	6	2	4
Dresden, Landeshauptstadt	5	5	6	5	4	12
Elbe-Elster, Landkreis	5	8	5	0	0	0
Erfurt, Landeshauptstadt	3	8	5	0	0	7
Essen, Stadt	3	13	0	0	0	0

7 Die inhaltliche Ausrichtung einer früheren Fassung dieses Beitrags wurde gemeinsam mit Liliana Sagan entwickelt, der an dieser Stelle für Ihre Unterstützung gedankt sei.

Fortsetzung Tab. 12.5.1

Bildungsbereiche / Kommune	FBBE	AS	BB	HS	WB	NFB & IL
Frankfurt a. M., Stadt	2	6	3	2	1	2
Freiburg im Breisgau, Stadt	5	6	9	0	0	0
Görlitz, Landkreis	6	5	3	2	2	1
Heidekreis, Landkreis	3	5	3	0	0	0
Herne, Stadt	7	14	6	0	0	0
Köln, Stadt	4	4	7	7	0	3
Kyffhäuserkreis	4	8	5	0	0	11
Leipzig, Stadt	10	16	12	5	4	5
Lindau, Landkreis	5	6	5	0	0	0
Lippe, Kreis	3	6	7	0	1	0
Lübeck, Hansestadt	10	7	4	0	0	0
Mannheim, Stadt	6	9	0	0	0	3
Mühldorf am Inn, Landkreis	3	4	3	0	0	0
München, Landeshauptstadt	6	8	8	3	7	0
Müritz, Landkreis	6	7	3	0	0	0
Nürnberg, Stadt	2	10	6	0	0	4
Offenbach, Stadt	5	10	3	1	4	0
Osnabrück, Landkreis	4	6	6	0	0	0
Recklinghausen, Kreis	3	5	8	0	0	0
Rems-Murr-Kreis	8	6	11	0	3	6
Rheingau-Taunus-Kreis	3	4	4	2	3	0
Saarbrücken, Regionalverband	3	3	0	2	1	0
Stade, Landkreis	2	4	4	3	0	0
Trier, Stadt	5	7	10	3	1	4
Vorpommern-Greifswald, Landkreis	4	10	1	0	1	6
Anteile in %	**21,4**	**35**	**23**	**6,5**	**4,7**	**9,4**

(FBBE – frühkindliche Bildung, Betreuung und Erziehung, AS – allgemeinbildende Schule, BB – berufliche Bildung, W – Weiterbildung, HS – Hochschule, NFB & IL – non-formale Bildung und informelles Lernen)

Quelle: Eigene Darstellung

Die Tabelle 12.5.1 gibt zunächst einen Überblick über die Anzahl der in den Berichten dargestellten Indikatoren, differenziert nach Bildungsbereichen. Neben der Darstellung der klassischen Bildungsbereiche enthalten einige Berichte Indikatoren, die außerhalb dieser Zuordnung, beispielsweise in einem gesonderten Kapitel, Informationen zu einem Handlungsfeld geben bzw. steuerungsrelevantes Wissen bereitstellen. So legt Bremen in seinem Bericht den Fokus auf das Themenfeld Migration und soziale Lage. Darüber hinaus findet das Thema Bildungsberatung in mehreren Berichten als gesondertes Kapitel Berücksichtigung.

Dabei wird deutlich, dass der Umfang der dargestellten Indikatoren in den verschiedenen Bildungsbereichen variiert. So ist der Großteil der Indikatoren, zusammen knapp 80%, den ersten drei Bildungsbereichen (frühkindliche Bildung, allgemeinbildende Schule und berufliche Bildung) zugeordnet. Hochschule, Weiterbildung und non-formale Bildung/informelles Lernen nehmen in den analysierten Berichten demnach nur eine untergeordnete Rolle ein (vgl. Abb. 12.5.1). Da es sich nicht selten um das erste Produkt dieser Art im Rahmen des kommunalen Bildungsmonitorings handelt, ist zu erwarten, dass in den Folgeprodukten die bisher unberücksichtigten Bereiche ebenfalls dargestellt werden. Zudem werden der Darstellung von Indikatoren zur non-formalen Bildung und zum informellen Lernen durch die begrenzte Datenverfügbarkeit Grenzen gesetzt.

Abb. 12.5.1: Verteilung der in Bildungsberichten dargestellten Indikatoren auf verschiedene Bildungsbereiche (in %)

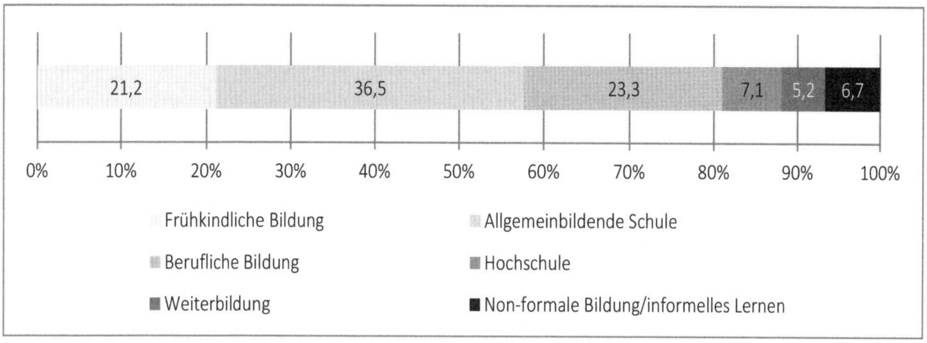

Quelle: Eigene Darstellung

Tabelle 12.5.2 verdeutlicht noch einmal die Unterschiede in der Berücksichtigung der Bildungsbereiche generell wie auch im Umfang der Darstellungen zu den einzelnen Bildungsbereichen. Zudem zeigt sich darin neben der Anzahl der Bildungsberichte, die den Bereich bearbeitet haben, die durchschnittlich[8] verwendete Anzahl an Indikatoren sowie die minimale und maximale Anzahl dieser im Vergleich der Berichte.

8 Die Berechnung der durchschnittlichen Anzahl an dargestellten Indikatoren erfolgt unter Verwendung der Berichte, die den entsprechenden Bereich berücksichtigen.

Tab. 12.5.2: Durchschnittlich verwendete Indikatoren in den Bildungsberichten nach Bildungsbereichen

Bildungsbereich	Darstellung des Bereichs in den Berichten	Ø Verwendete Indikatoren	(Min-Max)
Frühkindliche Bildung	33 von 33	4,7	1–10
Allgemeinbildende Schule	33 von 33	7,6	3–16
Berufliche Bildung	32 von 33	5,5	1–12
Weiterbildung	15 von 33	2,6	1–7
(Hochschule)	11 von 33	3,4	1–7
Non-formale Bildung / informelles Lernen	10 von 33	5,2	1–12

Quelle: Eigene Darstellung

Trotz der durch die äußere Schulträgerschaft eingeschränkten kommunalen Handlungsmöglichkeiten wird der Bereich der Allgemeinbildenden Schule besonders umfassend und auch durch die meisten Indikatoren erfasst. Dies bekräftigt die bereits dargestellten neuen Entwicklungen in der kommunalen Bildungssteuerung und die Forderung der Kommunen nach mehr Gestaltungsspielraum in der Schul- und Unterrichtsorganisation. Wenngleich die kommunalen Gestaltungsspielräume in den Bereichen frühkindliche Bildung, Betreuung und Erziehung, Weiterbildung sowie non-formale Bildung und informelles Lernen umfassender sind, so fällt die Anzahl der identifizierten Indikatoren im Vergleich zur allgemeinbildenden Schule deutlich geringer aus.

Des Weiteren zeigt die Tabelle, dass es eine relativ große Streuung der Anzahl der Indikatoren gibt. Dieser Befund lässt sich durch zwei Aspekte erklären:

(1) Die Anzahl der Indikatoren ist vom zugrunde gelegten Indikatorenverständnis abhängig. Werden Indikatoren mit Kennziffern gleichgesetzt oder ist das Indikatorenverständnis nicht eindeutig zuordenbar, erhöht sich die Anzahl der Indikatoren. Der Zuschnitt der Indikatoren wirkt sich damit auf die durchschnittlich ermittelte Anzahl der dargestellten Indikatoren aus. Besonders deutlich lässt sich dies anhand der Berichte aus den Kommunen Lübeck und Frankfurt am Main zeigen. Während die zehn Indikatoren im Bereich der frühkindlichen Bildung, Betreuung und Erziehung des Lübecker Bildungsberichts sehr weit ausdifferenziert sind, bündelt der Bericht Frankfurts am Main diese Information in zwei Indikatoren. Tabelle 12.5.3 fasst die am häufigsten dargestellten Indikatoren der Bildungsbereiche mit den meisten Indikatoren zusammen.

Tab. 12.5.3: Übersicht über die am häufigsten berichteten Indikatoren (in %)[9]

Frühkindliche Bildung, Betreuung und Erziehung		Allgemeinbildende Schule		Berufliche Bildung	
Bildungsangebot und -einrichtung	27,3	Bildungsangebot und -einrichtung	19,5	Bildungsangebot und -einrichtung	21,1
Bildungsbeteiligung	31,9	Bildungsbeteiligung	32,1	Bildungsbeteiligung	38,0
Übergänge	18,8	Übergänge	26,6	Abschlüsse	18,1
		Abschlüsse	13,1		

Quelle: Eigene Darstellung

Die Tabelle zeigt, dass bestimmte Indikatoren in fast allen Bildungsberichten erfasst werden und sich bereits ein Set an Standardindikatoren etabliert hat. Dabei zeigt sich, dass ein Großteil der Indikatoren die Inputebene darstellt (vgl. Abb. 12.5.2). In der frühkindlichen und der beruflichen Bildung sind das etwa ein Drittel der Indikatoren, im Bereich allgemeinbildende Schule 57%. Weniger umfängliche Informationen bieten die Berichte auf der Prozessebene. Als gebräuchlich hat sich dabei die Darstellung der Übergänge erwiesen. Zum Bereich der Qualitätssicherung / Evaluation im Allgemeinen finden sich in den analysierten Berichten nur vereinzelt Darstellungen. Auf der Outputebene hat sich die Darstellung der Abschlüsse als Standard etabliert, während Indikatoren zu Kompetenzen, nicht zuletzt aufgrund der Problematik der Datenverfügbarkeit, bisher kaum erfasst wurden.

Abb. 12.5.2: Übersicht über die berichteten Indikatoren der Bildungsbereiche nach Dimensionen (in %)

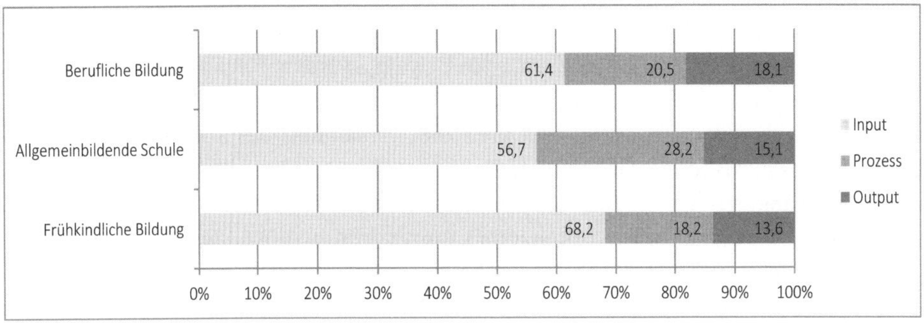

Quelle: Eigene Darstellung

(2) Es hat sich gezeigt, dass es über die etablierten Standardindikatoren hinaus auch neue Ansätze für die Darstellung komplexer Sachverhalte in einer Kommune gibt. So wurden im Rahmen der kommunalen Bildungsberichterstattung

9 Die Betrachtung bezieht sich auf die ersten drei Bildungsbereiche. Da, wie in Tabelle 12.5.2 dargestellt, die weiteren Bereiche von weniger als 50% der Berichte erfasst wird, wäre der Versuch der Darstellung „etablierter" Indikatoren an dieser Stelle nicht zutreffend.

Indikatoren entwickelt, die in den Berichten vereinzelt vorkommen und die es im Folgenden näher zu betrachten gilt.

Neue innovative indikatorengestützte Darstellungen

Die Grundlage für neue Ansätze der indikatorengestützten Darstellung bilden einerseits kommunalspezifische Besonderheiten oder Problemlagen. So zeigt sich im Aachener Bildungsbericht, dass neben dem kleinteiligen Indikatorenzuschnitt besondere kommunalspezifische Handlungsfelder durch Indikatoren abgebildet werden. Ähnlich wie in den kommunalen Bildungsberichten von Frankfurt am Main und Saarbrücken wird im Aachener Bericht der Indikator „Gastschüler“ bzw. „Ein- und Auspendler“ aus angrenzenden Gebietskörperschaften erfasst, um so die Schülerströme in den verschiedenen Einzugsgebieten der StädteRegion sichtbar zu machen. Ein weiteres Beispiel findet sich im Lübecker Bericht. Dort wird die Förderung einkommensschwacher Familien in drei Indikatoren angeführt (1. Lübecker Bildungsfonds an Kindertagesstätten und in Kindertagespflege, 2. an allgemeinbildenden Schulen sowie 3. an berufsbildenden Schulen). Die Grundlage dafür bildet der kommunalspezifische Bildungsfonds.[10]

Neben kommunalspezifischen Besonderheiten bilden neue (inter-)kommunale Herausforderungen Ansatzpunkte für die Entwicklung neuer, innovativer Ansätze der indikatorengestützten Darstellung. Beispielhaft hierfür ist das Themenfeld Inklusion, dem sich einige kommunale Bildungsberichte zu nähern versuchen. Während 20 der analysierten Berichte inklusive Bildung im Schulbereich als neue kommunale Herausforderung identifizieren bzw. das Themenfeld explizit benennen, findet es in 13 Berichten keinerlei Berücksichtigung. In fünf der 20 Kommunen, die sich dem Thema im Rahmen der Bildungsberichterstattung zu nähern versuchen, gibt es erste Versuche der Indikatorisierung, die, wie in Aachen oder Bremen, konkrete Angaben zur Inklusionsquote machen. In anderen Berichten, wie Köln oder Leipzig, werden Angaben zu Integrationsklassen gemacht. Die Mehrzahl der Berichte (15) erfasst jedoch lediglich den sonderpädagogischen Förderbedarf. Will man über die Darstellung des sonderpädagogischen Förderbedarfs der Bildungsteilnehmerinnen und -teilnehmer hinaus die Gestaltung eines inklusiven Schulsystems im Rahmen der indikatorengestützen Berichterstattung in den Blick nehmen, so sind dafür Aussagen und Prozessinformationen auf Unterrichtsebene unerlässlich. Zudem besteht die Notwendigkeit, steuerungsrelevantes Wissen über inklusive Bildung auch über die allgemeinbildende Schule hinaus in anderen Bildungsbereichen bereitzustellen. Insofern sind die in den Bildungsberichten enthaltenen Ansätze einer indikatorengestützten Darstellung als erste Schritte zu deuten, sich diesem Themenfeld zu nähern.

---

10 Seit 2008 tragen Kommune, Land sowie ein Lübecker Stiftungsverbund gemeinsam den Lübecker Bildungsfonds zur Unterstützung einkommensschwacher Familien mit jährlich ca. zwei Millionen Euro. Der Bildungsfonds hilft bei der Finanzierung von Mittagessen, Arbeitsmaterialien, Sprachförderung, Musik- und Sportangeboten oder auch Klassenausflügen (vgl. http://www.familie.luebeck.de/bildungsfonds/index.html.

Weitere Ansatzpunkte für innovative Indikatoren finden sich zudem dann, wenn Kommunen durch eigene Erhebungen zu einer spezifischen Problemlage Datengewinnungsstrategien verfolgen, welche über die Nutzung amtlicher- und halbamtlicher Statistiken sowie verfügbarer Datenquellen außerhalb der amtlichen Statistik hinausgehen. Informationen auf Prozessebene liegen den Kommunen bisher nur in geringem Umfang vor. Im Bildungsbericht Dessau bildet eine Schülerbefragung die Grundlage für die Erarbeitung eines Prozessindikators, der die Qualität schulischer Arbeit abzubilden versucht. Ebenso wie die Kommune Freiburg im Breisgau, die mithilfe des SEIS Instruments zur Selbstevaluation von Schulen Daten zur Schulqualität erhebt und in die problemorientierte Darstellung des Bildungsberichts einarbeitet (vgl. Freiburg im Breisgau, 2010). Die Kommune Offenbach nutzte Ergebnisse einer Befragung aller Weiterbildungseinrichtungen zur systematischen Darstellung der Angebotsvielfalt im Weiterbildungsbereich. Die drei dargestellten Indikatoren (Weiterbildungseinrichtungen in der Kommune, Leistungen und Bildungsangebote der Volkshochschule Offenbach und Leistungen und Bildungsangebote der Stadtbibliothek) systematisieren die Angebote durch Kennzahlen zum Programmbereich, differenziert nach Kursanzahl, Belegung und Unterrichtsstunden sowie in einigen Fällen nach Alter und Geschlecht. Anders als im Rahmen der Erhebung der Stadt Dessau-Roßlau werden dabei jedoch ausschließlich Daten zur Inputebene erfasst.

Tab. 12.5.4: Übersicht über neue Ansätze der indikatorengestützten Darstellung

Frühkindliche Bildung, Betreuung und Erziehung	Allgemeinbildende Schule
Finanzierung frühkindlicher Bildung	Inklusion
Familienbildung, Elternarbeit und non-formale Bildungsangebote für Kinder	Krankenstand des Personals und Unterrichtsausfall
Förderung einkommensschwacher Familien	Qualität schulischer Arbeit
	Gastschülerinnen und -schüler

Quelle: Eigene Darstellung

Die Tabelle 12.5.4 fasst neue Ansätze noch einmal für die Bereiche frühkindliche Bildung und allgemeinbildende Schule zusammen.

Hochschule, Weiterbildung, non-formale Bildung / informelles Lernen

Abschließend soll ein Überblick über die Bereiche gegeben werden, die in einigen Berichten erfasst wurden und deren inhaltliche Ausrichtung kurz umrissen werden soll. Elf der 33 analysierten Berichte berücksichtigen den Bereich Hochschule in ihren Darstellungen, was einerseits darauf zurückzuführen ist, dass nicht alle Kommunen über einen Hochschulstandort verfügen, andererseits obliegt den Kommunen in diesem Bereich keine unmittelbare Handlungskompetenz.

Darüber hinaus hat die Tabelle 12.5.1 verdeutlicht, dass vor allem die indikatorenbasierte Darstellung der Weiterbildung wenig Berücksichtigung findet. So enthalten ca. 50% der Berichte datenbasierte Informationen zu diesem Themenfeld. Wenngleich eine mittelbare kommunale Zuständigkeit im Bereich der Weiterbildung, beispielsweise in der außerbetrieblichen Weiterbildung oder in der Ausgestaltung der Volkshochschulen als öffentliche Weiterbildungseinrichtungen besteht, werden zu dem Bereich nur in einem Drittel der Berichte Indikatoren dargestellt. Zumeist beschränkt sich die Datenverfügbarkeit auf Bibliotheks- und Volkshochschulstatistiken, Aussagen zu freien Bildungsträgern hingegen sind kaum möglich. Mit den in Kapitel 10 beschriebenen Datendesiderata wurde bereits auf die Schwierigkeit einer indikatorengestützten Darstellung hingewiesen. Insbesondere im Bereich der betrieblichen Weiterbildungsmaßnahmen lassen sich datengestützte Darstellungen kaum realisieren. Amtliche und halbamtliche Statistiken vermögen nur einen Teil dieses Bildungsbereichs abzudecken. Die Kommune Leipzig stützt sich aus diesem Grund auf Daten großer Weiterbildungsanbieter und forciert die Fortschreibung der Daten ebenso wie die Entwicklungen im Weiterbildungsbereich durch die Abbildung von Zeitreihen (Leipzig, 2012). Neben dem Indikator Weiterbildungsbeteiligung und -interesse werden schulische Weiterbildung (zweiter Bildungsweg), allgemeine Weiterbildung an der Volkshochschule und berufliche Weiterbildung dargestellt.

Ein ähnliches Bild zeigt sich im Bereich der non-formalen Bildung und des informellen Lernens, der in zehn von 33 Berichten abgebildet wird. Insgesamt ist die Sondierung von Datenquellen an dieser Stelle nicht unproblematisch, häufiger wird deshalb auf qualitative Befunde zurückgegriffen. Dennoch liegen einigen Kommunen bereits Daten vor, welche eine indikatorengestützte Darstellung ermöglichen. Der Nürnberger Bildungsbericht stellt mit dem Indikator Orte, Formen und Zugänge zu non-formaler Bildung verschiedene Kennzahlen wie Nutzungshäufigkeit kultureller Einrichtungen, Nutzungsgrad von Kulturangeboten oder Besuche von Museen mit Kindern differenziert nach Schulabschluss der Eltern dar. Die Daten gehen aus einer Elternbefragung im Rahmen der Haushaltserhebung des Amtes für Stadtforschung und Statistik Nürnberg und Fürth hervor.

Der Bildungsbericht Dresden bildet den non-formalen Bereich in einem Indikatorenset, bestehend aus kulturelle Bildung, städtische Bibliotheken, geförderte Angebote der Kinder, Jugend- und Familienarbeit und ehrenamtliches Engagement, ab. Auch im Bildungsbericht des Kyffhäuserkreises wird das freiwillige Engagement von Vereinen in einem Indikator dargestellt, der die Kennzahl zu Teilnehmern und zu Inhabern der Jugendleitercard erfasst.

Neben dem Bereich der non-formalen Bildung und des informellen Lernens enthält der Leipziger Bildungsbericht 2010 zudem ein Kapitel zum Lernen in der dritten Lebensphase, das einen Überblick in Form einer nicht-indikatorengestützten Darstellung zum Weiterbildungsverhalten von Seniorinnen und Senioren, zu Angeboten, Finanzierung und zum freiwilligen Engagement gibt und damit in besonderer Weise die Lebenslaufperspektive in der Bildungsberichterstattung berücksichtigt. Darüber hinaus sei auf einen interessanten Ansatz, sich der Darstellung non-formaler Bildung und informellen Lernens anzunähern, im gleichen Bericht hingewiesen. Dafür bedient sich der Bericht einer Gliederung des Bereichs in verschiedene Felder:

- Lesen als Bildungserfahrung;
- Musische Bildung;
- non-formale Bildungsorte;
- Bildungsort Verein;
- Freiwilliges Engagement;
- Förderung der Beteiligung von Kindern und Jugendlichen;
- Mathematisch-naturwissenschaftlich-technische Wettbewerbe für Kinder und Jugendliche.

Dabei ist nicht jedes der Handlungsfelder als indikatorengestützte Darstellung eines komplexen Sachverhalts auf Basis empirisch belastbarer Daten konzipiert, vielmehr handelt es sich, beispielsweise bei mathematisch-naturwissenschaftlich-technischen Wettbewerben für Kinder und Jugendliche, um eine allgemeine Darstellung der Angebote auf Bundes-, Landes- und kommunaler Ebene, die auf die Abbildung von Indikatoren verzichtet.

Fazit

Der Fokus bei der Indikatorenauswahl richtet sich in den analysierten Berichten auf die ersten drei Bildungsbereiche in der Lebenslaufperspektive. Perspektivisch wird dieser im Rahmen der kommunalen Berichterstattung insofern zu erweitern sein, weil die bisher wenig umfänglich dargestellten Bildungsbereiche, beispielsweise die Weiterbildung, die in den kommunalen Handlungsbereich fällt, mehr Berücksichtigung finden sollten. Das zugrunde gelegte Indikatorenverständnis ebenso wie der Zuschnitt der Indikatoren führen dazu, dass sich die Anzahl der verwendeten Indikatoren zwischen den Berichten erheblich unterscheidet.

Die Auswahl der Indikatoren in den Berichten wird durch die kommunalspezifischen Interessen/Problemlagen geleitet und beeinflusst so Schwerpunktsetzungen ebenso wie thematische Zielrichtungen. Durch Ergänzungsindikatoren wird versucht, die Potenziale oder Herausforderungen des kommunalen Bildungsgeschehens erweitert aufzuzeigen.

Während sich auf der Inputebene bereits Standardindikatoren im weitesten Sinne identifizieren lassen, besteht eine besondere Herausforderung derzeit in der Darstellung von Indikatoren auf der Prozessebene. Insbesondere gilt das für die Qualität und Evaluation der Bildungseinrichtungen wie auch im Hinblick auf die Outputebene. Auffällig ist zudem, dass die Bildungsfinanzierung bereichsübergreifend bisher (mit Ausnahme vereinzelter Ansätze) kaum bearbeitet wurde.

12.6 Verwendung verfügbarer Datenquellen (Tim Siepke)[11]

Der inhaltliche Zuschnitt eines kommunalen Bildungsberichts und damit die Auswahl der berichteten Indikatoren ergeben sich nicht nur aus strategischen und konzeptionellen, sondern aus ganz pragmatischen Vorüberlegungen darüber, welche Informationen zur Verfügung stehen. Informationen sind in dieser Hinsicht in erster Linie valide Daten, die eine möglichst sachliche Diskussion über Handlungsschritte zur Bildungsgestaltung ermöglichen. Denn nicht zuletzt sind es die Verfügbarkeit verschiedener fortschreibbarer und valider Daten und der Zugang zu ihnen, die die Gestalt eines kommunalen Bildungsberichts, die Vielfalt der operationalisierbaren Themen in Form von Indikatoren und die analytische Tiefe ihrer Betrachtung bestimmen. Diesen Anforderungen werden weitestgehend die standardisierten Erhebungen im Rahmen amtlicher und halbamtlicher Statistiken[12] gerecht. Die amtliche Statistik als Sammelbegriff für die von Ämtern und Behörden gemäß rechtlicher Regelungen erhobenen, aufbereiteten und veröffentlichten Statistiken, stellt auf Grundlage regelmäßiger Vollerhebungen für alle Bildungsbereiche (bis auf den Weiterbildungsbereich) sowie für sozial- und infrastrukturelle Rahmenbedingungen verlässliche Basisdaten in regionaler Gliederung zur Verfügung.

Über die amtliche und halbamtliche Statistik hinaus können weitere Quellen, die nicht für einen breiten Nutzerkreis vorgesehen sind, sondern in erster Linie institutionellen Planungs- und Evaluationsprozessen dienen, die Datenbasis zur Darstellung formaler und non-formaler Bildung innerhalb eines kommunalen Bildungsmonitorings ergänzen. Eine wesentliche Säule stellen dabei die Datenbestände aus kommunalen Fachplanungen oder bereits etablierten Berichtssystemen dar. Zahlreiche (Land-)Kreise und kreisfreie Städte verfügen über obligatorische Planungsinstrumente, wie etwa die Schulentwicklungs- bzw. Schulnetzplanungen und Jugendhilfeplanungen. Neben den kommunalen Datenangeboten können auch einschlägige Materialien von nachgeordneten Behörden der Ministerien oder von Verbänden und Forschungsinstitutionen eine zweckmäßige Informationsgrundlage darstellen.

Die folgende Analyse soll die Nutzung benannter verfügbarer Datenquellen (vgl. Tab. 12.6.1) zur Darstellung von Themen- und Bildungsbereichen in den bisher vorliegenden und unter den Bedingungen und Förderungen im Bundesprogramm „Lernen vor

11 Die nachfolgenden Ausführungen sind in Auszügen Gegenstand des Tagungsbeitrages von Siepke, T., Tegge, D., Egger, M. (2013). Kommunale Bildungsberichterstattung – Standards und Varianzen. Symposium „Kommunales Bildungsmonitoring als Beitrag zur Bildungssteuerung auf kommunaler Ebene“ im Rahmen der 78. Tagung der DGfE-Sektion Empirische Bildungsforschung AEPF / KBBB 2013. Empirische Bildungsforschung und evidenzbasierte Reformen im Bildungswesen, Dortmund. 25.–27. September 2013.

12 Widany (2009) subsumiert unter „amtliche Statistik prozedurale Daten, die direkt sozusagen als Nebenprodukt der administrativen Verwaltung anfallen […]. Halbamtliche Statistiken dagegen, wie der Mikrozensus oder auch das SOEP stehen durch ihre institutionelle Einbindung oder auch Finanzierung amtlichen Stellen sehr nahe, haben aber einen mehr oder weniger ausgeprägten intentionalen Charakter, der sich außerhalb rein administrativer Interessen bewegt.“ (Widany, 2009, S. 102 f.)

Ort" entstandenen kommunalen Bildungsberichten[13] aufzeigen. Gegenstand der Analyse sind die vorliegenden Bildungsberichte, im Konkreten die mittels Tabellen oder Abbildungen dargestellten Kennzahlen und die dazugehörigen Quellenangaben.

Tab. 12.6.1: Überblick über relevante Datenquellen für ein kommunales Bildungsmonitoring

amtliche Statistik	halbamtliche Statistik	nicht-amtliche Statistik	
		kommunal	nicht-kommunal
Kinder- und Jugendhilfestatistik	Statistiken der Bundesagentur für Arbeit	Einschulungs-untersuchungen	Daten der Handwerks-, Industrie- und Handelskammern
Schulstatistik	Mikrozensus	Schulentwicklungs-planung	Sprachstands-erhebungen
Berufsbildungsstatistik	Volkshochschul-statistik	Jugendhilfeplanung	Schulevaluationen
Hochschulstatistik		Umfragedaten kommunaler Statistikstellen	Lernstandser-hebungen
Statistik öffentlicher Haushalte		Dezernate, Fach-dienste, Ämter	Nutzerstatistiken kultureller Einrichtungen und Verbände
Volkswirtschaftliche Gesamtrechnung			Sportverbands-statistiken
Bevölkerungsstatistik			Daten nachgeordneter Behörden von Ministerien & Instituten
Erwerbstätigenstatistik			Statistik über die Vergabe der Jugendleitercard (Juleica)
Statistik der sozialversicherungspflichtigen Beschäftigten			

Quelle: Eigene Darstellung

Zusammenschau der genutzten Datenquellen

Die nachfolgende Abbildung 12.6.1 illustriert die prozentuale Verteilung der in den analysierten Bildungsberichten dargestellten Kennzahlen auf die ihnen zugrundeliegenden Datenquellen.

Insgesamt zeigt sich, dass der überwiegende Teil der dargestellten Kennzahlen auf amtlichen und halbamtlichen Statistiken basiert, ein wesentlicher aber geringerer Teil

13 Nicht berücksichtigt wurde im Folgenden der Bildungsbericht der Stadt Offenbach, da hier die Datenquellen nicht durchgängig angegeben wurden.

auf kommunalen Statistiken. Eigene Erhebungen (vgl. Abschnitt 12.8) spielen bislang eine untergeordnete Rolle.

Abb. 12.6.1: Verwendete Datenquellen zur Darstellung von Kennzahlen innerhalb der Bildungsindikatoren in Bildungsberichten (in %; N=2.554)

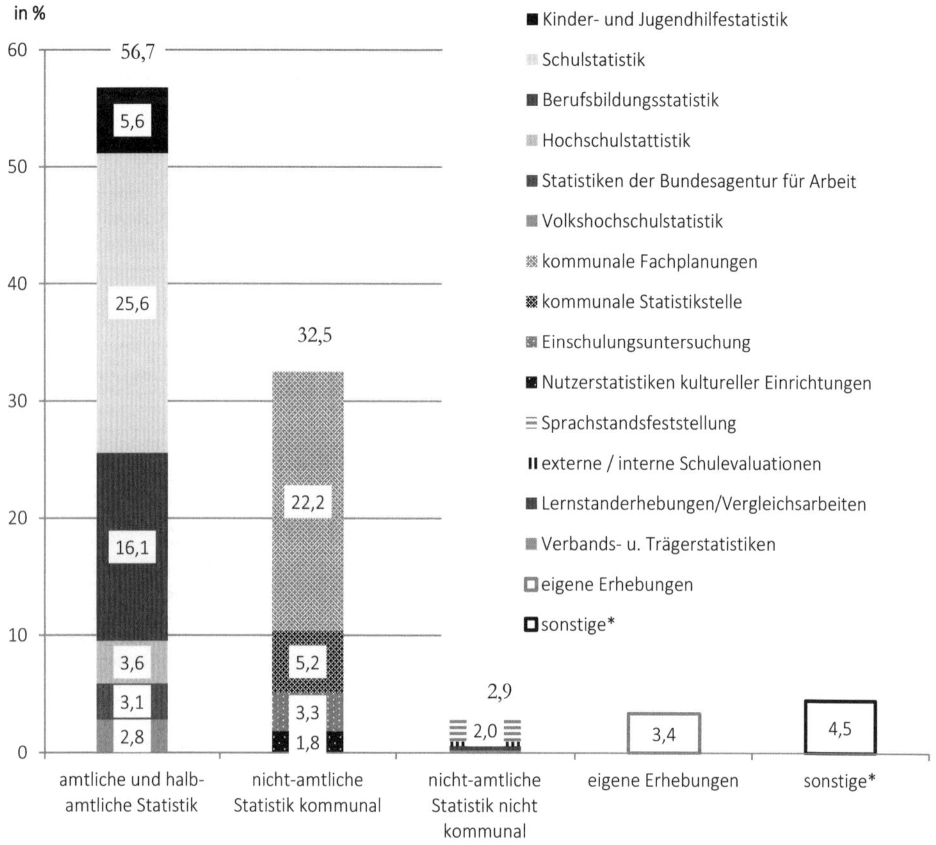

** Die Kategorie „sonstige" umfasst die Kennzahlen, die nicht eindeutig einer Datenquelle zugeordnet werden konnten.*

Quelle: Eigene Darstellung

Die Datenverwendung nach Themenbereichen zeigt für die zentralen Datenquellen (vgl. Abb. 12.6.2), dass kommunale Statistiken vor allem zur Darstellung von Bildungsangeboten und insbesondere der frühkindlichen Bildung, Betreuung und Erziehung und zu einem gewichtigen Teil von Bildungsbeteiligungen, amtliche Statistiken eher für die Berechnung von Kennzahlen zur Darstellung von Übergängen und Wechseln sowie Abschlüssen genutzt werden. So etwa werden Darstellungen zu Übergängen in das und innerhalb des Schulsystems zu mehr als zwei Dritteln über amtliche Statistiken gedeckt, Abschlüsse nahezu ausschließlich. Die eher sporadisch in kommunalen Bildungsberichten vorkommenden Darstellungen zur Sprachkompetenz und zur finanziellen Ausstattung von Bildungseinrichtungen entstammen vornehmlich kommunalen Erhebungen.

Abb. 12.6.2: Nutzung amtlicher und halbamtlicher Statistiken sowie kommunaler Statistiken zur Darstellung von Kennzahlen in ausgewählten kommunalen Bildungsberichten nach Themenbereichen (Anzahl)

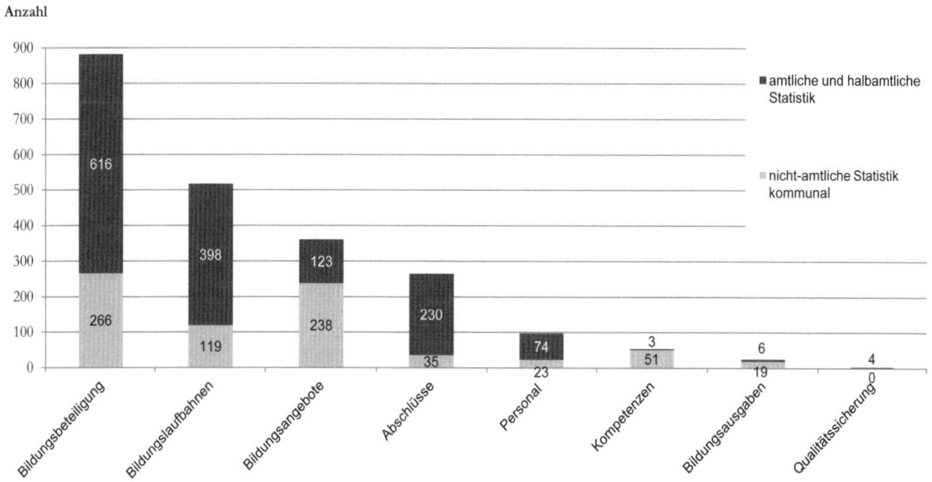

Quelle: Eigene Darstellung

Die Tabelle 12.6.2 illustriert die Verwendung verfügbarer Datenquellen in ausgewählten Bildungsbereichen. Ausgewählt wurden diejenigen Bildungsbereiche, die von der überwiegenden Mehrheit der analysierten Bildungsberichte dargestellt wurden sowie die Darstellung zu den Rahmenbedingungen von Bildung, die in allen analysierten Bildungsberichten vorgenommen wurden.

Durchschnittlich 15 Prozent aller Kennzahlen in kommunalen Bildungsberichten dienen der Illustration der Rahmenbedingungen von Bildung. Die Hälfte davon entfallen allein auf die Darstellung der Bevölkerungsstruktur und ihrer Entwicklung. Als Datengrundlagen zur Analyse der Rahmenbedingungen dienen vor allem die amtliche Bevölkerungsstatistik und die Datenangebote der kommunalen Statistikstellen bzw. statistischen Ämter, die sowohl Informationen zur Wohnbevölkerung als auch zu familialen Lebensformen zur Verfügung stellen.

Im Bereich der frühkindlichen Bildung, Betreuung und Erziehung stellen die Daten, die von den kommunalen Dezernaten und Fachämtern bzw. Geschäftsbereichen zur Verfügung gestellt werden neben den Aufbereitungen der Kinder- und Jugendhilfestatistik die zentralen Quellen dar. Einen geringen Stellenwert haben zum bisherigen Zeitpunkt Informationen zur Qualifikation des Personals auf Grundlage der Kinder- und Jugendhilfestatistik. Zu geringen Anteilen wurden bislang Ergebnisse der landesspezifischen Sprachstandsfeststellungsverfahren genutzt. Keine Informationen stellen die bisherigen kommunalen Bildungsberichte zur Qualität der Kindertageseinrichtungen und zu den Angeboten der Kindertagespflege bereit (vgl. Tab. 12.6.2).

Tab. 12.6.2: Verwendete Datenquellen zur Darstellung von Kennzahlen zu Rahmenbedingungen von Bildung und Bildungsbereichen (Anzahl)

(Bildungs-)Bereich			Anzahl der Kennzahlen
Rahmenbedingungen		insgesamt	488
	auf Grundlage von	Statistik öffentlicher Haushalte	19
		Volkswirtschaftliche Gesamtrechnung	9
		Bevölkerungsstatistik	152
		Erwerbstätigenstatistik, Beschäftigtenstatistik	63
		Statistiken der Bundesagentur für Arbeit	85
		Institute von Bundesbehörden (BBSR, IAB, etc.)	7
		Dezernate, Fachdienste, Ämter etc.	1
		kommunale Statistikstelle	152
		sonstige	0
Frühkindliche Bildung, Betreuung und Erziehung		insgesamt	500
	auf Grundlage von	Kinder- und Jugendhilfestatistik	132
		Schulstatistik	34
		Einschulungsuntersuchung	50
		Sprachstandsfeststellung	9
		kommunale Fachplanungen	186
		kommunale Statistikstelle	21
		sonstige	68
Allgemeinbildende Schule		insgesamt	1044
	auf Grundlage von	Schulstatistik	614
		externe / interne Schulevaluation	9
		Lernstanderhebungen/Vergleichsarbeiten	6
		kommunale Fachplanungen	286
		kommunale Statistikstelle	61
		sonstige	68

Fortsetzung Tab. 12.6.2

(Bildungs-)Bereich			Anzahl der Kennzahlen
Berufliche Bildung	auf Grundlage von	insgesamt	546
		Berufsbildungsstatistiken	399
		Statistiken der Bundesagentur für Arbeit	60
		Verbands- u. Trägerstatistiken	21
		kommunale Fachplanungen	36
		kommunale Statistikstelle	9
		sonstige	21

Quelle: Eigene Darstellung

Die bisherigen kommunalen Bildungsberichte greifen im Bereich der allgemeinbildenden Schule wesentliche Informationen, deren Zusammenstellung auch Gegenstand der verpflichtenden Schulentwicklungsplanung ist, auf; so etwa Schülerzahlen und Prognosen an den verschiedenen Standorten und Schularten, nutzen allerdings hierfür überwiegend die Zusammenstellungen der amtlichen Schulstatistik und weniger der Schulverwaltungsämter. Für weitere zentrale Themen – wie etwa die Absolventen und Abgänger, aber auch Übergänge, Schulartwechsel und Wiederholer – wird in erster Linie die amtliche Schulstatistik genutzt. Darstellungen zur sonderpädagogischen Förderung wie auch zur Ganztagsschule werden in der Zusammenschau eher randständig behandelt, zumeist aber auf der Grundlage der amtlichen Schulstatistik (vgl. Tab. 12.6.2).

Darstellungen zur beruflichen Bildung müssen für ein umfassendes Bild aufgrund der Sektoren der beruflichen Bildung, unterschiedlichen Einrichtungen und Bildungswege, ein weitaus vielfältigeres Datenangebot berücksichtigen. Als vornehmliche Informationsquelle zu Bildungsangeboten und zu Schülerzahlen an beruflichen Schulen wird vornehmlich die amtliche Statistik herangezogen; ebenso wie für berufliche Abschlüsse und an beruflichen Schulen erworbene allgemeinbildende Abschlüsse. Die Informationen zu den Angeboten und zu den Teilnehmern in der dualen Ausbildung werden sowohl den Veröffentlichungen der statistischen Landesämter, den Statistiken der Bundesagentur für Arbeit und je nach Ausbildungsbranchen den Statistiken der Industrie- und Handelskammern bzw. der Handwerkskammern entnommen (vgl. Tab. 12.6.2).

Wenige Bildungsberichte widmen sich dem Hochschulbereich. Informationen hierzu werden der amtlichen Hochschulstatistik entnommen. Einige (Land-)Kreise und kreisfreie Städte greifen hier auch auf die Vorarbeiten der kommunalen Statistikstellen zurück, die im Rahmen üblicher Zusammenstellungen von Grundinformationen zur Bildungsinfrastruktur auch die Angebote und Teilnehmerzahlen, z.T. auch der Absolventenzahlen in den jeweilig angebotenen Fachrichtungen aufführen.

Die Darstellungen zum Weiterbildungsbereich bedienen sich der verfügbaren Quellen und stützen sich im Rahmen der allgemeinen Weiterbildung auf die Volkshochschulstatistik, die vor allem über die kommunalen Geschäftsstatistiken und nicht über die zentralen Aufbereitungen durch das Deutsche Institut für Erwachsenenbildung (DIE) genutzt werden. Relevante Aspekte zur beruflichen Weiterbildung werden anhand der Zusammenstellungen der Förderstatistik der Bundesagentur für Arbeit berichtet.

Die Bildungsberichte, die sich dem Themenkomplex der non-formalen Bildung und des informellen Lernens widmen, greifen vor allem auf Informationen zurück, die den Geschäftsstatistiken zu den Angeboten und zur Bildungsbeteiligung in kommunalen kulturellen Einrichtungen, Musikschulen, Sport- und sonstigen Vereinen zu entnehmen sind. Auch die deutsche Bibliotheksstatistik wird im Rahmen der angebotenen Informationsqualität genutzt.

Herangehensweisen bei der Datennutzung

Über die Darstellung der pauschalen Beurteilung der Datenverwendung hinaus, lassen sich auch Unterschiede zwischen den kommunalen Bildungsberichten hinsichtlich der Vielfalt der verwendeten Datenquellen als auch der sich daraus ergebenden inhaltlichen Differenziertheit der Darstellungen identifizieren.

So zeigen sich Unterschiede in der inhaltlichen Schwerpunktsetzung zwischen den veröffentlichten kommunalen Bildungsberichten. Eine Gruppe von Bildungsberichten nimmt zu über zwei Dritteln Kennziffern zur Bildungsbeteiligung und zu Angeboten auf. Eine weitere Gruppe setzt den Schwerpunkt auf die Darstellung von Bildungslaufbahnen, insbesondere der Übergänge. Diese Berichte enthalten auch konsequente Bezüge zu soziodemografischen Kontextfaktoren, beispielsweise über die Identifizierung von sozialräumlichen Profilen von Verwaltungs- bzw. Gebietseinheiten. Eine dritte Gruppe stellt stark auf die Kennzahlen zu Abschlüssen, aber auch zu Sprachstandsfeststellungsverfahren und Einschulungsuntersuchungen ab.

In der Regel lassen sich zentrale Themen und Indikatoren des kommunalen Bildungsmonitorings nicht ausschließlich durch die Nutzung einer einzigen Datenquelle darstellen (vgl. Abb. 12.6.2). So lässt sich erklären, dass kommunale Bildungsberichte sich zwar in der Themensetzung ähneln können, aber in der Präferenz für bestimmte Datenquellen unterscheiden. Die Darstellung bestimmter Indikatoren steht in den vorliegenden Bildungsberichten in keinem identifizierbaren Zusammenhang zu den vorrangig verwendeten Datenquellen. Bezogen auf die Datennnutzung lassen sich jedoch ebenfalls drei Gruppen ausmachen: Ein Teil der Berichte, es handelt sich hierbei um weniger umfängliche Bildungsberichte mit wenigen dargestellten Kennzahlen, stützt sich fast ausnahmslos auf die Datengrundlagen der amtlichen Statistiken. Eine andere bevorzugt eher kommunale Daten. Eine dritte Gruppe greift auf ein breiteres Spektrum an Datenquellen zurück und ergänzt diese durch die Berücksichtigung von Ergebnissen der internen Schulevaluationen und Lernstandserhebungen/Vergleichsarbeiten und Sprachstandsfeststellungsverfahren.

Der überwiegende Teil der analysierten Bildungsberichte verwendet sowohl amtliche und halbamtliche Statistiken als auch kommunale Daten zu unterschiedlichen Anteilen; spezifische Verwendungsprofile verfügbarer Daten für vergleichbare Indikatoren zeigen sich in der Zusammenschau aller analysierten Bildungsberichte nicht.

Jedoch lässt ein differenzierter Blick auf die Bildungsberichte der (Land-)Kreise und kreisfreien Städte und eine Gegenüberstellung der jeweiligen Datennutzung amtlicher oder kommunaler Statistiken zwischen den Kommunen deutliche Tendenzen erkennen (vgl. Abb. 12.6.3).

Abb. 12.6.3: Kennzahlen in ausgewählten kommunalen Bildungsberichten von (Land-)Kreisen und kreisfreien Städten nach Art der zu Grunde liegenden Datenquellen (in%)

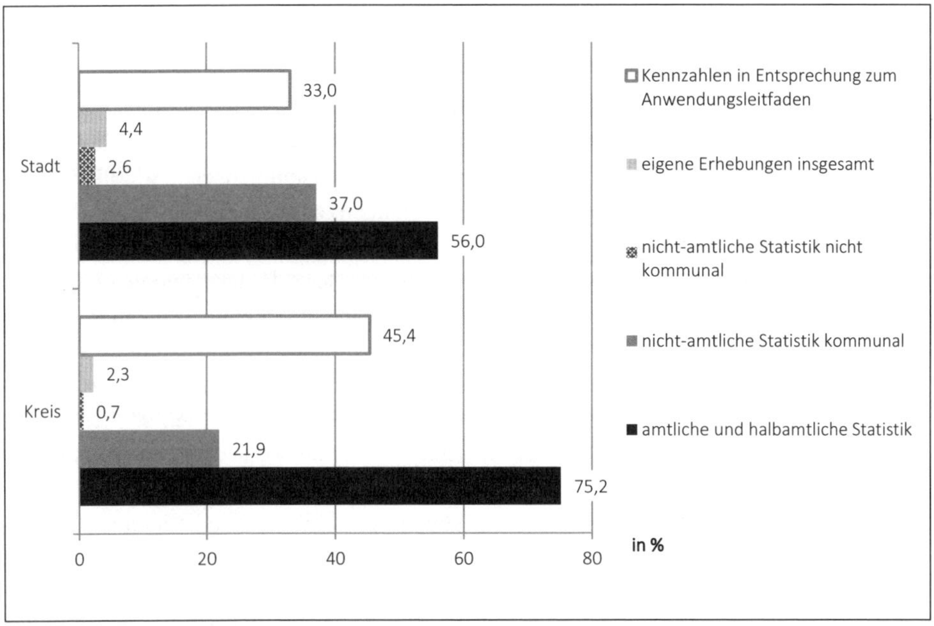

Quelle: Eigene Darstellung

Im Vergleich der (Land-)Kreise und kreisfreien Städte zeigt sich, dass (Land-)Kreise mit 58 Kennzahlen je Bildungsbericht weniger umfängliche Bildungsberichte erarbeiten als die analysierten kreisfreien Städte (durchschnittlich 83 dargestellte Kennzahlen je Bildungsbericht). Landkreise greifen dazu überwiegend auf Daten der amtlichen Statistik zurück, und wenn auf nicht-amtliche Statistiken, dann nahezu ausnahmslos auf kommunale Daten aus Fachplanungen sowie Geschäfts- und Verbandsstatistiken. Für Städte hingegen stellen die Aufbereitungen der vorhandenen kommunalen statistischen Einrichtungen ein zentrales, aber kein ausschlaggebendes Angebot dar. Darüber hinaus nutzen kreisfreie Städte auch häufiger Datenbereitstellungen der jeweiligen Fachämter als (Land-)Kreise. Während in den Bildungsberichten kreisfreier Städte etwa ein Drittel aller Kennziffern auf den Datengrundlagen kommunaler Fachplanungen basieren, beträgt der Anteil in den Bildungsberichten der (Land-)Kreise lediglich ein knappes Achtel. Diese Differenz in der Datennutzung zeigt sich insbesondere in den Darstellungen im Bereich der frühkindlichen Bildung, Betreuung und Erziehung.

Für die vorliegenden Bildungsberichte zeigt sich ein deutlich unterschiedlicher Umgang mit dem Anwendungsleitfaden (vgl. Abb. 12.6.3).[14] Für einige (Land-)Kreise und kreisfreie Städte stellt er keinerlei offenkundig genutzte Orientierungshilfe dar, andere wiederum nutzen nahezu exakt das Kennzahlentableau bis hin zur wortgetreuen Formulierung der Kennzahlen. Dabei zeigt sich, dass sich diejenigen Berichte besonders stark am Anwendungsleitfaden orientieren, die weniger umfänglich sind und eher einen Überblick über die Bildungsinfrastruktur geben.

Diejenigen Bildungsberichte, es handelt sich hierbei in erster Linie um Bildungsberichte von (Land-)Kreisen, deren Kennzahlenauswahl, Formulierung und Berechnung sich stark am Anwendungsleitfaden orientiert, nutzen in besonderem Maße amtliche Statistiken. Bildungsberichte, für die der Anwendungsleitfaden nicht als Orientierung zu identifizieren ist, greifen auf ein breiteres Spektrum an Datenquellen zurück.

Der Anteil der in den Berichten dargestellten Kennzahlen, die den Empfehlungen des Anwendungsleitfadens entsprechen, variiert in der Zusammenschau aller Bildungsberichte je nach Bildungsbereich. Für den Bereich der Weiterbildung sowie für die nonformale Bildung und das informelle Lernen stellt der Anwendungsleitfaden offenkundig eine stärker angenommene Orientierung dar als im Bereich der allgemeinbildenden Schulen und der frühkindlichen Bildung, Betreuung und Erziehung. Zudem zeigt sich auch, dass das Ausmaß der Orientierung am Anwendungsleitfaden innerhalb der vorrangig behandelten Bildungsbereiche – frühkindliche Bildung, Betreuung und Erziehung und allgemeinbildende Schulen – zwischen den Bildungsberichten stärker variiert als im Bereich der Hochschule, der Weiterbildung oder der non-formalen Bildung und des informellen Lernens.

Innerhalb von dargestellten Indikatoren können verschiedene Statistiken und Datenquellen genutzt werden. Dies ist insbesondere notwendig, um differenzierte Aussagen treffen zu können. Die Verknüpfung von amtlichen/halbamtlichen Statistiken und weiteren Datenquellen für Darstellungen innerhalb eines Indikators bedarf aber der genauen Prüfung der erhobenen Aspekte und Erhebungszeitpunkte, da sich diese, wenn grundlegend ähnliche Aspekte erfasst werden, im Detail unterscheiden und so Verzerrungen in den abgeleiteten Aussagen provoziert werden können. Angesprochen sind hier sowohl eine rechnerische Verknüpfung von Daten aus verschiedenen Quellen in einer Kennzahl, die als methodisch schwierig zu bewerten ist, als auch die Kombination von mehreren Kennzahlen, die auf verschiedenen Datenquellen basieren, innerhalb eines Indikators. Beide Vorgehensweisen werden aber nur in Einzelfällen gewählt. Die überwiegende Mehrheit der vorliegenden Bildungsberichte verwendet für die Darstellung unterschiedlicher Sachverhalte auch unterschiedliche Statistiken.

---

14 Der Anwendungsleitfaden zum Aufbau eines kommunalen Bildungsmonitorings gibt eine begrenzte Anzahl von Kennziffern in Formulierung, Berechnung, Bezugsmodalitäten und den entsprechenden Datenquellen vor und stellt für die kommunale Bildungsberichterstattung eine wichtige Orientierungshilfe zur Verfügung.

Sofern Verknüpfungen bzw. Kombinationen von Daten aus unterschiedlichen Quellen vorgenommen wurden, sind in den Berichten i.d.R. Hinweise und Begründungen zu finden: So etwa wird im Bildungsbericht des Kreises Lippe die unzulässige Vergleichbarkeit der dargestellten Daten zu den Übergängen auf die weiterführenden Schulen des statistischen Landesamtes und des Kreisschulamtes aufgrund unterschiedlicher Erhebungszeitpunkte und Erfassungsarten erläutert (vgl. Kreis Lippe, 2010).

Einige wenige Bildungsberichte nutzen für Einzeldarstellungen von Kennzahlen Daten aus mehreren Statistiken (z.B. Stadt Herne, 2011, S. 72.; Stadt Mannheim, 2010, S. 68; Kreis Recklinghausen, 2011, S. 49) bzw. nutzen innerhalb eines Indikators zur Darstellung ähnlicher Sachverhalte verschiedene Datenquellen, ohne auf mögliche Erhebungsunterschiede hinzuweisen (z.B. Kreis Recklinghausen, 2011, S. 49 ff.; Stadt Leipzig, 2010, S. 168). Aufgrund der geringen Fallzahl lassen sich hieraus aber keine Tendenzen hinsichtlich einer transparenten Nutzung verfügbarer Datenquellen ableiten.

Fazit

Im Rahmen von verschiedenen Fortbildungsveranstaltungen des DIPF und in der weiterführenden prozessbegleitenden Beratung wurden den Programmkommunen verfügbare und für eine kommunale Bildungsberichterstattung relevante Datenbestände aufgezeigt und Hinweise zu deren Nutzung gegeben. In der Zusammenschau zeigt sich, dass das vorhandene Spektrum von relevanten amtlichen, halbamtlichen und nicht-amtlichen Statistiken für die Darstellung von Angeboten, Bildungsbeteiligungen, Übergängen zwischen und innerhalb der Bildungseinrichtungen sowie Abschlüssen in den meisten vorliegenden kommunalen Bildungsberichten genutzt wurde. Die Veröffentlichungen der amtlichen Statistik markieren die zentrale Datenbasis kommunaler Bildungsberichterstattung.

Dabei lassen sich sowohl Gruppen von Bildungsberichten identifizieren, denen eine vielfältige Datenbasis zu Grunde liegt als auch eine Reihe von Kommunen, die eine eher grundständige Bildungsberichterstattung gewählt haben – im Detail weniger umfängliche Berichte erstellen, vermehrt auf die bereits gut aufbereiteten Daten der amtlichen Statistiken zurückgreifen, vor allem Darstellungen zur Bildungsinfrastruktur berücksichtigen und sich in stärkerem Maß am Anwendungsleitfaden zum Aufbau eines kommunalen Bildungsmonitorings orientieren. Es handelt sich hierbei vornehmlich um von (Land-)Kreisen erstellte Bildungsberichte. Zum einen verfügt die Mehrheit dieser (Land-)Kreise nicht über eine vom Verwaltungsvollzug abgetrennte Statistikstelle, die eine wesentliche Bedingung ist, um etwa differenzierte Daten z.B. der Erhebungen der Kinder- und Jugendhilfestatistik oder der Bundesagentur für Arbeit zu erhalten und zu nutzen. Zum anderen sind (Land-)Kreise dazu veranlasst, einen regen Austausch mit kreisangehörigen Gemeinden auch in Fragen der Datenbeschaffung zu pflegen, da diese aufgrund der kommunalen Selbstverantwortung und damit einhergehender Spielräume und Pflichten eigene Fachplanungen durchführen. Vor allem Großstädte, die bereits mehrere Zyklen der Bildungsberichtslegung durchlaufen haben, greifen auch Aspekte und Erhebungen auf, die in der Zusammenschau aller Berichte eher randständige Beachtung finden.

Einen geringen Stellenwert haben zum bisherigen Zeitpunkt Informationen zur Qualifikation des Personals, die sowohl Gegenstand des obligatorischen Erhebungsprogramms der Kinder- und Jugendhilfestatistik sind, als auch kommunaler Fachplanungen sein können. Der sonderpädagogischen Förderung wird bislang eine geringe Bedeutung zuteil, obschon sich auf der Grundlage der amtlichen Schulstatistik für die Förderschulen zu allen Prozessdimensionen Informationen generieren ließen. Auch der Bereich der Ganztagsschule wird in der Zusammenschau eher wenig behandelt.

Nicht ausgeschöpft werden bislang die Erhebungen der Kinder- und Jugendhilfestatistik zu Maßnahmen, Einrichtungen, zum Personal und zu den Ausgaben für die offene Kinder- und Jugendarbeit. Auch wird bislang die Datenbank des Bundesjugendrings zur Vergabe der Jugendleitercard (Juleica) nicht genutzt, die Indizien zum Umfang ehrenamtlichen Engagements und zu den ehrenamtlich Tätigen liefern kann.

Zu geringen Anteilen wurden bislang Ergebnisse der landesspezifischen Sprachstandserhebungen und der Einschulungsuntersuchungen genutzt. Schuleingangsuntersuchungen werden im Rahmen einer umfänglichen kommunalen Gesundheitsberichterstattung verstärkt auch als Informationsinstrument über Lebensformen und Bildungsnähe der Kindsfamilien genutzt und bieten daher Informationen an, die über die Erfassung des kognitiven und motorischen Entwicklungsstandes der untersuchten Kinder hinausgehen.

12.7 Differenzierungsaspekte in den Indikatoren und Kennzahlen (Katrin Isermann)

Das analytische Potenzial eines kommunalen Bildungsberichts beruht auch darauf, dass die dargestellten Indikatoren und Kennzahlen nach mehreren Differenzierungsaspekten, etwa Geschlecht, Staatsangehörigkeit bzw. Migrationshintergrund, sozioökonomischem Hintergrund u.a., dargestellt und berechnet werden.

Im Folgenden soll betrachtet werden, in welchen Bildungsbereichen welche Differenzierungsmöglichkeiten für Indikatoren und Kennzahlen in den kommunalen Bildungsberichten in welchem Umfang berücksichtigt und genutzt werden. Gegenstand der Analyse sind die vorgenommen Differenzierungen. Dazu wurden in den 33 Bildungsberichten in LvO, die zwischen 2009 und 2012 entstanden sind, alle Tabellen und/oder Abbildungen zu den dargestellten Indikatoren und Kennziffern nach Differenzierungsaspekten untersucht.

Der Überblick über die in den kommunalen Bildungsberichten genutzten Differenzierungsaspekte (vgl. dazu Tab. 12.7.1) zeigt zwei wichtige Sachverhalte: Zum einen gibt es Differenzierungsaspekte, die faktisch in allen Bildungsberichten und in fast allen Bildungsbereichen genutzt werden, z.B. Zeitreihen oder Angaben zu den Geschlechtern. Zum anderen ist die Darstellung einer Reihe von Differenzierungsaspekten an bestimmte Bildungsbereiche gebunden und offenbar auch nur für diese sinnvoll. Beispielsweise taucht die Trägerschaft von Einrichtungen überwiegend im frühkindlichen Bereich und im Bereich der allgemeinbildenden Schule auf. Auch die Referenzangabe zum Landesdurchschnitt konzentriert sich auf die Bereiche frühkindliche Bildung, Betreuung und Erziehung, allgemeinbildende Schule und berufliche Ausbildung. Die Tabelle 12.7.1 zeigt, welche Differenzierungsaspekte jeweils innerhalb der Bildungsbereiche am häufigsten genutzt wurden:

Tab. 12.7.1: Reihenfolge der am häufigsten genutzten Differenzierungsaspekte innerhalb der Bildungsbereiche

Frühkindliche Bildung	Allgemeinbildende Schule	Berufliche Ausbildung	Hochschule	Weiterbildung	Non-formale Bildung/informelles Lernen
Zeitreihe	Zeitreihe	Zeitreihe	Zeitreihe	Zeitreihe	Zeitreihe
Alter	Art der Institution	Art der Institution	Geschlecht	Geschlecht	Alter
Trägerschaft	Geschlecht	Geschlecht		Alter	Geschlecht
Art der Institution	Referenzangabe	Referenzangabe		Art der Institution	
Referenzangabe	Trägerschaft				

Quelle: Eigene Darstellung

In allen analysierten Bildungsberichten werden die Kennziffern und Indikatoren mehr oder weniger häufig in einer *Zeitreihe* dargestellt, und zwar in fast allen dargestellten Bildungsbereichen, vornehmlich jedoch in den Bereichen frühkindliche Bildung, Betreuung und Erziehung, allgemeinbildende Schule sowie berufliche Ausbildung.

Eine differenzierte Darstellung der Indikatoren und Kennzahlen nach dem *Geschlecht* der Bildungsteilnehmerinnen und -teilnehmer findet sich ebenfalls in fast allen Bildungsbereichen und in allen Bildungsberichten, vornehmlich in den Bereichen allgemeinbildende Schule und berufliche Ausbildung. Aber auch Indikatoren und Kennziffern im Hochschulbereich und der non-formalen Bildung sowie im Weiterbildungsbereich werden differenziert nach Geschlecht ausgewiesen.

Eine weitere, häufig verwendete Differenzierung ist die nach der *Art der Institution*. Dieser Differenzierungsaspekt findet sich in erster Linie in den Indikatoren und Kennzahlen in den Bereichen allgemeinbildende Schule (z.B. Nutzung der Bildungsangebote nach Schulart) und berufliche Bildung (z.B. duale und vollzeitschulische Ausbildung, Darstellung nach Schularten). Aber auch im Bereich der frühkindlichen Bildung, Betreuung und Erziehung (Kita und Tagespflege) werden Informationen differenziert nach der Art der Institution dargestellt. Bei den Indikatoren und Kennzahlen im Hochschulbereich, der non-formalen Bildung und im Weiterbildungsbereich findet sich dieser Differenzierungsaspekt kaum.

In den analysierten Bildungsberichten werden teilweise kommunale Daten in Relation zum *Land als Referenzrahmen* dargestellt. Diese Differenzierung findet sich vor allem in den Indikatoren und Bildungsbereichen, die sich überwiegend auf amtliche Daten stützen, also vor allem im frühkindlichen Bereich, im Bereich der allgemeinbildenden Schule und im Bereich der beruflichen Ausbildung.

Eine Darstellung der Indikatoren und Kennziffern nach dem *Alter* der Bildungsteilnehmerinnen und -teilnehmer als Differenzierungsaspekt spielt vornehmlich im Bereich der frühkindlichen Bildung, Betreuung und Erziehung eine wichtige Rolle. Solche Differenzierungen finden sich aber auch in Indikatoren zur Weiterbildung sowie zur nonformalen Bildung und zum informellen Lernen.

Die Unterscheidung der *Trägerschaft* von Bildungseinrichtungen nach öffentlichen oder privaten Trägern wird insbesondere in den Bereichen der frühkindlichen Bildung, Betreuung und Erziehung sowie der allgemeinbildenden Schule, teilweise aber auch im Bereich der beruflichen Ausbildung, vorgenommen.

Eine Reihe weiterer Differenzierungsaspekte wird eher zurückhaltend oder gar sporadisch genutzt. Dazu gehören z.B. Angaben zum Zuwanderungs- bzw. Migrationshintergrund oder zur Staatsangehörigkeit (im Schulbereich), Angaben zum sozioökonomischen Kontext sowie klein- oder gar sozialräumliche Darstellungen.

Was die Berücksichtigung des Differenzierungsaspekts mit und ohne Zuwanderungs- bzw. Migrationshintergrund oder der Staatsangehörigkeit der Bildungsteilnehmerinnen und -teilnehmer betrifft, so finden sich solche Darstellungen eher in den Indikatoren und Kennzahlen zur allgemeinbildenden Schule und zur beruflichen Ausbildung. In den Indikatoren und Kennziffern in der frühkindlichen Bildung, Betreuung und Erziehung spielen diese Angaben eine untergeordnete Rolle.

Betrachtet man nun über alle in die Analyse einbezogenen Bildungsberichte hinweg die Anzahl genutzter Differenzierungsaspekte je Bildungsbereich ergibt sich folgendes Bild (vgl. Tab. 12.7.2): Mit großem Abstand werden am häufigsten Differenzierungen für die Indikatoren und Kennzahlen des Bereichs allgemeinbildende Schule vorgenommen. Weniger umfangreich (weniger als halb so viel), jedoch auch sehr verbreitet, wird das analytische Potenzial einer differenzierten Darstellung der Indikatoren und Kennziffern in den Bereichen der beruflichen Bildung und der frühkindlichen Bildung, Betreuung und Erziehung genutzt. Und nicht nur, weil sich ein großer Teil der Berichte schwerpunktmäßig auf diese drei Kernbildungsbereiche konzentriert, lassen sich hier am häufigsten Differenzierungsaspekte ausmachen. Auch im Verhältnis zur Anzahl berichteter Kennziffern werden für diese drei Bereiche besonders häufig differenzierte Darstellungen gewählt. Die berichteten Indikatoren und Kennziffern in den Bereichen Weiterbildung, Hochschule sowie non-formale Bildung/informelles Lernen werden im Vergleich zu den anderen Bereichen eher wenig nach Differenzierungsaspekten dargestellt – auch in Relation zur Anzahl berichteter Kennziffern. Schließlich fallen in der Überblicksdarstellung auch Unterschiede zwischen den Bildungsberichten im Umfang der verwendeten Differenzierungsmerkmale und in der Auswahl bzw. Konzentration auf bestimmte Aspekte auf. Die Tabelle zeigt, welche Differenzierungsaspekte je Bildungsbereich in den einzelnen Berichten überwiegend genutzt wurden:

Tab. 12.7.2: Überwiegend dargestellte Differenzierungsaspekte* der Indikatoren und Kennzahlen in den kommunalen Bildungsberichten

Kommune	Indikatoren und Kennziffern im Bereich ... wurden überwiegend differenziert nach ...					
	Frühkindliche Bildung, Betreuung, Erziehung [1]	Allgemeinbildende Schule [2]	Berufliche Bildung [1]	Hochschule [3]	Weiterbildung [4]	Non-formale Bildung und informelles Lernen [4]
Aachen, Städteregion	Zeitreihe, Alter, (Mig/Staat)	Zeitreihe, Institution, Referenz, Integration	Institution, Zeitreihe, Referenz, Geschlecht	Zeitreihe, Geschlecht, Institution		
Borken, Kreis	Alter, Zeitreihe	Institution, Zeitreihe Referenz	Zeitreihe (Geschlecht, Referenz)			
Bremen, Freie Hansestadt	Träger, Alter, Mig/Staat	Mig/Staat, Institution, Träger, Referenz				
Dessau-Roßlau, Stadt	Zeitreihe, Alter	Zeitreihe, Institution, Geschlecht	Zeitreihe, Geschlecht	Zeitreihe, Geschlecht	Zeitreihe, Geschlecht	Zeitreihe
Dresden, Landeshaupt stadt	Zeitreihe, Trägerschaft, Alter	Zeitreihe, Institution Geschlecht, Träger	Zeitreihe, Geschlecht, Referenz, Institution	Zeitreihe, Geschlecht, Referenz	Zeitreihe Geschlecht	Zeitreihe, Alter
Elbe-Elster, Landkreis	Zeitreihe, Alter	Zeitreihe, Geschlecht, Institution, Referenz	Zeitreihe, (Institution)			
Erfurt, Landeshaupt-stadt	Zeitreihe, Alter	Zeitreihe, Institution, Geschlecht	Zeitreihe, Geschlecht, Institution, Träger			Zeitreihe, Geschlecht
Essen, Stadt	Zeitreihe, Referenz Träger	Zeitreihe, Institution, Mig/Staat, Träger				
Frankfurt am Main, Stadt	Zeitreihe (Alter, Trägerschaft)	Institution, Mig/Staat, Zeitreihe	Geschlecht (Mig/Staat, Institution)	Geschlecht		
Freiburg i.B., Stadt	Zeitreihe, Referenz Alter, (Institution)	Zeitreihe, Institution, Referenz, Mig/Staat	Institution, Geschlecht, Zeitreihe, Mig./Staat			
Görlitz, Landkreis	Zeitreihe Alter	Zeitreihe, Institution, Trägerschaft	Institution, Referenz, Zeitreihe	Zeitreihe		
Heidekreis	Zeitreihe Referenz	Institution Zeitreihe	Institution Zeitreihe			

Fortsetzung Tab. 12.7.2

Kommune	Indikatoren und Kennziffern im Bereich ... wurden überwiegend differenziert nach ...					
	Frühkindliche Bildung, Betreuung, Erziehung [1]	Allgemeinbildende Schule [2]	Berufliche Bildung [1]	Hochschule [3]	Weiterbildung [4]	Non-formale Bildung und informelles Lernen [4]
Herne, Stadt	Mig/Staat, Alter, Zeitreihe, soz. öko.H., Institution	Institution, Zeitreihe, Mig/Staat, Geschlecht	Institution, Zeitreihe (Geschlecht)			
Köln, Stadt	Zeitreihe, Mig/Staat	Zeitreihe, Institution	Mig/Staat, Zeitreihe	Geschlecht, Zeitreihe Alter, Institution		Geschlecht, Alter
Kyffhäuser-kreis	Zeitreihe	Zeitreihe, Institution Träger, Geschlecht	Zeitreihe, Geschlecht, (Institution)			Zeitreihe, Geschlecht
Leipzig, Stadt	Zeitreihe, Träger (Institution)	Geschlecht, Institution, Zeitreihe, Träger	Geschlecht, Zeitreihe, Institution, Träger	Zeitreihe, Geschlecht, Referenz	Alter, Zeitreihe	Alter, Zeitreihe
Lindau, Landkreis	Zeitreihe, Alter, (Referenz)	Zeitreihe, Mig/Staat, Institution, Geschlecht	Mig/Staat, Institution Geschlecht, Referenz, Zeitreihe			
Lippe, Kreis	Institution, Referenz, Mig/Staat, (Zeitreihe)	Zeitreihe, Institution, Referenz Institution,	Referenz, Zeitreihe, Institution Institution			
Lübeck, Hansestadt	Zeitreihe, Integration	Zeitreihe				
Mannheim, Stadt	Zeitreihe, Alter	Zeitreihe, Institution Geschlecht, Mig/Staat				Referenz, Institution
Mühldorf am Inn, Landkreis	Zeitreihe	Zeitreihe, Referenz, Institution	Zeitreihe, (Institution)			
München, Landeshaupt-stadt	Mig/Staat, Zeitreihe Alter, (Träger)	Zeitreihe, Institution, Mig/Staat, Träger, Referenz Geschlecht,	Träger, Geschlecht, Mig/Staat, Institution	Institution	Zeitreihe, Geschlecht	
Müritz, Landkreis	Zeitreihe, Alter, Institution	Zeitreihe, Institution	Geschlecht, Zeitreihe, Institution, (Träger, Referenz) Institution,			
Nürnberg, Stadt	Alter, Mig./Staat, (Zeitreihe)	Institution, Zeitreihe, Träger	Referenz, Zeitreihe, Mig./Staat			Zeitreihe

Fortsetzung Tab. 12.7.2

Kommune	Indikatoren und Kennziffern im Bereich ... wurden überwiegend differenziert nach ...					
	Frühkindliche Bildung, Betreuung, Erziehung [1]	Allgemeinbildende Schule [2]	Berufliche Bildung [1]	Hochschule [3]	Weiterbildung [4]	Non-formale Bildung und informelles Lernen [4]
Offenbach, Stadt	Zeitreihe	Geschlecht, Mig/Staat, Institution, Zeitreihe	Mig/Staat		Alter, Geschlecht, Zeitreihe	
Osnabrück, Landkreis	Zeitreihe, Institution, (Alter)	Institution, Zeitreihe	Geschlecht, Zeitreihe, Mig./Staat Referenz			
Reckling-hausen, Kreis	Zeitreihe, (Mig/Staat)	Zeitreihe, Institution				
Rems-Murr-Kreis	Zeitreihe, Institution, Alter	Institution, Zeitreihe, Referenz	Zeitreihe, Mig/Staat, Institution, (Geschlecht, Referenz)		Alter, Geschlecht	Zeitreihe, Alter
Rheingau-Taunus-Kreis			Zeitreihe		Geschlecht, Refe-renz, Zeitreihe	
Saarbrücken, Regional-verband	(Alter)	Institution		Zeitreihe, Institution	Zeitreihe, Referenz	
Stade, Landkreis	Zeitreihe, Alter, Referenz	Zeitreihe, Institution	Zeitreihe, Alter, Institution, Geschlecht	Zeitreihe, Referenz		
Trier, Stadt	(Alter, Institution)	Institution, Geschlecht, Zeitreihe	Geschlecht, (Zeitreihe)	Geschlecht, Institution		Alter, Geschlecht, Institution
Vorpommern-Greifswald, Landkreis	Zeitreihe, Alter, Institution, Trägerschaft	Institution, Referenz, Zeitreihe, Geschlecht	Zeitreihe, Institution Geschlecht, Referenz		Zeitreihe	Zeitreihe, Alter

** Dargestellt sind jeweils die 4 häufigsten Differenzierungsaspekte; 1 – Aufgenommen, wenn mindestens drei bzw. vier Indikatoren oder Kennzahlen im Bildungsbereich nach diesem Aspekt differenziert wurden, dabei sind die Differenzierungen in der Reihenfolge der Verwendungshäufigkeit aufgeführt; 2 – Aufgenommen, wenn mindestens fünf Indikatoren oder Kennzahlen nach diesem Aspekt differenziert wurden; 3 – Aufgenommen, wenn mindestens* ***zwei*** *Indikatoren oder Kennzahlen im Bildungsbereich nach diesem Aspekt differenziert wurden; 4 – Aufgenommen, wenn mindestens* ***zwei*** *Indikatoren oder Kennzahlen im Bildungsbereich nach diesem Aspekt differenziert wurden; Abkürzungen: Referenz=Referenzangabe; Institution=Art der Institution; Mig/Staat=Migrationshintergrund/Staatsangehörigkeit; Träger=Trägerschaft; soz.öko.H.=sozioökonomischer Hintergrund*

Quelle: Eigene Darstellung

Als relativ verbreitete Differenzierungsaspekte haben sich in den betrachteten Bildungsberichten die folgenden erwiesen:

- Zeitreihe;
- Geschlecht;
- Art der Institution;
- Alter;
- Land als Referenzangabe und
- Trägerschaft.

Diese Differenzierungsaspekte für Indikatoren und Kennzahlen können offenbar über alle Bildungsbereiche hinweg als Standard für die Aufbereitung, Berechnung und Darstellung von Indikatoren und Kennzahlen angesehen werden. Weitere Differenzierungsaspekte, wie z.B. Angaben zum Zuwanderungs- bzw. Migrationshintergrund oder zur Staatsangehörigkeit (im Schulbereich), Angaben zum sozio-ökonomischen Kontext sowie klein- oder gar sozialräumliche Darstellungen wurden in den analysierten Bildungsberichten eher weniger genutzt.

In den Analysen wurde zudem deutlich, dass der Umfang der genutzten Differenzierungsaspekte je Bildungsbereich sehr unterschiedlich ist. Am häufigsten werden Differenzierungen für die Indikatoren und Kennzahlen im Bereich der allgemeinbildenden Schule vorgenommen. Schon weniger häufig findet sich eine differenzierte Darstellung der Indikatoren und Kennziffern in den Bereichen der frühkindlichen Bildung, Betreuung und Erziehung und der beruflichen Ausbildung. Die berichteten Indikatoren und Kennziffern in den Bereichen Weiterbildung, Hochschule sowie non-formale Bildung und informelles Lernen werden deutlich weniger auf der Grundlage der genannten Differenzierungsaspekte dargestellt.

12.8 Umgang mit Forschungsbefunden (Marina Egger)

Im Folgenden wird der Umgang mit Befunden aus wissenschaftlichen Untersuchungen sowie aus eigenen Erhebungen in den in „Lernen vor Ort" vorgelegten Bildungsberichten analysiert. Die Analyse zeigt, welche Forschungsbefunde zu welchem Zweck und in welchem Kontext genutzt und welche eigenen Erhebungen durchgeführt und in den Bildungsberichten berücksichtigt wurden, um zusätzliche Daten für die kommunale Bildungssteuerung zu erschließen. Als Grundlage für die Analyse dienen Verweise und Belege im Text und im Literaturverzeichnis, referierende Bezüge zu wissenschaftlichen Untersuchungen sowie Darstellungen eigener Erhebungen in den Bildungsberichten. Folgendes wird in drei Schritten analysiert:

- Darstellungen von Verweisen auf eine wissenschaftliche Untersuchung (z.B. Zitate etc.);
- Berichtsteile, die im Text einen eindeutigen inhaltlichen, referierenden Bezug auf eine wissenschaftliche Untersuchung vornehmen;

- Darstellungen eigener Erhebungen, d.h. eigens für den Bildungsbericht bzw. das Bildungsmonitoring durchgeführter Befragungen, vertiefender Analysen usw.

Darstellung von Verweisen auf wissenschaftliche Untersuchungen

Die Resultate von Schulleistungsuntersuchungen wie PISA, TIMSS, PIRLS/IGLU etc. wurden in den analysierten Bildungsberichten am häufigsten zitiert. Auf sie wurde zumeist verwiesen, um ihre impulsgebende Bedeutung für die Qualitätssicherung im Bildungswesen zu unterstreichen. Der ebenfalls häufig zitierte nationale Bildungsbericht fungierte in den Bildungsberichten sowohl als Referenz für bundesweite Trends im Bildungswesen als auch als ‚Standardwerk' z.B. in Bezug auf die Indikatorenwahl. In den Bildungsberichten wurde meist deswegen auf wissenschaftliche Untersuchungen Bezug genommen, um mittels Zitate die Relevanz von kommunal erkennbaren Trends zu bestätigen und die Sichtbarkeit von Entwicklungen – z.B. durch die Erstellung eines Vergleichs – zu erhöhen oder Begriffe zu erklären. Aus der Analyse der in den Bildungsberichten dargestellten Verweise auf wissenschaftliche Untersuchungen lässt sich ableiten, dass in den meisten analysierten Bildungsberichten Erkenntnisse aus der einschlägigen Forschungsliteratur eher themenbezogen punktuell referiert wurden. Am häufigsten finden sich Verweise auf kommunal verfügbare Quellen (z.B. regelmäßige Schulabgängerbefragungen, Jugendhilfe- und Stadtentwicklungsplanung, Familienbericht, Gesundheitsbericht etc.) sowie die in den Dokumentationen der Länder vorgestellten Forschungsbefunde. In wenigen Berichten wurden Befunde aus wissenschaftlichen Untersuchungen ausführlicher referiert. Der Verweis auf Befunde diente dabei zur Veranschaulichung bzw. zur Bestätigung vergleichbarer Tendenzen im Bildungsgeschehen (z.B. Effekte des Sozialstatus der Eltern, des Besuchs der Kindertagesstätten oder der Schulabschlüsse für Bildungsbiografien). Ebenfalls nur in einigen wenigen Bildungsberichten wurden Bezüge zu wissenschaftlichen Untersuchungen bei der Interpretation von Bildungsdaten dargestellt. Auf die Darstellung von inhaltlichen, referierenden Bezügen wird im Folgenden exemplarisch eingegangen.

Darstellung von referierenden Bezügen zu wissenschaftlichen Untersuchungen

Die in den Bildungsberichten dargestellten, referierenden Bezüge zu wissenschaftlichen Untersuchungen beziehen sich meist auf die Bildungsentwicklungen in den Bereichen Frühkindliche Bildung, Betreuung und Erziehung, Allgemeinbildende Schul- und Berufsbildung, seltener auf den Bereich der Weiterbildung. Ausführlicher wurde auf die Erkenntnisse der vor Ort durchgeführten wissenschaftlichen Studien oder Diplomarbeiten, die Ergebnisse der im Rahmen anderer Berichtssysteme im Auftrag kommunaler Ämter oder Fachbereiche durchgeführten Erhebungen, in denen ansatzweise Bildungsfragen behandelt wurden, sowie auf die meist in Großstädten im Zusammenhang mit dem Bildungsmonitoring um Bildungsaspekte erweiterten, regelmäßigen Umfragen eingegangen – z.B. Wohnungs- und Haushaltsbefragungen, Demografie-Umfrage u.ä.

Im Folgenden wird die Darstellung von referierenden Bezügen anhand von einigen Beispielen erläutert.

Im Kölner Bildungsbericht (2012) wurde beispielsweise nicht nur auf die Daten und die Interpretationen der Bürgerumfrage „Demografischer Wandel in Köln 2009" zurückgegriffen, um das bürgerschaftliche Engagement zu analysieren und darzustellen. Ergänzend für Jugendliche zwischen 14 und 15 Jahren wurde außerdem in einem Exkurs auf Ergebnisse der repräsentativen Befragung „Jugend. Engagement. Politische Sozialisation" der Universität Würzburg referierend Bezug genommen. Auch um die Bedeutung des informellen Lernens im bürgerschaftlichen Engagement hervorzuheben wurde ausführlicher aus einschlägigen Quellen referiert. Referierende Bezüge zu wissenschaftlichen Untersuchungen erfolgten auch in anderen Bildungsberichten, um bestimmte Entwicklungen oder Begriffe zu untermauern (z.B. Bildungsungleichheiten, Herausforderungen im Berufsbildungssystem etc.).

Ein besonders anschauliches, jedoch eher ‚untypisches' Beispiel für inhaltliche, ausführliche referierende Bezüge liefert der Bildungsbericht des Kyffhäuserkreises. Hier wurde durchgehend in einem farblich kenntlich gemachten Exkurs meist auf einer Seite zu den für den Kreis bedeutenden Themen referiert. Im Bildungsbericht des Kyffhäuserkreises wurde beispielsweise in einem Exkurs ein referierender Bezug zu einem Projekt zur lebensweltorientierten Jugendhilfeplanung im ländlichen Raum vorgenommen, in dem in einer Befragung im Jahr 2007 Abwanderungsgründe erfasst wurden (vgl. Kyffhäuserkreis 2011). Ebenfalls in einem Exkurs wurde hier ausführlich auf die Ausführungen der regionalen Aktionsgruppe zu wirtschaftlichen Stärken und Schwächen des Kyffhäuserkreises und die Ausführungen des BerlinInstituts für Bevölkerung und Entwicklung zum demographischen Wandel und Arbeitsmarkt eingegangen (vgl. ebd.). Diese Darstellungen dienten dazu, die Rahmenbedingungen im Kyffhäuserkreis und in diesem Kontext wichtige gesellschaftliche Veränderungen zu beschreiben, die Konsequenzen für das kommunale Bildungsgeschehen haben. Weitere Exkurse erfolgten hier z.B. zu folgenden Themen: „Gefährdete Schulstandorte und mögliche Handlungsoptionen", „Bewältigungsstrategien von Kinderarmut" (Kyffhäuserkreis 2011, S. 50f.), „Schulabschlüsse an Förderschulen – Deutschlandweite Ergebnisse" und „Zur Situation der Altbewerber in Deutschland" (ebd., S. 68, 72) u.a. Außerdem wurden in diesem Bildungsbericht alle methodischen Hinweise mit Bezug zu einschlägigen Publikationen des Thüringer Landesamtes für Statistik, der Bundesagentur für Arbeit, der Statistischen Ämter des Bundes und der Länder etc. erklärt.

Nutzung eigener Erhebungen

Auf kommunaler Ebene bietet es sich an, bestehende Datenlücken zu Bildungsaspekten über eigene Erhebungen zu schließen: Zum einen reicht das Datenangebot der amtlichen Statistik und weiterer zum Teil verfügbarer Datenquellen nicht aus, um auf dieser Grundlage kommunale Erkenntnisinteressen zu bedienen. Die kommunalspezifischen Problemlagen können häufig mit den auf der Bundes- oder Landesebene erhobenen Daten nicht belegt werden. Zum anderen können gerade auf kommunaler Ebene Bildungsdaten zugänglich gemacht werden, denn hier werden Bildungsangebote in Anspruch genommen und entwickeln sich Bildungsbiografien. Gerade auf kommunaler Ebene kann in enger Zusammenarbeit verschiedener Akteure mit den Verantwortlichen in den kommunalen Verwaltungen eine breite Datenbasis erarbeitet werden, um auf deren Grundlage den Steuerungsfragen im kommunalen Bildungswesen nachzugehen.

Die Möglichkeit, Bildungsdaten mittels eigener Erhebungen, d.h. im Rahmen von für das Bildungsmonitoring durchgeführten Befragungen, vertiefenden Analysen etc., zu sammeln, wurde in den Kommunen bis jetzt eher wenig genutzt. Einige wenige, in einigen Bildungsberichten genannte Expertengespräche oder Selbstauskünfte von Bildungsanbietern wurden im Folgenden nicht als eigene Erhebungen berücksichtigt, weil es nicht ersichtlich war, dass diese nach wissenschaftlichen Kriterien durchgeführt wurden. Außerdem ist darauf hinzuweisen, dass in den analysierten Bildungsberichten auf eigene Erhebungen – je nach deren Funktion – unterschiedlich detailliert eingegangen wurde. Es gibt einzelne Bildungsberichte, die auf noch nicht abgeschlossene Erhebungen verweisen, ohne deren Ergebnisse nutzen zu können. Oder die Ergebnisse der durchgeführten Erhebungen wurden nicht in dem Bildungsbericht, sondern gesondert veröffentlicht.[15]

Die Analyse zeigt, dass in elf von 33 analysierten Bildungsberichten auf eigene Erhebungen eingegangen wurde. Insgesamt wurden in den Bildungsberichten 26 eigene Untersuchungen genannt. Von diesen identifizierten Erhebungen wurden 18 intern und acht von externen Partnern durchgeführt (vgl. Tab. 12.8.1). Die internen Erhebungen wurden von einschlägigen Ämtern – Schulamt, Fachbereich für Kinder, Jugendliche und Familie, Stadtjugendamt, Amt für Stadtforschung und Statistik oder Bildungsbüro bzw. im Rahmen von „Lernen vor Ort“ – durchgeführt. Acht Erhebungen von externen Partnern wurden von Hochschulen bzw. Forschungsinstituten oder Consulting-Unternehmen durchgeführt (vgl. Tab. 12.8.1):

- mit Beteiligung von Studierenden und wissenschaftlicher Begleitung der Fachhochschule Erfurt (zwei Befragungen im Rahmen des Verbundvorhabens zu den Übergängen Grundschule-weiterführende Schule und Schule-Beruf);
- mit Auswertung durch die Gesellschaft zur Förderung von Bildungsforschung und Qualifizierung mbH Berlin (Bestandsaufnahme der Berufsorientierung und des Übergangs Schule-Beruf – Befragung von Schülern, Schulleitern und Unternehmen im Landkreis Görlitz);
- in Kooperation mit der Universität München (Elternbefragung zur Kenntnis und Nutzung von Bildungsangeboten hinsichtlich Bildungsübergängen, Familienbildung und Bildungsberatung im Landkreis Mühldorf am Inn);

15 Als Beispiel dafür kann an dieser Stelle auf folgende, separat veröffentlichte Befragungsdokumentationen verwiesen werden, z.B. Sonderauswertung der 1. Schulabgängerbefragung 2011 in den Allgemeinbildenden Schulen der Stadt Trier (vgl. Schreiber, 2011) oder eine vertiefende Untersuchung zum Übergang von Kindertageseinrichtungen in Grundschulen im Rems-Murr-Kreis (vgl. Riefling, 2012).

- zusammen mit dem Staatsinstitut für Frühpädagogik, der Fachakademie Mühldorf, den Kindertageseinrichtungen, dem Staatlichen Schulamt, den Grundschulen, dem Amt für Jugend und Familie (eine zweite Elternbefragung zur Kenntnis und Nutzung von Angeboten zum Übergang vom Kindergarten in die Grundschule ebenfalls im Landkreis Mühldorf am Inn);
- Auftragsstudie des EDU-CON zu familiären Lebenslagen von Kindern mit Schulproblemen im Landkreis Osnabrück;
- zwei Auftragsstudien des Instituts für Regionale Innovation und Sozialforschung (IRIS) e.V. zur Situation der beruflichen Weiterbildung im Rems-Murr-Kreis und zu non-formalen Lern- und Bildungsprozessen in Jugendverbänden des Kreises.

Tab. 12.8.1: Übersicht über die eigenen Erhebungen in den analysierten Bildungsberichten

Kommune	Eigene Erhebungen in folgenden Bereichen				
	Frühkindliche Bildung, Betreuung & Erziehung	Allgemeinbildende Schulen	Berufliche Bildung	Weiterbildung	Non-formale Bildung & informelles Lernen
Dresden, Landeshauptstadt				Befragung der Beratungskunden der Dresdener Bildungsbahnen des Jahres 2010	
Erfurt, Landeshauptstadt		*Zwei Befragungen zu den Übergängen Grundschule – weiterführende Schule & Schule – Beruf im Rahmen des Verbundvorhabens mit Beteiligung von Studenten & wissenschaftlicher Begleitung der FH Erfurt*		Erhebung von Bildungsberatung anbietenden Einrichtungen	
	Befragung zur MINT-Bildung an weiterführenden Schulen				Interviews zu Kompetenzen bzw. Potenzialen des informellen Lernens
Görlitz, Landkreis	Zwei quantitative Erhebungen in Kindergärten und Grundschulen zu nachbarsprachlicher Bildung (auch Mittelschulen & Gymnasien einbezogen), Energiebildung & Übergang von der Elementar- und Primarbildung				

<table>
<tr><td></td><td></td><td colspan="2">Bestandsaufnahme der Berufsorientierung und des Übergangs Schule-Beruf – Befragung von Schülern, Schulleitern & Unternehmen mit Auswertung durch die Gesellschaft zur Förderung von Bildungsforschung und Qualifizierung mbH Berlin</td><td></td><td></td></tr>
<tr><td rowspan="2">Kyffhäuserkreis</td><td colspan="2" rowspan="2">Befragung in den Kindertagesstätten zu pädagogischem Konzept, Kooperationen und Übergang in die Grundschule</td><td rowspan="2"></td><td rowspan="2"></td><td>Befragung von öffentlichen Bibliotheken zu Vernetzungsstrukturen</td></tr>
<tr><td>Befragung zu Kooperationen zwischen Schulen & non-formalen Lernangeboten</td></tr>
<tr><td rowspan="3">Mühldorf am Inn, Landkreis</td><td colspan="2">Elternbefragung zur Kenntnis & Nutzung von Angeboten zum Übergang vom Kindergarten in die Grundschule in Kooperation mit dem Staatsinstitut für Frühpädagogik, der Fachakademie Mühldorf, den Kindertageseinrichtungen, dem Staatlichen Schulamt, den Grundschulen, dem Amt für Jugend und Familie</td><td></td><td></td><td></td></tr>
<tr><td colspan="3">Elternbefragung zur Kenntnis & Nutzung von Bildungsangeboten hinsichtlich Bildungsübergängen, Familienbildung und Bildungsberatung in Kooperation mit der Universität München</td><td></td><td></td></tr>
<tr><td></td><td colspan="4">Bestandsaufnahme von Beratungseinrichtungen</td></tr>
<tr><td>Offenbach, Stadt</td><td></td><td></td><td></td><td>Befragung von Weiterbildungseinrichtungen in Kooperation mit dem Deutschen Institut für Erwachsenenbildung</td><td></td></tr>
<tr><td rowspan="2">Osnabrück, Landkreis</td><td colspan="2">Auftragsstudie des EDU-CON zu familiären Lebenslagen von Kindern mit Schulproblemen</td><td></td><td rowspan="2"></td><td rowspan="2"></td></tr>
<tr><td></td><td colspan="2">Schülerbefragung zu beruflicher Zukunft und Bedeutung beruflicher Beratung im Rahmen der Ausbildungsmesse</td></tr>
</table>

Fortsetzung Tab. 12.8.1

<table>
<tr><th rowspan="2">Kommune</th><th colspan="5">Eigene Erhebungen in folgenden Bereichen</th></tr>
<tr><th>Frühkindliche Bildung, Betreuung & Erziehung</th><th>Allgemeinbildende Schulen</th><th>Berufliche Bildung</th><th>Weiterbildung</th><th>Non-formale Bildung & informelles Lernen</th></tr>
<tr><td>Recklinghausen, Kreis</td><td></td><td colspan="4">Bestandsaufnahme der Bildungsberatung</td></tr>
<tr><td rowspan="2">Rems-Murr-Kreis</td><td colspan="2" rowspan="2">Vertiefende Untersuchung zum Übergang von Kindertageseinrichtungen in Grundschulen</td><td rowspan="2"></td><td>Auftragsstudie zur Situation der beruflichen Weiterbildung des Instituts für regionale Innovation und Sozialforschung</td><td rowspan="2">Untersuchung zu non-formalen Lern- & Bildungsprozessen in den Jugendverbänden des Kreises</td></tr>
<tr><td>Befragung von Besuchern der VHS-Eröffnungswoche</td></tr>
<tr><td>Rheingau-Taunus-Kreis</td><td colspan="2">Bestandsaufnahme zum Übergang von Kindertagesstätten in Grundschulen</td><td></td><td>Bestandsaufnahme regionaler Weiterbildungsangebote</td><td></td></tr>
<tr><td>Trier, Stadt</td><td></td><td colspan="2">Schulabgängerbefragung</td><td></td><td></td></tr>
</table>

Kursiv: *Erhebungen von externen Partnern*
Quelle: Eigene Darstellung

Insgesamt handelt es sich bei den intern durchgeführten um folgende Erhebungen:

- *14 von insgesamt 26* in den analysierten Bildungsberichten genannten Erhebungen zielten auf *die Übergänge im Bildungswesen* (vgl. Erfurt, 2012; Landkreis Görlitz, 2012; Kyffhäuserkreis, 2011; Landkreis Mühldorf am Inn, 2012; Landkreis Osnabrück, 2011; Rems-Murr-Kreis, 2012; Rheingau-Taunus-Kreis, 2010 und Trier, 2011): Sechs Erhebungen widmeten sich dem Übergang von Kindertageseinrichtungen in Grundschulen, sechs dem Übergang Schule – Beruf, eine Befragung hat mehrere Bildungsübergänge im Fokus. In einer weiteren Befragung wurden MINT-Angebote beim Übergang in die Grundschule und in die weiterführende Schule ermittelt: In Erfurt (2012) wurden *weiterführende Schulen* zu schulischen und unterrichtsergänzenden MINT-Angeboten und Verknüpfungen zu Berufsorientierungsangeboten befragt. Im Landkreis Mühldorf am Inn wurde z.B. eine Elternbefragung im Übergang vom Kindergarten in die Grundschule durchgeführt, um herauszufinden, „wie Eltern den Übergang ihrer Kinder vom Kindergarten in die Grundschule erleben, worauf sie dabei Wert legen und welche Unterstützung durch Kita und Schule sie hierfür benötigen" (Landkreis Mühldorf am Inn, 2012, S. IV). Auch eine zweite

Elternbefragung im Landkreis Mühldorf am Inn (2012) zielte auf die Bildungsübergänge. Im Vordergrund stand die Frage nach der Erreichbarkeit und Nutzung von Bildungsangeboten in verschiedenen Bildungsbereichen aus Sicht der Eltern. Es wurde festgestellt, dass Eltern die Angebote im Übergang in den Beruf im Vergleich mit Angeboten in den früheren Lebensphasen der Kinder seltener kennen und wahrnehmen (vgl. ebd.). Im Rheingau-Taunus-Kreis standen v.a. Kooperationen beim Übergang von der Kindertagesstätte zur Grundschule im Zentrum der Bestandsaufnahme, wobei Formen, Beteiligte, inhaltliche Schwerpunkte und die Qualität der Kooperationen, aber auch das Thema Sprachförderung untersucht wurden (vgl. Rheingau-Taunus-Kreis, 2010). Im Ergebnis dieser Bestandsaufnahme wurde hier ein Übergangsmanagementkonzept in einer Modellkommune erprobt (vgl. ebd.).

- *Vier von 26* Erhebungen setzten sich mit *der bildungsbereichsübergreifenden Bildungsberatung* auseinander. In Dresden (2012), in Erfurt (2012), im Landkreis Mühldorf am Inn (2012) und im Kreis Recklinghausen (2011) wurden Bildungsberatung anbietende Einrichtungen erfasst. Es wurden beispielsweise folgende Themen behandelt: Einrichtungen, Trägerschaft, Kooperation, Beratungszeit, Personal, Angebote, Beteiligte, Zufriedenheit mit Angeboten u.a. In Mühldorf am Inn wurde festgestellt, dass Beratungsangebote am häufigsten an *Übergangsthematiken*, insbesondere für den Übergang Schule - Beruf und innerhalb der Schularten, ausgerichtet waren.
- *Vier von 26* Erhebungen sind dem *Bereich Weiterbildung* zuzuordnen: eine in Offenbach (2011), zwei im Rems-Murr-Kreis (2012) und eine Bestandsaufnahme regionaler Weiterbildungsangebote im Rheingau-Taunus-Kreis (2010). Gegenstand der in Zusammenarbeit mit dem Deutschen Institut für Erwachsenenbildung durchgeführten Erhebung in Offenbach (2011) waren Anbieter- und Teilnehmerstruktur, Schwerpunkte und Schwächen der Angebote, Weiterbildungsbedarf und Zufriedenheit mit Angeboten. Im Rems-Murr-Kreis (2012) wurden die Situation der beruflichen Weiterbildung und das Weiterbildungsverhalten von Besucherinnen und Besuchern der VHS untersucht.
- *Vier von 26* Erhebungen waren *im Bereich der non-formalen Bildung und des informellen Lernens* angesiedelt. Im Rems-Murr-Kreis (2012) wurden Interviews mit Verantwortlichen in der verbandlichen Jugendarbeit geführt, um einen Überblick über Struktur, Wirkungsweisen und Reichweite der Bildungsleistungen der non-formalen und informellen Bildungsarbeit von Ehrenamtlichen in der außerschulischen Jugendarbeit zu erhalten. In Erfurt (2012) wurden Interviews zu Kompetenzen bzw. Potenzialen des informellen Lernens, im Kyffhäuserkreis (2011) eine Bestandsaufnahme von öffentlichen Bibliotheken zu Vernetzungsstrukturen und eine Bestandauf-

nahme von Kooperationsstrukturen zwischen Schulen und non-formalen Lernangeboten durchgeführt.

Fazit

Die Befunde der vorliegenden Analyse lassen sich thesenartig folgendermaßen zusammenfassen: Hinweise auf und referierende Bezüge zu wissenschaftlichen Untersuchungen wurden vor allem zu folgenden Zwecken genutzt: Tendenzbeschreibung und Legitimation für Informationen, die in Forschungskontexte eingebaut werden (1), Angabe von Referenzen und Erstellung von Vergleichen (2), Grundlage für die Interpretation der Indikatoren (3) und seltener zwecks Einordnung der Indikatoren in einen Bezugsrahmen oder zur allgemeinen Begriffserklärung (4). Ausführlicher wurde beispielsweise in einem Exkurs zu kommunal bedeutsamen Themen oder bei begrifflichen oder methodischen Erklärungen aus einschlägigen wissenschaftlichen Untersuchungen referiert.

Die Möglichkeit, Datenlücken über eigene Erhebungen zu schließen und diese in die kommunalen Bildungsberichte einzubeziehen, wurde in den Kommunen bis jetzt eher wenig genutzt. Die eigenen Erhebungen der Kommunen widmeten sich überwiegend den Übergängen im Bildungswesen. Die Ergebnisse der durchgeführten Erhebungen wurden zum Teil separat in einer Befragungsdokumentation veröffentlicht. Aus der Analyse des Umgangs mit Forschungsbefunden kann abgeleitet werden, dass notwendige Methodenkenntnisse, um eigene kommunale Erhebungen durchzuführen und diese in einem Bildungsbericht zu berücksichtigen, in den Kommunen noch ausbaufähig sind.

12.9 Kleinräumige Analysen (Björn Schneider)

Im Folgenden werden die kommunalen Bildungsberichte dahingehend untersucht, ob sie kleinräumige Analysen aufweisen und wie diese gestaltet sind. Dabei wird geprüft, in welchen Bildungsberichten die Indikatoren und Kennzahlen kleinräumig analysiert wurden und für welche Themen kleinräumige Betrachtungen vorgenommen wurden. Zusätzlich wurde auch die Aggregation von Kennzahlen zum sozioökonomischen Status auf der Ebene definierter Raumeinheiten zur Ableitung von Sozialraumtypen in den kommunalen Bildungsberichten in den Blick genommen. Ziel der Analyse ist das Herausarbeiten von entsprechenden Vorgehensweisen und Problemlagen bei der Erstellung kommunaler Bildungsberichte.

Ausgangslage und begriffliche Klärungen

In den analysierten Berichten werden Raumabgrenzungen unterhalb der Grenzen einer kreisfreien Stadt oder eines (Land-)Kreises vorgenommen. Dass die Einordnung der genutzten Kleinräume dabei zumeist auf der administrativen Ebene erfolgt (z.B. Stadtteile oder Städte/Gemeinden), hängt vor allem mit der Datenverfügbarkeit zusammen. Problematisch im Hinblick auf kleinräumige Differenzierungen insgesamt ist eine heterogene statistische Datenlage auf verschiedenen räumlichen Ebenen.

Für die folgenden Ausführungen bedarf es einiger begrifflicher Klärungen. Als kleinräumige Analyse oder Betrachtung wird jede Form der Darstellung verstanden, die eine Thematik in einem festgelegten und in sich untergliederten Gebiet unterhalb der Ebene einer kreisfreien Stadt oder eines (Land-)Kreises behandelt. Dabei ist es wichtig zu betonen, dass die Unterteilung des Kleinraumes klar und eindeutig sein muss, sodass festgelegte Abgrenzungskriterien ersichtlich sind, was z.B. durch das Hinweisen auf bestehende Ortsteil- oder Gemeindegrenzen geschehen könnte. Dieses Verständnis wird vor allem dem ersten Abschnitt des Textes zugrunde gelegt. Eine kleinräumige Analyse oder Betrachtung wird dann zu einer sozialräumlichen Analyse, wenn soziale Kontextfaktoren, beispielsweise die soziale Zusammensetzung der Einwohnerschaft eines kleinräumigen Gebiets, mitberücksichtigt werden. Als Bezug können auch Kontextfaktoren dienen, welche den zu untersuchenden Raum mit Sozialdaten beschreiben, beispielsweise durch die Berücksichtigung der Arbeitslosenquote oder des Nettoeinkommens. Diese Form kleinräumiger Analysen unter Berücksichtigung des Sozialraums, also sozialräumliche Analysen, werden im zweiten Abschnitt dieses Textes näher betrachtet.

Die Verwendung von kleinräumigen Betrachtungen in kommunalen Bildungsberichten

Die Tabelle 12.9.1 zeigt die Verteilung der kleinräumigen Betrachtungen in den analysierten kommunalen Bildungsberichten. Als erstes Ergebnis ist festzuhalten, dass in allen Kommunen, mit Ausnahme der Stadt Frankfurt am Main, kleinräumige Betrachtungen durchgeführt werden. Zusätzlich ist in dieser Tabelle bereits die Berücksichtigung des Sozialraums (siehe Spalte SR) aufgeführt.

Die größte Anzahl kleinräumiger Darstellungen in kommunalen Bildungsberichten findet sich in den beiden Bereichen allgemeinbildende Schule sowie frühkindliche Bildung, Betreuung und Erziehung. Ebenso häufig werden die Rahmenbedingungen von Bildung kleinräumig analysiert. Indikatoren und Themenbereiche, die in den kommunalen Bildungsberichten besonders häufig kleinräumig dargestellt werden, sind die Bevölkerungssituation und -entwicklung sowie die Bildungsangebote in den verschiedenen Bildungsbereichen. In einer Reihe kommunaler Bildungsberichte sind auch nur die beiden genannten kleinräumigen Darstellungen zu finden. In einigen Bildungsberichten werden auch Indikatoren und Kennzahlen zu Übergängen im Bildungssystem kleinräumig berichtet. Das gilt vor allem für Übergänge zwischen den drei Bereichen frühkindliche Bildung, Betreuung und Erziehung, allgemeinbildende Schule und berufliche Ausbildung. Dass die übrigen Bildungsbereiche, vor allem die berufliche Ausbildung, die Hochschule und die Weiterbildung, deutlich weniger kleinräumige Bezüge aufweisen, ist vor allem darin begründet, dass die entsprechenden Bildungsangebote und ihre Nutzung in der Regel nicht territorial begrenzt sind. Bildungsangebote in diesen Bereichen sind meistens überregional angelegt und daher kaum kleinräumig analysierbar. Diese Situation spiegelt sich zwangsläufig in den entsprechenden Indikatoren und Kennzahlen in diesen Bildungsbereichen wider.

Tab. 12.9.1: Indikatoren mit kleinräumigen Darstellungen in den kommunalen Bildungsberichten (n=33)

Bildungsbereich / Kommune	Rahmen-be-dingungen	FBBE	AS	BB	HS	WB	NFB & IL	Ge-samt	SR
Aachen, StädteRegion	X	X	X	X				4	
Borken, Kreis	X	X	X					3	
Bremen, Freie Hanse-stadt & Bremerhaven, Stadt	X	X	X	X				4	X
Dessau-Roßlau, Stadt	X							1	
Dresden, Landes-hauptstadt	X	X	X	X			X	5	X
Elbe-Elster, Landkreis		X	X					2	
Erfurt, Landeshaupt-stadt	X	X	X	X				4	X
Essen, Stadt	X	X	X					3	X
Frankfurt am Main, Stadt								0	
Freiburg i. Br., Stadt	X	X	X					3	X
Görlitz, Landkreis	X	X	X	X		X	X	6	X
Heidekreis, Landkreis	X	X	X					3	
Herne, Stadt	X	X	X	X				4	X
Köln, Stadt	X	X	X		X	X	X	6	X
Kyffhäuserkreis		X	X	X			X	4	
Leipzig, Stadt	X	X	X		X			4	X
Lindau, Landkreis	X							1	
Lippe, Kreis	X	X	X				X	4	
Lübeck, Hansestadt	X	X	X				X	4	X
Mannheim, Stadt	X	X	X				X	4	X
Mühldorf am Inn, Landkreis		X	X					2	
München, Landes-hauptstadt		X	X			X		3	X
Müritz, Landkreis	X	X	X					3	
Nürnberg, Stadt	X	X	X				X	4	X
Offenbach, Stadt	X	X	X				X	4	X
Osnabrück, Landkreis	X	X	X					3	
Recklinghausen, Kreis	X	X	X	X				4	
Rems-Murr-Kreis	X		X	X			X	4	
Rheingau-Taunus-Kreis	X	X						2	
Saarbrücken, Regio-nalverband	X		X					2	X
Stade, Landkreis	X		X					2	

Fortsetzung Tab. 12.9.1

Bildungsbereich / Kommune	Rahmen-bedingungen	FBBE	AS	BB	HS	WB	NFB & IL	Gesamt	SR
Trier, Stadt	X	X	X			X	X	5	X
Vorp.-Greifswald, Landkreis	X	X	X	X		X	X	6	
Gesamt	28	27	29	10	2	5	12	113	16

Abkürzungen: FBBE – frühkindliche Bildung, Betreuung und Erziehung, AS – allgemeinbildende Schulen, BB – berufliche Ausbildung, HS – Hochschule, WB – Weiterbildung, NFB & IL – nonformale Bildung und informelles Lernen, SR – Bezüge zu sozialen Kontextfaktoren (Sozialraum)
Quelle: Eigene Darstellung

Die Stadt Dessau-Roßlau sowie der Landkreis Lindau weisen lediglich in den Rahmenbedingungen von Bildung kleinräumige Bezüge auf, ohne diese jedoch im Verlauf des Berichtes weiter zu verfolgen. Der Rheingau-Taunus-Kreis, der Regionalverband Saarbrücken und der Landkreis Stade haben neben den Bezügen in den Rahmenbedingungen noch einen weiteren Bezug im Bereich frühkindliche Bildung, Betreuung und Erziehung (Rheingau-Taunus-Kreis) bzw. allgemeinbildende Schule (Regionalverband Saarbrücken und Landkreis Stade). Der Landkreis Elbe-Elster, die Stadt Frankfurt am Main, der Kyffhäuserkreis, der Landkreis Mühldorf am Inn und die Landeshauptstadt München verzichten auf eine kleinräumige Darstellung in den Rahmenbedingungen. Damit sind sie die Ausnahme, da alle anderen 28 Kommunen zumindest eine Nennung in diesem Bereich aufweisen. Dafür betrachten diese Kommunen (mit Ausnahme von Frankfurt am Main) Indikatoren in anderen Bereichen kleinräumig.

Abb. 12.9.1: Anzahl der Städte und Landkreise mit und ohne kleinräumige Darstellungen

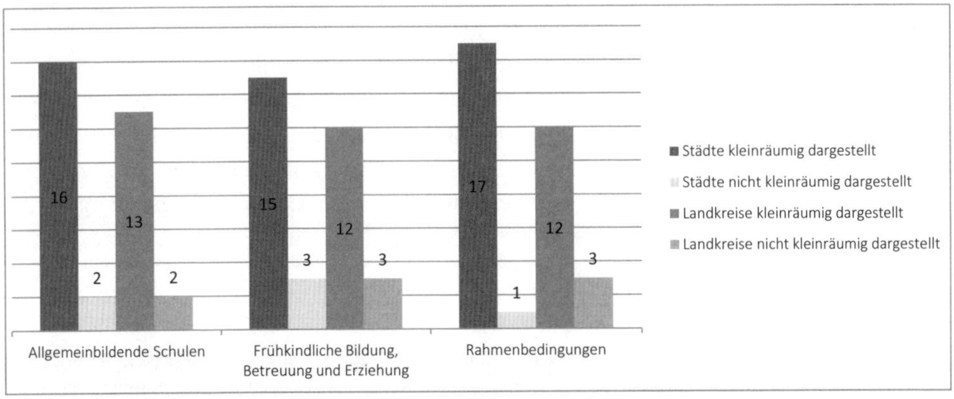

Quelle: Eigene Darstellung

Generell fällt auf, dass die meisten Darstellungen oft nur einmalige kleinräumige Bezüge beinhalten. Größere Unterschiede zwischen kreisfreien Städten und Landkreisen zeigen sich kaum. Die folgende Abbildung (vgl. Abb. 12.9.1) verdeutlicht, dass sich in den Bereichen allgemeinbildende Schule, frühkindliche Bildung, Betreuung und Erziehung sowie Rahmenbedingungen von Bildung analoge Verteilungsmuster zwischen kreisfreien Städten und (Land-)Kreisen hinsichtlich kleinräumiger Darstellungen in den analysierten Bildungsberichten finden.

Es wurde bereits darauf verwiesen, dass gut zwei Drittel der Nennungen in den Bereichen Rahmenbedingungen von Bildung, frühkindliche Bildung, Betreuung und Erziehung sowie allgemeinbildende Schule zu finden sind. Darauf soll im Folgenden der Blick etwas genauer gerichtet werden:

Rahmenbedingungen von Bildung: In den Rahmenbedingungen finden sich zumeist solche Darstellungen, die sich mit der Bevölkerungssituation (z.B. Einwohnerzahl oder Wanderungen) befassen. Ebenfalls stark berücksichtigt wird die soziale Situation der Bevölkerung, die oft unter der Thematik „Kinder und Jugendliche in Risikolebenslagen" behandelt wird. Diese Darstellungen sind dabei unabhängig von dem Status der Kommune, ob kreisfreie Stadt oder (Land-)Kreis, anzutreffen. In den Berichten von fünf Kommunen finden sich keine entsprechenden kleinräumigen Betrachtungen.

Frühkindliche Bildung, Betreuung und Erziehung: Der frühkindliche Bereich ist vor allem durch die Darstellung von Bildungsangeboten für unter und über 3-Jährige geprägt. Hier geht es besonders um die Verteilung des Platzangebots von Kindertagesstätten auf die Stadtteile bzw. Gemeinden. Sechs Kommunen verzichten in ihren Berichten auf eine solche Darstellung.

Allgemeinbildende Schule: Der Bereich der allgemeinbildenden Schule ist mit 29 Nennungen der Bereich, der am häufigsten kleinräumig analysiert wird. Auch hier dominiert die Darstellung der Verteilung der Schulen (24 von 29 Nennungen). 15 Kommunen belassen es bei dieser Darstellung, die übrigen neun führen weitere Kennzahlen mit kleinräumigen Bezügen an, zumeist die Verteilung von Ganztagsschulen oder die Übergänge. Besonders detailliert finden sich Darstellungen zu dem Indikator Übergänge im Bericht der StädteRegion Aachen, die nicht nur die Angebote jeder einzelnen Gemeinde detailliert auflistet, sondern ebenfalls Daten für Bildungspendler, Schulabschlüsse und Schulsozialarbeit darstellt und jede Gemeinde einzeln kommentiert (StädteRegion Aachen, 2012).[16] In München werden sogar die getesteten Kompetenzen kleinräumig dargestellt, indem die Ergebnisse aus den Untersuchungen zu den Vergleichsarbeiten in der 3. und 8. Jahrgangsstufe (VERA) stadtteilbezogen dargestellt werden, womit München hier eine große Ausnahme[17] ist (vgl. Landeshauptstadt München, 2010).

---

16 Allerdings muss hierbei erwähnt werden, dass die Aufarbeitung der StädteRegion Aachen insofern noch ausbaufähig ist, als dass die einzelnen Auflistungen der Gemeinden verbunden werden könnten, um so eine Typenbildung zu generieren, die ganzheitliche Aussagen über die gesamte StädteRegion zulassen würden.

17 Diese Bezeichnung ist nur für die kleinräumige Darstellung der VERA-Daten gültig. Allgemein werden die Daten der Vergleichsarbeiten auch von anderen Kommunen dargestellt.

Sozialräumlichstellungen in kommunalen Bildungsberichten

Im folgenden Abschnitt werden nun die sozialräumlichen Bezüge (vgl. Spalte SR in Tab. 12.9.1) in den Fokus der Betrachtung gerückt. Insgesamt konnten in 16 der 33 untersuchten kommunalen Bildungsberichte Darstellungen gefunden werden, die Kennzahlen und Aussagen unter Berücksichtigung des Sozialraums aufweisen. Dieser Abschnitt verfolgt die Aufgabe, die dargestellten sozialräumlichen Analysen inhaltlich genauer zu betrachten.

Das Interesse der Kommunen an sozialräumlichen Darstellungen ist groß. Neben den 16 Kommunen konnten in anderen Bildungsberichten Anmerkungen gefunden werden, die auf ein entsprechendes Interesse verweisen; die Durchführung scheitert zumeist an der Datenverfügbarkeit (z.B. Kreis Recklinghausen, Rems-Murr-Kreis und Vorpommern-Greifswald). Die 16 Kommunen, die direkt in ihren Bildungsberichten mit dem Konstrukt des Sozialraums arbeiten, tun dies auf sehr unterschiedliche Art und Weise. Dabei lassen sich im Prinzip drei Gruppen von kommunalen Bildungsberichten ausmachen:

Zum Ersten lässt sich eine Gruppe ausmachen, die den Begriff Sozialraum dafür nutzt, um einen bestimmten sozialen Raum innerhalb einer Stadt oder eines Landkreises inhaltlich zu fixieren. Oft handelt es sich dabei um Räume, die soziale Besonderheiten aufweisen. Die Stadt Leipzig beispielsweise führt sogenannte Schwerpunkträume ein, die innerhalb der Stadt stark von sozialen Problemlagen betroffen sind und daher die Kinder und Jugendlichen dort einer speziellen Förderung bedürfen (vgl. Stadt Leipzig, 2010).

Eine zweite Gruppe von Kommunen lässt sich dadurch charakterisieren, dass sie zwar sozialräumliche Analysen durchführen, die zugrunde liegenden Räume jedoch nicht in erster Linie nach Sozialdaten bilden. Als Beispiel kann die Stadt Lübeck dienen, welche die Einteilung des Stadtgebietes für die Darstellung der Schulsozialarbeit anhand von Gemeinden und Jugendhilfeeinrichtungen in Sozialräumen darstellt (vgl. Lübeck, 2012).

Die dritte und größte Gruppe führt in ihren Berichten tatsächliche kleinräumige Analysen unter Berücksichtigung des Sozialraums durch. Dabei werden verschiedene Bezeichnungen für die Sozialräume gewählt, unterschiedliche Raumeinheiten zugrunde gelegt und/oder eine unterschiedliche Anzahl an Kennzahlen verwendet, um die kleinräumige Einteilung vorzunehmen. Ebenfalls unterschiedlich ist die Anzahl der Verwendungen in den verschiedenen Bildungsbereichen. Innerhalb dieser Gruppe können als Beispiele die Kommunen Offenbach, Dresden und Köln genannt werden. Die Stadt Offenbach erstellt anhand von vier Kennzahlen einen Sozialindex und wendet diesen nur für den Bereich allgemeinbildende Schule an (Stadt Offenbach, 2011). Die Stadt Dresden entwickelt fünf Entwicklungsräume, die nach vier Kennzahlen gebildet werden und wendet diese Unterteilung auf die Bildungsbereiche frühkindliche Bildung, Betreuung und Erziehung, Allgemeinbildende Schule, berufliche Schule, non-formale Bildung und informelles Lernen an (vgl. Dresden, 2012). Die Stadt Köln bildet elf Sozialraumgebiete für die Stadt, analysiert diese allerdings nur in einem Bildungsbereich (vgl. Stadt Köln, 2012). Ähnlich verfahren die Kommunen Nürnberg und Freiburg.

Die Tabelle 12.9.2 gibt eine Übersicht über die verschiedenen Räume und über die jeweils berücksichtigten sozialen Aspekte in ausgewählten kommunalen Bildungsberichten. Dabei wurden solche Bildungsberichte ausgewählt, in denen die Erstellung und Bezeichnung der Typologie erläutert und die zugrunde gelegte Raumeinheit klar benannt wurde. Die Darstellung der verwendeten Kennzahlen mit deutlichem sozialem Bezug verdeutlicht, wie der jeweilige Sozialraum gebildet wurde. In der letzten Spalte der Tabelle ist noch aufgelistet, in welchen Bildungsbereichen der jeweilige Sozialraum berücksichtigt wurde.

Die verschiedenen Bezeichnungen, die von den jeweiligen Kommunen für ihre Typologien gewählt wurden, machen die unterschiedlichen Gliederungssystematiken der Kommunen deutlich. Diese Verschiedenheit zeigt sich auch darin, dass stets andere Raumeinheiten gewählt wurden.

Der Begriff des Raumes wird in den einzelnen Berichten sowohl unterschiedlich beschrieben als auch verwendet. Teilweise erfolgt die Einteilung der Sozialräume nach Stadtteilen (Bremen[18], Mannheim, Essen), teilweise nach statistischen Bezirken (Herne, Dresden) oder nach Stadtbezirken (Trier, Offenbach, München). So findet sich im Bildungsbericht der Stadt Mannheim einerseits die Analyse hinsichtlich der Sozialraumtypologie, an anderer Stelle werden die Analysen anhand der Stadtteile durchgeführt. Als Begründung liefert die Stadt Mannheim: „Um die Rahmenbedingungen zum einen stadtweit und zum anderen kleinräumig adäquat zu beschreiben, werden spezifische Ausgangssituationen auch nach Stadtbezirken bzw. Stadtteilen getrennt berichtet“ (Stadt Mannheim, 2010, S.20). Auch in Köln lassen sich ähnliche Argumentationen finden (Stadt Köln, 2012, S. 13).

Ein weiteres Merkmal der Verschiedenheit der Typologien lässt sich durch die unterschiedlichen gewählten Kennzahlen identifizieren. Bei keinem der Typen lassen sich die gleichen Merkmale finden, was bedeutet, dass stets eine unterschiedliche Herangehensweise für die Bildung eines Sozialraumtyps gewählt wurde. Häufigste Kennzahl ist der Anteil der SGB-II-Quoten (fünf), gefolgt von dem Anteil der Personen mit Migrationshintergrund sowie dem Anteil der Alleinerziehenden (jeweils vier). Darüber hinaus werden neben den häufig dargestellten Kennzahlen noch weitere hinzugezogen, um einen Sozialraum zu bilden. Der Sozialindex in München arbeitet unter anderem mit der Kaufkraft.

Bezüglich der Verteilung zwischen kreisfreien Städten und Landkreisen kann in diesem Zusammenhang konstatiert werden, dass es sich größtenteils um kreisfreie Städte handelt, die eine Sozialraumtypologie anbieten und verwenden.

---

18 In Bremen geht es allerdings um Ortsteile. Darüber hinaus ist anzumerken, dass die Typen nur für die Stadt Bremen, nicht jedoch für Bremerhaven gebildet werden.

Tab. 12.9.2: Übersicht über die verschiedenen Räume und berücksichtigten sozialen Aspekte in ausgewählten kommunalen Bildungsberichten

Bezeichnung (Kommune)	Raumeinheit	Kennzahl								Verwendung im Bericht
		Anteil der SGB-II-Empfänger	Anteil Personen mit Migrations-hintergrund	Arbeits-losen-quote	Anteil der Alleinerzie-henden	Anteil der Personen mit Hilfe zur Erziehung	Sonstige			
Ortsteilgruppen (Bremen)	78 Ortsteile (elf weitere nicht berücksichtigt)	X	X							AS, BB
Entwicklungsraum (Dresden)	61 statistische Bezirke	X		X	X		Geburten			FBBE, AS, BB, NFB & IL
Sozialraumtyp (Essen)	50 Stadtteile	X			X	X				FBBE, AS
Statistische Bezirke (Herne)	32 statistische Bezirke	X	X							FBBE, AS, BB
Sozialraumtypologie (Mannheim)	24 Stadtteile		X	X	X		Geburten	Anteil nicht erwerbsfähig		AS, NFB & IL
Sozialindex (München)	25 Stadtbezirke/ Grundschulsprengel		X				Kaufkraft	Bildungs-niveau		AS, WB
Sozialindex (Offenbach)	14 Grundschulbezirke				X		Drei oder mehr Kinder	Mindestens ein nicht-deutscher Elternteil	In Ein- oder Zweifamilien-häusern lebend	AS
Stadtbezirk (Trier)	28 Stadtbezirke	X		X		X				FBBE, AS, WB, NFB & IL
Summe		5	4	3	4	2				

Abkürzungen: FBBE – frühkindliche Bildung, Betreuung und Erziehung, AS – allgemeinbildende Schulen, BB – berufliche Ausbildung, WB – Weiterbildung, NFB & IL – non-formale Bildung und informelles Lernen

Quelle: Eigene Darstellung

Fazit

Die Ausführungen dieses Abschnittes konnten zwei grundlegende Formen der Verwendung kleinräumiger Analysen in kommunalen Bildungsberichten aufzeigen: Kleinräumige Analysen oder Betrachtungen von Indikatoren und Kennzahlen unterhalb der Stadt- oder (Land-)Kreis-Ebene sowie solche mit unmittelbaren Bezügen zu sozialen Kontextfaktoren.

Generell lässt sich festhalten, dass in der Mehrzahl der untersuchten kommunalen Bildungsberichte kleinräumige Darstellungen vorzufinden sind. In der Regel handelt es sich um die entsprechende Darstellung „klassischer" Indikatoren oder Kennzahlen, vor allem in den Bereichen frühkindliche Bildung, Betreuung und Erziehung sowie allgemeinbildende Schule und im Kapitel „Rahmenbedingungen von Bildung", die für Stadtteile oder -bezirke bzw. für Gemeinden differenziert werden. Hier zeigen sich kaum Unterschiede zwischen kreisfreien Städten und (Land-)Kreisen.

In acht Bildungsberichten wurden Sozialräume beschrieben, die jedoch sehr unterschiedlich gebildet wurden und verschiedene Schwerpunkte setzten. Auch die Sozialräume werden überwiegend nach Stadtteilen oder -bezirken gegliedert, ohne dass dabei immer der Bezug zu den darin lebenden Personen deutlich wird.

Kleinräumige Analysen sind insgesamt in den Bildungsberichten der Kommunen angekommen, doch bedürfen sie in Zukunft noch einer breiteren Anwendung und klareren Strukturierung, was besonders für die Verwendung von Sozialräumen gilt.

12.10 Zusammenfassung der Analyseergebnisse (Hans Döbert)

Für die Analysen in Kapitel 12 wurde ein eigenes Analyseraster entwickelt. Überwiegend wurde es induktiv durch eine sukzessive Sichtung der zwischen 2009 und 2013 entstandenen kommunalen Bildungsberichte in LvO entwickelt. Ein Zwischenergebnis der Entwicklung dieses Analyserasters wurde 2011 in einer Handreichung zum Thema „Wie erstellt man einen kommunalen Bildungsbericht" für die an LvO teilnehmenden Kommunen veröffentlicht und den 40 Kommunen zur Diskussion gestellt. In einem iterativen Prozess mit den Kommunen wurde die Entwicklung des Analyserasters weitergeführt. Folgende Kriterien sind auf diese Weise entstanden und wurden den im vorhergehenden Kapitel beschriebenen Analysen zugrunde gelegt:

- Aufbau und Struktur der Bildungsberichte;
- Organisation der Realisierung in einem kommunalen Bildungsmonitoring;
- Darstellung der konzeptionellen Grundlagen in den Bildungsberichten;
- Verständnis und Umgang mit Indikatoren in den Bildungsberichten;
- Auswahl der Indikatoren in den Bildungsberichten;
- Verwendung verfügbarer Datenquellen;
- vorgenommene Differenzierung der Indikatoren und Kennziffern;
- Umgang mit Forschungsbefunden und
- kleinräumige Analysen.

Das Analyseraster hat sich insgesamt bewährt. Anhand der gewählten neun Kriterien konnten konzeptionelle Besonderheiten, der inhaltliche und strukturelle Aufbau der Bildungsberichte ebenso analysiert werden wie die dargestellten Themen bzw. Indikatoren sowie die gewählten methodischen Zugänge. Tragende Bestandteile eines steuerungsrelevanten kommunalen Bildungsberichts konnten dadurch identifiziert werden. Die wichtigsten Analyseergebnisse sollen im Folgenden zusammenfassend dargestellt werden. Zugleich soll damit sichtbar gemacht werden, was sich aus diesen Analysen verallgemeinernd für kommunale Bildungsberichterstattung ableiten lässt und welche Schlussfolgerungen sich für die Konzipierung und Realisierung einer steuerungsrelevanten kommunalen Bildungsberichterstattung ableiten lassen.

Aufbau und Struktur der Bildungsberichte

Fast alle betrachteten Bildungsberichte folgen von ihrem Aufbau und ihrer Struktur her der grundlegenden Perspektive der „Bildung im Lebenslauf". Deutlich wird das durch die angestrebte Darstellung aller Bildungsbereiche von der frühkindlichen Bildung, Betreuung und Erziehung bis zur Erwachsenenbildung. Selbst in den Berichten, in denen sich die Darstellung zunächst auf drei Bildungsbereiche beschränkt (in der Regel frühkindliche Bildung, Betreuung und Erziehung, allgemeinbildende Schule und berufliche Ausbildung) wird auf die spätere Vervollständigung der Lebenslaufperspektive in nachfolgenden Berichten verwiesen. Die Bildungsbereiche werden dabei jeweils indikatorengestützt bearbeitet. Die Berichte haben idealerweise und relativ einheitlich folgenden Aufbau:

- Rahmenbedingungen für Bildung;
- frühkindliche Bildung, Betreuung und Erziehung;
- allgemeinbildende Schule;
- berufliche Ausbildung;
- Hochschule;
- Weiterbildung (allgemeine und berufliche Weiterbildung);
- non-formale Bildung und informelles Lernen;
- Schwerpunktthema.

Hervorzuheben ist, dass in fast allen Bildungsberichten über die indikatorengestützte Darstellung der Bildungsbereiche hinaus, ein besonders steuerungsrelevanter Problembereich (z.B. Übergangsmanagement, Bildungsberatung und Jugendhilfe, inklusive Bildung oder besondere Aktivtäten und Angebote in der Bildungsregion) als Schwerpunktthema in einem eigenständigen Kapitel behandelt wird.

Zwar werden ohne Ausnahme in allen Bildungsberichten die Rahmenbedingungen von Bildung (z.B. Bevölkerungssituation und Zusammensetzung der Bevölkerung, demografische Entwicklung, wirtschaftliche Infrastruktur und Arbeitsmarkt, soziale Lage von Erwachsenen sowie Kinder und Jugendlichen) beschrieben, jedoch gelingt es in fast keinem Bericht, die Kontextbedingungen unmittelbar mit den Indikatoren in den einzelnen Bildungsbereichen zu verknüpfen. Die dargestellten Kontextinformationen stellen gewiss eine wichtige Informationsbasis für die interessierten Leser dar. Eine

Interpretation der dargestellten Befunde in den einzelnen Bildungsbereichen oder Indikatoren bezogen auf die Kontextbedingungen gelingt allerdings nicht.

Deutlich ausgeprägter sind die Bezüge zwischen den Bildungsbereichen (Kapiteln in den Berichten). So wird etwa der Übergang in die Schule kaum ohne unmittelbare Bezüge zu den Schuleingangsuntersuchungen oder den Sprachstandsfeststellungen im frühkindlichen Bereich dargestellt. Auch der Übergang von der Schule in die berufliche Ausbildung wird in der Regel unter Bezug auf die schulische Herkunft der Jugendlichen analysiert.

Üblich ist es zudem, die wichtigsten Ergebnisse der jeweiligen Analysen in den Bildungsberichten – gewissermaßen für den „eiligen" Leser – nochmals explizit zusammenzufassen. Diese leser- und nutzerfreundliche kompakte Darstellung der zentralen Ergebnisse trägt nicht unwesentlich zur Akzeptanz und Nutzbarkeit der Bildungsberichte bei. Während sich oftmals die Verdeutlichung wichtiger, oft übergreifender Befunde im Sinne von „Botschaften" finden lässt, wird von unmittelbaren Handlungsempfehlungen eher sparsam Gebrauch gemacht. Das erklärt sich weitgehend aus der spezifischen Situation der Autoren kommunaler Bildungsberichte, die in der Regel nachgeordneten kommunalen Einrichtungen angehören.

Organisation und Realisierung eines kommunalen Bildungsmonitorings und Erstellung eines kommunalen Bildungsberichts

Die wohl wichtigste Erkenntnis ist, dass ein kommunales Bildungsmonitoring nicht erfolgversprechend konzipiert und organisiert sowie ein kommunaler Bildungsbericht erstellt werden kann, wenn dazu kein unmittelbarer politischer Auftrag ausgesprochen wurde. Der Bericht muss politisch gewollt sein und Politik und Verwaltung in einer Kommune müssen auch mit weniger erfreulichen Befunden umgehen wollen und können.

Es ist der besonderen Situation der Kommunen in LvO geschuldet, dass faktisch in allen teilnehmenden Kommunen ein Bildungsmonitoring konzipiert und weitgehend auch realisiert wurde. Im Ergebnis des jeweiligen Monitorings sind unterschiedliche „Produkte" (Bildungsbericht, Bildungsreport, Bildungsatlas, vertiefende thematische Analyse u.Ä.) entstanden. Teilnahmebedingung am BMBF-Programm war die Umsetzung eines kommunalen Bildungsmonitorings. Gleichwohl war in einigen Kommunen der Prozess der Realisierung des Monitorings und der Erstellung der jeweiligen Produkte nicht frei von Hindernissen und Schwierigkeiten im Umgang mit Politik und Verwaltung. Um Initiativen zur Konzipierung und Realisierung eines kommunalen Bildungsmonitorings nicht von vorneherein erfolglos erscheinen zu lassen, ist eine klare politische Auftragserteilung durch einen Stadt- oder Gemeinderat bzw. einen Kreistag von zentraler Bedeutung.

Dort, wo eine solche politische Willensbekundung vorliegt, gelingt es auch eher, die erforderliche Zusammenarbeit zwischen den Fachbereichen, Fachstellen, Dezernaten, Geschäftsbereichen, Ämtern, den Volkshochschulen sowie den sonstigen kommunalen Einrichtungen, die für Bildung mit zuständig sind, zu organisieren und zu koordinieren.

Zur Steuerung des Prozesses der Konzipierung und Realisierung des Bildungsmonitorings sowie zur Erstellung des Bildungsberichts haben die meisten Kommunen spezifische Lenkungsgremien bzw. -kreise, -ausschüsse, Steuerungsgruppen oder Arbeitsgruppen eingerichtet. Auch die Zusammenarbeit mit Stiftungen und anderen externen Partnern wird von den Kommunen hervorgehoben.

Darstellung der konzeptionellen Grundlagen in den Bildungsberichten

Neben der bereits beschriebenen Lebenslaufperspektive folgen die analysierten Bildungsberichte einem Bildungsverständnis analog zu den Zieldimensionen von Bildung in den nationalen Bildungsberichten. Nur zum Teil gelingt es jedoch, diese Zieldimensionen mit bestehenden kommunalen Leitbildern und Zielen zu verknüpfen. Eine Reihe von Kommunen geht aber offenbar gezielt anders vor: Sie nutzen die breite Informationsbasis über die Situation von Bildung in der Kommune, die durch das Bildungsmonitoring entsteht, für eine Leitbildentwicklung von Bildung. Bei diesem Herangehen werden die Bildungsberichte als Steuerungsinstrument so genutzt, dass datenbasiert Problemlagen aufgezeigt und auf dieser Grundlage spezifische bildungspolitische Zielsetzungen abgeleitet werden.

Fast alle analysierten kommunalen Bildungsberichte nutzen als Referenz- bzw. Ordnungsrahmen für die Darstellung der Indikatoren im Bildungsbericht insgesamt oder in den einzelnen Bildungsbereichen das sogenannte KIPO-Modell (Kontext-Input-Prozess-Output). Die Folgeerscheinung ist, dass die betrachteten kommunalen Bildungsberichte eine weitgehend analoge Darstellungsstruktur aufweisen.

Verständnis und Umgang mit Indikatoren in den Bildungsberichten

Analysiert wurde auch das den Berichten zugrunde liegende Indikatorenverständnis. Dabei wurde zwischen Indikatoren im Sinne der Darstellung komplexer Sachverhalte mit in der Regel mehreren miteinander kombinierten Kennzahlen sowie einer faktischen Gleichsetzung von Indikatoren und Kennzahlen unterschieden.

Dabei wurde festgestellt, dass es im Wesentlichen drei Gruppen von Bildungsberichten gibt:

- solche, die Indikatoren im Sinne komplexerer Sachverhalte fassen;
- solche, die dem Verständnis des Anwendungsleitfadens zum Aufbau eines kommunalen Bildungsmonitorings folgen, der eine Abfolge von Kennzahlen darstellt;
- und solche, die eine eher pragmatische Mischung aus beiden Herangehensweisen wählen.

Die Mehrheit der Kommunen in LvO verwendet in ihren Bildungsberichten ein Indikatorenverständnis im Sinne der Darstellung komplexerer Zusammenhänge, analog zur nationalen Berichterstattung. Fast alle Kommunen folgen dabei – wie beschrieben – dem Input-Prozess-Output-Modell als Systematisierungsschema für die Indikatorenauswahl und -darstellung.

Bei etwa einem Viertel der analysierten Berichte findet sich eine ziemlich lineare Orientierung am genannten Anwendungsleitfaden. Sie stellen überwiegend – meistens ohne theoretische Verankerung – Kennzahlen dar, deren Auswahl und Abfolge sich nur schwer erschließt.

Bei etwa einem Drittel der betrachteten Bildungsberichte scheint ein eher pragmatisches Herangehen gewählt worden zu sein: Diese Kommunen nutzen sowohl Indikatoren als auch gleichgewichtig Kennzahlen nebeneinander. Dabei wird explizit ausgeführt, dass sich die jeweiligen Kommunen bei der Auswahl ihrer Indikatoren bzw. Kennzahlen gleichwohl an langfristig bedeutsamen Problemen des Bildungswesens in ihrer Kommune orientieren.

Auswahl der Indikatoren in den Bildungsberichten

Betrachtet wurde zudem, welche Besonderheiten sich hinsichtlich der Auswahl und des Umfangs der dargestellten Indikatoren zwischen den Kommunen, aber auch zwischen den Bildungsbereichen einer Kommune zeigen, und inwieweit sich kommunalspezifische Besonderheiten bzw. innovative Ansätze bei der Auswahl von Indikatoren finden lassen.

Die Anzahl der ausgewählten Indikatoren schwankt dabei zwischen den Kommunen erheblich. So finden sich im Bereich der frühkindlichen Bildung sowohl Bildungsberichte mit einem oder solche mit bis zu zehn Indikatoren bzw. Kennzahlen. Im Bereich der allgemeinbildenden Schule schwanken die Zahlen zwischen drei und 16, bei der beruflichen Ausbildung zwischen einem und 12, bei der Hochschule und bei der Weiterbildung zwischen einem und sieben sowie bei der non-formalen Bildung und dem informellen Lernen zwischen einem und 12 Indikatoren bzw. Kennzahlen. Schon daraus wird ersichtlich, dass die Anzahl der dargestellten Indikatoren in hohem Maße vom zugrunde gelegten Indikatorenverständnis abhängig ist. Werden Indikatoren mit Kennziffern gleichgesetzt oder wird eine Mischung aus beiden Ansätzen gewählt, erhöht sich die Anzahl der Indikatoren.

Deutlich wurde, dass offenbar die Darstellung einer je spezifischen Anzahl an Indikatoren je Bildungsbereich favorisiert wird:

- in dem Kontextkapitel „Rahmenbedingungen von Bildung“ sind es in der Regel vier (z.B. Zusammensetzung der Bevölkerung, Demografie, wirtschaftliche Infrastruktur und Arbeitsmarkt, soziale Lage und Aufwachsensbedingungen von Kindern und Jugendlichen);
- im Bereich der frühkindlichen Bildung, Betreuung und Erziehung sind es zwei bis drei (Angebote frühkindlicher Bildung, Nutzung der Angebote frühkindlicher Bildung, Vorbereitung auf die Schule);
- im Bereich der allgemeinbildenden Schule überwiegen fünf bis sechs (Übergänge in die Schule, Übergänge vom Primarbereich in die Sekundarstufe I, Wiederholer und Abbrecher, ganztägige Bildung, Betreuung und Erziehung, sonderpädagogische Förderung und Schulabschlüsse);

- für die berufliche Ausbildung zwei bis drei (Übergänge in die berufliche Ausbildung, Neuzugänge in den drei Sektoren der beruflichen Ausbildung, Ausbildungsverläufe);
- für die Hochschule finden sich zwei (Studienanfänger, Studienberechtigte mit in der Kommune erworbenem Hochschulzugang);
- in der Weiterbildung sind es zwei (allgemeine und berufliche Weiterbildung) und
- in der non-formalen Bildung und dem informellen Lernen drei bis vier Indikatoren (Bibliotheksnutzung, Jugendarbeit, musisch-kulturelle Bildung, Sportaktivitäten).

Die genannten Indikatoren können offenbar als „Standardindikatoren" angesehen werden.

Zugleich hat sich gezeigt, dass es über die etablierten „Standardindikatoren" in jedem Bildungsbereich auch neue Ansätze für die Darstellung von Indikatoren gibt. So finden sich Ansatzpunkte für innovative Indikatoren vor allem dann, wenn Kommunen durch eigene Erhebungen zu einer spezifischen Problemlage Datengewinnungsstrategien verfolgen, welche über die Nutzung amtlicher und halbamtlicher Statistiken sowie üblicherweise verfügbarer Datenquellen außerhalb der amtlichen Statistik hinausgehen. Im Bildungsbericht Dessau bildete eine Schülerbefragung die Grundlage für die Erarbeitung eines Prozessindikators, der die Qualität schulischer Arbeit abzubilden versucht. In Freiburg wurde das SEIS-Instrument zur Selbstevaluation von Schulen genutzt, um Daten zur Schulqualität zu erheben. Offenbach nutzte Ergebnisse einer Befragung aller Weiterbildungseinrichtungen zur systematischen Darstellung der Angebotsvielfalt im Weiterbildungsbereich.

Während sich auf der Input- und der Outputebene bereits „Standardindikatoren" im beschriebenen Sinn identifizieren lassen, besteht eine besondere Herausforderung derzeit in der Darstellung von Indikatoren auf Prozessebene, insbesondere zur Qualität und Evaluation von Schule und Unterricht. Auch die Darstellung von Indikatoren zu sozialen wie kognitiven Kompetenzen erfolgt bisher nur vereinzelt. Auffällig ist zudem, dass das Thema Bildungsfinanzierung bisher weitgehend unbearbeitet blieb.

Verwendung verfügbarer Datenquellen

Die Struktur und Darstellung von Befunden in einem kommunalen Bildungsbericht ist in hohem Maße auch davon abhängig, welche (validen) Informationen zur Verfügung stehen. Generell, so zeigen die Analysen, kann konstatiert werden, dass das Spektrum verfügbarer Daten weitgehend genutzt wurde. Allerdings tun sich auch wenig genutzte Datenquellen auf:

Einen geringen Stellenwert haben offenbar Informationen zur Qualifikation des Personals. Recht gering wurden bislang auch Ergebnisse der Einschulungsuntersuchungen und der landesspezifischen Sprachstandsfeststellungsverfahren genutzt. Auch der sonderpädagogischen Förderung wird bislang eine eher geringe Aufmerksamkeit zuteil. Auch die Nutzung der verfügbaren Informationen zum Bereich der Ganztagsschule ist ausbaufähig. Nicht ausgeschöpft werden bislang die Erhebungen der Kinder- und Jugendhilfestatistik zu Maßnahmen, Einrichtungen, zum Personal und zu den Ausgaben für die offene Kinder- und Jugendarbeit. Auch wird kaum auf die Datenbank des Bundesjugendrings zur Vergabe der Jugendleitercard (Juleica) zurückgegriffen.

Bei der Datenverfügbarkeit und -nutzung lassen sich deutliche Unterschiede zwischen kreisfreien Städten und Landkreisen ausmachen:

Kreisfreie Städte verfügen offenbar über günstigere Zugangsmöglichkeiten zu relevanten Datenquellen; zudem ist hier die Vielfalt der Datenquellen größer. Vor allem die Großstädte nutzen ihre eigenen kommunalen Statistikstellen, in denen z.T. Stadtzensen, etablierte Fachplanungen oder gar themenspezifische Umfragen existieren. Die Mehrheit der Kreise hingegen verfügt nicht über eine vom Verwaltungsvollzug abgetrennte Statistikstelle. Das schließt nicht aus, dass einzelne Gemeinden (in der Regel größere Städte) im Kreis eigene Fachplanungen, Erhebungen o.Ä. durchführen und über entsprechende Daten verfügen, die dem Kreis insgesamt nicht zur Verfügung stehen.

Nach den Analysen ist der Unterschied zwischen Kommunen – gleich ob kreisfreie Stadt oder Kreis –, die bereits Vorerfahrungen mit einem Monitoring hatten und jenen, die erstmalig im Programm LvO mit einem Bildungsmonitoring konfrontiert wurden, deutlich größer, als der durchschnittliche Unterschied zwischen kreisfreien Städten und Kreisen. Kreise und kreisfreie Städte, die über Vorerfahrungen in der kommunalen Bildungsberichterstattung verfügen, stützen sich auf weniger, aber gezielt ausgewählte Datenquellen, als diejenigen, die im Rahmen von „Lernen vor Ort" mit einem Monitoring begonnen haben. Diese vollziehen umfangreichere Datensuch- und -erfassungsprozesse.

Eine wichtige Orientierungshilfe auch für die Erfassung notwendiger Daten ist offenbar der Anwendungsleitfaden zum Aufbau eines kommunalen Bildungsmonitorings. Er gibt für die dargestellten Kennzahlen die Datenbasis, die Berechnungsweise und Interpretationsansätze vor. Der Anteil der in den Berichten dargestellten Kennzahlen, die den Empfehlungen des Anwendungsleitfadens entsprechen, variiert je nach Bildungsbereich. Für den Bereich der Weiterbildung sowie für die non-formale Bildung und das informelle Lernen stellt der Anwendungsleitfaden offenkundig eine stärker angenommene Orientierung dar als im Bereich der allgemeinbildenden Schulen und der frühkindlichen Bildung, Betreuung und Erziehung.

Vorgenommene Differenzierung der Indikatoren und Kennziffern

Das analytische Potenzial eines kommunalen Bildungsberichts beruht auch darauf, dass die Indikatoren und Kennziffern nach unterschiedlichen Differenzierungsaspekten analysiert und dargestellt werden.

Als übliche Differenzierungsaspekte haben sich in den betrachteten Bildungsberichten die folgenden erwiesen:

- Zeitreihe;
- Geschlecht;
- Art der Institution;

- Alter;
- Land als Referenzangabe;
- Trägerschaft.

Diese Differenzierungsaspekte für Indikatoren und Kennzahlen können offenbar über alle Bildungsbereiche hinweg als Standard für die Aufbereitung, Berechnung und Darstellung von Indikatoren und Kennzahlen angesehen werden.

Weitere Differenzierungsaspekte, wie z.B. Angaben zum Zuwanderungs- bzw. Migrationshintergrund oder zur Staatsangehörigkeit (im Schulbereich), Angaben zum sozioökonomischen Kontext sowie klein- oder gar sozialräumliche Darstellungen werden bislang eher wenig genutzt.

In den Analysen wurde zudem deutlich, dass der Umfang der genutzten Differenzierungsaspekte je Bildungsbereich sehr unterschiedlich ist. Am häufigsten werden Differenzierungen für die Indikatoren und Kennzahlen des Bereichs der allgemeinbildenden Schule vorgenommen. Schon weniger häufig findet sich eine differenzierte Darstellung der Indikatoren und Kennziffern in den Bereichen der frühkindlichen Bildung, Betreuung und Erziehung und der beruflichen Ausbildung. Die berichteten Indikatoren und Kennziffern in den Bereichen Weiterbildung, Hochschule sowie non-formale Bildung und informelles Lernen werden dagegen nur in wenigen Fällen nach diesen Differenzierungsaspekten dargestellt.

Der Überblick über die in den kommunalen Bildungsberichten genutzten Differenzierungsaspekte (vgl. dazu Tab. 12.7.1) zeigt zwei wichtige Sachverhalte: Zum einen gibt es Differenzierungsaspekte, die faktisch in allen Bildungsberichten und in fast allen Bildungsbereichen genutzt werden, z.B. Zeitreihen oder Angaben zu den Geschlechtern. Zum anderen ist die Darstellung einer Reihe von Differenzierungsaspekten an bestimmte Bildungsbereiche gebunden und offenbar auch nur für diese sinnvoll. Beispielsweise taucht die Trägerschaft von Einrichtungen überwiegend im frühkindlichen Bereich und im Bereich der allgemeinbildenden Schule auf. Auch die Referenzangabe zum Landesdurchschnitt konzentriert sich auf die Bereiche frühkindliche Bildung, Betreuung und Erziehung, allgemeinbildende Schule und berufliche Ausbildung.

Umgang mit Forschungsbefunden

Die Befunde der vorliegenden Analysen lassen sich wie folgt zusammenfassen: Forschungsbefunde werden in den Bildungsberichten überwiegend deswegen aufgegriffen, um die Relevanz eines kommunal erkennbaren Trends zu bestätigen und die Sichtbarkeit der Entwicklungen (z.B. durch die Erstellung eines Vergleichs) zu erhöhen.

Die Möglichkeit, Datenlücken über eigene Erhebungen zu schließen und diese in die kommunalen Bildungsberichte einzubeziehen, wurde in den Kommunen bis jetzt noch wenig genutzt. Bisherige Erhebungen in den Kommunen konzentrierten sich vor allem auf die Übergänge im Bildungswesen. Die Ergebnisse der durchgeführten Erhebungen wurden zum Teil separat in einer Befragungsdokumentation veröffentlicht. Nicht immer wurde zwischen wissenschaftlich fundierten Primärerhebungen und verwaltungsinternen Datenabfragen durch Dokumentationen und Austausch unterschieden.

Kleinräumige Analysen

Kleinräumige Analysen unterhalb der Stadt- oder Kreisebene werden als kleinräumige Analysen bezeichnet. Sie sind eine der zentralen Besonderheiten eines kommunalen Bildungsmonitoring und von entscheidender Bedeutung für die zielgerichtete Steuerung von Bildung.

Die Analysen der Bildungsberichte konnten verschiedene Aspekte der Verwendung kleinräumiger Analysen aufzeigen. So ist z.B. die Möglichkeit der Nutzung solcher Analysen stark vom jeweiligen Bildungsbereich abhängig. Möglich ist ihre Nutzung vor allem für die Rahmenbedingungen von Bildung, für die frühkindliche Bildung, Betreuung und Erziehung und für die allgemeinbildende Schule. In den anderen Bildungsbereichen ist ihre Nutzung nur in Einzelfällen möglich. Die Gründe dafür liegen weniger in der Datenverfügbarkeit als vielmehr in der Sinnhaftigkeit der Aussagen.

Die Analysen zeigten zugleich, dass kleinräumige Analysen überwiegend für Sozialräume durchgeführt wurden. Die Sozialräume wurden dabei sehr unterschiedlich gebildet und auch unterschiedliche Schwerpunkte gesetzt. Überwiegend wurden die Sozialräume nach Stadtteilen oder Bezirken gebildet. So wichtig solche kleinräumigen Betrachtungen sind, ihre hohe Steuerungsrelevanz gewinnen sie vor allem durch den Bezug zur sozialen Lage der jeweiligen Altersgruppen. In den betrachteten Bildungsberichten wurde dies jedoch (noch) nicht geleistet. Es werden z.B. Schulstandorte beschrieben, allerdings ohne Bezug zur sozialen Zusammensetzung der Schülerschaft. Aber erst die Verknüpfung von kleinräumiger Betrachtung und sozialer Zusammensetzung der jeweiligen Nutzer von Bildungsangeboten erlaubt Konsequenzen für unmittelbare, differenzierte und zielgerichtete bildungspolitische und administrative Handlungsstrategien.

12.11 Kriterien für kommunale Bildungsberichte (Hans Döbert)

Wie einführend in das Kapitel 12 beschrieben, wurden die bis September 2013 vorliegenden kommunalen Bildungsberichte aus dem BMBF-Programm „Lernen vor Ort“ (LvO) kriteriengeleiteten Analysen unterzogen. Diese waren vor allem auf

- die Bilanzierung der bis zu diesem Zeitpunkt entstandenen Bildungsberichte unter verschiedenen Aspekten;
- die Analyse der strukturellen und inhaltlichen Schwerpunkte, die in den einzelnen Berichten gesetzt wurden;
- die Betrachtung der Gemeinsamkeiten und Unterschiede in den Bildungsberichten;
- die Erfassung weiterführender oder gar innovativer Ansätze in den Berichten

gerichtet. Im Folgenden soll nun dargestellt werden, was sich aus diesen Analysen verallgemeinernd für kommunale Bildungsberichte ableiten lässt und welche Kriterien an einen steuerungsrelevanten kommunalen Bildungsbericht anzulegen sind.

Da Bildungsberichte an den je spezifischen Zielen und Problemlagen für Bildung in einer Kommune ausgerichtet sein müssen, unterscheiden sich ihre Inhalte und Schwerpunktsetzungen notwendigerweise voneinander. Da inzwischen relativ viele Bildungsberichte vorliegen, kann relativ gut beschrieben werden, was einen steuerungsrelevanten Bildungsbericht ausmacht.

Was also sind aus der Perspektive der wissenschaftlichen Fundierung, der fachlichen Solidität und der politischen Akzeptanz Bildungsberichte, die weiterführendes Steuerungswissen liefern, die interessierte Öffentlichkeit fundiert informieren sowie Kooperationen und Vernetzungen innerhalb der Verwaltung als auch mit allen an Bildung Beteiligten fördern?

Im Folgenden sollen die wichtigsten, derzeit schon ableitbaren Kriterien für solche Bildungsberichte dargestellt werden, die als handlungsleitend für interessierte Kommunen angesehen werden können.

Steuerungsrelevante kommunale Bildungsberichte sollten:

- auf der Grundlage eines unmittelbaren politischen Auftrags konzipiert und erstellt werden. Der Bericht muss politisch gewollt sein. Politik und Verwaltung in einer Kommune müssen mit den Befunden, auch den weniger erfreulichen, umgehen wollen und können.
- sich grundsätzlich an den bildungspolitischen Strategien und Zielen der Kommune orientieren: Die in einem kommunalen Bildungsbericht darzustellenden Inhalte (Indikatoren) müssen sich an den kommunalspezifischen bildungspolitischen Strategien und Zielen der kreisfreien Stadt bzw. des Kreises ausrichten. Dieser Bezug ist auch am Anfang des Berichts klar herauszustellen. Damit wird erkennbar, weshalb sich für eine bestimmte inhaltliche Schwerpunktsetzung entschieden wurde und auf welche Aspekte im Bericht verstärkt eingegangen werden soll.
- einem (Gesamt-)Konzept folgen: Ebenfalls am Anfang des Bildungsberichts sollte, wenigstens ansatzweise, das Konzept erläutert werden, auf dem die Bildungsberichterstattung beruht. In diesen Erläuterungen sollten auch Informationen darüber enthalten sein, auf welchem theoretischen Modell die Bildungsberichterstattung basiert und welche Entwicklungsperspektive sie hinsichtlich der Darstellung von „Bildung im Lebenslauf" einnimmt.
- indikatorengestützt aufgebaut sein: Anders als statistische Kennzahlen, die nur eine partielle und situative Aussage ermöglichen (vgl. die Angaben im Anwendungsleitfaden), ermöglichen es Indikatoren, komplexere Zusammenhänge darzustellen, die Aussagen über die Qualität eines bestimmtes Sachverhalts zulassen. Daten sind daher nicht nur formal anhand von Kennzahlen aneinander zu reihen, sondern müssen vielmehr einen konzeptionell fundierten Bezug zwischen den einzelnen Kennzahlen und – wo immer möglich – zu den Rahmenbedingungen von Bildung darstellen.
- verschiedene Datenquellen nutzen, an die bestimmte Qualitätskriterien zu stellen sind: Die Qualität von Indikatoren hängt von den zugrunde liegen-

den Daten ab. Diese müssen in einem Bildungsbericht mit belastbaren Informationen valide, objektiv und regelmäßig verfügbar sein. Die Nutzung verschiedener Datenquellen ist nicht nur sinnvoll, sondern notwendig. So werden Daten aus der amtlichen Statistik idealerweise um Daten aus den Stadtteilen, Städten und Gemeinden sowie um themenrelevante Studien und Untersuchungen, eigene Erhebungen und kommunale Fachplanungen ergänzt. Die „Kern-Informationen" in einem Indikator müssen jedoch auf der gleichen Datenquelle mit regelmäßig verfügbaren Datensätzen beruhen, da sonst keine empirisch belastbaren Aussagen in einer Zeitreihe möglich sind. Selbstverständlich sind Darstellungen in Zeitreihe und Betrachtungen nach den Differenzierungsmerkmalen Geschlecht, Sozialraum, Alter und Nationalität bzw. Zuwanderung/Migration.

- kleinräumige Analysen enthalten: Um wirklich steuerungsrelevante Informationen bereitstellen zu können, reichen „Durchschnittswerte" nicht aus. Erforderlich sind vor allem möglichst kleinräumige Informationen, die Aussagen zu sozialen Kontexten enthalten (Sozialraumanalysen). Die Möglichkeit, Informationen auf Stadtteil-, Gemeinde- oder Quartiersebene oder in noch kleineren räumlichen Einheiten im Bildungsbericht darzustellen, sollte umfassend genutzt werden. Dies ist jedoch von der Verfügbarkeit relevanter Daten sowie von der Unterstützung der jeweiligen Kommune bei der Bereitstellung bzw. Erfassung kommunalspezifischer bildungsrelevanter Daten abhängig.
- Bildungsdaten mit Sozialdaten in Bezug setzen: Bildungschancen von Kindern und Jugendlichen sind in Deutschland, in den Ländern und Kommunen stark von der sozialen Herkunft abhängig. Der Bildungsbericht soll daher stets den Bezug zwischen Bildungsverlaufsinformationen und sozialen Kontextdaten (z.B. Bildungsstand der Eltern, SGB-II-Quote, Alleinerziehende) herstellen. Es genügt nicht, relativ isoliert an den Anfang des Berichts grundlegende Informationen zu den Rahmenbedingungen des Bildungswesens zu stellen. Wo immer dies möglich ist, sollten in jedem Indikator Bezüge zu diesen Rahmenbedingungen hergestellt und der Indikator auf dieser „Hintergrundfolie" interpretiert werden.
- schließlich klare Botschaften enthalten: Die Themen (Indikatoren) eines Bildungsberichts sollten stets so ausgewählt werden, dass sie „öffentliche Aufgeregtheiten", vorrangig zu realisierende Ziele und zu lösende Probleme behandeln. Dazu muss im Bericht jeder Indikator gewissermaßen eine „Geschichte erzählen". Das beginnt damit, zu erklären, warum der Indikator bzw. das Thema gewählt wurde, was im Folgenden dargestellt wird (werden kann) und was nicht, welche Bezüge es zu anderen Berichtsteilen gibt und was die wichtigsten Erkenntnisse und Befunde sind, und schließt stets mit einer oder mehreren fundierten Botschaften: was ist gut, wo ist das Problem und was sollte im künftigen Handeln unbedingt Beachtung finden. Explizite politische und administrative Handlungsempfehlun-

gen sollten nur nach unmittelbarer Aufforderung durch die politisch Verantwortlichen dargestellt werden.

Die Beachtung dieser Erkenntnisse und Erfahrungen bietet weitgehend die Gewähr, dass der zu erstellende kommunale Bildungsbericht den Steuerungserwartungen in einer Kommune gerecht wird.

Literatur

Amonn, J., Kersting, V. & Strohmeier, Peter (2008). *Schritte zu einer kleinräumigen Gesundheitsberichterstattung für Nordrhein-Westfalen. Anregungen für die kommunale Praxis am Beispiel Kinder- und Jugendgesundheit.* Landesinstitut für Gesundheit und Arbeit des Landes Nordrhein-Westfalen (LIGA.NRW). Düsseldorf.

Autorengruppe Bildungsberichterstattung (Hrsg.). (2008). *Bildung in Deutschland 2008. Ein indikatorengestützter Bericht mit einer Analyse zu Übergängen im Anschluss an den Sekundarbereich I.* Bielefeld: Bertelsmann.

Dedering, K. (2010). Indikatoren in der nationalen Bildungsberichterstattung ausgewählter Staaten. In Baethge, M., Döbert, H., Füssel, H.-P., Hetmeier, H.-W., Rauschenbach, T., Rockmann, U., Seeber, S., Weishaupt, H. & Wolter, A. (Hrsg.), *Indikatorenentwicklung für den nationalen Bildungsbericht „Bildung in Deutschland". Grundlagen, Ergebnisse, Perspektiven* (S. 27–39). Bonn, Berlin: BMBF.

Deutsches Institut für Internationale Pädagogische Forschung (DIPF) (2007). *Das weiterentwickelte Indikatorenkonzept der Bildungsberichterstattung.* In Kooperation mit: Deutsches Jugendinstitut, Hochschul-Informations-System GmbH, Soziologisches Forschungsinstitut an der Universität Göttingen, Statistische Ämter des Bundes und der Länder. Berlin, Frankfurt. Vgl. http://www.bildungsbericht.de/daten2008/indikatorenkonzept.pdf [07.05.2014].

Fitz-Gibbon, C. T. (1996). Monitoring School Effectiveness: Simplicity and Complexivity. In Gray, J., Reynolds, D., Fitz-Gibbon, C. T. & Jesson, D. (Hrsg.), *Merging Traditions: The Future of Research on School Effectiveness and School Improvement.* London: Cassell.

Forneck, H. J. & Wrana, D. (2005). *Ein parzelliertes Feld: Eine Einführung in die Erwachsenenbildung.* Bielefeld: Bertelsmann.

IT-NRW (2011). *Voraussetzungen für die Nutzung kleinräumiger Daten des Zensus 2011 – Handlungsleitfaden für die Kommune*n. Düsseldorf.

Kessl, F. & Reutlinger, C. (2007). *Sozialraum. Eine Einführung.* Wiesbaden: VS Verlag für Sozialwissenschaften.

Konsortium Bildungsberichterstattung (2006). *Bildung in Deutschland. Ein indikatorengestützter Bericht mit einer Analyse zu Bildung und Migration.* Bielefeld: Bertelsmann.

Oakes, J. (1989). What educational indicators? The case for assessing school context. *Educational Evaluation and Policy Analysis, 1* (2), 181–199.

Ogawa, R. & Collom, E. (Hrsg.). (1998). *Educational Indicators: What are they? How can schools and school district use them?* Riverside, CA: California Educational Research Cooperative.

Projektteam „Kommunales Bildungsmonitoring" (KBM) des Deutschen Instituts für Internationale Pädagogische Forschung (DIPF) (2011). *Wie erstellt man einen kommunalen Bildungsbericht?* Handreichung im Programm „Lernen vor Ort". Bonn.

Riefling, M. (2012). *Vertiefende Untersuchung zum Übergang von Kindertageseinrichtungen in Grundschulen von Lernen vor Ort im Rems-Murr-Kreis.* Verfügbar unter: http://www.lernwelt-rems-murr.de/index.php?id=110 [16.09.2013].

Schreiber, N. (2011). *Bildungsbericht – Sonderauswertung. Ergebnisse der 1. Schulabgängerbefragung 2011 in den allgemeinbildenden Schulen der Stadt Trier.* Verfügbar unter: http://www.trier.de/File/2-KBM-Monitoring-Schulabgaengerbefragung-2011-pdf [16.09.2013].

Statistisches Bundesamt, Statistisches Landesamt Baden-Württemberg & Deutsches Institut für Erwachsenenbildung (2013). *Anwendungsleitfaden zum Aufbau eines kommunalen Bildungsmonitorings.* Wiesbaden, Stuttgart, Bonn. Vgl. https://www.bildungsmonitoring.de/bildung/misc/Anwendungsleitfaden.pdf [08.04.2014].

Urban, M. & Weiser, U. (2006). *Kleinräumige Sozialraumanalyse. Theoretische Grundlagen und praktische Durchführung. Identifikation und Beschreibung von Sozialräumen mit quantitativen Daten.* Dresden: Saxonia Verlag.

Widany, S. (2009). *Lernen Erwachsener im Bildungsmonitoring. Operationalisierung der Weiterbildungsbeteiligung in empirischen Studien.* Wiesbaden: VS Verlag für Sozialwissenschaften.

Verwendete Bildungsberichte

Bremen und Bremerhaven (2012). *Bildung – Migration – soziale Lage. Voneinander und miteinander lernen.*

Dessau-Roßlau (2011). *Bildungsbericht Dessau-Roßlau 2011.*

Dresden (2012). *1. Dresdner Bildungsbericht 2012.*

Elbe-Elster (2012). *Bildung im Landkreis Elbe-Elster. Erster kommunaler Bildungsbericht 2012.*

Erfurt (2012). *Bildung in Erfurt 2012. Erste Befunde.*

Essen (2011). *Der Bildungsbericht 2011.*

Frankfurt am Main (2012). *Bildung in Frankfurt am Main. Bildungsbericht 2012.*

Freiburg im Breisgau (2010). *Bildung in Freiburg 2010. 2. Bildungsbericht der Stadt Freiburg im Breisgau.*

Heidekreis (2012). *Bildung im Heidekreis 2012. Erster Bildungsbericht für den Heidekreis.*

Herne (2011). *Bildung in Herne 2011. 2. Herner Bildungsbericht.*

Köln (2012). *Kölner Bildungsbericht – Bildungsmonitoring 2012. Von frühkindlicher Bildung bis Weiterbildung.*

Kreis Borken (2011). *Bildungsbericht 2011 für den Kreis Borken.*

Kreis Lippe (2010). *Bildung im Kreis Lippe 2010. Erster kommunaler Bildungsbericht.*

Kreis Recklinghausen (2011). *Bildungsbericht Recklinghausen 2011. „Keiner geht verloren – beste Bildung für alle!“*

Kyffhäuserkreis (2011). *Bildung im Kyffhäuserkreis 2011. Erster Bildungsbericht des Kyffhäuserkreises 2011.*

Landkreis Görlitz (2012). *1. Bildungsbericht 2012. Zukunft durch Bildung im Landkreis Görlitz: Mit Energie und ohne Grenzen!*

Landkreis Lindau (Bodensee) (2012). *Bildungsbericht 2012 für den Landkreis Lindau (Bodensee).*

Landkreis Mühldorf am Inn (2012). *1. Bildungsbericht 2012. Landkreis Mühldorf a. Inn.*

Landkreis Osnabrück (2011). *Bildungsbericht für den Landkreis Osnabrück 2010.*

Landkreis Stade (2012). *Bildung im Landkreis Stade. Potenziale schaffen | Potenziale fördern | Potenziale nutzen. Indikatorengestützter Bericht zur Bildungsstruktur im Landkreis Stade.*

Leipzig (2010). *Bildungsreport Leipzig 2010.*

Lübeck (2012). *Erster Bildungsbericht der Hansestadt Lübeck.*

Mannheim (2010). *Wir haben vieles. Außer Lust zu warten. 1. Mannheimer Bildungsbericht 2010.*

München (2010). *Münchner Bildungsbericht 2010. Kommunales Bildungsmanagement.*

Müritz (2011). *Bildung im Landkreis Müritz. 1. Bildungsbericht 2011.*

Nürnberg (2011). *Bildung in Nürnberg 2011. Erster Bildungsbericht der Stadt Nürnberg.*

Offenbach (2010). *Erziehung und Bildung in Offenbach. Bericht 2009.*

Offenbach (2011). *Erziehung und Bildung in Offenbach. Bericht 2011.*

Rems-Murr-Kreis (2012). *Bildung im Rems-Murr-Kreis. Erster Bildungsbericht 2012.*

Regionalverband Saarbrücken (2012). *1. Bildungsbericht für den Regionalverband Saarbrücken 2012.*

Rheingau-Taunus-Kreis (2010). *Bildung im Rheingau-Taunus-Kreis 2010. Erster kommunaler Bildungsbericht.*

StädteRegion Aachen, (2012). *Erster Bildungsbericht der StädteRegion Aachen.*

Trier (2011). *1. Bildungsbericht Stadt Trier 2010.*

Vorpommern-Greifswald (2012). *„Bildung überwindet Grenzen". Erster Bildungsbericht des Landkreises Vorpommern-Greifswald 2012.*

Susanne Wagner und Horst Weishaupt

13. Kommunales Bildungsmanagement

Durch die Reformbewegung des New Public Management hat sich der Begriff des öffentlichen Managements bereits seit einigen Jahren als Schlagwort für eine zielorientierte Gestaltung und Steuerung von Organisationen des öffentlichen Sektors in Deutschland etabliert (vgl. Reichard, 2002). Als logische Konsequenz erscheint daher die Verwendung des Terminus in einem Politikfeld beispielsweise in der Bildungspolitik. Die zunehmende Relevanz des Themas Bildungsmanagement drückt sich dabei unter anderem in verschiedenen Konzepten aus, wie beispielsweise den regionalen Bildungslandschaften oder dem Programm „Lernen vor Ort“ und dessen Vorgängerprogramm „Lernende Regionen“. So werden seit 2009 im Rahmen des Bundesprogramms „Lernen vor Ort“ ausgewählte Kommunen unterstützt, ein Bildungsmanagement zu entwickeln und zu verstetigen. Grundlage für ein Bildungsmanagement bildet dabei die Entwicklung und Etablierung eines Bildungsmonitorings im Sinne einer kontinuierlichen, systematischen und dauerhaften Beobachtung des kommunalen Bildungswesens mit Hilfe wissenschaftlicher Methoden (vgl. Projektteam KBM, 2011). Ziel eines systematischen und datengestützten Monitorings ist dabei das Generieren von Steuerungswissen durch die Bereitstellung von Informationen zu Rahmenbedingungen, Verlaufsmerkmalen und Ergebnissen von Bildungsprozessen. Mittelbar soll ein Bildungsmonitoring zur Verbesserung einer zielgerichteten, empirisch fundierten („evidenz-basierten“) Steuerung des Bildungswesens führen (vgl. Döbert, 2012), um so einen Beitrag zur Qualitätsverbesserung vor Ort zu leisten.

Bildungsmonitoring als ein neues Instrument kommunaler Steuerung soll also zu einem verbesserten Bildungsmanagement beitragen. Doch was verbirgt sich hinter dem Begriff „kommunales Bildungsmanagement“? Und: Was sind die Besonderheiten eines kommunalen Bildungsmanagements? Diesen (Haupt-)Fragestellungen widmet sich der vorliegende Beitrag und diskutiert das Bildungsmanagement und dessen Besonderheiten aus theoretisch-konzeptioneller Sicht. Der Fokus richtet sich dabei vor allem auf die verwaltungsinternen Abläufe und Prozesse.

13.1 Verständnis von Bildungsmanagement

Eine Annäherung an ein theoretisch fundiertes Verständnis von Bildungsmanagement setzt die Klärung der Teilbegriffe „Bildung“ und „Management“ voraus. Sowohl zum Begriff „Bildung“ als auch zum Begriff „Management“ bietet der Forschungsstand eine Vielzahl von Definitionen an (vgl. Müller, 2007, S. 102). Entsprechend der vorangegangenen Kapitel soll sich hier am Bildungsbegriff der Bildungsberichterstattung in Deutschland orientiert werden, wonach Bildung drei Dimensionen umfasst (individuelle Regulationsfähigkeit, Humanressourcen, Chancengleichheit; vgl. Kapitel 1). Damit eng verknüpft ist die Leitidee der Bildung im Lebenslauf: eine umfassende kommunale Daseinsvorsorge im Bildungsbereich muss sich dementsprechend auf alle Lebensphasen der Bürger beziehen. Bildung beschränkt sich also nicht auf einen Teilbereich wie beispielsweise Schulbildung, sondern nimmt das gesamte Bildungsgeschehen – von der frühkindlichen Bildung, über die Schulbildung und die berufliche Bildung, Hochschulbildung und Weiterbildung bis zur non-formalen Bildung – in den Blick. Geleitet von einem umfassenden Bildungsbegriff bleibt das Gestalten von Bildung folglich auch nicht auf Einrichtungen der formalen Bildung (beispielsweise Schulen) begrenzt, sondern bezieht auch Einrichtungen der non-formalen Bildung und des informellen Lernens (beispielsweise Museen oder Jugendclubs) mit ein. Die Gestaltung oder das „Managen" von Bildung wird damit zur komplexen Aufgabe, da Bildungsangebote abgestimmt und weiterentwickelt werden müssen und sich sowohl auf den formalen als auch den non-formalen Bereich beziehen. Es versteht sich aber, dass mit dem Bildungsmanagement nur die Unterstützung individueller Bildungsprozesse und nicht die unmittelbar in den Personen stattfindenden Bildungsprozesse selbst gemeint sind. Bildung ist immer auch ein vom Individuum ausgehender Selbstentwicklungsprozess, der sich der Planung und Steuerung entzieht. Insofern ist hier die Gestaltung von Gelegenheitsstrukturen für individuelle Bildungsprozesse gemeint. Der hier gewählte Gebrauch des Bildungsbegriffs unterscheidet sich folglich von einem bildungstheoretischen Verständnis.

Bildungsmanagement als Prozessmanagement

Unter dem Terminus „Management" wird allgemein „Leitung, Führung" (Müller, 2007, S. 104) verstanden. Dubs, Mit-Autor des St. Gallener Modells[1], definiert Management als „ein System von Aufgaben, die sich […] als Gestalten, Lenken (Steuern) und Weiterentwickeln zweckorientierter soziotechnischer Organisationen zusammenfassen lässt." (Dubs, 2004, S. 70, siehe auch: Müller, 2007) „Organisation" ist dabei weiter gefasst als „Unternehmen" und bezieht auch Institutionen wie öffentliche Verwaltungen, kirchliche Organisationen oder Vereine mit ein (vgl. Müller, 2007; Adolf-Wright, 2013). Das Management von Arbeitsprozessen vollzieht sich also nicht nur in privatwirtschaftlich organisierten Unternehmen, sondern gehört auch zum Aufgabenfeld von öffentlichen Institutionen. Der Forschungsstand fasst die Aufgaben des Bildungsmanagements dabei in zwei Komplexe zusammen, wenngleich diese nicht immer klar voneinander zu unterscheiden sind: das *Bildungsprozessmanagement* und das *Bildungs-*

1 Das St. Gallener Management-Modell (SGMM) ist ein in den 1960er Jahren an der Universität St. Gallen erarbeiteter Management-Bezugsrahmen, der später weiterentwickelt wurde. Das St. Gallener Konzept gilt als richtungsweisendes Modell für das Qualitätsmanagement. Das Ziel dabei ist, die Qualität der Produkte, Dienstleistungen, Prozesse und der gesamten Unternehmung ständig zu verbessern (vgl. Seghezzi et al., 2013).

betriebsmanagement (vgl. u.a. Griese & Marburger, 2011; Müller, 2007). Im Fokus des Bildungsbetriebsmanagements steht die Steuerung und Gestaltung von organisatorischen, personellen und finanziellen Rahmenbedingungen einer Bildungseinrichtung. Hierzu gehören Organisationsentwicklung, Personalmanagement, Controlling und Marketing (vgl. Griese & Marburger, 2011). Beim Bildungsprozessmanagement geht es um das Steuern von Prozessen innerhalb eines organisatorischen Rahmens. Dies kann sowohl das Gestalten von Lehr- und Lernprozessen innerhalb einer Bildungseinrichtung, beispielsweise einer Volkshochschule, sein als auch die Steuerung von Prozessen in einem komplexen (Bildungs-)System bedeuten (vgl. ebd.). Unter Rückgriff auf betriebswirtschaftliche Elemente besteht das Bildungsprozessmanagement dabei vor allem aus den Hauptelementen Planung, Steuerung und Evaluation. Wichtige Aufgaben sind die Bildungsbedarfsanalyse oder Situationsanalyse, die Planung und Durchführung der Maßnahme beziehungsweise Veranstaltung, die Prüfung (Controlling und Evaluation) und die Programm- beziehungsweise Maßnahmenrevision (vgl. ebd.; Müller, 2007).

Um die verwaltungsinternen Abläufe und Prozesse des kommunalen Bildungsmanagements zu beleuchten, wird sich im vorliegenden Beitrag dem Themenfeld mit Hilfe der Definition des *Bildungsprozessmanagements* angenähert. Vor dem eben skizzierten Hintergrund steht damit der Prozess der Bildungssteuerung mit seinen Bestandteilen von der Situationsanalyse, Planung und Durchführung der Maßnahme, deren Evaluation und die aus den gesammelten Erfahrungen revidierte Fortführung oder Modifikation der Maßnahme im Fokus des Interesses. Die organisatorischen, personellen und finanziellen Rahmenbedingungen, die im Rahmen des Bildungsbetriebsmanagements von Bedeutung sind, sind dem Bildungsprozess vorgelagert und dürfen damit nicht gänzlich unberücksichtigt bleiben, wenngleich diese aufgrund der Zielrichtung des Beitrags nicht weiter diskutiert werden.

Geleitet von einem prozessualen Verständnis von Bildungsmanagement vollzieht sich die zielgerichtete Steuerung des Bildungswesens in der angestrebten Konstellation auf Basis empirisch geprüfter, steuerungsrelevanter Informationen. In der Forschungsliteratur wird dies als „evidenz-basierte" Steuerung bezeichnet (vgl. Altrichter, 2010; Döbert, 2012). Damit wird bereits auf eine Grundvoraussetzung eines Bildungsmanagements hingewiesen: ein systematisches, am Grundgedanken des lebenslangen Lernens orientiertes Bildungsmonitoring, auf dessen Grundlage sich ein Bildungsmanagement vollzieht.

Der Deming-Zyklus als theoretisch-konzeptionelle Grundlage eines Bildungsmanagements

Zur theoretisch-konzeptionellen Erfassung des Bildungsprozessmanagements bietet der Forschungsstand verschiedene Modelle und Konzepte an.[2] Dabei sei darauf hingewie-

2 So sei beispielsweise auf das von der Kommunalen Gemeinschaftsstelle für Verwaltungsmanagement entwickelte Konzept des strategischen Managements hingewiesen (vgl. Kommunale Gemeinschaftsstelle für Verwaltungsmanagement, 2011).

sen, dass es sich hierbei um keine eigenständigen Theorien handelt, sondern um Modelle, die prozessuale Abläufe und Strukturen im Rahmen des Bildungsmanagements zu beschreiben suchen und insgesamt auf eine Verbesserung des Prozessmanagements abzielen.

Um den Prozess des Bildungsmanagements zu erfassen, wird im vorliegenden Beitrag auf ein Modell zurückgegriffen, welches maßgeblich den Stellenwert des Qualitätsmanagements beeinflusst hat und als Vorläufer der Qualitätsmanagementmodelle gilt: der von Deming (1997) entwickelte PDCA-Zyklus (Plan-Do-Check-Act Circle). Vor allem aufgrund der Reduktion auf die wesentlichen Kernpunkte gilt der Zyklus als universelles Modell zur Qualitätsverbesserung und ist auch international von Bedeutung.

Der auf Prozessverbesserung abzielende PDCA-Zyklus umfasst vier Schritte (vgl. Abb. 13.1): Planen (plan), Ausführen (do), Überprüfen (check) und Verbessern (act).

Abb. 13.1 Der Deming-Zyklus der ständigen (Prozess-)Verbesserung (PDCA-Zyklus)

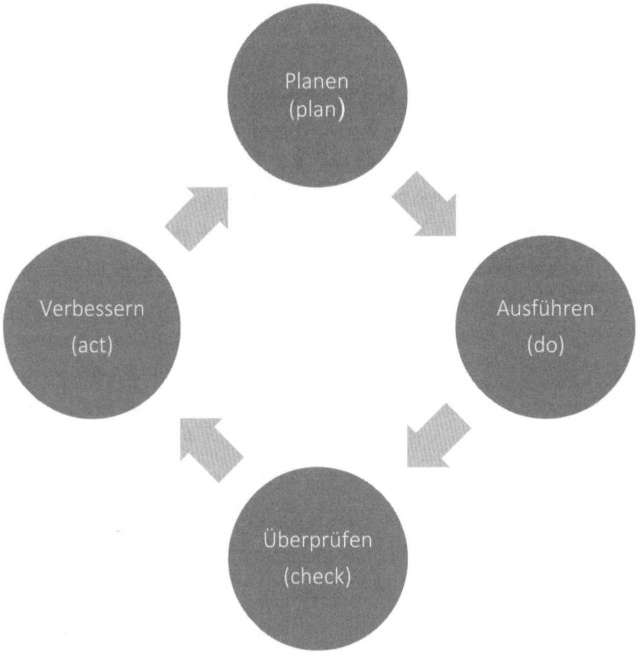

Quelle: Deming, 1997, S. 88

Im Rahmen der Planungsphase (plan) erfolgt zunächst eine detaillierte Analyse der Ist-Situation auf Grundlage problemspezifischer Daten. Es werden Verbesserungspotenziale identifiziert, Ziele formuliert und ein Verbesserungs- beziehungsweise ein Maßnahmenplan ausgearbeitet. Zudem erfolgt die Festlegung von Prüfpunkten, anhand derer die Maßnahmen überprüft werden. Die Phase „do“ beinhaltet die Ausführung bzw. das Ausprobieren des Maßnahmenplans. Wichtig dabei ist, dass die Maßnahmen zunächst nicht in breiter Front implementiert, sondern lediglich mit schnell realisierbaren Mitteln ausprobiert bzw. getestet werden. Die sich daran anschließende „check"-Phase umfasst die sorgfältige Überprüfung des realisierten Plans. Dabei werden die als Grundlage für die Prüfung relevanten Daten ermittelt und anhand der Prüfpunkte festgestellt, ob die Zielsetzung der Planungsphase erreicht wurde. Werden keine Mängel festgestellt und die Zielsetzung ist erreicht, wird das Ergebnis bzw. die Maßnahme standardisiert und eingeführt und regelmäßig auf Einhaltung überprüft (act). Weichen die festgestellten Ergebnisse vom „Soll-Zustand" ab, wird eine geänderte Vorgehensweise festgelegt. Die Änderungen werden festgeschrieben, das Ergebnis und die gemachten Erfahrungen dokumentiert und bilden die Grundlage für die erneute Planungsphase (vgl. Deming, 1997; Kamiske & Brauer, 2003).

Anforderungen an ein Bildungsmanagement und damit verbundene Herausforderungen

Überträgt man das Prozessmodell auf den Bildungsbereich, so werden die von einem Bildungsmanagement zu bewältigenden Aufgabenkomplexe deutlich: die Entwicklung und Etablierung einer Datengrundlage in Form eines Monitorings, die Formulierung von Zielen, die Abstimmung und Umsetzung von Maßnahmen und schließlich die Überprüfung der Zielerreichung anhand festgelegter Prüfgrößen auf Basis empirischer Daten. Für eine evidenzbasierte Bildungssteuerung, in deren Rahmen bildungspolitische Entscheidungen auf der Basis von geprüften Informationen fallen (vgl. Altrichter, 2010; Kapitel 1), kommt dem Bildungsmonitoring eine besondere Bedeutung zu. So stellt das Monitoring Daten zu Rahmenbedingungen und Verlaufsmerkmalen des Bildungssystems und zu Ergebnissen und Erträgen von Bildungsprozessen bereit und zeigt bildungsrelevante Entwicklungen und Prognosen auf (vgl. Döbert, 2012; Kapitel 1). Ein Bildungsmonitoring ist somit vor allem im Rahmen der Analyse der Ausgangssituation von Bedeutung, um den beteiligten (Bildungs-)Akteuren alle bedeutsamen Daten und Fakten zur Verfügung zu stellen, damit darauf aufbauend Leitbilder beziehungsweise strategische Ziele und schließlich integrierte Handlungskonzepte entwickelt bzw. umgesetzt werden können. Ein Bildungsmonitoring ist somit unbedingte Voraussetzung und zugleich Bestandteil eines funktionierenden Bildungsmanagements.

Dem Bildungsprozessmanagement sind interne und externe Rahmenbedingungen vorgelagert, die insbesondere im Rahmen der Planungsphase, also der Analyse der Ausgangssituation, eine Rolle spielen und bei der Gestaltung von Bildungsprozessen Berücksichtigung finden müssen. So schreiben Knust und Hanft: „Die Gestaltung von Bildungsprozessen in Bildungsinstitutionen folgt bildungsstrategischen Zielvorgaben, die, ausgehend von einer Umwelt- und Ressourcenanalyse, auf Basis grundsätzlicher Leitvorgaben im Unternehmen entwickelt werden. Die Analyse externer Kontextfaktoren und interner Rahmenbedingungen gilt daher als untrennbarer Bestandteil und als Voraussetzung des Bildungsmanagements" (Knust & Hanft, 2009, S. 39). Grundsätzlich ist dabei zwischen internen und externen Rahmenbedingungen beziehungsweise Kontextfaktoren zu unterscheiden (vgl. ebd.): So wirken sich externe Rahmenbedingungen

(Mikro- und Makro-Umwelt, wie beispielsweise Entwicklungen auf europäischer Ebene oder lokale demografische Entwicklungen) und interne Rahmenbedingungen (finanzielle und personelle Ressourcen) auf die Situationsanalyse und somit auf die aufgestellten Ziele und Strategien aus.

Der Terminus „Bildungsmanagement" unterstreicht neben der Bedeutung der prozessualen Aspekte die Notwendigkeit, die einzelnen Bildungsbereiche und deren relevante Akteure zu koordinieren und die entsprechenden Angebote aufeinander abzustimmen. So erfordert ein Bildungsmanagement aus der Perspektive des lebenslangen Lernens die Zusammenarbeit und Koordination der Akteure aus den Bereichen der frühkindlichen Bildung, der Schulbildung, der beruflichen Bildung, der Hochschulbildung sowie der non-formalen Bildung und des informellen Lernens (vgl. Oelkers, 2009). Am Bildungsmanagement sind somit Akteure aus der öffentlichen Verwaltung, von privaten Trägern und sonstigen Bereichen beteiligt, die in die Gestaltung von Bildungsprozessen einbezogen sind. Deren Handlungskoordination ist wichtig, weil mit Bildung im Lebenslauf als Bezugspunkt im Rahmen des Bildungsprozessmanagements die Gestaltung von Übergängen (Übergangsmanagement) zwischen den Lebensphasen (zum Beispiel zwischen Schule und Berufsbildung) eine besondere Bedeutung einnimmt. Ein Bildungsmanagement muss die Akteure zusammenbringen und Grundlagen schaffen, um gemeinsame Zielformulierungen zu ermöglichen, die den Prozess leiten. Auf dieser Basis können aufeinander abgestimmte Maßnahmen entwickelt und umgesetzt werden.

Die Herausforderung eines Bildungsmanagements liegt dabei vor allem darin, dass es sich bei der Bildungspolitik nicht um ein abgrenzbares Politikfeld handelt. So werden in der politikwissenschaftlichen Forschung Politikfelder definiert als „[…] das Ergebnis von staatlichen Bemühungen um Problemlösungen in einer ausdifferenzierten Gesellschaft. Problemmaterien, politische Entscheidungen und die Interessen und Aktivitäten von problemrelevanten Akteuren gruppieren sich zu Policy-Konfigurationen mit eigenen Regeln, Ressourcenströmen und Struktureigenschaften, die sich häufig klar von anderen Politikfeldern unterscheiden lassen." (Janning & Tönst, 2008, S. 9) Vor diesem Hintergrund handelt es sich bei der Bildungspolitik nicht um ein, sondern um mehrere Politikfelder, mit jeweils unterschiedlichen gesetzlichen Grundlagen, Akteuren und Steuerungsstrukturen, die in einem Bildungsmanagement integriert werden müssen.

Integration unterschiedlicher Steuerungsstrukturen als Herausforderung eines Bildungsmanagements

Bereits in Kapitel 4 des vorliegenden Bandes erfolgt die ausführliche Darlegung der Zuständigkeiten in den jeweiligen Bildungsbereichen. Um die Komplexität eines Bildungsmanagements zu verdeutlichen, soll an dieser Stelle kurz auf die unterschiedlichen Steuerungsstrukturen der frühkindlichen Bildung (als Teil der Jugendhilfe) und der Schulbildung verwiesen werden. Ein Bildungsmanagement muss diese Steuerungslogiken berücksichtigen und in den Prozess integrieren.

Die frühkindliche Bildung zeichnet sich durch eine „korporatistische-minimalistische" (Ratermann & Stöbe-Blossey, 2012b, S. 15) Steuerungsstruktur aus, in der – entsprechend dem Subsidiaritätsprinzip – Wohlfahrtsverbände eine starke Position einnehmen. Die Wohlfahrtsverbände übernehmen dabei eine Doppelfunktion: Sie sind wichtige Akteure bei der Politikformulierung (hier vor allem durch die Mitgliedschaft im Jugendhilfeausschuss) und sind zugleich selbst Träger von Einrichtungen, vor allem der Kindertageseinrichtungen. Im Vergleich zur Schulbildung kommt der Kommune in der frühkindlichen Bildung eine größere Gestaltungsfunktion zu.[3] So sind Kommunen örtliche Träger der Jugendhilfe mit Verantwortung für die Gestaltung der Infrastruktur und für die Jugendhilfeplanung zuständig.

Die Steuerungsstrukturen in der Schulpolitik werden von Ratermann & Stöbe-Blossey als „etatistisch-bürokratisch" (ebd.) bezeichnet. Vor allem die Bundesländer haben weitgehende Steuerungsmöglichkeiten (Regelung der Schulstruktur und der inneren Schulangelegenheiten wie Ziele, Inhalte und Organisation des Unterrichts und des Lehrpersonaleinsatzes). Der Einfluss der Kommune bezieht sich vor allem auf die Regelung der sogenannten äußeren Schulangelegenheiten (Ausstattung von Schulen, Sachkosten und Verwaltungspersonal) und ist somit eher begrenzt (vgl. Ratermann & Stöbe-Blossey, 2012b; Kapitel 4). Diese begrenzte Zuständigkeit sehen die Kommunen als unzureichend an, um angemessen an der Gestaltung des kommunalen Schulangebots mitzuwirken, und fordern entsprechend eine Kompetenzausweitung (vgl. Deutscher Städtetag, 2012).

Im Bereich der beruflichen Bildung beschränken sich die öffentlichen Steuerungsstrukturen auf den schulischen Teil der Berufsausbildung im dualen System und die vollzeitschulischen Berufsausbildungsgänge. Der betriebliche Teil der Berufsausbildung ist privatrechtlich geregelt und es bestehen nur geringe Einflussmöglichkeiten der kommunalen Politik (Kommunalverwaltung als Ausbilder). Die Steuerungsstruktur in der Weiterbildung lässt sich als „privatwirtschaftlich-minimalistisch" kennzeichnen, denn sie beschränkt sich auf den Ausbau der kommunalen Volkshochschulen. Darüber hinaus gibt es keine Einflussmöglichkeiten auf die Steuerung des Angebots der allgemeinen und beruflichen Weiterbildung. Die verschiedenen privaten und freigemeinnützigen Träger agieren autonom und ohne rechtlich verbindliche Strukturen zur Koordination des Angebots. Im Bereich der non-formalen Bildung kommen noch Museen, Theater und andere kulturelle und sportliche Einrichtungen hinzu, die – obwohl keine genuinen Bildungseinrichtungen – dennoch Bildungsaufgaben übernehmen.

Es bleibt festzustellen, dass sich die Politikfelder Jugendhilfe und Schulbildung bereits durch unterschiedliche Steuerungsstrukturen und -möglichkeiten auszeichnen. Im Rahmen eines Bildungsmanagements nehmen die Komplexität der Strukturen und Akteurskonstellationen mit den weiteren Politikfeldern berufliche Bildung, Hochschulbildung und Erwachsenenbildung weiter zu. Vor dem Hintergrund der Entwicklungen in

---

3 So stellt nach Bogumil und Holtkamp die Jugendhilfe gewissermaßen den Kernbereich kommunaler Gestaltungsmöglichkeit dar (Bogumil & Holtkamp, 2006, siehe auch Ratermann & Stöbe-Blossey 2012b).

den vergangenen Jahren zeichnet sich allerdings eine Annäherung und Verknüpfung einzelner Politikfelder ab (vgl. Ratermann & Stöbe-Blossey, 2012b).[4] Sie ist im Zusammenhang des Bestrebens der Kommunen zu sehen, die Bildungskette von der Elementarerziehung bis zur Weiterbildung ineinandergreifend und an die Bildungsinteressen der Bürger der Gemeinden angepasst zu gestalten.

Hinsichtlich der Verknüpfung einzelner Politikbereiche stellt sich die Frage, was dies für das Bildungsmanagement bedeutet. Im Rahmen der politikwissenschaftlichen Diskussion wird dies unter dem Stichwort „sektorale Politikverflechtung" (Bönker, 2008, S. 316) diskutiert. Der Terminus „Politikverflechtung" geht dabei auf den Föderalismus-Forscher F.W. Scharpf zurück und besagt, dass wesentliche politische Entscheidungen nur im Verbund der verschiedenen Systemebenen (zum Beispiel auf vertikaler Ebene zwischen Bund und Ländern), mittels Verhandlungen zwischen den relevanten Akteuren ausgehandelt werden, da die meisten Aufgaben nicht autonom, sondern aufgrund der institutionellen Fragmentierung, gemeinsam geregelt werden müssen (vgl. Scharpf et al. 1976). Die Analyse der Koordinationsmechanismen und des Beziehungsgeflechts stehen dabei im Fokus der Förderalismusforschung (vgl. Laufer & Münch, 1998).[5] Die im Vergleich zur vertikalen Politikverflechtung weniger prominente sektorale Politikverflechtung „bezeichnet die Interdependenzen zwischen unterschiedlichen Politikfeldern und betrifft eine Dimension der Verflechtung, die [...] als eine bislang eher wenig beachtete Fragestellung gilt." (Ratermann & Stöbe-Blossey, 2012b, S. 256) Der Forschungsstand identifiziert dabei die positive und negative Koordination als Mechanismen sektoraler Verflechtung (vgl. ebd.). Negative Koordination meint dabei die Berücksichtigung negativer Einwände anderer Akteure und positive Koordination den Zusammenschluss von gemeinsam betroffenen Akteuren zur gemeinsamen Problembewältigung (vgl. Bönker, 2008). Ein weiterer Koordinationsmechanismus wird als „wechselseitiges Lernen" bezeichnet und besagt, dass durch die Überschneidung von (Bildungs-)Inhalten der Politikfelder (zum Beispiel Sprachförderung in Kitas oder schulische Ganztagsbetreuung) das Lernen voneinander verstärkt oder sogar erst ermöglicht wird (vgl. Ratermann & Stöbe-Blossey, 2012b, S. 256).

Ein Bildungsmanagement muss somit die mit der sektoralen Politikverflechtung einhergehenden Handlungsstrategien berücksichtigen. So können Handlungsstrategien wie die negative Koordination eine gemeinsame Problemfindung behindern bzw. andere Strategien eine ebensolche erst ermöglichen.

4 Dies schlägt sich u.a. in verschiedenen Bundes- und Landesprogrammen nieder: „Lernende Regionen" und das Nachfolgeprogramm „Lernen vor Ort", Regionales Übergangsmanagement, Jugendsozialarbeit an Berliner Schulen, Aktiv in der Region.

5 Hiermit eng verbunden ist auch die Diskussion der Mehrebenensysteme: „Mehrebenensysteme [...] entstehen, wenn zwar die Zuständigkeiten nach Ebenen aufgeteilt, jedoch die Aufgaben interdependent sind, wenn also Entscheidungen zwischen Ebenen koordiniert werden müssen" (Benz, 2004, S. 127).

Konzept des Bildungsmanagements vor dem Hintergrund des Neuen Steuerungsmodells

Das Konzept des Bildungsmanagements etabliert sich seit einigen Jahren vor allem vor dem Hintergrund der Umsetzung des neuen Steuerungsmodells (NSM) und kann als eine konkrete Ausgestaltung dessen betrachtet werden. Das NSM wurde als Reformmodell für die kommunale Verwaltung in den späten 1980er Jahren von der Kommunalen Gemeinschaftsstelle für Verwaltungsvereinfachung (seit 2005: Kommunale Gemeinschaftsstelle für Verwaltungsmanagement, KGSt) erarbeitet und in zahlreichen Kommunen, wenn auch nicht in Gänze, implementiert und gilt gewissermaßen als „die deutsche Variante des New Public Management“ (Jann, 2011, S. 98). Das NSM zielt im Wesentlichen darauf ab, die „traditionell zentralistische, hoch arbeitsteilige und durchhierarchisierte Verwaltungsorganisation [...] in eine produktorientierte und im Rahmen von Zielvereinbarungen weitgehend autonome, dezentral gegliederte Organisation“ (Bogumil & Kißler, 1997, S. 9) umzubauen.

Wie bereits in Kapitel 1 angeführt, zeichnet sich das NSM vor allem durch drei Gestaltungsmerkmale aus: 1. den Aufbau einer unternehmensähnlichen, dezentralen Führungs- und Organisationsstruktur; 2. die Outputsteuerung, also die Einführung von Instrumenten zur Steuerung der Verwaltung von der Leistungsseite her und 3. die Aktivierung dieser neuen Struktur durch Wettbewerb und Kundenorientierung (vgl. KGSt, 1993). Das NSM propagiert also die Einführung von privatwirtschaftlichen Managementmodellen, die auch in der Ausgestaltung des Bildungsmanagements zu erkennen sind. Von einigen Wissenschaftlern wird dabei der Rückgriff auf die Management-Logik kritisiert. Dabei werden vor allem die Ignoranz gegenüber den Besonderheiten des politischen Systems (Wahlen, gesetzliche Regelungen, Hierarchie) und die Vereinfachung des politischen Prozesses kritisiert. So schreibt Werner Jann zusammenfassend: „Eine grundsätzliche Kritik betonte die kulturellen und gesellschaftlichen Prämissen der Verwaltung, die NSM durch eine naive Ökonomisierung souverän ignoriere. Die Rhetorik des NSM sei die des Marktes, des Wettbewerbs, des Unternehmens, der Dienstleistung, des Kunden und insbesondere des unternehmerischen Managements. Grundmerkmal moderner Gesellschaft sei aber deren funktionale Differenzierung in relativ unabhängige Subsysteme [...]. Das ökonomische System mit Prinzipien wie Markt, Wettbewerb [...] und das politisch-administrative System mit Prinzipien wie Regelbindung, Hierarchie, Gleichbehandlung seien solche getrennte Sphären, deren Unterschiede nicht verwischt werden dürften.“ (Jann, 2011, S. 106)

Zudem wird kritisch angemerkt, dass eine genaue Festlegung von Zielen und Outputs in der Politik aufgrund der Komplexität des politischen Systems nicht möglich sei. Darüber hinaus muss berücksichtigt werden, dass oftmals bestimmte Leitziele von übergeordneten Ebenen, wie der Europäischen Union, dem Bund und den Bundesländern vorgegeben werden, so dass beispielsweise die Kommune nicht einfach „eigene“ Ziele aufstellen kann.

Die allgemeinen Kritikpunkte am NSM können auch auf das Bildungsmanagement – also der konkreten Ausgestaltung in einem Politikfeld – übertragen werden. Die Einführung von Managementmethoden scheint dabei in einem Politikfeld, in dem es vor allem um die Schaffung von Chancengleichheit geht, schwierig. Bildung auf einige, wenige Bildungsziele zu reduzieren, die die Komplexität der Realität berücksichtigen, scheint dabei besonders anspruchsvoll zu sein. Zudem liegt die Unvereinbarkeit von betriebswirtschaftlichen Prinzipien, wie Gewinnmaximierung und Effizienzsteigerung mit sozialstaatlichen Postulaten wie Gerechtigkeit und soziale Teilhabe, nahe. Eine Balance zwischen beiden Konzepten herzustellen, ist dabei eine komplexe Aufgabe, die von einem Bildungsmanagement bewältigt werden muss.

13.2 Besonderheiten eines kommunalen Bildungsmanagements

Entsprechend der Leitidee des lebenslangen Lernens umfasst Bildung mehrere Bereiche, in denen die kommunalen Kompetenzen unterschiedlich ausgestaltet sind. Damit sind vor allem die rechtlichen Ausgangsbedingungen angesprochen. Wenn man den Begriff des lebenslangen Lernens ernst nimmt, zeigt sich, dass Bildungsmanagement gerade für die kommunale Ebene von Bedeutung ist. So bieten Kommunen Bildungsangebote in Kindertagesstätten, Jugendclubs, Familientreffs, Volkshochschulen, Museen oder Theatern an, die neben dem Schulangebot vor Ort existieren. Diese Angebote zu gestalten und mit den übrigen Bildungsangeboten aufeinander abzustimmen ist eine komplexe Aufgabe, die von einer Kommune bewältigt werden muss, um den Bildungsstandort zu entwickeln und zu sichern (vgl. Oelkers, 2007).

Einbindung von relevanten Akteursgruppen im Rahmen eines Bildungsmanagements auf kommunaler Ebene

Ein Bildungsmanagement erfordert zur Abstimmung der verschiedenen Teilbereiche mit den jeweiligen Institutionen und Akteursgruppen Koordinationsmechanismen, die sowohl auf horizontaler als auch auf vertikaler Ebene zu verwirklichen sind. Auf der vertikalen Ebene findet die Abstimmung der relevanten Akteure der jeweiligen föderalen Ebene (Bund, Land, Kommune) statt, die in der Forschungsliteratur unter dem Stichwort der „Mehrebenensysteme“ (Benz, 2004, S. 125) diskutiert wird. Auf der horizontalen Ebene erfolgt die Koordination auf der kommunalen Ebene, die die verschiedenen bildungsrelevanten Politikfelder und Akteursgruppen umfasst.

Das Zusammenspiel der Teilbereiche mit den jeweiligen Institutionen und Akteursgruppen ist dabei kennzeichnend für den Bildungssektor und wird seit einigen Jahren in der Forschungsliteratur vor allem – wie bereits ausgeführt – vor dem Hintergrund der „neuen Steuerung“ diskutiert (vgl. u.a. Kussau & Brüsemeister, 2007b; von Kopp, 2008). Die horizontale Abstimmung auf kommunaler Ebene umfasst die in Abbildung 13.2 abgebildeten Akteursgruppen.

Abb. 13.2 Akteursgruppen des Bildungsmanagements auf kommunaler Ebene

Quelle: Eigene Darstellung in Anlehnung an Olk (2010)

Wie die Abbildung verdeutlicht, sind im Rahmen des Bildungsmanagements unterschiedliche Akteursgruppen – staatliche, nichtstaatliche[6] und kommunale Akteure sowie Akteure aus der Wirtschaft und Zivilgesellschaft und schließlich Nutzer von Bildungseinrichtungen – durch ein Beziehungsgeflecht miteinander verwoben.[7] Bildungssteuerung vollzieht sich also nicht mehr streng hierarchisch – der Staat wird zu einem Akteur unter vielen – , sondern vollzieht sich im Rahmen von Netzwerken. Unter Rückgriff auf Kategorien der politikwissenschaftlichen Governance-Forschung wird dies auch als

6 Staatliche Akteure sind die nachgeordneten Behörden der Landesministerien, die für bestimmte Bildungsaufgaben zuständig sind (wie z.B. staatliche Schulämter). Nicht-staatliche Akteure sind diejenigen, die im staatlichen Auftrag, aber mit eigener Gestaltungskraft Bildungsaufgaben übernehmen (wie z.B. Kammern, Wohlfahrtsverbände als Träger der Jugendhilfe, Arbeitsverwaltungen) (vgl. Kapitel 2).

7 Die Akteure bzw. Organisationen lassen sich dabei nicht immer eindeutig den entsprechenden Gruppen zuordnen: So können beispielsweise Vereine der Zivilgesellschaft, aber auch den nicht-staatlichen Akteuren zugeordnet werden.

„Educational Governance“ diskutiert (Ratermann & Stöbe-Blossey, 2012a, S. 11; vgl. Kapitel 1). Governance bezeichnet dabei die institutionelle Regelungsstruktur, welche verschiedene Akteure einbezieht (vgl. Kussau & Brüsemeister, 2007b). Die Akteure sind dabei mit unterschiedlichen Funktionen und Kompetenzen ausgestattet und sind aufgrund der zunehmend komplexer werdenden Aufgabenfelder miteinander verzahnt. Denn die Bewältigung bildungspolitischer Aufgaben (wie beispielsweise schulische Ganztagsbetreuung) kann nicht durch einen Akteur erfolgen, sondern erfordert die Abstimmung verschiedener Institutionen und Akteure (die schulische Ganztagsbetreuung erfordert beispielsweise eine Abstimmung beziehungsweise Koordination zwischen Schule und Jugendhilfe oder Vereinen).

Die Analyse der Handlungskoordinationen zur Weiterentwicklung der Bildungsqualität steht im Fokus der Governance-Forschung (vgl. Kussau & Brüsemeister, 2007a; Ratermann & Stöbe-Blossey, 2012a).[8] Für ein kommunales Bildungsmanagement, für ein Steuern des Bildungswesens mit all seinen sehr unterschiedlich ausgestalteten Politikfeldern, bedeutet dies, dass Schule, Kinder- und Jugendhilfe, frühkindliche Bildung, Erziehung und Betreuung sowie Wirtschaft und Zivilgesellschaft zusammenwirken müssen (vgl. Projektteam KBM, 2012).

Die Handlungskoordination zwischen diesen Akteursgruppen wird zunächst durch die internen Rahmenbedingungen geprägt. Organisationen mit einem professionellen Mitarbeiterstab können besser in solche Aufgaben einbezogen werden als private Initiativen und Einrichtungen. Viele Akteure übernehmen aber auch nur auf einzelne Bildungsbereiche oder bestimmte Gruppen von Bildungsteilnehmern begrenzte Aufgaben und müssen nur darauf bezogen in die Prozesse der Bildungssteuerung einbezogen werden. Zentral für die Bildungssteuerung sind die internen Rahmenbedingungen der Kommunalverwaltungen. Sie sind durch Grundsätze der Verwaltungsgliederung, historische Prozesse und politische Konstellationen in den Kommunen bestimmt und sehr vielgestaltig.

Auch die staatliche Schulverwaltung ist zwischen den Ländern sehr unterschiedlich ausgebildet, was wiederum unterschiedliche Konsequenzen auf die im Rahmen eines kommunalen Bildungsmanagements einzubeziehenden Akteure hat. So ist in den meisten Bundesländern die Schulaufsicht zweistufig organisiert (Kultusministerium, Behörden der unteren Schulaufsicht[9]). Daneben existieren dreistufige Gliederungen (Kultusministerium, Mittelbehörde, nachgeordnete Schulbehörden). Einige Bundesländer verfügen zudem über eine einzige Schulbehörde. Zwischen den Bundesländern herrscht so eine kaum zu überblickende Vielfalt in der Organisation der Schulaufsicht, mit unterschiedlichen Folgen für die Zusammenarbeit zwischen Schulträgern und Schulaufsicht (vgl. Füssel, 2010).

8 Einen zusammenfassenden Überblick zur Governance-Forschung bietet von Kopp, 2008.

9 Nach Füssel (2010) sind die unteren Schulbehörden die zumeist auf Kreisebene bestehenden Schulämter.

Koordination von Bildungsaufgaben als zentrale Anforderung

Ein kommunales Bildungsmanagement erfordert aus struktureller Sicht zunächst unter Berücksichtigung der unterschiedlichen kommunalen Bedingungen eine verwaltungsinterne Koordinierung der Aufgabenerfüllung über alle Bildungsbereiche. Bildung als Bereich einer umfassenden kommunalen Daseinsvorsorge ist zusätzlich mit den allgemeinen Entwicklungszielen der Stadt- und Regionalentwicklung und den damit in Verbindung stehenden Aufgaben abzustimmen. Im Sinne der ebenenübergreifenden Handlungskoordination innerhalb der Verwaltung gehört auch die Abstimmung zwischen kreisangehörigen Gemeinden und dem Landkreis oder die Zusammenarbeit der kommunalen Schulverwaltung mit der staatlichen Schulaufsicht zu den verwaltungsinternen Abstimmungsnotwendigkeiten im Rahmen eines kommunalen Bildungsmanagements. Schließlich stellt sich die Aufgabe der Abstimmung mit den privaten Bildungsträgern und sonstigen zivilgesellschaftlichen Akteuren im kommunalen Bildungswesen.

Wie bereits angesprochen, vollzieht sich die Koordinierung eines Bildungsprozessmanagements zunächst innerhalb der kommunalen Verwaltung (interne Kooperation). Hierbei steht vor allem die Kooperation der bildungsrelevanten Verwaltungseinheiten wie Ämter und Fachbereiche (Dezernate) im Vordergrund (vgl. KGSt, 2011). Dann ist die bereichs- und ebenenübergreifende Koordination innerhalb der öffentlichen Verwaltung zu berücksichtigen. Schließlich gilt es auch, die außerhalb der kommunalen Verwaltung stehenden bildungsrelevanten Akteure (Träger, Vereine usw.) in den Prozess des Bildungsmanagements einzubeziehen (vgl. ebd.). Schließlich steht die Verwaltung in ihrem Handeln immer in der Verpflichtung gegenüber den Bürgern, für die die Entwicklung des Bildungswesens vorangetrieben wird. Insofern muss vor allem mit den Betroffenen (Bildungsteilnehmern und Bildungsteilnehmerinnen und ihren Eltern und dem Personal in den Bildungseinrichtungen) der Kontakt gesucht werden, um ihnen geplante Maßnahmen zu vermitteln beziehungsweise ihre Anregungen in Planungsüberlegungen aufzunehmen.

Diese vielfältigen Koordinationsaufgaben können nur geleistet werden, wenn eine eigene Koordinierungsstelle geschaffen wird, die alle mit der Weiterentwicklung des kommunalen Bildungswesens im Zusammenhang stehenden Koordinierungsaufgaben übernimmt. Sie muss, um politisch einflussreich und wirksam zu sein, an exponierter Stelle in der Kommunalverwaltung angesiedelt sein.

Daraus ergeben sich für ein kommunales Prozessmanagement folgende Notwendigkeiten für die Struktur der Kommunalverwaltung:

- Benötigt wird ein verwaltungsinternes Koordinierungsgremium zur Abstimmung der öffentlich verantworteten Angebote und Leistungen (über die Bildungsbereiche hinweg, mit anderen Politikfeldern der Kommune und ebenenübergreifend).
- Ein Lenkungskreis/Bildungsbeirat muss die Aufgabe übernehmen, strategische Zielentscheidungen und Prioritäten zu bestimmen und die Koordination mit den privaten Bildungsanbietern und sonstigen Bildungsakteuren

zu leisten (Mitglieder: politisch Verantwortliche, Staatliches Schulamt, Kammern, Wohlfahrtsverbände, private Träger, Öffentlichkeit).

- Eine Bildungskonferenz muss die Aufgabe übernehmen, Anregungen aus der Bildungspraxis aufzunehmen und Unterstützung für geplante Maßnahmen einzuholen (Mitglieder: Vertreter der Akteursgruppen in den einzelnen Bildungsbereichen, kommunale Bildungsverwaltung).
- Eingerichtet werden muss eine Koordinierungsstelle für die Prozessgestaltung (möglichst als Stabsstelle politisch zentral verankert).

Zusammenfassend lässt sich festhalten, dass Bildungssteuerung auf kommunaler Ebene ein Bildungsmanagement erfordert, welches die Koordinierung und Steuerung abgestimmter Bildungsangebote unter Beteiligung bildungsrelevanter Akteure und auf Basis empirisch geprüfter Informationen sicherstellt. Geleitet von einem prozessualen Verständnis umfasst das kommunale Bildungsmanagement Elemente wie das Aufstellen von Zielen auf Basis empirisch geprüfter Informationen, die Umsetzung entsprechender Maßnahmen, die Überprüfung der Zielerreichung und wenn erforderlich die Festlegung einer verbesserten Vorgehensweise. Grundvoraussetzung für ein systematisches, funktionierendes Bildungsmanagement ist dabei die Etablierung eines Bildungsmonitorings, welches empirisch fundierte Informationen bereitstellt, auf deren Basis Steuerungsentscheidungen getroffen werden. Aufgrund der strukturellen Rahmenbedingungen der bildungsrelevanten Teilbereiche ist ein kommunales Bildungsmanagement dabei mit Herausforderungen konfrontiert, die es zu bewältigen gilt. Der zunehmende Gebrauch des Terminus verweist dabei, so Oelkers, auf einen „grundlegenden Wechsel in der Optik“ (Oelkers, 2007, S. 1), da im Vordergrund nunmehr nicht einfach Gesetze, Erlasse und Verordnungen stehen, sondern das ämterübergreifende Gestalten und Problemlösungen in den Mittelpunkt rücken (vgl. ebd.). Ein kommunales Bildungsmanagement erfordert so die Etablierung von Koordinationsmechanismen, um die Abstimmung bildungsrelevanter Akteure zu gewährleisten.

Literatur

Adolf-Wright, K. (2013). Bildungsmanagement als Teil der Erziehungswissenschaft. *Zeitschrift für Bildungsverwaltung, 30* (2), 81–91.

Altrichter, H. (2010). Schul- und Unterrichtsentwicklung durch Datenrückmeldung. In Altrichter, H. & Maag Merki, K. (Hrsg.), *Handbuch Neue Steuerung im Schulsystem* (S. 219–254). Wiesbaden: VS Verlag für Sozialwissenschaften.

Benz, A. (2004). Multilevel Governance – Governance in Mehrebenensystemen. In Benz, A. (Hrsg.), *Governance – Regieren in komplexen Regelsystemen. Eine Einführung* (S. 125–146). Wiesbaden: VS Verlag für Sozialwissenschaften.

Bogumil, J. & Kißler, L. (1997). Risiken und Chancen eines Neuen Steuerungsmodells für die lokale Demokratien. In Bogumil, J. & Kißler, L. (Hrsg.), *Verwaltungsmodernisierung und lokale Demokratie. Risiken und Chancen eines Neuen Steuerungsmodells für die lokale Demokratie* (S. 9–22). Baden-Baden: Nomos Verlag.

Bönker, F. (2008). Interdependenzen von Politikfeldern – die vernachlässigte sektorale Dimension der Politikverflechtung. In Janning, F. & Toens, K. (Hrsg.), *Die Zukunft der Po-*

licy-Forschung. Theorien, Methoden, Anwendungen (S. 315–330). Wiesbaden: VS Verlag für Sozialwissenschaften.

Bundesministerium für Bildung und Forschung (2014). Das Programm „Lernen vor Ort“. Verfügbar unter: http://www.lernen-vor-ort.info/ [06.03.2014].

Deming, W. E. (1997). *Out of the crisis.* Cambridge, Massachusetts (USA): Massachusetts Institute of Technology Press.

Deutscher Städtetag (2012). Münchener Erklärung. Vgl. http://www.staedtetag.de/imperia/md/content/dst/muenchner_erklaerung_2012_final.pdf [06.03.2014].

Döbert, H. (2012). *Kommunales Bildungsmonitoring – Konzept, Kriterien, Realisierung.* Vortrag am 12. Juni 2012 in Aurich zur Veranstaltung „Bildungsregion Ostfriesland“. http://www.ostfriesischelandschaft.de/fileadmin/user_upload/BILDUNG/Dokumente/Bildungsregion/Kann_man_Bildung_messen/KBM_VortrAurich_120612.pdf [21.10.2013].

Füssel, H.-P (2010). Schulaufsicht. In Avenarius, H. & Füssel, H.-P. (Hrsg.), *Schulrecht* (S. 180–196). 8. Auflage. Köln: Carl Link.

Griese, C. & Marburger, H. (2011). *Bildungsmanagement. Ein Lehrbuch.* München: Oldenbourg.

Jann, W. (2011). Neues Steuerungsmodell. In Blanke, B. & Nullmeier, F. et al. (Hrsg.), *Handbuch zur Verwaltungsreform* (S. 98–108). Wiesbaden: VS Verlag für Sozialwissenschaften.

Janning, F. & Töns, K. (2008). Einleitung. In Janning, F. & Töns, K (Hrsg.), *Die Zukunft der Policy-Forschung. Theorien, Methoden, Anwendungen* (S. 7–20). Wiesbaden: VS Verlag für Sozialwissenschaften.

Kamiske, G. F. & Brauer, J.-P. (2003). *Qualitätsmanagement von A bis Z.* München: Hanser.

Knust, Michaela & Hanft, Anke (2009). Rahmenbedingungen des Bildungsmanagements. In Gessler, Michael (Hrsg.), *Handlungsfelder des Bildungsmanagements. Ein Handbuch* (S. 39–66). Münster: Waxmann.

Kopp, B. von (2008). Bildungssteuerung: vom Drehen an der Stellschraube zu Governance. In *Trends in Bildung international* 19. S. 1–36. http://www.pedocs.de/volltexte/2012/5068/pdf/tibi_2008_19_Kopp_Bildungssteuerung_D_A.pdf [04.08.2014].

Kommunale Gemeinschaftsstelle für Verwaltungsvereinfachung (KGSt) (1993). *Das Neue Steuerungsmodell. Begründung, Konturen, Umsetzung. Bericht 5/1993.* Köln.

Kommunale Gemeinschaftsstelle für Verwaltungsmanagement (KGSt) (2011). *Werkstattbericht Kommunales Bildungsmanagement. Magazin für das Programm Lernen vor Ort.* Verfügbar unter: http://www.lernen-vor-ort.info/_media/WB_1.pdf

Kussau, J. & Brüsemeister, T. (2007a). Educational Governance: Zur Analyse der Handlungskoordination im Mehrebenensystem der Schule. In Altrichter, H., Brüsemeister, T. & Wissinger, J. (Hrsg.), *Educational Governance – Handlungskoordination und Steuerung im Bildungssystem* (S. 15–54). Wiesbaden: VS Verlag für Sozialwissenschaften.

Kussau, J. & Brüsemeister, T. (2007b). Einleitung. Von unilateraler Steuerung zur Handlungskoordination und Steuerung. In Kussau, J. & Brüsemeister, T. (Hrsg.), *Governance, Schule & Politik. Zwischen Antagonismus und Kooperation* (S. 9–21). Wiesbaden: VS Verlag für Sozialwissenschaften.

Laufer, H. & Münch, U. (1998). *Das föderative System der Bundesrepublik Deutschland.* Opladen: Leske+Budrich.

Müller, U. (2007). Bildungsmanagement – Skizze zu einem orientierenden Rahmenmodell. In Schweizer, G., Iberer, U., Keller, H. (Hrsg.), *Lernen am Unterschied. Bildungsprozesse gestalten – Innovationen vorantreiben* (S. 99-122). Bielefeld: W. Bertelsmann.

Oelkers, J. (2009). *Kohärentes Bildungswesen durch kommunales Bildungsmanagement.* Vortrag auf der Auftaktkonferenz „Lernen vor Ort" am 11. November 2009 im Berliner Congress Center. Verfügbar: http://www.ife.uzh.ch/research/emeriti/oelkersjuergen/vortraege profoelkers/vortraege2009/BerlinLernenvorOrt.pdf [16.12.2013].

Olk, T. (2010). Bürgerschaftliches Engagement im Lebenslauf. In Naegele, G. (Hrsg.), *Soziale Lebenslaufpolitik* (S. 637–672). Wiesbaden: VS Verlag für Sozialwissenschaften.

Projektteam „Kommunales Bildungsmonitoring" (KBM) des Deutschen Instituts für Internationale Pädagogische Forschung (DIPF) (2011). *Wie erstellt man einen kommunalen Bildungsbericht?* Handreichung im Programm „Lernen vor Ort". Bonn.

Projektteam „Kommunales Bildungsmonitoring" (KBM) des Deutschen Instituts für Internationale Pädagogische Forschung (DIPF) (2012). *Die Erfassung des lebenslangen Lernens in einem kommunalen Bildungsmonitoring.* Handreichung im Projekt „Lernen vor Ort". Bonn.

Ratermann, M. & Stöbe-Blossey, S. (2012a): Einleitung: Elementarbildung und Schule – Governance Strukturen und Entwicklungsstrategien. In Ratermann, M. & Stöbe-Blossey, S. (Hrsg.), *Governance von Schul- und Elementarbildung. Vergleichende Betrachtungen und Ansätze der Vernetzung* (S. 9–24). Wiesbaden: VS Verlag für Sozialwissenschaften.

Ratermann, M. & Stöbe-Blossey, S. (2012b). Die Entwicklung von „Educational Governance" und die Rolle der Kommune. In Ratermann, M. & Stöbe-Blossey, S. (Hrsg.), *Governance von Schul- und Elementarbildung. Vergleichende Betrachtungen und Ansätze der Vernetzung* (S. 253–281). Wiesbaden: VS Verlag für Sozialwissenschaften.

Reichard, C. (2002). Verwaltung als öffentliches Management. In König, K. (Hrsg.), *Deutsche Verwaltung an der Wende zum 21. Jahrhundert* (S. 255–277). Baden-Baden: Nomos Verlagsgesellschaft.

Scharpf, F. W., Reissert, B. & Schnabel, F. (Hrsg.). (1976). *Politikverflechtung: Theorie und Empirie des kooperativen Föderalismus in der Bundesrepublik.* Kronberg: Scriptor Verlag.

Seghezzi, H.-P. et al. (2013). *Integriertes Qualitätsmanagement: Der St. Galler Ansatz.* München: Carl Hanser Verlag.

Horst Weishaupt und Susanne Wagner

14. Realisierungen eines kommunalen Bildungsmanagements

14.1 Zum Zusammenhang von Bildungsmonitoring und Bildungsmanagement

Das kommunale Bildungsmonitoring hat sich in den meisten Kommunen zunächst in dem Modellprojekt „Lernen vor Ort“ als eigenständige, projektfinanzierte Struktur in den Kommunen neben der Regelverwaltung entwickelt. Im Prozess der Verstetigung muss es in den Verwaltungsaufbau integriert werden. Dabei sind die spezifischen Aufgaben des Bildungsmonitorings im Rahmen eines Bildungsprozessmanagements zu beachten. Es soll vor allem durch eine datengestützte Problemanalyse/Situationsbeschreibung zu „evidenzbasierten“ politischen Entscheidungen beitragen. Dazu muss über den Zugang zu den erforderlichen Daten verfügt werden. Dabei handelt es sich zunächst um die amtlichen Statistiken zu den einzelnen Bildungsbereichen über regelmäßige Vollerhebungen (Kindertagesstätten-, Schul-, Hochschul- und Volkshochschulstatistik), möglichst in der Differenzierung für jede Einrichtung. Hinzu müssen allgemeine bevölkerungsstatistische Daten, Daten zum Arbeitsmarkt und zu den Lebensbedingungen (sozioökonomische Kontextdaten) in einer möglichst kleinräumigen Gliederung treten. Für die Analyse der Ausgangsbedingungen der Kinder bei Schulbeginn sind die Ergebnisse von Sprachstandsuntersuchungen im Vorschulalter und der Gesundheitsuntersuchungen bei der Einschulung wichtige Informationsquellen. Es gibt noch weitere Datenquellen, die in ein Bildungsmonitoring einbezogen werden können. Dazu gehören beispielsweise die Ergebnisse der externen Schulinspektionen, Beratungsstatistiken oder Informationen über die Weiterbildungslandschaft in einer Region. Um den Datenzugang zu gewährleisten, muss das Bildungsmonitoring mit den Statistikstellen in den Landkreisen oder dem Amt für Statistik in Großstädten eng kooperieren oder partiell in diese Ämter eingebunden werden. Nur so lässt sich die Bereitstellung von Informationen zu ausgewählten Steuerungsaspekten in einem Bildungsbericht gewährleisten (vgl. Kapitel 10).

Bei der Einbindung des Bildungsmonitorings in den kommunalen Verwaltungsaufbau sind außerdem bereits vorhandene Planungsstrukturen zu berücksichtigen. Nach dem Kinder- und Jugendhilfegesetz sind die Träger der Jugendhilfe zur Jugendhilfeplanung verpflichtet. In vielen Ländern sehen die Schulgesetze eine Schulentwicklungsplanung durch die Schulträger vor (vgl. Rösner, 1999). Folglich gibt es entsprechende planende Strukturen in den Kommunalverwaltungen, die mit dem Bildungsmonitoring verzahnt werden sollten. Planung ist ebenfalls eine stark datenorientierte, im Gegensatz zum Bildungsmonitoring aber zukunftsgerichtete Aufgabe. Dennoch bildet die Analyse der Ausgangslage die Grundlage jeden Planungsprozesses, weshalb sich enge Anknüpfungspunkte zwischen Planung und Monitoring ergeben. Die Jugendhilfe- und Schulentwicklungsplanung ist eine Planung, die insbesondere dazu dient, Umfang, Art und regionale Verteilung der Bildungseinrichtungen mit dem Bedarf in Übereinstimmung zu bringen. Sie ist meist unmittelbar auf die infrastrukturellen Versorgungsaufgaben der Kommunen bezogen und hat nicht die erweiterte Perspektive der Gestaltung kommunaler Bildungslandschaften, auf die das Bildungsmonitoring bezogen ist. Es beabsichtigt eine Systemkontrolle im Blick auf bildungspolitische und kommunale Zielwerte. Das Monitoring zielt auch auf die Darstellung intendierter und nicht-intendierter Folgen von ergriffenen oder nicht ergriffenen Steuerungsmaßnahmen (Evaluationsfunktion) ab und hat in einem erweiterten Sinne die Aufgabe der empirisch fundierten Aufbereitung steuerungsrelevanter Informationen, die nachhaltige Problembereiche oder zeitweilig öffentlich bewegende Probleme thematisieren (Problemfeldanalysen). Insofern lassen sich Monitoring und Planung komplementär verstehen.

Abb. 14.1: Bildungsmonitoring als Element des Bildungsprozessmanagements am Beispiel des Rems-Murr-Kreises

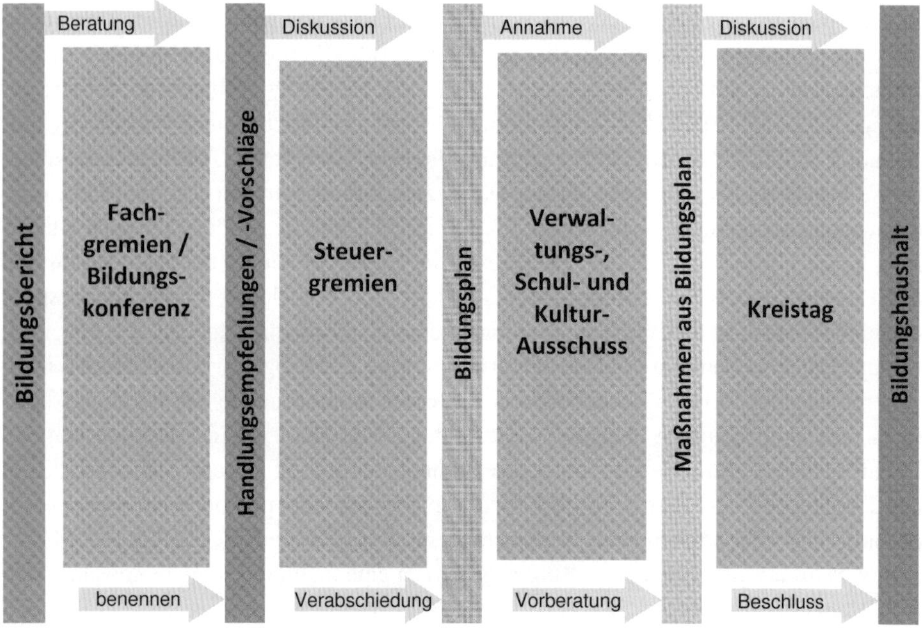

Quelle: Landratsamt Rems-Murr-Kreis, 2012

Das Bildungsmonitoring soll „Daten für Taten" bereitstellen. Deshalb muss das Monitoring in das Bildungsprozessmanagement zentral einbezogen sein. Die Abbildung 14.1 verdeutlicht am Beispiel des Rems-Murr-Kreises den Steuerungskreislauf unter dem Blickwinkel des Bildungsmonitorings, das mit dem Bildungsbericht die datengestützte und an kommunalen Zielen orientierte Grundlage für die öffentliche Beratung von bildungspolitischen Maßnahmen darstellt. Daraus ergibt sich ein Auftrag an die Verwaltung zur Planung der Umsetzung von beabsichtigten Maßnahmen. Die vorgelegte Planung muss dann beschlossen und über die Haushaltsplanung ihre Finanzierung gesichert werden. Im Prozess der Umsetzung und der Erfahrungssicherung übernimmt das Bildungsmonitoring eine erweiterte Aufgabe des Controllings, die sich nicht nur auf die formale Umsetzungskontrolle bezieht, sondern auch danach fragt, ob die intendierten Wirkungen mit der Maßnahme auch in dem gewünschten Umfang erreicht wurden.

Diese Prozessbetrachtung unterstreicht zusätzlich die Notwendigkeit einer Verzahnung von Monitoring und Planung. Zugleich wird deutlich, dass das kommunale Bildungsmonitoring nur dann die gewünschte Funktion für die Steuerung politischer Prozesse übernehmen kann, wenn es im Verwaltungsaufbau direkt an die politische Spitze der Verwaltung angebunden verortet ist. Denkbar ist es, die Mitarbeiterinnen und Mitarbeiter des Bildungsmonitorings als eigenständigen Teil der Koordinierungsstelle für das Bildungsprozessmanagement in der Verwaltung anzusiedeln. Doch sind solche Überlegungen nur als Optionen zu verstehen, die sich vor dem Hintergrund gewachsener Verwaltungsstrukturen und der rechtlichen Ausgangsbedingungen in den einzelnen Ländern und Regionen jeweils als sinnvoll erweisen müssen.

Abb. 14.2: Strategischer Entwicklungsprozess unter Berücksichtigung des Bildungsmonitorings am Beispiel des Heidekreises

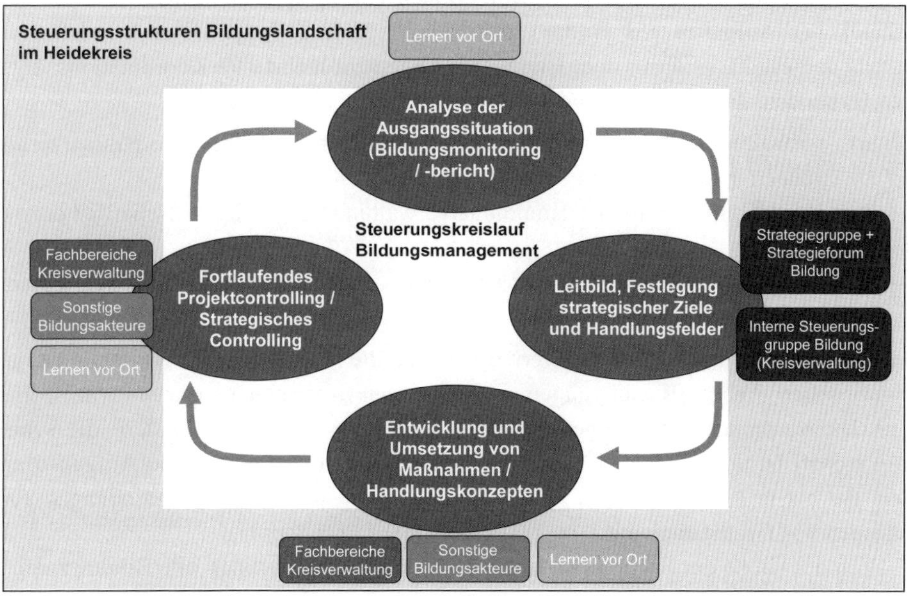

Quelle: Landkreis Heidekreis, 2012

Anknüpfend an die Überlegungen der Kommunalen Gemeinschaftsstelle für Verwaltungsmanagement zu einem Steuerungskreislauf hat der Heidekreis in einer anschaulichen Abbildung den strategischen regionalen Entwicklungsprozess dargestellt und kann dabei die wichtige Funktion des Monitorings als Ausgangs- und Endpunkt (Controlling) des Entwicklungsprozesses verdeutlichen (vgl. Abb. 14.2). Zusätzlich wird die Koordination innerhalb der Verwaltung und zwischen Verwaltung und weiteren Bildungsakteuren in allen Umsetzungsphasen verdeutlicht. In der Phase der Festlegung strategischer Ziele und Handlungsfelder erhalten die verschiedenen gesellschaftlichen Gruppen in einer Steuerungsgruppe eine hervorgehobene Stellung.

Zusammenfassend können einige Ergebnisse der Überlegungen festgehalten werden, damit das Bildungsmonitoring, eingebunden in ein kommunales Prozessmanagement, die ihm zugedachte Funktion übernehmen kann:

1. strategisch exponierte Ansiedlung in der Verwaltung;
2. Datenzugang und Datenpflege müssen gesichert sein (Zugang zur Statistikstelle etc.);
3. Einbindung in alle Planungs- und Entwicklungsprozesse;
4. lebensphasenübergreifende Ausrichtung bezogen auf Bildungsprozesse und orientiert an übergreifenden regionalen Entwicklungszielen;
5. angemessene Ressourcenausstattung.

14.2 Beispiele für die Entwicklung eines kommunalen Bildungsmanagements

Nachfolgend soll am Beispiel einiger Regionen auf Ansatzpunkte zur Lösung unterschiedlicher Aufgaben des Bildungsprozessmanagements hingewiesen werden. Wie bereits dargestellt, sind mit dem Bildungsmanagement mehrfache Koordinationsaufgaben verbunden, die strukturell und als Prozess betrachtet werden können:

a) verwaltungsinterne Koordinierung (bei unterschiedlichen Kommunalverfassungen in den Ländern);
b) Koordination zwischen Kommunalverwaltung und zivilgesellschaftlichen Akteuren;
c) Bewältigung der Mehrebenenstruktur der rechtlichen und politischen Verantwortung.

Auf Beispiele wird dabei bewusst verwiesen, weil die rechtlichen und verwaltungsorganisatorischen Ausgangsbedingungen zwischen den Kommunen sehr unterschiedlich sind. Die Kommunalverfassungen unterscheiden sich zwischen den Ländern, die Schulträgerschaft ist unterschiedlich geregelt, in Landkreisen stellen sich die Aufgaben anders dar als in Großstädten. In den Metropolen sind die Ausgangsbedingungen verschieden von Großstädten mit 100.000 bis 200.000 Einwohnern.

Von der Größe der Kommunen ist etwa abhängig, ob es gelingt, alle Bildungsaufgaben in einem Dezernat zu vereinen oder ob es mehrere Dezernate für Bildungsfragen gibt, die sich untereinander koordinieren müssen.

Folgende Abbildung veranschaulicht die interne Koordinierung der Bildungsaufgaben in einer Kommune, in der die Zuständigkeiten auf mehrere Fachbereiche innerhalb eines Dezernates verteilt sind (vgl. Abb. 14.3).

Abb. 14.3: Verwaltungsinterne, dezernatsinterne Koordination der Bildungsaufgaben am Beispiel der Stadt Herne

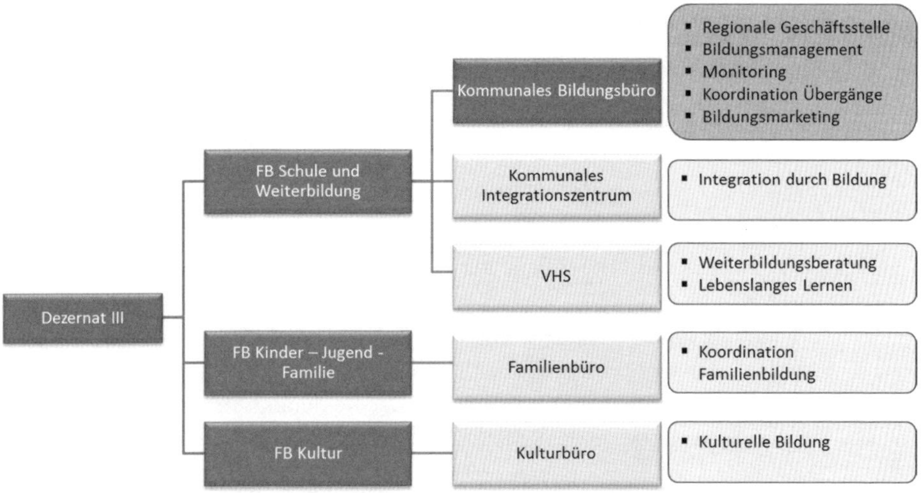

Quelle: Stadt Herne, 2013

In Herne ist das Bildungsbüro dem Amt für Schule und Weiterbildung zugeordnet. Die Koordination der Bildungsbereiche erfolgt in den jeweiligen Fachbereichen und erfordert somit ein zusätzliches, übergreifendes Koordinierungsgremium zur Abstimmung der Bildungsaufgaben und -leistungen. Die Zusammenarbeit auf operativer Ebene erfolgt im Gesamtnetzwerk Bildung, koordiniert durch das Bildungsbüro. Das Bildungsmonitoring ist in das Bildungsbüro integriert.

Das zweite Beispiel bezieht sich auf eine Kommune, in der sich die Zuständigkeit für Bildungsaufgaben auf mehrere Dezernate verteilen (vgl. Abb. 14.4).

Zentral für die Bildungsentwicklung ist hier ein ressortübergreifender Steuerungskreis Bildung, in dem Amtsleiter und Mitarbeiter aus vier Dezernaten der Verwaltung mitarbeiten. Darüber hinaus sind im Steuerungskreis in Leipzig auch bildungsrelevante, externe Akteure, wie Vertreter der Industrie- und Handelskammer, des Deutschen Gewerkschaftsbundes, der Universität oder der Sächsischen Bildungsagentur beteiligt und wirken somit am Managementprozess mit. Die Koordination des Prozesses übernimmt die Stabsstelle „Lernen vor Ort“, in der auch das Bildungsmonitoring angesiedelt ist. Wenngleich die Stabsstelle neben der Verwaltung steht, ist diese formal dem Jugendamt zugeordnet und unterliegt damit ebenfalls den regulären Verwaltungsstrukturen.[1]

1 Zudem zeichnet sich Leipzig durch das sogenannte „Tandem-Modell“ aus. Für eine verbesserte Verknüpfung der kommunalen Projekt- und Regelstrukturen wurde jedem Mitarbeiter in der Stabsstelle von Anfang an ein Mentor aus dem jeweiligen Fachamt zur Seite gestellt. Das Bildungsmonitoring wird beispielsweise durch das Stadtplanungsamt begleitet.

Abb. 14.4: Verwaltungsinterne, dezernatsübergreifende Koordination der Bildungsaufgaben am Beispiel der Stadt Leipzig

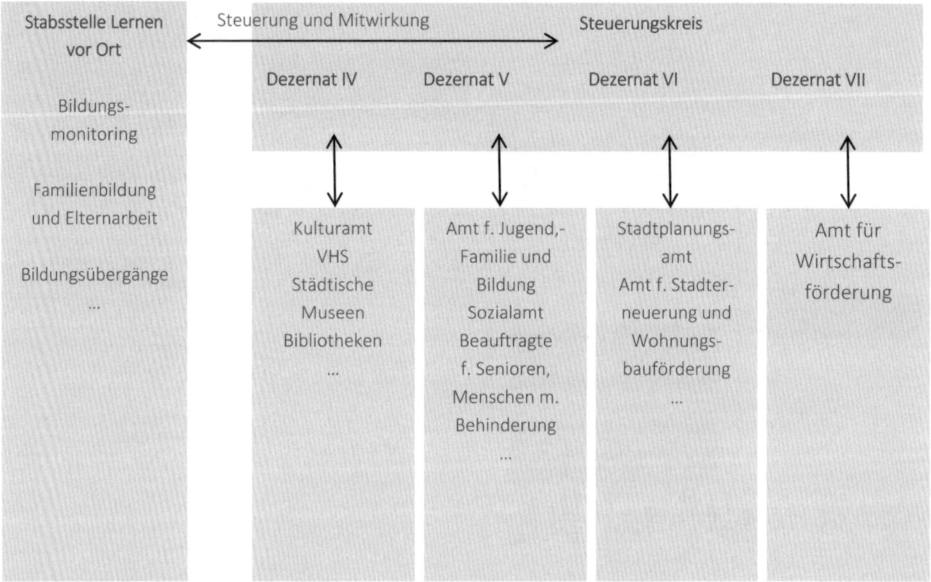

Quelle: Eigene Darstellung in enger Anlehnung an Stadt Leipzig, 2013

Der Vergleich der beiden Konzepte der verwaltungsinternen Koordination verspricht eine größere bildungsbereichsübergreifende Konsistenz der Maßnahmen, wenn alle Bildungsaufgaben in einem Dezernat versammelt sind. Der zweite Lösungsansatz führt vermutlich zu einer besseren Abstimmung der Bildungsmaßnahmen mit allgemeinen Programmen der Stadtentwicklung oder Maßnahmen in anderen Bereichen (zum Beispiel mit kulturellen Angeboten). Insofern erscheint es schwierig, eindeutige Vorteile einer der beiden Organisationsvarianten zuzuschreiben.

Die folgende Abbildung 14.5 bezieht sich auf die verwaltungsübergreifende Koordination der Bildungsaufgaben in einer Großstadt. Hier ist das Bildungsbüro direkt beim Oberbürgermeister angesiedelt, das die Koordination zwischen der verwaltungsinternen Steuerungsgruppe, den Bildungskonferenzen unter Beteiligung der Bildungspraxis und dem Bildungsbeirat übernimmt. Auch der Bildungsbeirat wird vom Oberbürgermeister geleitet und übernimmt Aufgaben bei der Festlegung strategischer Handlungsziele und der Koordination zwischen öffentlichen und privaten Bildungsakteuren. Ihm gehören unterschiedliche gesellschaftliche Gruppen und zentrale gesellschaftliche Organisationen (Arbeitgeber, Gewerkschaften, Kirchen etc.) an. Über den Bildungsbeirat wird auch versucht, lokale Netzwerke und Arbeitskreise in die kommunale Bildungsstrategie einzubinden.

Abb. 14.5: Verwaltungsübergreifende Koordination der Bildungsaufgaben, der Steuerung des kommunalen Bildungsmanagements am Beispiel der Stadt Mannheim

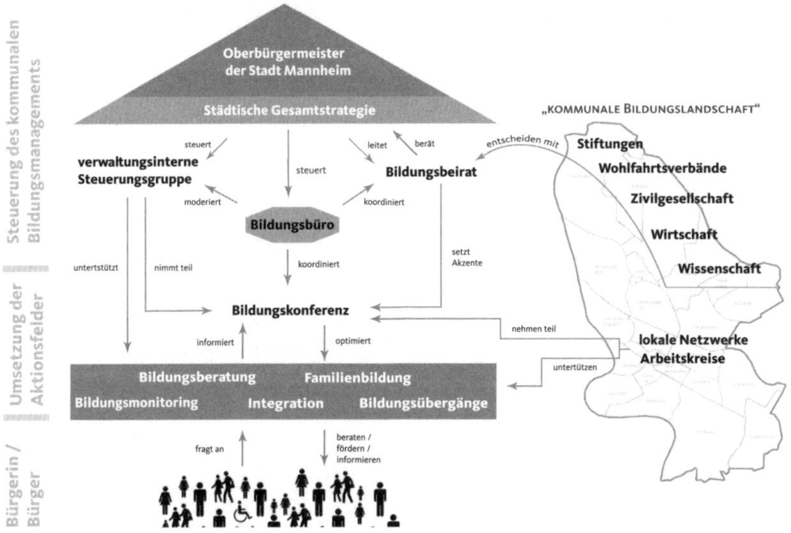

Quelle: Stadt Mannheim, 2009

Die Abbildung 14.6 veranschaulicht das kommunale Bildungsmanagement in einer Großstadt. Die Großstadt München unterscheidet explizit zwischen dem internen und dem externen Bildungsmanagement, um die unterschiedlichen Aufgaben, die sich dabei ergeben, zu verdeutlichen. In München kommt noch hinzu, dass durch die Größe der Stadt Bildungskonferenzen für die gesamte Stadt wenig Sinn ergeben und deshalb der Dialog mit den Betroffenen auf Stadtteilebene geführt wird. Dieses von der Verwaltung ausgehende lokale Bildungsmanagement wird unterstützt durch lokale Bildungsbeiräte (vgl. Abb. 14.6).

Während in München das ebenenübergreifende Bildungsmanagement aus fachlichen Überlegungen der kommunalen Bildungsverwaltung entstanden ist und rechtlich nicht geboten wäre, stehen die Kreise in mehreren Bundesländern unter dem Zwang der ebenenübergreifenden Koordination der Bildungsaufgaben, weil die Kreise im Bildungsbereich nur eingeschränkte Handlungsbefugnisse haben. Ihnen kommt aber häufig die Aufgabe zu, für die Gesamtentwicklung der Region (zum Beispiel für Planungsaufgaben) zuständig zu sein. Dadurch ergeben sich hochkomplexe Strukturen der Handlungskoordination, wie das abschließende Beispiel dies vielleicht verdeutlicht (vgl. Abb. 14.7).

Abb. 14.6: Datengestütztes und kooperatives kommunales Bildungsmanagement am Beispiel der Landeshauptstadt München

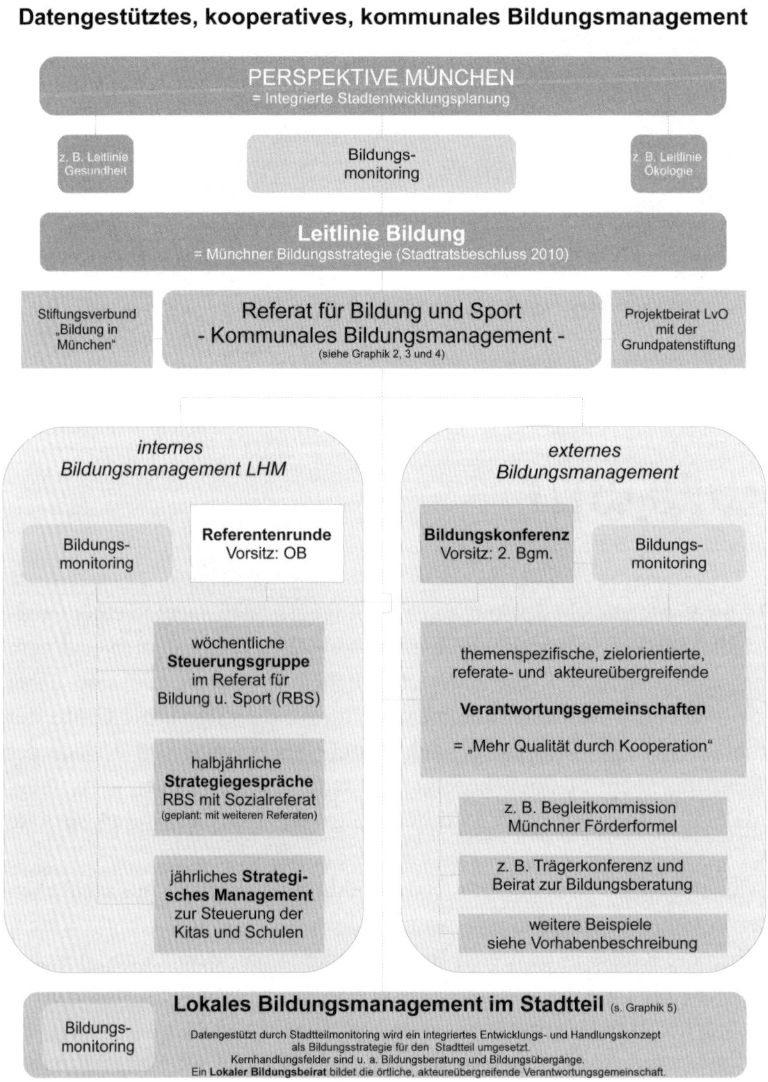

Quelle: Landeshauptstadt München, 2012

Abb. 14.7: Ebenenübergreifende Koordination der Bildungsaufgaben am Beispiel des Kreises Recklinghausen

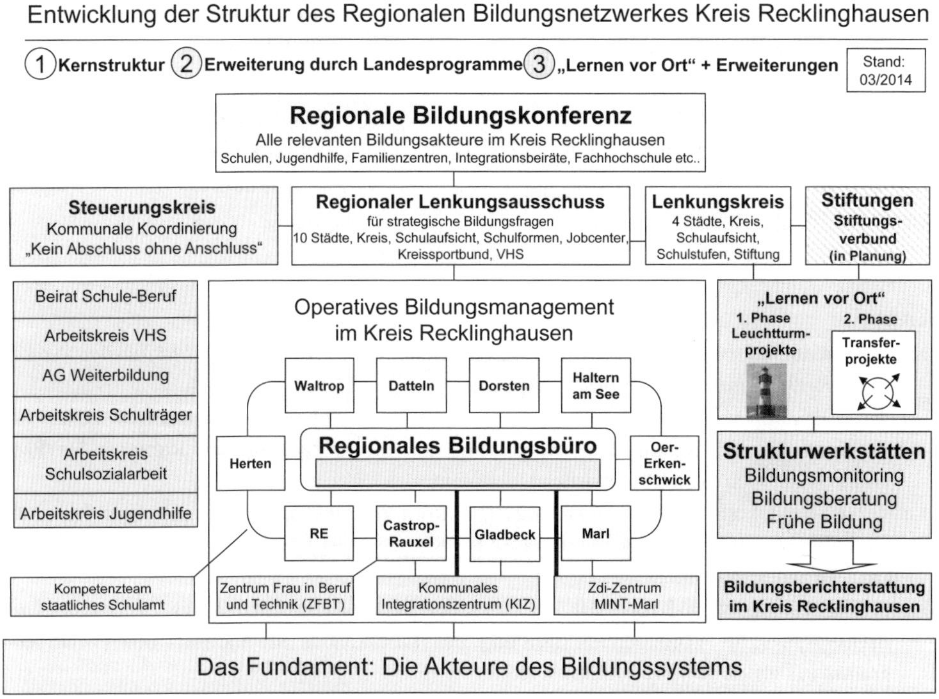

Quelle: Kreis Recklinghausen, 2014

Die Zuständigkeit für das allgemeinbildende Schulwesen, den Vorschulbereich und auch die Volkshochschulen liegt bei den zehn Gemeinden des Kreises, der im Wettbewerb mit den umliegenden Kreisen und Städten für die Bildungsentwicklung der Region verantwortlich ist. Ihm kommt die Aufgabe einer doppelten Koordinierung zwischen den Ebenen und über die Bildungsbereiche hinweg zu. Dafür steht ihm ein Bildungsbüro zur Verfügung, das als operative Unterstützung für den regionalen Lenkungskreis (internes Bildungsmanagement) und die regionale Bildungskonferenz (externes Bildungsmanagement) agiert. Zu ergänzen wäre das Schaubild um das jeweilige interne und externe Bildungsmanagement in den kreisangehörigen Gemeinden. Es stellt sich hier die Frage, ob diese Verwaltungs- und Zuständigkeitsstrukturen noch den gegenwärtigen Anforderungen an ein funktionales Bildungsmanagement gerecht werden.

Diese letzte Überlegung verweist auf die Notwendigkeit, im Zusammenhang der verstärkten Verantwortungsübernahme der Kommunen für die Gestaltung ihrer Bildungslandschaften und damit einem erweiterten Verständnis kommunaler Aufgabenerfüllung auch die strukturellen Rahmenbedingungen durch die Kommunalverfassungen und die Kompetenz- und Lastenverteilung zwischen Land und Kommunen und den kommunalen Ebenen (Kreise – Gemeinden) zu überdenken. Kommunales Bildungsmanagement setzt auch eine funktionale Zuweisung von Aufgaben voraus, damit den

Kommunen die sowieso schwierigen Aufgaben der bildungsbereichs- und ebenenübergreifenden Handlungskoordination nicht noch zusätzlich erschwert werden.

Für die Einbindung des Bildungsmonitorings in das kommunale Bildungsprozessmanagement gibt es bisher keine zu bevorzugenden Lösungen, sondern nur Anforderungskriterien, die bei der Lösung beachtet werden sollten. Dabei spielt die Verortung der Mitarbeiter und Mitarbeiterinnen des Monitorings innerhalb der Verwaltung eine hervorgehobene Rolle, weil sie nur dann wirkungsvoll arbeiten können, wenn sie an den kommunalen Steuerungsprozessen der Bildungsentwicklung innerhalb der Verwaltung zentral beteiligt sind.

Literatur

Kreis Recklinghausen (2014). *Entwicklung der Struktur des Regionalen Bildungsnetzwerkes Kreis Recklinghausen.* Internes Dokument.

Landeshauptstadt München (2012). *Datengestütztes, kooperatives, kommunales Bildungsmanagement.* In Projektantrag. Bewerbung um eine Förderung im Rahmen des Programms „Lernen vor Ort“. Internes Dokument.

Landkreis Heidekreis (2012). *Steuerungsstrukturen Bildungslandschaft im Heidekreis.* In Vorhabenbeschreibung des Landkreises im Rahmen des Förderprogramms „Lernen vor Ort“. Internes Dokument.

Landratsamt Rems-Murr-Kreis (2012). *Lernen vor Ort im Rems-Murr-Kreis. Prozessstruktur Bildungsplan.* In Vorhabenbeschreibung des Landkreises im Rahmen des Förderprogramms „Lernen vor Ort“. Internes Dokument.

Rösner, E. (1999). Schulentwicklungsplanung am Ende des 20 Jahrhunderts. *Recht der Jugend und des Bildungswesens, 47* (4), 452–463.

Stadt Herne (2013). *Lernen vor Ort in Herne. Einbettung des Bildungsmanagements in die Verwaltung.* Internes Dokument.

Stadt Leipzig (2013). *Strategisches kommunales Bildungsmanagement in Leipzig.* Beschreibung von Steuerungsmodellen, Prozessen und Instrumenten unter Transfergesichtspunkten. Verfügbar unter: http://www.lokale-bildungslandschaften.de/uploads/tx_spdkjs-publications/strategisches_kommunales_Bildungsmanagement.pdf [29.10.2013].

Stadt Mannheim (2009). *Organigramm für ein kommunales Bildungsmanagement in Mannheim.* In Projektantrag. Bewerbung um eine Förderung im Rahmen des Programms „Lernen vor Ort“. Internes Dokument.